Jan Wehrheim
Der Fremde und die Ordnung der Räume

Jan Wehrheim

Der Fremde und die Ordnung der Räume

Verlag Barbara Budrich
Opladen & Farmington Hills, MI 2009

Bibliografische Informationen der Deutschen Nationalbibliothek
Die Deutsche Nationalbibliothek verzeichnet diese Publikation in der Deutschen
Nationalbibliografie; detaillierte bibliografische Daten sind im Internet über
http://dnb.d-nb.de abrufbar.

Gedruckt auf säurefreiem und alterungsbeständigem Papier.

Alle Rechte vorbehalten.
© 2009 Verlag Barbara Budrich, Opladen & Farmington Hills, MI
www.budrich-verlag.de

ISBN 978-3-86649-234-9

Das Werk einschließlich aller seiner Teile ist urheberrechtlich geschützt. Jede Verwertung außerhalb der engen Grenzen des Urheberrechtsgesetzes ist ohne Zustimmung des Verlages unzulässig und strafbar. Das gilt insbesondere für Vervielfältigungen, Übersetzungen, Mikroverfilmungen und die Einspeicherung und Verarbeitung in elektronischen Systemen.

Umschlaggestaltung: disegno visuelle kommunikation, Wuppertal – www.disenjo.de
Druck: paper & tinta, Warschau
Printed in Europe

Danksagung

Bücher sind nie das alleinige Produkt des Autors, erst recht nicht, wenn wie hier ein Forschungsprojekt grundlegend war. An dem in der Arbeitsgruppe Stadtforschung der Carl von Ossietzky Universität Oldenburg durchgeführten Projekt waren außer mir noch Norbert Gestring, Anna Maibaum, Ute Neumann, Simon Ott, Frank Ritterhoff, Walter Siebel, Karen Sievers, Timo Streubel und Martin Vesely beteiligt. Ihnen allen gilt – neben der Deutschen Forschungsgemeinschaft als Finanzier der Studie – mein Dank für die Mitarbeit bei der Datenerhebung und -auswertung sowie für zahlreiche Diskussionen. Ohne sie hätte das Projekt so nicht durchgeführt werden können.

Auch wenn die „förmliche Trennung" – ich bediene mich dreist bei einer entsprechenden Vorbemerkung von Wolfgang Keckeisen – „von Produktion und Aneignung" durch Danksagungen kaum aufgehoben werden kann, gilt einigen Personen darüber hinaus mein ganz besonderer Dank, und dieser bezieht sich nicht nur auf das hier vorliegende Werk: Norbert Gestring für die freundschaftlich-kollegiale Atmosphäre in Zeiten, in denen an Universitäten geglaubt wird, Konkurrenz und (Selbst-)Ausbeutung würden Forschung und Lehre produktiver und kreativer machen, sowie für lange und kontroverse, aber immer konstruktive Diskussionen. Walter Siebel gilt mein Dank für ebensolche Diskussionen, seine immer wiederkehrende Frage „Was ist die Fragestellung?" und die Freiheit, selbstständig arbeiten zu können, aber besonders auch dafür, mir in vielen Jahren seine Kunst näher gebracht zu haben, Theorie und Empirie zu verbinden ohne sich in deren jeweiligen Untiefen zu verlieren und stattdessen mit differenziertem Blick die Dinge auf den Punkt zu bringen. Helge Peters danke ich vor allem dafür, mich in den vergangenen Jahren für das interaktionstheoretische und konstruktivistische Denken sensibilisiert zu haben, ohne dabei den Materialismus in Vergessenheit geraten zu lassen.

Jan Wehrheim, Bremen/Oldenburg im November 2008

Inhalt

0. Einleitung ... 11

I. DIE STADT, DER RAUM UND DER FREMDE ... 15

1.0 Räume in großen Städten ... 15
- *1.1 Großstadt als Mosaik* ... 15
- *1.2 Die doppelte Konstitution städtischer Räume* ... 17
- *1.3 Öffentliche Räume* ... 21

2.0 Der Fremde ... 30
- *2.1 Das Entstehen und die soziale Konstruktion von Fremdheit* ... 30
- *2.2 Verunsichernde Fremdheit in der Stadt* ... 37
- *2.3 Die Ambivalenz und das Potential großstädtischer Fremdheit* ... 41
- *2.4 Bearbeitungsmodi großstädtischer Fremdheit* ... 44

3.0 Öffentliche Marktorte? ... 54

II. FORSCHUNGSDESIGN ... 59

1.0 Die Untersuchungsgegenstände ... 59

2.0 Methodisches Vorgehen ... 60

III. ZWEI FALLSTUDIEN ... 67

1.0 Die Geschäftsstraße als öffentlicher Raum? ... 67
- *1.1 Eine Geschäftsstraße in einem innerstädtischen Wohnquartier* ... 67
- *1.2 Allgemeine Zugänglichkeit* ... 71
- *1.3 Dimensionen lokaler Öffentlichkeit* ... 74
- *1.4 Die Wahrnehmung des Straßenraums* ... 83

2.0 Fremdheit und der Simmelsche Großstädter:
eine empirische Annäherung 89

    2.1 *Urbane Indifferenz* 90
    2.2 *Segregation* 93
    2.3 *Soziale Kontrolle* 94
    2.4 *Lokale Normalität und milieuspezifische
        Verhaltenserwartungen* 103
    2.5 *Kategorial und biographisch Bekannte* 107
    2.6 *Integrationsmodi:
        urban Villager und urbane Indifferenz* 110

3.0 Die Shopping Mall als öffentlicher Raum? 119

    3.1 *Eine Mall am Rande der Stadt* 119
    3.2 *Heterogenität trotz begrenzter Zugänglichkeit* 121
    3.3 *Dimensionen lokaler Öffentlichkeit* 125
    3.4 *Die Wahrnehmung der Mall* 133

4.0 Fremdheit und Abweichung in der Ordnung der Mall 136

    4.1 *Exklusion von Fremdheit* 136
    4.2 *Die Unsichtbarkeit normativer und statistischer
        Abweichungen* 137
    4.3 *Konformität
        durch Selbstdisziplinierung und Fremdzwang* 141
    4.4 *Die Produktion von Umwelt* 148
    4.5 *Ordnung durch Rollenhomogenität* 155
    4.6 *Mall-Wissenschaften und Konsumentendemokratie* 158
    4.7 *Selbstadjustierung an lokale Verhaltensstandards* 162

5.0 Die Mall als Raum eines neuen Ordnungstyps:
institutionalisierter Normalismus 169

IV. VERGLEICHENDE SCHLUSSFOLGERUNGEN 174

1.0 Diametrale Typen öffentlich zugänglicher Räume 174

    1.1 *Diffuse Hintergründe* 175
    1.2 *Eindeutige Hintergründe* 178
    1.3 *Raumproduktion
        und unterschiedliche Herrschaftsstrukturen* 180
    1.4 *Reziproke Imitation* 182

2.0	Raum und Kontrolle	199
	2.1 Institutionalisierter Normalismus: Die Polyvalenz multidimensionaler Kontrolle	199
	2.2 Kontrolle durch Raum und Raum durch Kontrolle	201
3.0	Der Fremde, die Masse und der Ort	205
	3.1 Individualität und Integration	205
	3.2 Unterschiedliche Räume für unterschiedliche soziale Gruppen	209
4.0	Die Öffentlichkeit der Stadt	215
	4.1 Öffentlichkeit durch Segregation: Die Großstadt als flüssiges Mosaik	221
	4.2 Austausch, Repräsentation und die soziale Beschaffenheit der Orte	226

V. LITERATUR 237

Verzeichnis der Diagramme und Tabellen

Diagramme

Diagramm 1: Der Habitus des Ortes 28
Diagramm 2: Wachstum und Fläche der Shopping Center in Europa 56
Diagramm 3: Wahrnehmung der innerstädtischen Geschäftsstraße 84
Diagramm 4: Wahrnehmung der Shopping Mall 134
Diagramm 5: Wahrnehmung der Geschäftsstraße und der Mall 209
Diagramm 6: Wahrnehmung der Geschäftstraße und der Mall
durch die unterschiedlichen Befragten 210
Diagramm 7: Wahrnehmung der Mall durch männliche
Jugendliche mit niedriger Bildung und der innerstädtischen
Geschäftsstraße durch Frauen mit hoher Bildung 211

Tabellen

Tab. 1: Umgebung Geschäftsstraße:
Ergebnisse der Bundestagswahl (2005) 70
Tab. 2: Assoziationen mit Videokameras in der Geschäftsstraße 100
Tab. 3: Begründungen von Frauen und Jugendlichen
für ausbleibende Verunsicherung durch Drogenkonsumenten 103
Tab. 4: Definitionen lokaler Probleme 2001 105
Tab. 5: Verbotsforderungen in der innerstädtischen Geschäftsstraße 106
Tab. 6: Umgebung Shopping Mall:
Ergebnisse der Bundestagswahl (2005) 120
Tab. 7: Wahrnehmung der Polizeipräsenz in der Mall 143
Tab. 8: Kenntnisse über Videoüberwachung in der Mall 144
Tab. 9: Assoziationen mit Videokameras in der Mall 145
Tab. 10: Verbotsforderungen in der Shopping Mall
und der innerstädtischen Geschäftsstraße 167
Tab. 11: Räumliche Ordnungstypen 182

0. Einleitung

Die Soziologie des Fremden ist auch eine Soziologie der Großstadt. Große Städte zeichnen sich dadurch aus, dass sie Orte des Fremden sind. Die Heterogenität und Anonymität der Anwesenden ist eines ihrer herausragenden Merkmale. Das produktive, innovative und emanzipatorische Potential, wie es großen Städten zugeschrieben wird, beruht aber nicht schlicht auf der Ansammlung von Fremden. Ausschlaggebend sind die sozialen Beziehungen dieser Fremden zueinander.

Georg Simmel beschrieb bereits 1903 in seinem Essay „Die Großstädte und das Geistesleben" die durch Distanz und Interdependenz charakterisierten Beziehungen der Großstädterinnen und Großstädter, und fünf Jahre später griff er in einem Exkurs die Beziehungen des Fremden zu seiner Aufnahmegesellschaft oder -gruppe auf. Dass Fremdheit Großstadt immanent ist, und dass die sozialen Beziehungen in Großstädten vor allem Beziehungen Fremder sind, wurde dabei aber nicht explizit hervorgehoben, ebenso wenig, dass Großstädte Fremdheit aus sich selbst heraus produzieren. Auch Hans-Paul Bahrdt, der von „unvollständiger Integration" als Merkmal sozialer Beziehungen in Großstädten sprach, und damit eigentlich einen besonderen Modus der Integration beschrieb, hob nicht explizit auf Fremdheit ab. Ihm ging es ein halbes Jahrhundert später um die soziale und räumliche Polarität von Öffentlichkeit und Privatheit, die er zum Definitionsmerkmal von Städten erhob. Von öffentlichem Raum wird nun üblicherweise gesprochen, wenn er allgemein zugänglich ist. Was ist dann aber mit öffentlichem Raum in Großstädten anderes gemeint, als ein Raum, der an erster Stelle Konfrontation mit Fremdheit bedeutet?

Damit sind Widersprüche angedeutet: Trotz allgemeiner Zugänglichkeit wird öffentlicher Raum selten als Raum des Fremden diskutiert, sondern städtische Öffentlichkeit wird seit Jürgen Habermas als bürgerliche gedacht und konzipiert. Bürgertum und Bürger sind aber keine Begriffe, die alle Anwesenden in Großstädten einschließen und Assoziationen mit Fremdheit evozieren. Bis zu den Stein-Hardenbergschen Gesetzen wurden etwa die auch in Städten anwesenden Bauern nicht einmal formal darunter subsumiert, und heute verdeckt der Begriff des Bürgers nicht nur die sozialen Ungleichheiten, die auf demokratische Prozesse wirken, der Begriff impliziert vor allem den Ausschluss aller Nicht-Staatsbürger, die gleichwohl öffentliche Räume in großen Städten mit prägen. Und weder die neuen städtischen Unterschichten noch die vielfältigen städtischen Subkulturen gehören zum Bürgertum. Sie sind sich vielmehr wechselseitig lebensweltlich fremd. In das normativ hoch aufgeladene Bild des öffentlichen Raums aber, als ein allgemein zugänglicher, demokratischer und emanzipatorischer, sind sie mit einbezogen. Fremdheit und Öffentlichkeit stehen damit sowohl in einen konstitutiven als auch in einem grundsätzlichen Spannungsverhältnis zu einander.

Sieht man öffentlichen Raum nun nicht nur als eine Metapher, so muss sich der empirische Blick zunächst auf konkrete Orte in Städten richten, die anhand ihrer Lage, Beschaffenheit, Funktionalität oder der sozialen Zusammensetzung ihrer Nutzer analysiert werden können. Dabei erscheint es bereits aus Gründen begrenzter Mobilität absurd, zu erwarten, ein zentraler Ort würde immer von allen sozialen und kulturellen Gruppen einer Stadt gleichermaßen aufgesucht und demzufolge sich Öffentlichkeit quasi automatisch, aus sich selbst heraus generieren. Erst seine Funktionalität, die sozialen Beziehungen der Anwesenden und ihr Handeln schaffen zusammen die soziale Bedeutung eines Raums, die über seinen Öffentlichkeitscharakter Aufschluss gibt.

Spätestens seit Dieter Läpples Essay über den Raum (1991) greift die deutschsprachige Stadtsoziologie Raum als soziologische Kategorie wieder auf. Soziologinnen und Soziologen[1] wollen „soziales Handeln deutend verstehen und dadurch in seinem Ablauf und seinen Wirkungen ursächlich erklären" (Max Weber). Das heißt, sie benötigen einen Raumbegriff, der es ihnen ermöglicht, zu untersuchen wie Gesellschaft über Raum strukturiert wird und wie Raum über Gesellschaftliches geschaffen wird bzw. seine soziale Bedeutung erfährt. Insofern ist es keineswegs selbst-verständlich, was Raum und was öffentlicher Raum ist. Der Einstieg in diese Arbeit ist daher entsprechenden theoretischen Einführungen vorbehalten.

Definiert man öffentlichen Raum nun unter anderem als einen Raum, in dem sich einander Fremde begegnen, so wirft dies weitere Fragen auf. Großstadt und Fremde gelten nicht nur als Quellen der Innovation und des sozialen Fortschritts. Die Großstadt gilt genau wie die Figur des Fremden vielmehr als ambivalent, und in der Verbindung von Großstadt und Fremdheit werden regelmäßig Verunsicherungen hervorgehoben. Die Furcht vor „Kriminalität" ist – vielen empirischen Belegen zum Trotz (vgl. etwa Becker 2000) – keine Furcht, die auf private Räume und auf primäre soziale Beziehungen bezogen ist. Sie bezieht sich auf die Straßen der Städte, ihre Plätze und Parks, und sie ist eine Furcht, die auf Fremde projiziert wird. Großstädtische Verunsicherungen, die mit dem Fremden verbunden sind – so wird im zweiten Teil der theoretischen Einführung dargelegt – resultieren aber nur zu einem kleinen Teil aus Assoziationen mit strafbaren Handlungen. Sie sind vielmehr konstitutiv für den Fremden; lebensweltliche Differenzen werden überhöht. Die Bedeutung von Fremdheit, als einer grundsätzlich relationalen Kategorie, ist dabei (auch) abhängig von den räumlichen Kontexten innerhalb derer Fremdheit ihre Qualität zugeschrieben wird. Sie variiert mit den Räumen. Damit variiert auch die Verunsicherung durch Fremde und Fremdes mit den räumlichen Kontexten. Soll also verunsichernde Fremdheit analysiert und geprüft werden, wie in

---

1 Im Folgenden wird – der eigenen Inkonsequenz und der besseren Lesbarkeit geschuldet – immer nur die männliche Form verwendet. Wenn es jedoch nicht explizit anders benannt ist, sind immer beide Geschlechter gemeint.

Großstädten mit ihr umgegangen wird, müssen die Orte des Geschehens und deren Wahrnehmung untersucht werden. Neben der Vertrautheit bestimmbarer soziokultureller Gruppen mit einzelnen Orten, erscheint (soziale) Kontrolle dabei als eine Schlüsselkategorie zum Verständnis von öffentlichem Raum und Fremdheit sowie als Form ihrer „Bearbeitung".

Diesem Buch liegt das von der Deutschen Forschungsgemeinschaft geförderte Projekt „Kontrolle und öffentlicher Raum" zugrunde. Eine Ausgangsüberlegung dabei war, dass im öffentlichen Raum immer eine prekäre Balance zwischen Verunsicherung einerseits und einem Zuviel an Kontrolle andererseits austariert werden muss, damit der Raum seinen Öffentlichkeitscharakter und seine Qualität als Ort von Fremdheit erlangt oder bewahrt. Die aktuelle Kontroverse zwischen konservativen und progressiven politischen Akteuren des Öffentlichkeitsdiskurses (vgl. dazu Belina 2006: 196ff.) geht daher von falschen Prämissen aus: zum einen schon, weil ihr ein emphatisches Verständnis von öffentlichen Raum zugrunde liegt, das sich an einem normativ definierten Idealzustand orientiert und Spannungsverhältnisse und Konflikte, wie sie seit jeher Stadtgesellschaften kennzeichneten, ignoriert, zum anderen, weil unterschiedliche Facetten sozialer Kontrolle nicht als Voraussetzungen *und* Hindernisse für Öffentlichkeit begriffen werden. Ausgangspunkte der folgenden Überlegungen sind daher Ambivalenzen und Spannungsverhältnisse: von auf Anonymität beruhender Freiheit und sozialer Kontrolle, von Verunsicherung und Produktivität, von Fremdheit und Öffentlichkeit.

Diese Ambivalenzen und Spannungsverhältnisse wurden anhand von zwei (Markt-)Orten – einer traditionellen innerstädtischen Geschäftsstraße und einer Shopping Mall als Beispiel eines neuen Raumtyps – analysiert, denn der Markt gilt als Prototyp des öffentlichen Raums (Bahrdt). Dabei werden die sozialen Produktionsweisen zweier großstädtischer Räume dargestellt und untersucht, wie zwei unterschiedliche Akteursgruppen diese sozial (re-)konstruieren. Das Verhältnis von Raum, Wahrnehmung und Handeln interessiert ebenso wie insbesondere raumbezogene Aspekte des Wahrnehmens von und des Handels gegenüber Fremden. Dabei wird die These vertreten, dass soziale Kontrolle Raum mitkonstruiert, aber auch Raum Kontrolle und Institutionalisierung sozialen Handelns und sozialer Beziehungen bedeuten kann und beides auf den Umgang mit sowie die Wahrnehmung von Fremden wirkt. Im Zentrum stehen zwei Fragestellungen:

- Wie beeinflussen unterschiedliche Formen sozialer Kontrolle und unterschiedliche Produktionsweisen von Raum die Wahrnehmung von und den Umgang mit Fremden?
- Welche Bedeutung hat dies für den Öffentlichkeitscharakter der Räume und welche Schlussfolgerungen sind daraus für großstädtische Öffentlichkeit zu ziehen?

Oder abstrakt formuliert: Wie wird an zwei (Markt-)Orten soziale Ordnung hergestellt?

Die Arbeit gliedert sich in vier Abschnitte. Nach weiteren theoretischen Ausführungen zu Raum und öffentlichen Raum einerseits und zum Entstehen, der sozialen Konstruktion und der Bearbeitung von Fremdheit in großen Städten andererseits (I.), folgt im zweiten Abschnitt eine kurze Darstellung des Forschungsdesigns und des methodischen Vorgehens (II.). Im Abschnitt III. werden zwei Fallstudien präsentiert. Empirisch untersucht und verglichen wurden eine innerstädtische Geschäftsstraße in einem Wohnquartier sowie eine suburban gelegene Shopping Mall. Beide Orte liegen in derselben Großstadt. Im Zentrum der Untersuchung standen des Weiteren zwei kontrastierende Nutzergruppen, deren Handeln und Raumwahrnehmungen untersucht wurden: männliche Jugendliche und Heranwachsende sowie Frauen zwischen 40 und 60 Jahren. Die Arbeit schließt mit vier vergleichenden und weiterführenden Schlusskapiteln (IV.). Dabei wird unter anderem argumentiert, dass sich unterschiedliche Räume nicht nur durch jeweils spezifische Produktionsweisen und Formen sozialer Ordnung auszeichnen, die nicht mehr zwangsläufig in die Polarität öffentlicher und privater Räume eingeordnet werden können, sondern dass sich für die Analyse von Großstädten und von urbaner Öffentlichkeit der Blick verstärkt auf ein Verständnis von Großstadt als ein „flüssiges Mosaik" richten sollte.

I. Die Stadt, der Raum und der Fremde

Will man die Fragen beantworten, wie in unterschiedlichen städtischen Räumen mit dem Fremden als sozialem Typus umgegangen wird und wie dieser Umgang sowie die Wahrnehmung von Fremden durch unterschiedliche Formen von Kontrolle beeinflusst wird, und welche Bedeutung dies wiederum für die Qualität der jeweiligen Räume und für Großstadt hat, so gilt es zunächst zu klären, was unter ‚Raum' und unter ‚Fremden' zu verstehen ist.

In den folgenden Kapiteln wird daher darauf eingegangen, was moderne Großstädte diesbezüglich auszeichnet und wie Raum im Allgemeinen und öffentlicher Raum im Speziellen soziologisch begriffen werden kann. Anschließend wird diskutiert, wieso die Figur des Fremden ein charakteristisches Merkmal von Großstädten ist. Dabei wird die These vertreten, dass die Begegnung mit dem Fremden grundsätzlich ambivalent ist, und sich in Städten verschiedene Modi herausgebildet haben, wie mit dieser Ambivalenz des Fremden umgegangen wird.

1.0 Räume in großen Städten

Moderne Großstädte sind keine homogenen Einheiten. Vor dem Hintergrund von Größe, Dichte und Heterogenität (Simmel 1995/1903, Spiegel 1998, Wirth 1974/1938) sind sie vielfältig differenziert, und diese Differenziertheit spiegelt sich in sozial, kulturell und funktional differenzierten Räumen. In Städten formt sich Gesellschaft räumlich. Spezifische Formen der Vergesellschaftung bilden sich im Raum ab, der wiederum auf diese Formen zurückwirkt. Selbst die sozial und meist auch geographisch zentralen Orten europäischer Städte, die großen Plätze, die Parks, die Bahnhöfe und Marktplätze, also die Orte, an denen die ganze Stadt, in ihrer ganzen Vielfalt präsent erscheint und die als pars pro toto für Großstadt gelten, sind hoch spezielle Ausschnitte.

1.1 Großstadt als Mosaik

Zentrales Merkmal der räumlichen Differenzierung von Großstädten ist residentielle Segregation, unabhängig davon, ob sie freiwillig oder erzwungen erfolgt, und unabhängig davon, ob sie sich anhand sozioökonomischer, ethnischer oder lebensstilistischer Kriterien herausbildet. Selbst wenn Segregationsindizes niedrig ausfallen, verteilen sich sozial und kulturell[2] unterschiedliche Gruppen nie gleichmäßig über das Stadtgebiet. Die Chicagoer Schule der Sozialökologie beschrieb Städte daher als Mosaik (vgl. Park 1974a/1925): Little Sicilia bildet sich neben China Town, der „Slum" neben der „Gold Coast" (Zorbaugh 1976/1929) heraus, und diese Mosaiksteine sind zusätzlich, wie Nels Anderson (1923) etwa anhand von Hobohemia zeigte, in sich differenziert. Gleiches gilt für die funktionale Segregation.[3] Die Funktionen Wohnen, Arbeiten, Freizeit konzentrieren sich in unterschiedlichen Räumen der Stadt: der Central Business District, das Kneipenviertel, das Wohnquartier, der Gewerbepark etc., oder aber: das funktional gemischte Viertel.

Noch deutlicher wird die Differenzierung, wenn die Quartiersebene verlassen und kleinräumige Strukturierungen berücksichtigt werden. Sportstätten sind andere Orte als Kultureinrichtungen, und auch diese sind noch einmal differenziert: Fußballstadion und Galopprennbahn unterscheiden sich, auch wenn sie beide der Funktion Sport dienen; Opernhaus und alternatives Kulturzentrum unterscheiden sich, auch wenn sie beide der Funktion Kultur dienen. Solche räumlich-funktionalen Unterscheidungen gehen erneut mit soziokulturellen Differenzierungen einher: Arbeiter sind in der Fabrik und Angestellte im Büro, das Publikum in der Oper und im Punkkonzert unterscheidet sich, und selbst wenn im Fußballstadion Klassenschranken und ethnische Grenzen im vergemeinschaftendem Element Fußball scheinbar verschwimmen, so ist dennoch die Businesslounge von den Stehplätzen separiert.

Alle diese größeren und kleineren Mosaiksteine der Großstädte weisen unterschiedliche Normalitäten auf: In den jeweiligen Räumen sind unterschiedliche Funktionen und Nutzungsweisen üblich, sie unterscheiden sich darin, welche soziokulturellen Gruppen dort überwiegen und welche Verhaltensweisen oder auch Kleidungsstile dominant sind. Mit solchen Normalitäten gehen auch Erwartungen der Nutzer der jeweiligen Räume einher. Entsprechende Vorstellungen von räumlichen Normalitäten beeinflussen deren Handeln und die Bewegungsradi der Großstädter.

Die Stadt aber so als eine Ansammlung von Räumen zu begreifen, verlangt zu klären, was Raum ist.

---

2 „‚Kultur', das ist das Gewebe von Bedeutungen in Artefakten, Sprache, Habitus, alltäglicher Lebensführung, Symbolen, Riten, des Wissens, der Relevanz- und Glaubenssysteme, der Diskurse und Legitimationen und selbstverständlich auch der gesellschaftlichen ‚Werte', die gesamtgesellschaftliche Kulturen ebenso wie besondere soziale Schichten und Milieus, Nachbarschaften, (abweichende) Subkulturen oder Lebensstile weben" (von Trotha 2005: 45).
3 Der Begriff funktionale Segregation bezeichnet hier nicht Vor- oder Nachteile residentieller Segregation für Integration (vgl. zur Diskussion: Heitmeyer 1998, Häußermann/Siebel 2002).

1.2 Die doppelte Konstitution städtischer Räume

„Räume sind, da sie im Handeln entstehen und auf Konstruktionsleistungen basieren, stets sozial." (Löw/Sturm 2005: 44)

Auch wenn immer wieder konstatiert wird, die Soziologie leide unter einer „Raumblindheit" (Läpple 1991: 163, vgl. seitdem auch Löw 2001: 9ff., Schroer 2007), so ist es inzwischen ein soziologischer und geographischer Allgemeinplatz, dass Raum nicht unabhängig vom Sozialen gedacht werden kann – zumindest nicht, wenn Raum in seiner Bedeutung für Gesellschaft untersucht werden soll: Der materielle, physisch-gebaute Raum ist gesellschaftlich produziert und auch der materielle, physisch-natürliche Raum ist kulturell überformt. Dabei kann die Diskussion darüber, ob Raum als Container *oder* als relationaler Raum begriffen wird, der sich erst durch die *„relationale (An)Ordnung von Lebewesen und sozialen Gütern"* bildet (vgl. Löw 2001: 154, Herv. i.O.), als nachrangig angesehen werden, denn die Frage gilt vielmehr den Konstruktions- und Produktionsprozessen von Raum und ist mithin eine empirische Frage. Liegt nach dem Modell des Containerraums „die Betonung auf der zur Passivität verurteilten Rolle der Körper, so betont das relationale Konzept des Raumes gerade umgekehrt die kreativen Anteile der Individuen bei der Konstitution räumlicher Strukturen" (Schroer 2007: 43). Es ist eine Frage der Perspektive, der Intentionen und des zeitlichen Verlaufs: Stadtplaner und Architekten produzieren Raum regelmäßig als a priori, als Behälter für Gesellschaft und bestimmbares soziales Handeln (Sport treiben, Einkaufen, Wohnen, ...). Gleichwohl verändert sich der Raum in seiner sozialen Bedeutung als relationaler über die (variable) Anordnung der physikalischen Objekte und Menschen sowie über die Handeln beeinflussende Wahrnehmung dieser Anordnungen durch die einzelnen Subjekte, die wiederum Objekte und Menschen zu Räumen zusammenfügen und interpretieren.

Dieter Läpple (1991: 196f.) charakterisiert Raum in vier Dimensionen:

1. das gesellschaftlich produzierte *materiell-physische Substrat*: menschliche, vielfach ortsgebundene Artefakte, materielle Nutzungsstrukturen, kulturell überformte Natur
2. die *gesellschaftlichen Interaktions- und Handlungsstrukturen* bzw. *die gesellschaftliche Praxis* der mit Produktion, Nutzung und Aneignung des Raumsubstrats befassten Menschen – strukturiert und geprägt durch Klassen- und Machtverhältnisse, lokale Traditionen und Identitäten
3. ein *institutionalisiertes und normatives Regulationssystem*, das als Vermittlungsglied zwischen dem materiellen Substrat und der gesellschaftlichen Praxis seiner Produktion, Aneignung und Nutzung fungiert: Eigentumsformen, Macht- und Kontrollbeziehungen, rechtliche Regelungen, Planungsrichtlinien, soziale und ästhetische Normen etc.

4. ein mit dem materiellen Substrat verbundenes räumliches *Zeichen-, Symbol- und Repräsentationssystem*. Raumstrukturierende Artefakte sind Symbol- und Zeichenträger, die ihre soziale Funktion und eine Identifikationsmöglichkeit als sozial hochselektive „Gebrauchsanweisung" erkennbar werden lassen.

Mit dieser Vierdimensionalität deutet Läpple eine doppelte Konstitution von Raum an. Die erste und dritte Dimension verweisen darauf, dass der städtische Raum – und nur dieser interessiert hier – zum einen das Ergebnis des Prozesses seiner *sozialen Produktion* ist und er anhand objektiver oder objektivierbarer Merkmale beschrieben werden kann. Das materielle Substrat, der gebaute Raum, ist das Produkt sozialen Handelns und Ausdruck gesellschaftlicher Herrschaftsverhältnisse (vgl. auch von Saldern 2000: 6). Diese drücken sich etwa darin aus, wer mit welchen Mitteln zu welcher Zeit für welche sozialen Gruppen welche Räume baut, wo diese in der Stadt verortet sind, welche Funktionen ihnen zugedacht werden und wie sie architektonisch gestaltet sind. Auch das Regulationssystem ist Ausdruck von Herrschaftsverhältnissen, die sich u.a. in Eigentumsformen, kodifizierten Normen und Planungsrichtlinien manifestieren.

Der gebaute Raum strukturiert Nähe- und Distanzverhältnisse in Städten, die sich in Kosten an Zeit und Geld messen lassen, und die Positionierung im physischen gebauten Raum der Stadt spiegelt und verstärkt die Positionierung im – metaphorisch zu verstehenden – sozialen Raum wider (vgl. Bourdieu 1998).

Die zweite und die vierte Dimension bei Läpple verdeutlichen zum anderen, dass Raum auch das Ergebnis seiner Wahrnehmung und des (sozialen) Handelns der Anwesenden ist. Die Interpretation der Symbolik des Raums und damit die Be-Deutung der Räume als Ausdruck ihrer gesellschaftlichen Produktion ist abhängig von den Subjekten. Die Interpretation von Farben, Materialien, Architekturgesten ist gelerntes Be-deuten und folgt nicht linear aus dem physisch-materiellen Substrat des Raums. Sie variiert mit sozialisationsbedingten Wissensbeständen und damit mit Schicht, Alter, Lebensstil, individuellen Erfahrungen etc. *und* mit den situativen Kontexten in denen sie stattfinden.[4] Interpretationen bilden sich zudem in den mental maps der Subjekte ab, womit Bedeutungen von Räumen über eine konkrete Situation hinaus stabil bleiben können. Auch variiert die Beurteilung von Nähe und Distanz individuell und gruppenspezifisch damit, wer wozu oder zu wem im physischen Sinn nah oder fern steht und was mit so einer Beurteilung verbunden wird.[5] Die Subjekte konstruieren unterschiedliche Räume und diese

---

4 So ist der Raum Westfalenstadion (aktuell „Signal-Iduna-Park" (sic!) genannt) ein anderer für den aktiven Fußballspieler, den Auswechselspieler, den Zuschauer, den Reporter oder den Architekten; aber auch für den Spieler, der das erste Mal dort aufläuft und für denjenigen, der dort schon viermal einen Elfmeter verschossen hat.

5 Insofern ist es keinesfalls eindeutig, ob beispielsweise herrschaftliche Architekturges-

Konstruktionen wirken auf ihr Handeln sowie auf weitere Situationsdefinitionen zurück. So kann – um ein im Weiteren relevantes Beispiel zu bringen – die Zuschreibung Drogenkonsument, Junkie, nicht nur in der Erscheinung oder dem Verhalten einer Person begründet sein, sondern auch in dem räumlichen Kontext, in dem die Person wahrgenommen wird: Die Zuschreibung erfolgt ggf. in einem Bahnhof, in dem entsprechend exzessive Konsumenten von Drogen erwartet werden, und sie bleibt im Flughafen, wo diese nicht erwartet werden, eventuell aus – und sie wirken jeweils auf die Räume zurück.

Das Beispiel deutet an, dass die Be-Deutungen von Räumen intersubjektiv im raumgebundenen Handeln der Anwesenden entstehen. D.h., auch wenn die jeweils einzelnen Anwesenden unterschiedliche Wahrnehmungen, Erinnerungen oder auch Nutzungsintentionen haben können, so wird Raum über seine Wahrnehmung und über das davon beeinflusste soziale Handeln seiner Nutzer *sozial konstruiert* (vgl. Löw/Sturm 2005; Werlen/Reutlinger 2005).[6]

Im Folgen wird daher zwischen der sozialen Produktion und der sozialen Konstruktion von Raum unterschieden. „Als Resultat der materiellen Aneignung der Natur ist ein gesellschaftlicher Raum zunächst ein *gesellschaftlich produzierter Raum*. Seinen gesellschaftlichen Charakter entfaltet er allerdings erst im Kontext der *gesellschaftlichen Praxis der Menschen*, die in ihm leben, ihn nutzen und ihn reproduzieren [genauer: rekonstruieren; J.W.]." (Läpple 1991: 197; Herv. i.O.)

Diese These der doppelten Konstitution von Raum darf aber nicht als schlicht zweiseitig verstanden werden. Die soziale Produktion und die soziale Konstruktion von Raum stehen nicht nebeneinander oder ergänzen sich einfach. Es besteht vielmehr ein Wechselverhältnis: 1.) Physischer Raum wird durch menschliche und gesellschaftliche Aktivitäten erzeugt, er ist Produkt sozialen Handelns. 2.) Dieser gesellschaftlich produzierte Raum wird deutend wahrgenommen und wirkt auf jegliches Handeln zurück, denn Handeln ist zwangsläufig raumgebunden.[7] 3.) Es besteht ein Wechselverhältnis: Sozial produzierter Raum beeinflusst (soziales) Handeln und (soziales)

---

ten in Form von Wolkenkratzern auch immer als solche empfunden werden. Ebenso wenig ist es eindeutig, ob die messbare Entfernung des Wohnstandorts zu einem Bahnhof oder einem Park als Vor- oder Nachteil oder überhaupt als Nähe oder als Ferne angesehen wird.

6   Der Raum Fußballstadion wird erst durch die Zuschreibungen und menschlichen Aktivitäten zu einem Fußballstadion (oder zu einem Internierungslager wie in Santiago de Chile in den 1970er Jahren). Nicht nur der Bau macht die Kirche aus, sondern vor allem ihre Nutzung für Gottesdienste und nicht als Diskothek – wofür es ebenfalls empirische Beispiele gäbe –, wenngleich des dann wiederum die Be-Deutung des physischen Substrats ist, die dazu beiträgt, eine besondere Diskothek hervorzubringen.

7   Selbst der Internetchat im nur virtuellen Raum ist nicht derselbe Chat, je nachdem, ob er vom Bett aus, im öffentlichen Internetcafé, vom Computer am Arbeitsplatz oder mobil während eines Waldspaziergangs stattfindet.

Handeln (re-)konstruiert und verändert Raum. Räume sind „Ergebnisse und Voraussetzungen" von Handlungsverläufen und erst über Wahrnehmungs-, Vorstellungs- oder Erinnerungsprozesse werden soziale Güter und Menschen/Lebewesen zu Räumen zusammengefasst (Löw/Sturm 2005: 44, ähnlich: Werlen/Reutlinger 2005: 55). Dies drückt Martina Löw mit dem Begriff „Syntheseleistung" aus (Löw 2001: 158).[8]

Löw verweist auch darauf, dass Räume über unsichtbare, aber gleichwohl spürbare Seiten verfügen. Sie sind Ausdruck dieses Wechselverhältnisses: die sakrale Aura eines Gebetshauses, die enthusiastische Stimmung in einem Fußballstadion, das luxuriöse Ambiente eines Restaurants. Räume verfügen, und werden – in der vorangestellten Logik – auch durch sie gebildet, über Atmosphären, *„die in der Wahrnehmung realisierte Außenwirkung sozialer Güter und Menschen in ihrer räumlichen (An)Ordnung. (...) Atmosphären machen den Raum als solchen und nicht nur die einzelnen Objekte wahrnehmbar"* (Löw 2001: 205f, Herv. i.O.). Gerüche, Geräusche, Sprache, Mimik, Gesten, Farben und Assoziationen mit Materialien, Architekturformen etc. pp. bilden und beeinflussen die Atmosphären von Räumen. Sie bilden damit eine Qualität von Räumen, oder von raumgebundenen Situationen ließe sich präzisieren, „die nicht selten Ein- und Ausschlüsse (im Sinne von gruppenspezifischem Wohlfühlen oder Fremdfühlen) zur Folge hat" (Löw/Sturm 2005: 44). Räume strukturieren damit auch Verhalten:

> „Raum prägt unser Verhalten und drückt ihm seinen Stempel auf. Aber Räume helfen uns auch zu entscheiden, in welcher Situation wir uns befinden. Sie kanalisieren, in welche Situationen wir kommen und welche Erwartungen wir haben können, sie strukturieren Interaktionsabläufe, machen einige wahrscheinlich, andere unwahrscheinlich. Räume dienen insofern der Komplexitätsreduktion. Freilich ist es (...) nie der Raum selbst, der ein bestimmtes Verhalten gleichsam automatisch, unter Umgehung des Bewusstseins der Akteur hervorruft: „Räume (Bauten, Orte, Plätze), die eine eindeutige dominante Valenz aufweisen, induzieren dieser Valenz entsprechende Verhaltens- und Interaktionsmodi. Nicht also physikalische Raumstrukturen als solche determinieren [...] menschliches Verhalten, sondern die Bedeutungen und Wertigkeiten, die Menschen bestimmten Strukturen und Orten attribuieren, legen auch das ihnen entsprechende Verhalten nahe." (Kruse/Graumann 1978: 190) Die Bedeutungen und Wertigkeiten aber, die Individuen bestimmten Orten und Räumen attribuieren, werden nicht in jeder Situation immer wieder aufs Neue vorgenommen. Vielmehr entlasten vorgegebene räumliche Arrangements gerade von Situationsdefinitionen, weil in ihnen die Bedeutungen und Wertigkeiten bereits eingeschrieben sind." (Schroer 2007: 41.f.)

---

8   Der ebenfalls von Martina Löw eingeführte Begriff des „spacings" (2001: 158) entspricht nur bedingt dem, was als soziale Produktion von Raum bezeichnet wurde, da Löw darunter auch das Sich-Positionieren gegenüber anderen Menschen versteht. Unmittelbar raumbezogenes Handeln in Form des Bauens und Platzierens von Gütern, Menschen und Symbolen (ebd.) kann demnach sowohl auf die Produktion wie auf die Konstruktion von Raum verweisen.

Teile der Erwartungen sind Normen, die räumlich differenziert relevant sind. Räume spiegeln institutionalisierte und normative Regulationssysteme: „(...) die physischen Markierungen stellen in sozialer Hinsicht nichts anderes dar als materielle Repräsentation symbolischer Begrenzungen des Gültigkeitsbereichs normativer Standards" (Werlen/Reutlinger 2005: 56). Normen als situationsspezifische Verhaltenserwartung wiederum können als Kernelemente sozialer Ordnungen angesehen werden, d.h. Räume strukturieren und repräsentieren soziale Ordnung und soziale Ordnungen werden über Räume (mit)produziert – soziale Ordnung verstanden als eine *„uns selbstverständlich gewordenen Typisierung und Bezeichnung von Wirklichkeiten"* (Kaufmann 1987: 40; Herv. i.O.).

Das konkrete Verhältnis von Raum und sozialer Ordnung soll im Folgenden als Ordnungstypus bezeichnet werden, d.h. es wird mit Benno Werlen und Christian Reutlinger von einer Kongruenz von Ordnung und Raum ausgegangen. Die These ist, dass sich spezifische Räume durch spezifische Formen sozialer Ordnung auszeichnen (vgl. auch Hunter 1995), also die sozialen Beziehungen der Anwesenden untereinander spezifisch strukturieren, und damit auch, dass spezifische Formen sozialer Ordnung raumgebunden und räumlich beschreibbar sind. Im Zuge der doppelten Konstitution von Raum wird räumliche Ordnung im Wechselverhältnis zwischen sozialer Produktion und sozialer Konstruktion hergestellt.

Zwei so verstandene, in der Stadtsoziologie klassische Typen von Räumen sind private und öffentliche Räumen. Der räumlichen Polarität von Öffentlichkeit und Privatheit wird eine besondere Relevanz beigemessen, weil sich das Individuum als bürgerliches Subjekt, als Persönlichkeit *zwischen* diesen beiden Sphären konstituiere (vgl. Bahrdt 1998), und weil sie dazu dient, Stadt zu definieren:

> „Eine Stadt ist eine Ansiedlung, in der das gesamte, also auch das alltägliche Leben die Tendenz zeigt, sich zu polarisieren, d.h. entweder im sozialen Aggregatzustand der Öffentlichkeit oder in dem der Privatheit stattzufinden. Es bilden sich eine öffentliche und eine private Sphäre, die in engem Wechselverhältnis stehen, ohne dass die Polarität verloren geht. (...) Je stärker Polarität und Wechselbeziehung zwischen öffentlicher und privater Sphäre sich ausprägen ‚desto städtischer' ist, soziologisch gesehen, das Leben einer Ansiedlung" (Bahrdt 1998: 83f).

Was Öffentlichkeit im Sinne von öffentlichem Raum bedeutet, soll im Weiteren näher dargelegt werden.

1.3 Öffentliche Räume

Öffentlicher Raum ist nur in seiner Differenz zum privaten denkbar. Als Kern von Öffentlichkeit und des öffentlichen Raums gilt – im Unterschied zur privaten Sphäre – eine freie, unkontrollierte Zugänglichkeit: „Die

bürgerliche Öffentlichkeit steht und fällt mit dem Prinzip des allgemeinen Zugangs. Eine Öffentlichkeit, von der angebbare Gruppen eo ipso ausgeschlossen wären, ist nicht etwa nur unvollständig, sie ist vielmehr gar keine Öffentlichkeit" (Habermas 1990: 156). Und weiter: „Öffentlich nennen wir Veranstaltungen, wenn sie, im Gegensatz zu geschlossenen Gesellschaften, allen zugänglich sind – so wie wir von öffentlichen Plätzen sprechen" (ebd.: 54; vgl. u.a. auch Goffman 1971: 21; Koenen 2003: 160).
Was öffentliche Räume empirisch sind, ist aber umstritten. Herbert Schubert (2000) versuchte sich ebenso an einer Typisierung unterschiedlicher öffentlicher Räume wie Klaus Selle (2002) oder auch Lyn Lofland (1998)(vgl. ebenso Altrock/Schubert 2003). Während Hans-Paul Bahrdt (1969), Albert Hunter (1995) und Bernhard Schäfers (2001) lediglich zwischen privaten und öffentlichen Räumen eine „parochial sphere" bzw. eine „Quartiersöffentlichkeit" einfügen, fördert die Analyse der Stadt durch die übrigen Autoren eine Vielzahl von Differenzierungen zu Tage. Die zwangsläufig etwas hilflos erscheinende Wortwahl von halb-öffentlichen, quasi-privaten oder hybriden Räumen drückt dabei die analytischen Schwierigkeiten aus, und mal werden die „unzivilisierten Flächen" (Koenen 2003: 160) von Parkplätzen und Grünstreifen ebenso zu öffentlichen Räumen gezählt, wie ein Wald, den jeder betreten darf. Was emphatisch als öffentlicher Raum bezeichnet wird unterscheidet sich, und nicht immer werden soziale Arrangements und Interaktion als Bedingungen für Öffentlichkeit betrachtet.

Aber ein allgemein zugänglicher Raum ist noch kein öffentlicher im soziologischen Sinn. Allgemeine Zugänglichkeit gilt lediglich als notwendige Bedingung für Öffentlichkeit. Bei Bahrdt bilden erst „Kommunikation und Arrangements" (Bahrdt 1998: 93) die hinreichenden Bedingungen. Als normativ hoch aufgeladenes Ideal spiegelt der öffentliche Raum damit auch Emanzipationsversprechen der bürgerlichen Gesellschaft. Er „steht für die Hoffnungen auf Chancengleichheit am Markt, Auflösung von Herrschaft in der demokratischen Willensbildung selbstbestimmter Bürger und auf gesellschaftliche Teilhabe, kurz auf ökonomische, politische und soziale Integration ohne Negation von Differenz" (Siebel 2007: 80f.).[9] In diesem bürgerlichen Verständnis können öffentliche von privaten Räumen in vier Dimensionen analytisch unterschieden werden, die ihrerseits die allgemeine Zugänglichkeit von Räumen beeinflussen (vgl. Siebel 2000a, Siebel/Wehrheim 2003):[10]

---

9 „Die private Sphäre demgegenüber ist das Reich des selbständigen Warenproduzenten als dem Inbegriff des autonomen Bürgers und der bürgerlichen Familie als dem Glücksversprechen auf lebenslange Liebe und gegenseitiges Vertrauen. Sie steht für die Hoffnung auf entfaltete Subjektivität im Kontext familialer Intimität einerseits und auf ökonomische Autonomie auf der Basis von Eigentum andererseits." (Siebel 2007: 81)
10 Ulrich Berding et al. (2007) unterscheiden zwischen Recht (Eigentums- und

1. Funktional: Dem öffentlichen Raum der Straßen und Plätze sind die Funktionen Markt und Politik zugeordnet, den privaten Räumen von Betrieb und Wohnung die der Produktion und Reproduktion. Die „private Verfügungsgewalt über Produktionsmittel, Boden und Gebäude" definiert den privaten Bereich ebenso, wie sich in der alten Bürgerstadt die Sphäre herausbildete, die als Bereich einer Kleingruppe und Familie und damit soziologisch als privat stilisiert werden konnte (Bahrdt 1998: 38).
2. Juristisch: Öffentliche Räume unterliegen öffentlichem Recht, private dem Hausrecht des Eigentümers, womit die formaljuristische Verfügungsgewalt über die Räume definiert ist. Die juristische Unterscheidung umreißt den Rahmen für kodifizierte Normen, für das institutionalisierte und normative Regulationssystem eines Raums, das – nicht formalisiert – in der sozialen Dimension präzisiert wird.
3. Sozial: Historisch-zivilisationstheoretisch wird differenziert zwischen „verhäuslichten" (Gleichmann 1976), in den privaten Bereich verlagerten Handlungen und Handlungen, die in der Öffentlichkeit verortet sind. Die Wohnung, als „innerer Bezirk" der Privatsphäre (Habermas 1990), ist ein Rückzugsraum und eine „Hinterbühne", die dazu dient, sich auf den Auftritt in der Öffentlichkeit vorzubereiten (vgl. Goffman 2000: 99ff.). Auf der „Vorderbühne" der Straße zeigt der Großstädter stilisiertes Verhalten, das Privatheit schützt, und verbirgt Handlungen, die Schamgrenzen verletzen könnten. „Verhalten" und „Erscheinung" sind dabei, so Erving Goffman, gleichermaßen für eine situations- und damit auch ortsangemessene „persönliche Fassade" bedeutsam (ebd.).[11] Mit dieser Differenzierung – Vorderbühne/Hinterbühne – variiert auch die normative Bewertung und Akzeptanz von Erscheinung und Verhalten. Intimität, Emotionalität und Körperlichkeit, im Sinne von Hygiene und Sexualität, finden im Verborgenen, im Privaten statt.[12] Diese Trennung von privatem und öffentlichem Verhalten und Erscheinen umfasst nicht

---

Nutzungsrechte) und Regulierung (wer de facto Regeln für die Nutzung definiert) sowie der Raumproduktion, worunter Produktion, Unterhalt, Pflege und Weiterentwicklung der physischen Räume verstanden wird (vgl. auch Selle 2002).

11 Man macht sich eben nicht besonders schön, wenn man den ganzen Tag zu Hause bleiben wird und auch keinen Besuch erwartet.

12 Während Alkemeyer (2003) auf eine in jüngerer Zeit verstärkte Inszenierung von Körperlichkeit in öffentlichen Räumen, in Form etwa von sportlichen Aktivitäten hinweist, so merken Breckner/Sturm (2002: 165) an, dass lange Zeit „Experimente mit dem bisher verbotenem Erscheinen in öffentlichen Räumen (...) zunächst tagsüber und später auch nachts zu den notwendigen weiblichen Mutproben" gehörten. Die Unterscheidung öffentlich – privat markiert grundsätzlich eine quasi naturalisierte geschlechtsspezifische Differenzierung, und während die griechische Agora, der Raum des Männlichen, des *intellects* war, so war der Oikos der Bereich der Frauen, in dem alle körperlichen Vorgänge und Tätigkeiten verortet waren (vgl. Terlinden 2002: 144f., in Bezug auf Hanna Arendt).

nur Aktivitäten wie etwa Beischlaf, Defäkieren oder Trauer, sondern auch schlichtere Dinge, wie in der Nase bohren oder die Wahl der Kleidung. Dieselben Handlungen in der Öffentlichkeit vollführt gelten als Abweichung: Hemmungsloses Weinen sorgt in der Öffentlichkeit nur in Kirchen und auf Friedhöfen nicht für verstörte Blicke, Defäkieren ist bereits eine Ordnungswidrigkeit und einvernehmlicher Beischlaf auf der Straße gilt ggf. gar als Straftat (§183a StGB). Vorder- und Hinterbühne, Öffentlichkeit und Privatheit unterscheiden sich aber nicht nur darin, dass bestimmtes Handeln dem einen oder anderen Raum zugeordnet ist, sie unterscheiden sich auch in der Art und Weise *wie* gleiches Handeln vollzogen wird.

4. Symbolisch: Insbesondere architektonische und städtebauliche Merkmale signalisieren Offenheit oder Geschlossenheit, Exklusivität oder Zugänglichkeit. Die Symbolik von Räumen zeigt sich jedoch nicht nur in ihrem physisch-materiellen Substrat (vgl. Carr et al. 1992). Schilder mit (Haus-)Ordnungen, Uniformen von Sicherheitspersonal, die Funktionalität der Räume und die vorfindbaren Nutzer und deren Verhaltensweisen symbolisieren ebenfalls den öffentlichen oder privaten Status von Räumen, und die Raumausstattung soll dazu beitragen, den „Fluss kultureller Information" entsprechend zu erleichtern (Ipsen 2004: 267). Die Symbolik eines Raums kann dessen juristisch-normativen Status unterstreichen oder gerade konterkarieren.

Lange Zeit war – insbesondere in der Stadtplanung – einerseits die juristische Dimension die vorherrschende, weshalb im Aufrechnen von Quadratmetern an öffentlichem oder privatem Raum mal von einer Privatisierung von Stadt mal von ihrer Veröffentlichung geredet wurde (vgl. Wehrheim 2006a: 12f.). Andererseits stand die politische Funktion des öffentlichen Raums als Ort vernunftorientierten Austauschs und damit als Basis für sozialen Fortschritt im Zentrum der Aufmerksamkeit. Die Polarität von Öffentlichkeit und Privatheit kann soziologisch aber nur mehrdimensional beschrieben werden. Ein juristischer Status sagt etwas über räumlich strukturierte Herrschaftsbereiche aus, aber noch nichts über die dort gültigen Normen oder gar über Normkonformität. Die politische Funktion folgt nicht einfach aus allgemeiner Zugänglichkeit. Sie hängt von den Anwesenden, den sozialen Arrangements, weiteren Nutzungen und ggf. auch von der baulichen Struktur der Räume und ihrer Symbolik ab, und ob das Ergebnis etwas mit Idealen von Demokratie zu tun hat, ist damit noch lange nicht gesagt.

Der öffentliche Raum muss außerdem in allen vier Dimensionen als in Veränderung und als variabel begriffen werden (vgl. ausführlicher: Siebel/Wehrheim 2003): In der funktionalen Dimension verändert sich die Dichotomie mit dem Wandel der Industrie- zur konsumorientierten Dienstleistungsstadt, wenn Räume handwerklicher Produktion zunächst von

Räumen industrieller Massenproduktion und später von den neuen Raumtypen der Dienstleistungsgesellschaft, wie sie sich in Form von Urban Entertainment Center und Shopping Malls in Städten zeigen, sukzessive abgelöst werden. Empirisch muss auch von einer Multifunktionalität öffentlicher Räume ausgegangen werden, denn eine negative Voraussetzung, um Öffentlichkeit zu beherbergen oder zu generieren ist es, dass Nutzungen nur begrenzt festgeschrieben sind (vgl. Huning 2003: 113) oder Räume gar eine multifunktionale Nutzung anbieten (vgl. Bahrdt 1969: 154): Der Bürgersteig etwa ist nicht im geringsten spezialisiert (vgl. Jacobs 1963: 27ff.), und das heißt auch, Aufenthalt im öffentlichen Raum kann reiner Selbstzweck sein, ohne andere Ziele verfolgen zu müssen (vgl. Breckner 2006: 268). Auch öffentliche Verhaltensstandards, die, als Spezifizierung sozialer Praxen, Öffentlichkeit täglich (re-)konstruieren müssen, unterliegen einem Wandel (vgl. Wouters 1999). Küssen, Telefonieren oder Urinieren in der Öffentlichkeit sind Beispiele dafür. Ebenso variieren und verändern sich die Bedeutungen von Symbolen, die wiederum handlungsbeeinflussend sind.

Öffentlicher Raum, interpretiert als spezifischer Modus zur Herstellung sozialer Ordnung, muss also an erster Stelle im Sinne des Weberschen Idealtypus verstanden werden und nicht als normatives Ideal:

Der Idealtypus „wird gewonnen durch einseitige Steigerung eines oder einiger Gesichtspunkte und durch Zusammenschluß einer Fülle von diffus und diskret, hier mehr, dort weniger, stellenweise gar nicht, vorhandenen Einzelerscheinungen, die sich jenen einseitig herausgehobenen Gesichtspunkten fügen, zu einem in sich einheitlichen Gedankenbilde. In seiner begrifflichen Reinheit ist dieses Gedankenbild nirgends in der Wirklichkeit empirisch vorfindbar, es ist eine Utopie, und für die historische Arbeit erwächst die Aufgabe, in jedem einzelnen Falle festzustellen, wie nahe oder wie fern die Wirklichkeit jenem Idealbilde steht" (Weber 1991/1904: 73f.).

Idealtypisch ist ein öffentlicher Raum *allgemein zugänglich* und *eigentumsrechtlich öffentlich*, sind ihm im Kern die *Funktionen Markt* und *Politik* zugeordnet, ist er *sozial* die „Vorderbühne" (Goffman) und damit *Ort von stilisiertem Verhalten* sowie *symbolisch offen in seiner Gestaltung*, er demonstriert seine allgemeine Zugänglichkeit und seinen öffentlichen Charakter.

Dadurch, dass der öffentliche Raum sich idealtypisch durch klare Zuordnungen der Verfügungsgewalt auszeichnet und ihm bestimmte Funktionen und Verhaltensnormen zugeordnet sind, kann er als ein Ordnungstyp dahingehend analysiert werden, wie er in den vier Unterscheidungsdimension sowie über das Kriterium ‚allgemeine Zugänglichkeit' soziale Wirklichkeiten in Städten strukturiert.

Die theoretischen Kategorien öffentlich – privat werden also nicht obsolet, sie bieten sich vielmehr gerade an, um Veränderungen räumlicher Ordnungen zu analysieren und zu prüfen, inwieweit städtische Räume dem

Idealtypus nahe kommen, denn der öffentliche Raum verändert sich nicht nur, er hat auch, gemessen am Idealtypus, empirisch nie existiert. So setzt die Idee liberaler Öffentlichkeit voraus, dass der „Verkehr der Privatleute auf dem Markt von sozialen Gewalten und in der Öffentlichkeit von politischem Zwang emanzipiert sein würde" (Habermas 1973: 65). Aber niemals haben „die ökonomischen und sozialen Bedingungen jedermann gleiche Chancen" (Habermas 1990: 157) auf Teilhabe eingeräumt, der Markt war nie gewaltfrei, und diskursiv produzierte Öffentlichkeit war und ist nie frei von Macht und hegemonialen Interessen. Die griechische Agora stand nur denen offen, die von Arbeit befreit waren und demzufolge nicht den Sklaven und Frauen, und auch in der Europäischen Stadt des 19. Jahrhunderts waren es die Frauen und die städtischen und ländlichen Unterschichten, die vom „öffentlichen" Raum ausgeschlossen waren (vgl. Engels 1974 [1845], Wagner 1999, von Saldern 2000, Terlinden 2002, Frank 2003, Breckner/Sturm 2002, Siebel/Wehrheim 2003). Ebenso zeichnen sich die spätmodernen europäischen Großstädte nach der Phase einer tendenziellen fordistischen All-Inklusion wieder verstärkt durch Exklusion aus. Es sind erneut klassische soziale Randgruppen, die am Betreten sozial bedeutungsvoller Räume gehindert werden oder auch Gruppen ausländisch aussehender männlicher Jugendlicher. Historisch gesehen weisen gleichwohl die heutigen Marktorte die größte empirische Evidenz auf, von ihrer soziokulturellen Zusammensetzung tendenziell repräsentativ für die gesamte Stadt zu sein, und sie kommen damit am ehesten dem Idealtypus nahe.

Dass des Weiteren unterschiedliche Typen öffentlicher Räume auszumachen sind, ist schon alltagsweltlich hoch plausibel, denn Unterschiede sind augenscheinlich: Parks, Straßen, Plätze, Fußgängerzonen, ..., und diese Typen bilden Mischformen und unterliegen weiterer Differenzierung: z.B. Geschäftsstraße, Marktplatz, Einkaufszentrum. Marktorte, die hier besonders interessieren, unterscheiden sich u.a. durch ihre – schon aufgrund ihrer jeweiligen geographischen Lage in der Stadt – unterschiedliche Zugänglichkeit und Attraktivität: Die Geschäftsstraße, die Haute Couture für die gehobenen Schichten feilbietet ist phänomenologisch anders als die, die einmal die Woche auch einen Ökomarkt beherbergt, an dem Väter mit Babys in Tragtüchern für Kalamata-Oliven anstehen. Das Shopping Center in einer Großsiedlung am Stadtrand, das neben einem Supermarkt vielleicht noch eine Drogerie, einen Bäcker und ein paar kleine Dienstleister bereithält, unterscheidet sich deutlich von der so oft zitierten West Edmonton Mall, die neben Hunderten von Geschäften und Restaurants auch eine Achterbahn, ein Aquarium mit echten Delphinen und einen originalgetreuen Nachbau der Santa Maria ihr Eigen nennt.

Solche Unterschiede verweisen auf unterschiedliche Formen der Aneignung von Raum, und Orte, als Konkretisierung und damit auch als Lokalisierung von Raum (vgl. auch Läpple 1991), geraten in den Blickpunkt.

Herrschaftliche Architekturgesten sind bei Pierre Bourdieu Ausdruck von Aneignung, der „angeeignete Raum ist einer der Orte, an denen Macht sich bestätigt und vollzieht, und zwar in ihrer subtilsten Form: der symbolischen Gewalt als nicht wahrnehmbare Gewalt" (Bourdieu 1991: 27). Bei Chombart de Lauwe liegt hingegen ein emphatisches Verständnis von Aneignung zu Grunde; der Begriff impliziert bei ihm gerade etwas Widerständisches:

> „Die Aneignung des Raums ist das Resultat der Möglichkeiten, sich im Raum frei bewegen, sich entspannen, ihn besitzen zu können, etwas empfinden, bewundern, träumen, etwas kennenlernen, etwas den eignen Wünschen, Ansprüchen, Erwartungen und konkreten Vorstellungen gemäß tun und hervorbringen zu können. Die Aneignung des Raums entspricht so einer Gesamtheit psychologischer Prozesse, die in der Subjekt-Objekt-Beziehung verortet sind, in einer Beziehung also zwischen dem Subjekt (Individuum oder Gruppe), welches sich Raum anzueignen versucht, und den Objekten, die die Subjekte im Alltagsleben umgeben. Sie vermitteln die Formen alltäglicher Praxis (die Verhaltensweisen, das Handeln) mit den kognitiven und affektiven Prozessen" (Chombart de Lauwe 1977: 6).

Aneignung ist bei Chombart de Lauwe aber auch graduell abgestuft, d.h. der Grad der Aneignung ist abhängig vom Ausmaß in dem „mehr oder weniger unbehindertes Handeln möglich ist" (1977: 3). Das in den verschiedenen Verständnissen von Aneignung zum Ausdruck kommende Spannungsverhältnis – Aneignung als Ausdruck von Macht/Herrschaft einerseits und Aneignung als widerständische Praxis andererseits – verweist auf unterschiedliche Einflüsse der sozialen Produktion und der sozialen Konstruktion von Raum. Im Bourdieuschen Verständnis würde Erstere Letztere eher dominieren, bei Chombart de Lauwe wird die umgekehrte Perspektive nahe gelegt.

Soziale Produktion und soziale Konstruktion von Raum sowie deren Wechselverhältnis führen dazu, dass auch funktional ähnliche Räume – die oben genannten dienen alle der Marktfunktion – sich durch unterschiedliche Normalitäten und auch durch unterschiedliche Normativitäten auszeichnen. Die jeweiligen Orte unterscheiden sich nicht nur anhand ihrer Nutzer und ihrer Materialität, sondern ebenso in der Art und Weise und dem Grad, in dem sie Komplexität reduzieren, d.h. Situationen strukturieren oder bestimmtes Verhalten nahe legen oder gar evozieren. Jens Dangschat (2005) spricht deshalb, in Analogie zu Bourdieus Habituskonzept, von einem „Habitus des Ortes", der sich im zeitlichen Verlauf herausbildet und als Ergebnis von kollektiven Be-Deutungen längerfristig wirkungsmächtig bleibt. Er reproduziert sich im Wechselverhältnis zwischen Raum, Wahrnehmung und Handeln:

Diagramm 1: Der Habitus des Ortes

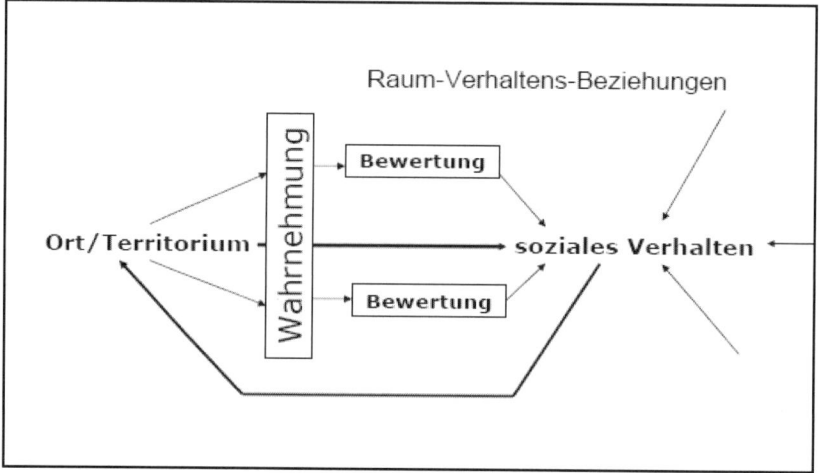

Quelle: Dangschat 2005

Die Umschreibung „Habitus des Ortes" verweist also auf spezifische Qualitäten von Orten, wenngleich diese variabler erscheinen als der Bourdieusche Habitusbegriff es nahe legt. Auch wenn Orte unterschiedlich wahrgenommen und von den Subjekten mit unterschiedlichen Bedeutungen gefüllt werden können, so wird der Raum intersubjektiv zu einem Ort, indem er sich durch eine spezifische, relativ dauerhafte soziale Ordnung auszeichnet. Der Habitus des Ortes ist damit das Ergebnis der sich in ihrem Wechselverhältnis manifestierenden doppelten Konstitution von Raum. Mit dem Habitus des Ortes ist danach zu fragen, *wie* sich physischer Raum, soziale Strukturierung und Verhaltenstypen wechselseitig beeinflussen. Er bezeichnet die lokalen Spezifika des Ordnungstyps öffentlicher Raum.

Unabhängig jeweiliger Habitus haben Orte des Ordnungstyps öffentlicher Raum, selbst dann, wenn sie begrenzt exklusiv sind, (mindestens) eine zentrale Gemeinsamkeit: Man begegnet zwangsläufig anderen Menschen, und diese Tatsache zwingt zu Kommunikation. Kommunikation jedoch noch keineswegs im Sinne Bahrdts, als stilisiertes, repräsentatives Verhalten, bei dem es nötig ist, „daß der dargestellte, über das jeweilige Verhalten hinausgreifende *Inhalt* auch von der Art ist, daß er Kommunikation erzeugt" und „an irgendein Gemeinsames, Verbindendes appellieren [muss], damit die sich selbst darstellende Person der anderen als anerkennenswert und einer Kommunikation wert erscheint" (Bahrdt 1998: 91; Herv. i. O.). Der öffentliche Raum bedeutet zunächst vielmehr, *„man kann nicht* nicht *kommunizieren"* – so das erste, metakommunikative Axiom von Paul Watzlawick et al. (1969: 53; Herv. i. Orig.) – oder mit Niklas Luhmann formuliert:

„Wenn Alter wahrnimmt, daß er wahrgenommen wird und daß auch sein Wahrnehmen des Wahrgenommenwerdens wahrgenommen wird, muss er davon ausgehen, daß sein Verhalten als darauf eingestellt interpretiert wird; es wird dann, ob ihm das passt oder nicht, als Kommunikation aufgefasst, und das zwingt ihn fast unausweichlich dazu, es auch als Kommunikation zu kontrollieren" (Luhmann 1984: 561).

Und als ein Raum, in dem sich nicht nur viele, sondern auch unterschiedliche und einander unbekannte Menschen begegnen, ist der öffentliche Raum ein Ort der Begegnung mit Fremden. Zur „Öffentlichkeitskultur gehört die Begegnung mit dem Fremden, mit unbekannten Menschen und Dingen" (von Saldern 2000: 10). Auf sie muss sich Kommunikation, welcher Art auch immer, richten.

Im Folgenden soll gezeigt werden, was die spezifische Qualität von Fremdheit in der Großstadt ausmacht und welche Umgangsweisen mit dem als ambivalent geltenden Fremden existieren. Kommunikation unter Fremden erscheint nämlich problematisch oder darauf beschränkt, zu kommunizieren, dass man nicht weiter kommunizieren möchte.

2.0 Der Fremde

2.1 Das Entstehen und die soziale Konstruktion von Fremdheit

In vormodernen Stammesgesellschaften gab es keine Fremdheit. Dem Fremden, dem Unbestimmten wurde sein Fremdheitsstatus genommen: durch Heirat, durch Versklavung oder durch Tötung (vgl. Nassehi 1995: 449). Ritualisierte Formen des Gastrechts ermöglichten es außerdem, „die Fremdheit des Fremden wegzuarbeiten" (ebd.: 450). Auch in den Städten des Mittelalters hatten die Auswärtigen nicht den Status des Fremden im heutigen Sinn. Die Händler und Pilger boten zwar Austausch – von Waren, Informationen, Weltanschauungen –, aber sie blieben nicht, und die ‚Fremden' waren in ihren Rollen als Händler oder Pilger, also kategorial bekannt. Oft war auch der aus der Ferne kommende Gast gar kein Unbekannter, sondern eingebunden in ein überlokales Geflecht personaler Beziehungen.

Dies änderte sich ab der frühen Neuzeit und weiter mit dem Entstehen des (früh-)modernen Nationalstaats, mit „Policey", städtischen Bettelverboten und Passgesetzen, aber auch strukturell bedingt, mit Bevölkerungswachstum und mit verstärkter Migration – sowohl international, als auch im Zuge der Urbanisierung (vgl. etwa Stichweh 2001). Die Moderne, mit ihrer räumlichen und sozialen Mobilität und freieren Wahl sozialer Kreise (Simmel), schuf und steigerte fortan die Bedeutung von Fremdheit.

In modernen stratifizierten und insbesondere in funktional differenzierten Gesellschaften hat sich Fremdheit als Strukturmerkmal herausgebildet, schreibt Armin Nassehi (1995: 454), und diese sei auch Bedingung der Möglichkeit dafür, „daß individualisierte Lebensformen und relativ freie persönliche Orientierungen ästhetischer, ethischer, religiöser und sexueller Art überhaupt möglich sind" (ebd.). Strukturell bedingte Fremdheit bietet das Potential der Individuierung des Individuums und erzeugt damit eine sich selbst verstärkende Fremdheit, die im 20. Jahrhundert auch in Form einer Ausdifferenzierung sozialer Milieus und Lebensstile ihren Ausdruck fand.

Die Figur des Fremden ist insofern keineswegs auf den Immigranten beschränkt, auch wenn ‚der' Immigrant neben ‚dem' Juden als Prototyp des Fremden gilt. Die Figur darauf zu beschränken würde die Bedeutung des Fremden als sozialer Typus – und nicht als konkrete Person – verkennen. So ist der Immigrant nur ein Spezialfall in Alfred Schütz' allgemeiner Definition des Fremden, eines „Erwachsenen unserer Zeit und Zivilisation (...), der von der Gruppe, welcher er sich nähert, dauerhaft akzeptiert oder zumindest geduldet werden möchte" (Schütz 1972: 53). Neben dem Immigranten nennt er weitere Beispiele: Der Bewerber um die Mitgliedschaft in einem geschlossenen Club, der Junge vom Land, der auf die

Universität kommt, der Arbeitslose in einer wirtschaftlich expandierenden Stadt, der Bräutigam in der Familie seines Mädchens (vgl. ebd.). Der Fremde zeichnet sich dadurch aus, dass er nicht schlicht der Außenstehende ist. Die Gleichzeitigkeit des Dazugehörens und Nicht-Dazugehörens konstituiert seinen Status, denn nur wenn ein soziales Verhältnis besteht, erlangt Fremdheit eine spezifische Qualität. „Der Fremde ist ein Element der Gruppe selbst, nicht anders als die Armen und die mannigfachen ‚inneren Feinde' – ein Element, dessen immanente und Gliedstellung zugleich ein Außerhalb und Gegenüber einschließt" (Simmel 1992a: 765). Fremdheit ist damit auch kein feststehendes, absolutes Phänomen, sondern grundsätzlich „relativ zu Ort, Zeitpunkt und Instanz der Zuschreibung" (Münkler/Ladwig 1998: 12) – relational etwa zur Perspektive eines männlichen, weißen, protestantischen Mittelschichtsangehörigen – sowie abhängig von den Kontexten, in denen Personen und Handlungen wahrgenommen werden.

Fremdheit ist in der Moderne und Spätmoderne ein universelles und, so lässt sich der jüngeren Literatur entnehmen, ein expandierendes Phänomen und eine alltägliche Erfahrung (vgl. Münkler/Ladwig 1998; Reuter 2002a/b). Dies gilt insbesondere für große Städte: „Die Einheit von Nähe und Entferntheit, die jegliches Verhältnis zwischen Menschen enthält, ist hier zu einer, am kürzesten so zu formulierenden Konstellation gelangt: Die Distanz innerhalb des Verhältnisses bedeutet, daß der Nahe fern ist, das Fremdsein aber, daß der Ferne nah ist" (Simmel 1992a: 765). Der Ort an dem der Fremde bleiben will ist die Stadt, und der Ort an dem man ihm regelmäßig begegnet ist der öffentliche Raum. Städte produzieren aber auch selbst Fremdheit.

2.1.1 Urbanisierung und die relationale Fremdheit in der modernen Großstadt

„In the city, when one leaves private space, one moves into the world of many unknown or only categorically know others (biographical strangers), many of whom may not share one's values, history, or perspective (cultural strangers)" (Lofland 1998: 9).

Der Fremde ist der Prototyp des Städters (vgl. Siebel 1997: 31), und die moderne Großstadt kann soziologisch neben der Polarität von Öffentlichkeit und Privatheit über Differenz und Fremdheit definiert werden. Die Urbanisierung ab dem späten 19. Jahrhundert mit ihrem geradezu explosionsartigen Bevölkerungswachstum ließ gar keine Chance mehr für dörfliche Vertrautheit auf der Ebene der ganzen Stadt. Großstädte sind durch Anonymität gekennzeichnet und der Fremde als Unbekannter entstand, als „biographical stranger" (Lofland 1998: 9) dem man noch nicht begegnet ist. Die zunehmend arbeitsteilige Organisation der Wirtschaft und des gesamten Lebens und damit die Ausdifferenzierung sozialer Rollen, wie sie sich mit der Urbanisierung herausgebildet hat, verstärkte bzw. produzierte erst Fremdheit.

Die unvollständige Integration, wie Bahrdt (1998) den Modus der Integration einander Unbekannter in Großstädten nannte, schaffte die negative Voraussetzung dafür, nur mit der einen gerade zur Schau getragenen Rolle auftreten zu können. Diese Freiheit zur Wahl des zu präsentierenden Rollenausschnitts – der keineswegs immer ‚von alleine' identifizierbar ist –, schuf eine situative Wissenslücke: „Die Lücke zwischen dem, was man wissen muß, um zu steuern, und dem, was man über die tatsächlichen und möglichen Bewegungen der anderen weiß oder zu wissen glaubt, wird als das Element der ‚Fremdheit' an den anderen wahrgenommen; diese Lücke konstituiert sie als *Fremde*" (Bauman 1997: 205, Herv. i.O.).

Die enge Verknüpfung von Stadt und Fremden ist aber nicht nur das indirekte Produkt von Größe, Dichte, Heterogenität und Arbeitsteilung. Sie lässt sich ebenfalls aus der Polarisierung von öffentlichem und privatem Leben ableiten: Fremdheit ist das zentrale Charakteristikum von Urbanität und ex definitione von öffentlichem Raum, als ein Raum in dem idealtypisch alle Personen, unabhängig von Herkunft oder sozialem Status, die gleiche Chance haben, ihn zu nutzen. Fremdheit muss insofern mit ihrem räumlichen Bezug gedacht werden, denn das Fremde resultiert gerade aus den Rollenausschnitten und Verhaltensweisen, die im öffentlichen Raum *nicht* offenbart werden: Der Fremde ist im öffentlichen Raum präsent, aber das Fremde liegt metaphorisch für die jeweils anderen im Privaten verborgen. Es ist auch eine Frage der Perspektive, denn Privatheit ist „jener Raum, der (...) Fremdheit suspendiert und ein stabiles Innen-Außen-Verhältnis etabliert. (...) Privatheit etabliert Fremdheit zwischen verschiedenen privaten Räumen" (Nassehi 2003: 30). Fremdheit ist damit in öffentlichen Räumen verortet; das abstrakte Fremde, das Unbestimmte ist jedoch das, was gerade nicht offensichtlich ist. Und so formulieren auch Herfried Münkler und Bernd Ladwig (1997: 38) in Bezug auf Jürgen Habermas: „Nur wenn sich alle Bürgerinnen und Bürger in ihrem Recht auf Privatheit geschützt wissen, können sie im öffentlichen Raum als Autoren ihres eigenen Rechts in Erscheinung treten. (...) Was aber ist das Recht auf Privatheit anderes als das Recht auf Fremdheit?"

Fremdheit in der großen Stadt ist ein relationales Phänomen, das auch über die räumliche Polarität von Öffentlichkeit und Privatheit konstruiert wird.

Im Hinblick auf Fremde im städtischen Raum zeigen sich nun zwei mögliche Konstellationen: Zum einen ein *Miteinander* Fremder an einem Ort: dem durch die Abgrenzung zum privaten konstruierten, traditionellen öffentlichen Raum in dem Privatleute zusammentreffen. Typischerweise wird dieser als der Marktplatz im Zentrum der Stadt diskutiert oder es sind die transitären Orte wie Bahnhöfe an denen Privatleute scheinbar kontaktlos miteinander existieren (vgl. Simmel 1995, Häußermann/Siebel 2001: 9f.). Zum anderen *nebeneinander*, segregiert: Unterschiedliche soziale und kulturelle Gruppen finden sich parallel in der Stadt verteilt. Unterschiedliche Bedürfnisse und Interessen werden an unterschiedlichen Orten oder zu unterschiedlichen Zeiten bedient. Je homogener diese einzelnen Räume und je vertrauter die Individuen mit diesen Orten oder Nachbarschaften sind, desto eher ist die Konfrontation mit Fremdheit nur in einem anderen als dem ‚eigenen' Raum möglich. Rollen können dann anonym nicht innerhalb eines Raums gewechselt werden, sondern nur zwischen Räumen.

„Fremd ist der Fremde nur in der Fremde", wusste auch Karl Valentin (1978: 230), und die ist in der Stadt ganz nah. Die Begriffe der Chicagoer Schule „natural areas" und „moral regions" (vgl. Park/Burgess/McKenzie 1974) unterstreichen, dass Fremdheit relational zu räumlichen Ordnungen ist. Der chinesische Immigrant ist nicht in China Town, wohl aber in Little Italy fremd und der Fremde ist im Opernhaus ein anderer als der Fremde im Bordell. Fremdheit ist immer abhängig von der eigenen in-group und der eigenen Lebenswelt. Die räumliche Differenzierung verortet damit nicht nur den Fremden in anderen Räumen der Stadt, sondern sie schafft sie auch. Fremdes räumliches Setting und Fremde bedingen sich gegenseitig.

Nicht nur weil Räumliches von Zeitlichem nicht zu trennen ist (vgl. Schroer 2007), ist der Faktor Zeit auch für ein räumliches Verständnis von Fremdheit bedeutend. Die Frage ist, ob ein bestimmter Raum in der Stadt überhaupt ein Raum ist, an dem der Fremde nicht nur heute kommt, sondern in der zeitlichen Perspektive auch morgen bleibt, d.h. an dem der Fremde dauerhaft an den (lokalen) „Kultur- und Zivilisationsmustern" (Schütz 1972) teilhaben möchte. Je eher ein Raum einer bestimmbaren in-group oder einer soziokulturell selektiv nachgefragten Funktion zugeordnet werden kann *und* je eher Teilnahme auf Regelmäßigkeit, einen längeren Zeitraum oder gar auf Dauer angelegt ist oder angelegt zu sein scheint, desto bedeutsamer wird Fremdheit. Die anonymen Orte des Transits bedeuten zwar eine unentwegte und unmittelbare Konfrontation mit Unbekannten, eine nähere Auseinandersetzung mit ihnen kann in der Regel jedoch leicht vermieden werden. Wohnquartiere hingegen sind – aufgrund der engen Beziehung der Bewohner zu diesem Ort und aufgrund der Tatsache, dass diese Beziehung auf eine längere Zeit angelegt ist – dem entgegen einerseits Orte an denen Fremde seltener vorkommen, andererseits aber Orte, an denen der Fremde eher als Invasor nicht nur beschrieben (Burgess), sondern auch empfunden wird. Kommt er heute und bleibt er morgen (Simmel), erscheint ein flüchtiges Nebeneinander auf Dauer nur in dem Maße praktikabel, wie ein Quartier ebenso durch ein urbanes Nebeneinander oder auch durch hohe residentielle Fluktuation gekennzeichnet ist. So wie die Konfrontation mit dem Fremden ein, vielleicht das zentrale Merkmal von Städten ist, so sehr variiert ihre Bedeutung mit den Orten des Geschehens und damit variiert auch Fremdheit an sich.

2.1.2 Soziale Distanz und (Definitions-)Macht

„Das Fremde ist nicht einfach das Andere, und nicht alles, was anders ist, ist auch schon fremd" (Makropoulos 1993: 41).

Die Tatsache, dass etwas oder jemand anders und unbekannt ist, bringt noch keine spezifische Qualität von fremd als ‚andersartig' hervor. Das Moment der Unbestimmtheit ist gleichwohl entscheidend, denn der Freund wie der Feind sind beide nicht nur bekannt gewordene Andere; Gemeinsamkeiten, Unterschiede und Konflikte sind wohl vertraut (vgl. Bauman 1992, Plessner 1981/1931: 195).[13]

Differenzen bei Schicht, Ethnie, Religion, normativer oder sexueller Orientierung oder nur vermutete Differenzen aufgrund visueller Merkmale sind Voraussetzung dafür, den Anderen nicht nur als Unbekannten zu sehen, sondern auch als andersartig und damit als fremd zu definieren. Der Fremde scheint über visuelle Merkmale wie Hautfarbe, Kleidung oder Haartracht identifizierbar; er sieht oft anders aus. Grüne oder lange Haaren, Kopftücher oder Bärte, Peies oder Tätowierungen werden als Indikatoren für nicht bekannte, aber jedenfalls andere Charaktereigenschaften und Verhaltensweisen angesehen. Äußerlichkeiten wirken als „verstärkendes Schibboleth" (Elias/Scotson 1993: 26), sie können Fremdheit vermitteln. Fremde verhalten sich auch oft anders. Sie weichen vom Normalen, vom Mittelwert und der akzeptierten Standardabweichung ab und sie verstoßen ‚objektiv' leichter gegen Regeln, weil ihnen die Gewohnheiten, Normen, Moden der in-group, zu der sie gehören wollen, schlicht weniger vertraut sind. Wobei wiederum unklar ist, was ein Regelverstoß bedeutet: Neben Unkenntnis könnten auch konkurrierende soziale Normen den Hintergrund bilden. Die ggf. anderen Normen der Fremden aber haben keine Gültigkeit: der Ruf des Muezzins wird als fremd (und störend) angesehen, nicht das Läuten der Kirchenglocken, morgens um acht immer noch Techno-Musik zu hören gilt oft als zweifelhaft, abends um acht klassische Musik zu hören hingegen nicht.

Aus solchen Feststellungen des anders und gleichzeitig unbekannt Seins – weil nicht erkennbar ist, worin die Differenz begründet ist und was aus ihr folgt – resultiert aber immer noch nicht automatisch das Etikett ‚andersartig'.

Die Psychoanalyse sieht Andersartigkeit als das Produkt von Projektionen, in denen dem Fremden das Ausleben der eigenen unterdrückten und sublimierten Triebe unterstellt wird. Projektionen erfolgen jedoch nicht beliebig, und so wie Sublimierung Produkt gesellschaftlich-kultureller Prozesse ist, so unterliegt auch die Beurteilung, wann was gut und was

---

13 In „Zeitgemäßes über Krieg und Tod" schrieb Freud, die fehlenden Kenntnisse über andere „Kulturvölker" seien offenbar eine Voraussetzung dafür, „Haß und Abscheu" gegeneinander wenden zu können (Freud 1967: 329). Der Feind ist nur in der Rolle als Feind bekannt, ansonsten nur über „Vorurteile", d.h. über Zuschreibungen, über degradierende Urteile.

schlecht an den Trieben ist gesellschaftlichen Definitionen. In der Soziologie und Sozialpsychologie wird Fremdheit daher zunächst als lebensweltliche bzw. kognitivkulturelle Differenz begriffen. Die Sinnhaftigkeit und Intentionalität des Handelns bleibt wechselseitig verborgen; Eigenschaften und Verhaltensweisen setzen sich vom Wissensvorrat der jeweiligen Eigengruppe ab (vgl. Hettlage-Varjas/Hettlage 1990: 472). ‚Andere Welten' treffen aufeinander, die gesellschaftlich konstruierten Wirklichkeiten von Fremden und in-group unterscheiden sich. Fremdheit als etwas qualitativ Besonderes entsteht aber erst dann, wenn diese Differenzen auch als andersartig attribuiert werden, d.h. tatsächliche oder vermeintliche Unterschiede als Indikatoren für das Wesentliche angesehen *und* diese dann als negativ oder bedrohlich bedeutet werden. Erst dadurch erlangen Unterschiede die besondere Qualität ‚fremd'.

Ein solcher Prozess des „otherings", als der gesellschaftlichen Konstruktion von Eigenem und Fremdem, verläuft nicht unabhängig von sozialer Distanz, die mit Machtdisparitäten einhergeht. Macht ist eine Voraussetzung dafür, dass aus subjektiven Wahrnehmungen gesellschaftliche Definitionen werden können.[14] Kulturelle Differenz wird insbesondere dann zur andersartigen Fremdheit überhöht, wenn sie mit Veränderungen in Machtverhältnissen, etwa mit sozialen Aufstiegsprozessen einherzugehen scheint. Negative Klassifikationen kultureller Unterschiede schaffen Distinktionsgewinne und verstärken oder stabilisieren soziale Distanz gerade in aufstiegsorientierten Gesellschaften (vgl. Sutterlüty/Neckel 2006). Kulturelle Differenz wird durch soziale Distanz zu Fremdheit überhöht,[15] und neben

---

14 So waren sich hierzulande deutsche Arbeiter und italienische Gastarbeiter in den 1960er Jahren wechselseitig fremd; die Macht, einseitige Definitionen von Fremdheit vorzunehmen, lag aber bei der Mehrheitsgesellschaft und der etablierten Gruppe.

15 Der Drogenkonsument im öffentlichen Raum ist fremd und wird als Problem definiert, weil er als Person (wie der Migrant oder der Punk) und weil sein Handeln im öffentlichen Raum besonders sichtbar sind, weil er einer nicht vertrauten Subkultur angehört *und* weil er sichtbar einen anderen sozialen Status verkörpert. Ihm werden andere normative Orientierungen und Werte zugeschrieben, ihn treffen die traditionellen Stigmata der „gefährlichen Klassen" (vgl. auch Morris 1994, Simon 1993, Wehrheim 2006a: 40f.): moralische Verwerflichkeit wie sexuelle Promiskuität, fehlendes Arbeitsethos und soziales ‚Schmarotzertum', (Straßen-)Kriminalität, mangelhafte Hygiene, ansteckende Krankheiten (früher Typhus, Syphilis, heute HIV und Hepatitis) – von politisch umstürzlerischen Tendenzen, die mit dem ‚fremden' Proletariat zu Zeiten der Urbanisierung und Industrialisierung verbunden wurden, einmal abgesehen.
Die im Privaten koksende Börsenmaklerin oder der rotweintrinkende Arzt sind hingegen bestenfalls im eigenen sozialen Umfeld als entsprechende Konsumenten sichtbar – falls deren Treiben dort überhaupt als Drogenkonsum definiert wird. Der Konsum berauschender Stoffe macht sie noch nicht fremd, sie evozieren keine Abstiegsängste und Abgrenzungsbedürfnisse. Auch distinguierende kulturelle Praktiken der verschiedenen Lebensstilgruppen der Mittelschicht werden nicht als fremd definiert: nicht die

Machtdisparitäten infolge sozialer Ungleichheit, resultieren Konstruktionen von Fremdheit aus Etablierten-Außenseiter-Figurationen, in denen ebenfalls Machtunterschiede zentrale Aspekte sind (vgl. Elias/Scotson 1993: 27): Um den eigenen Status zu sichern, kann Fremdheit konstruiert werden, selbst wenn ‚objektive' sozio-kulturelle Unterschiede als Indikatoren für vermeintlich abweichende Wesensmerkmale fehlen. Die Attribuierung ‚fremd/andersartig' ermöglicht Abgrenzung und damit auch die Sicherung des eigenen, höheren Status.

Etikettierungen als fremd und andersartig weisen insofern eine Nähe zu denen als abweichend und kriminell auf, auch wenn nicht zwangsläufig das Eine aus dem Anderen folgt (vgl. Bergmann 2001: 42). Sie arbeiten mit Unterscheidungen, „deren Urheber sie selbst sind: ohne Moral keine Sünder, ohne Gesetze keine Verbrecher; ohne die Definition eines Unterschiedes zwischen ‚uns' und den ‚anderen' keine Fremden" (Hahn 1994: 141).

Macht ist eine Voraussetzung dafür, über soziale Kontrolle den normativen Vorstellungen einer Gruppe auch Geltung zu verleihen (vgl. Peters 2002: 115; siehe Kapitel I.2.4) oder statistische Abweichungen von Normalitäten auch als Abweichungen von Normativitäten zu deuten. Erst soziale Kontrolle verleiht einer Handlung ggf. ihre spezifische Qualität als abweichend. Denn: Abweichendes Verhalten ist „*keine* Qualität der Handlung, die eine Person begeht, sondern vielmehr eine Konsequenz der Anwendung von Regeln durch andere (...). Ob eine Handlung abweichend ist, hängt davon ab, wie andere Menschen auf sie reagieren" (Becker 1981: 8, 10, Herv. i.O.). Erst die negative Sanktionierung lässt eine Regelverletzung auch zur Abweichung werden.[16] Fremdheit und Zuschreibungen von Abweichungen stehen dabei in einer engen Beziehung: Von Fremden begangene Regelverletzungen werden eher sanktioniert und somit zu Abweichung, und sie werden auch eher strafrechtlich sanktioniert und somit zu Kriminalität, weil Fremde seltener über die Möglichkeit verfügen, in der ihnen ebenfalls fremden Aufnahmege-

---

Mode der Islandpullover des alternativen Milieus in den 1980er Jahren, noch der Gebrauch von kleinen Tretrollern durch 45-jährige Büroangestellte im Anzug in den späten 1990er Jahren. Die Mittelschichten werden nicht mit der Andersartigkeit der unteren belegt, egal wie groß ihrer sexuelle Aktivität ist oder wie bereitwillig sie ihre Steuern zahlen.

Eine solche Überhöhung kultureller Fremdheit durch die soziale wird auch deutlich, wenn Marotta mit Blick auf Bauman schreibt: „The relationship between Self (‚successful consumer') and Other (‚flawed consumer') is based on the Other reaffirming the identity of the Self. (...) The ‚non' or ‚flawed consumers become the strangers of the consumer society" (Marotta 2002: 44).

16 Howard S. Becker gilt zwar als Mitbegründer des labeling approachs, ihm liegt aber ein ‚latenter Objektivismus' zu Grunde, da er davon ausgeht, Regelverletzungen lägen objektiv vor und würden nicht erst in situationsgebundenen Interaktionsprozessen konstruiert (vgl. seinem Vier-Felder-Schema 1981: 17). Die Zuschreibung ‚abweichend' verleiht aber auch bei Becker der Regelverletzung erst ihre besondere Qualität.

sellschaft/-gemeinschaft ihre Situationsdefinitionen durchzusetzen. Auch unterscheidet sich die Wahrscheinlichkeit informeller Konfliktregulation und formeller Strafanzeigen, wenn die beteiligten Parteien einander bekannt oder aber fremd sind. So schützt etwa der vertraute (und private) Kontext Familie meist vor Kriminalisierung (vgl. Christie 2005: 18f., Walter 2006: 78). Gehören Konfliktparteien unterschiedlichen Ethnien an, steigt die Wahrscheinlichkeit einer Strafanzeige signifikant (Wetzels et al. 2001: 287). Kriminell wird in der Regel das Handeln Anderer und vor allem das Handeln Fremder genannt. Das eigene Verhalten wird hingegen – aufgrund von Neutralisierungs- und Rationalisierungstechniken (vgl. Sykes/Matza 1968) – meist als normal oder als ein zu vernachlässigender Regelverstoß definiert.

Als fremd definierte Personen und die Be-Deutung von Verhaltens- oder Erscheinungsweisen als Devianz und Symbole für Andersartigkeit lassen sich damit nicht trennscharf unterscheiden, und sie variieren mit den Kontexten, in denen sie wahrgenommen werden.[17] Als nicht nur subjektiv, sondern gesellschaftlich relevante Kategorie ist Fremdheit nicht ohne Macht zu denken, und: das „Fremde ist bedrohlich, und das Bedrohliche wird der Kategorie des Fremden zugeschlagen" (Hahn 1994: 156).

Damit ist das Problem von Fremdheit in Großstädten und in öffentlichen Räumen angedeutet. Es geht um *Verunsicherungen*, die in Furcht vor Kriminalität kumuliert: „fear of crime is fear of strangers" (Biderman et al. 1967) und mit Lyn Lofland: „fear of the criminal *is* fear of 'the street'" (Lofland 1998: 159, Herv. i.O.). Obwohl nirgends so viel gemordet, totgeschlagen und vergewaltigt wird wie unter Verwandten und Bekannten, ist die Angst vor Kriminalität meist die Angst vor dem Fremden auf den Straßen der großen Städte – und, so wies es Wolfgang Keller (2007: 178) nach, je größer Ressentiments gegenüber Fremden, desto größer auch die Furcht vor Kriminalität.

2.2 Verunsichernde Fremdheit in der Stadt

> *"The crowd provokes fears of depersonalisation, fragmentation, loss of identity"*
> *(Robins 1995: 52).*
> *„Fremdheit erleben heißt, die Fragwürdigkeit dessen zu spüren, was als das Eigene gilt"*
> *(Makropoulos 1993: 41).*

Verunsicherung durch den Fremden in der Großstadt geht aber weit über die Furcht vor Kriminalität hinaus. Sie ist untrennbar mit Fremdheit verbunden, denn das was den Fremden konstruiert ist auch das was verunsichert.

In der psychoanalytischen Literatur ist Verunsicherung durch den als andersartig angesehen Fremden in Bezug auf der eigene Identität zentral:

---

17 Das Tragen von Kopftüchern durch junge Frauen in der Stadt gilt als Symbol der Unterdrückung von Frauen, das Tragen von Kopftüchern durch alte Frauen auf dem Land gilt als Ausdruck von Tradition.

Diese wird fragwürdig, weil der Fremde einen mit dem Fremden in einem selbst konfrontiert, mit den eigenen verdrängten bzw. kulturell unterdrückten und sublimierten Trieben der Aggression und Sexualität (vgl. Freud 2003: 76).[18] Dabei wird von einem wechselseitigen Prozess der Verunsicherung und des Begehren ausgegangen:

> "I am a person who can arouse fear in the people I meet, and I am frightened by this 'strange' part of me. And what of the desire that strangers arouse me (*despite* my resistance to the loss of control it brings with it)? Does this not actually tell me something about the way I resemble them? I, too, am a person who can be desired by others. And if I desire the other because of his or her 'strangeness', then it must be the 'strangeness' in me that arouses their desire." (Robins 1995: 56)

Die große Stadt ist aber nicht nur der Ort, an dem die individuelle Identität als fraglich erlebt werden kann, sondern ebenso Gruppenidentitäten und Vorstellungen von Familie, Klasse, Ethnie, Gender. In der Stadt wird die eigene lebensweltliche Normalität permanent in Frage gestellt (vgl. auch Lofland 1993: 100f.), denn individuelle wie Gruppenidentitäten sind intersubjektiv hergestellt. Das ‚Ich', aber eben auch das ‚Wir', ist nur in Abgrenzung definierbar, und diese Abgrenzung begründet ein Wechsel- und Spannungsverhältnis: Identitäten werden sowohl durch die Abgrenzung zu anderen erst hergestellt, als auch durch die Erfahrung von Fremdheit fraglich. Das Eigene ist unbegreiflich mit dem Anderen verschränkt, so Helmuth Plessner (1981/1931: 193).

Die soziologische und sozialpsychologische Literatur sieht das Verunsichernde durch den Fremden nicht im Zwiespalt zwischen Ängsten und Begierden und der Fraglichkeit der eigenen Identität, sondern zum einen in der bereits erwähnten situativen Wissenslücke: Bei der „Navigation" in der Stadt gibt es in jeder Situation zu viele Signale und Reize, aus denen die entscheidenden gefiltert werden müssen, man muss immer zwischen verschiedenen Wegen und Zielen wählen und die Ziele, Wege und Bedürfnisse der jeweils anderen sind nie vollständig vorhersehbar (vgl. Bauman 1997: 205).

> „Sieht man vom pathologischen Fall endogen bedingter Ängste ab, so hat (...) jede subjektive Unsicherheit auch *situative* Aspekte, d.h. sie ist eine Folge von Wahrnehmungen und Einschätzung von Situationen. Diese Situationen können entweder ‚unsicher' im Sinne objektivierbarer Risiken oder ‚verunsichernd' im Sinne mangelnder Durchschaubarkeit sein. Während im erstgenannten Falle Risikovorsorge grundsätzlich möglich erscheint [auf der Straße kann man weglaufen, die Polizei rufen oder unbeteiligt tun; J.W.], ist im zweitgenannten Falle eine angemessene Reaktion erschwert, wenn

---

18 „Infolgedessen ist ihm der Nächste nicht nur möglicher Helfer und Sexualobjekt, sondern auch eine Versuchung, seine Aggression an ihm zu befriedigen, seine Arbeitskraft ohne Entschädigung auszunützen, ihn ohne seine Einwilligung sexuell zu gebrauchen, sich in Besitz seiner Habe zu setzen, ihn zu demütigen, ihm Schmerzen zu bereiten, zu martern und zu töten" (Freud 2003: 76).

nicht gar unmöglich. Unsicherheiten der Orientierung wirken psychisch meist belastender als erkennbare Risiken" (Kaufmann 1987: 39; Herv. i.O.).

Eine solche Wissenslücke konstituiert nicht nur Fremdheit, sie stellt eine prinzipielle und wechselseitige Verunsicherung für die Großstädter dar, und dieses Element des verunsichernden Fremden ist in der Situation begründet und in der Unbekanntheit des Anderen als Person angelegt: „We don´t ever really get to know the urban individual and hence never know when to trust him" (Park, zit. nach: Marrotta 2001: 5).

Zum anderen liegt das Verunsichernde in Gefährdungen bestehender sozialer Ordnungen. „Der Fremde bringe das Äußere ins Innere und vergiftet die Bequemlichkeit der Ordnung mit dem Mißtrauen des Chaos", schreibt Nassehi (1995: 447) mit Blick auf Zygmunt Bauman, und „any activity or behaviour containing an element of the unknown, a dimension of uncertainty, can be translated as being anti-social" (Bannister et al. 2006: 929).

Gefährdungen sozialer Ordnung können soziologisch auf zwei ‚Eigenschaften' des Fremden zurückgeführt werden, die aus seinem Status konstituierenden Spannungsverhältnis zwischen dazugehören und nicht dazugehören resultieren: seine vermeintliche Objektivität in der Rolle des außenstehenden Beobachters und Akteurs sowie seine in Frage gestellte Loyalität (vgl. Simmel 1992a, Schütz 1972). Der Fremde ist „der Mensch, der fast alles, das den Mitgliedern der Gruppe, der er sich nähert, unfraglich erscheint, in Frage stellt. Für ihn haben die Zivilisations- und Kulturmuster der Gruppe, welcher er sich nähert, nicht die Autorität eines erprobten Systems von Rezepten, und nur deshalb, und sonst aus keinem anderen Grund, weil er nicht an der lebendigen geschichtlichen Tradition teilnimmt, durch die diese Muster gebildet wurden" (Schütz 1972: 59). Volksweisen, Sitten, Gesetze, Gewohnheiten, Bräuche, gesellschaftliches Benehmen, Moden (vgl. ebd.: 54) sind nicht selbstverständliche Gegebenheiten. Der Fremde ist durch seine Position prädestiniert, ihre Eigenarten zu erkennen und ihre Gültigkeit zu hinterfragen, er irritiert das „Denken-wie-üblich" (Schütz).

Durch den Fremden als „objektiven Menschen" (Simmel) wird die lebensweltliche Normalität der in-group als etwas erfahrbar, das kontingent ist, sie könnte auch anders sein. Der Fremde stellt damit die Integration, die Ordnung von Gesellschaft infrage und er ist verdächtig:

„Man kann Objektivität auch als Freiheit bezeichnen: der objektive Mensch ist durch keinerlei Festgelegtheiten gebunden, die ihm seine Aufnahme, sein Verständnis, seine Abwägungen des Gegebenen präjudizieren könnte. Diese Freiheit, die den Fremden auch das Nahverhältnis wie aus der Vogelperspektive erleben und behandeln läßt, enthält freilich allerhand gefährliche Möglichkeiten. Von jeher wird bei Aufständen aller Art von der angegriffenen Partei behauptet, es hätte eine Aufreizung von außen her, durch Fremde Sendlinge und Hetzer stattgefunden. Soweit das zutrifft, ist es eine Exagerrierung der spezifischen Rolle des Fremden: er ist der Freiere, praktisch und theoretisch, er übersieht die Verhältnisse vorurteilsloser, mißt sie an allgemeineren, objektiveren Idealen und ist in seiner Aktion nicht durch Gewöhnung, Pietät, Antezedentieen gebunden" (Simmel 1992a: 767).

Lässt man nun die u.a. in Bezug auf Freud formulierten Ansätze der Psychoanalyse außen vor,[19] so verunsichert der Kontakt mit Fremden, weil die Fraglichkeit sozialer Ordnung und die Wissenslücke in großstädtischen Alltagsituationen erstens die lebensweltliche Gewissheit der Individuen infrage stellen, und, zweitens, weil dies ihren überhöhten Ausdruck in der Furcht vor Kriminalität im öffentlichen Raum findet; grundsätzliche Verunsicherungen erscheinen als objektivierbares Risiko und Gefahr.

Mit diesen beiden soziologischen Dimensionen der Verunsicherung durch den Fremden korrespondieren zwei Bedeutungskomplexe von Sicherheit,[20] die in zeitlich begrenzten Situationen im öffentlichen Raum der Stadt als fragil anzusehen ist. In ihrer ersten Bedeutung meint Sicherheit *Schutz im Sinne von Unversehrtheit*: „Dem eigenen Körper und seinen Verlängerungen" wie Besitz (Bauman 2000: 31) drohen keine Gefahren. Diese Dimension kann als Äquivalent zur Assoziation des Fremden als gefährlichen Kriminellen begriffen werden. Im zweiten Bedeutungskomplex geht es um *Erwartungssicherheit*, darum also, Situationen und damit soziales Handeln anderer vorhersehbar kalkulieren zu können: mit Gewissheit wissen zu können – oder es zumindest zu glauben – was einen erwartet und damit auch zu wissen, wie man sich entsprechend selbst zu verhalten hat. Sicherheit bedeutet damit:

- Sicherheit im Sinne einer Gefahrlosigkeit der äußeren Umwelt und
- Sicherheit als Kongruenz von subjektiven Handlungsdispositionen und Situation.

Gerade letzteres erscheint im öffentlichen Raum Großstadt durch die gleichzeitig Präsenz einander Fremder problematisch, denn dass

„die Definition einer Situation einem Subjekt gewiß sein kann, setzt voraus: 1. eine gewisse *Stabilität der Umwelt*, die erst ein Wiederkehren gleicher oder ähnlicher Erfahrungen ermöglicht. 2. Einen *sozialen Konsens* über die Definition relativ stabiler Konstellationen. 3. Das *Erlernen* von Situationsdefinitionen durch das Subjekt, was in der Regel teilweise durch handelnde Erfahrung, teilweise durch Situationsinterpretationen anderer Personen geschieht" (Kaufmann 1973: 271f., Herv. i.O.).

---

19 Sie wurden nicht weiter verfolgt und operationalisiert, da sie sehr aufwendige qualitative Methoden verlangt hätten und nicht im Mittelpunkt des Forschungsinteresses standen.
20 Xavier Kaufmann differenziert zwischen „Schutz vor Gefahr", „Gewissheit", „Verlässlichkeit" und „ohne Sorge" (1973: 50f, 147f.; 1987). Bauman (2000: 30ff.) unterscheidet im Englischen, mit explizitem Bezug auf das deutsche Wort „Sicherheit", zwischen „security", „certainty" und „safety". Diese Unterscheidungen sind nicht immer trennscharf und zudem interessieren hier nur zeitlich und räumlich begrenzte Situationen. Umschreibungen wie „ohne Sorge" erscheinen für Situation in öffentlichen Räumen unpassend.

Sich im öffentlichen Raum sicher zu fühlen meint demnach in Anlehnung an Franz-Xaver Kaufmann „die Fähigkeit, Unsicherheit auszuhalten", der „Lage gewachsen" zu sein (ebd.: 290), und dies variiert sozial mit den Bedeutungszuschreibungen zu Räumen und mit individuellen Ressourcen, Kompetenzen und sozialisationsbedingten Erfahrungen.

Verunsichernde Fremdheit ist damit nicht nur als ein – hinsichtlich der sozialen und/oder räumlichen Perspektive (s.o.) – relationales, sondern auch als ein – abhängig von Erfahrungen und interkulturellen Kompetenzen – graduelles Phänomen zu verstehen.

2.3 Die Ambivalenz und das Potential großstädtischer Fremdheit

"Urban Culture is passionate and erotic, but it is also subject to anxieties and tensions"
(Robins 1995: 53).
"Deviance, like difference, is a civic resource, enjoyed by tourist and resident alike"
(Becker/Horowitz 1971: 6).

Die Erfahrung von Fremdheit ist aber nicht nur verunsichernd, sie ist ambivalent: Sie ist bedrohlich, „da das Fremde dem Eigenen Konkurrenz macht, es zu überwältigen droht; verlockend ist sie da das Fremde Möglichkeiten wachruft, die durch die Ordnungen des eigenen Lebens mehr oder weniger ausgeschlossen sind" (Waldenfels 1997: 44). Diese Ambivalenz wird auch für die Großstadt als Ort des Fremden konstatiert. Sie wird nicht von ungefähr mit denselben Attributen beschrieben wie die Figur des Fremden: „Die Stadt ist der Ort von Lust und Gefahr, von Chance und Bedrohung. Sie zieht an und stößt ab und kann das eine nicht ohne das andere" (Bauman 1997: 223; vgl. auch Wilson, E. 1991, Epstein 1997, Nahnsen 2002, Frank 2006). Das Charakteristische der Großstadt ist die Untrennbarkeit von reizvollen und verunsichernden, von produktiven und verwirrenden Elementen, aber auch von Freiheit und Selbstkontrolle.

Die Freudsche Psychoanalyse entstand wohl nicht zufällig im Wien um die vorletzte Jahrhundertwende, in dessen Komplexität, wie in anderen Großstädten auch, eine bis dato unbekannte Reizüberflutung erfahren und aufgrund von langen Interdependenzketten und Konkurrenz (Elias 1976a/b) eine bis dato nie erforderliche Selbstkontrolle[21] und Langsicht notwendig

---

21 Van Krieken (1991: 613) identifiziert für das Mittelalter den Stadtrat als *einen Akteur*, der die Disziplinierung der Bevölkerungen konkret plante, in deren Zuge Selbstkontrolle erst verinnerlicht wurde. Selbstkontrolle infolge zunehmender Arbeitsteilung, wechselseitiger Abhängigkeiten und Konkurrenz ist weniger Produkt von Stadt, als von Modernisierung und kapitalistisch organisierter Ökonomie. Großstädte verdichteten im Zuge der Urbanisierung jedoch diese Veränderungen in den sozialen Beziehungen und damit erhöhten sie die Bedeutung von Selbstkontrolle. Sie sind die Orte an denen Langsicht und Selbstdisziplin notwendig werden und Vorteile bringen. „Die Pünktlichkeit, Berechenbarkeit, Exaktheit, die die Komplikationen und Ausge-

wurde. Diese Selbstkontrolle schuf Vorteile, sie schränkte aber gleichzeitig Freiheiten ein. Sie reduzierte das „Glück" (vgl. Freud 2003: 45). Die Großstadt aber hält auch Nischen bereit, die Freiheiten schaffen: So bezieht sich Robert E. Park explizit auf Sigmund Freud, wenn er in „The City" schreibt, dass die Stadt mit ihren „moral regions" Frei*räume* eröffnet, „vagrant and suppressed impulses, passions, and ideals" (1974a: 43) auszuleben und auch Möglichkeiten bestehen, sich von der „dominante moral order" zu emanzipieren. „The small community often tolerates eccentricity. The city, on the contrary, rewards it. Neither the criminal, the defective, nor the genius has the same opportunity to develop his innate disposition in a small town that he invariably finds in a great city" (Park 1974a: 41).

> „Dass in der Stadt ein festes und lückenloses Sozialsystem fehlt, innerhalb dessen die Beziehungen unter den Individuen vordefiniert sind, ist die Bedingung für Individualisierung. Gerade das, was die konservative Kritik an der Großstadt kritisiert, ihre Anonymität, ist die Voraussetzung für die Hoffnungen, die sich mit der Stadt verbinden: dass einen dort niemand kennt, weshalb man hoffen kann, mit dem Umzug in eine fremde Stadt oder auch nur mit dem Wechsel in einen anderen Stadtteil sein Leben neu beginnen zu können, eben weil man dort auf niemanden trifft, der einen auf die alte Identität verpflichten könnte. In jedem neuen Kontakt kann man versuchen, sich selber neu zu definieren. Und man kann selber darüber entscheiden, welchen Ausschnitt der eigenen Persönlichkeit man frei geben will und was man lieber vor dem anderen verborgen hält." (Siebel 2007: 77f.)

Aber die Freiheit von lückenlosen informellen Kontrollen ermöglicht es nicht nur, Bedürfnisse auszuleben und sich neu zu entwerfen oder mit Rollen zu experimentieren. Sie schafft auch Chancen für sozialen Wandel, wenn sich Spielräume für andere politische Positionen auftun, sich andere normative Orientierungen sukzessive etablieren, neue Ideen verfolgt werden können und somit Möglichkeiten für Innovation entstehen. Der Fremde ist Motor des sozialen Fortschritts: Die prekäre Position des Fremden zwischen zwei Kulturen (vgl. Park 1928) zwingt und befähigt ihn zu besonderer Reflexion und damit zu besonderen Leistungen, wie sie den Unternehmer, den Wissenschaftler und den Künstler auszeichnen (vgl. zur Reflexion Simmel 1992a und Schütz 1972, und zu besonderen Leistungen Sombart 1987). Er hat „gerade aufgrund soziokultureller Entfremdung die Chance zur Klarsicht", denn er kann sich nicht „in bequeme Binsenweisheiten" flüchten (Lindner 1990: 206). Dies treibt „seine geistigen Horizonte über jene Bornierungen" hinaus, „die dem Bodenständigen durch sein fragloses Hineinversetztsein in die Umstände auferlegt sind"

---

dehntheiten des großstädtischen Lebens ihm [dem Großstädter, J.W.] aufzwingen, steht nicht nur in engstem Zusammenhange mit ihrem geldwirtschaftlichen und ihrem intellektualistischen Charakter, sondern muss auch die Inhalte des Lebens färben und den Ausschluss jener irrationalen, instinktiven, souveränen Wesenszüge und Impulse begünstigen, die von sich aus die Lebensform bestimmen wollen, statt sie als eine allgemeine, schematisch präzisierte von außen zu empfangen" (Simmel 1995: 120).

(ebd.: 207). Es sind dieselben Eigenschaften des Fremden und dieselben Prozesse, die verunsichern und soziale Ordnung in Frage stellen und die neben Freiheiten Fortschritt und Innovationen ermöglichen. Die Orte dafür sind die großen Städte. Ohne den Fremden würden sie ihr innovatives Potential als Orte, an denen es nicht nur genug vom Ähnlichen gibt, das sich wechselseitig austauschen und befruchten kann, sondern an denen auch für die kleinsten Märkte von Ideen und Waren eine ausreichende Zahl von Abnehmern findbar sind, verlieren.

Wenn Fremde ein konstitutives Merkmal von großen Städten sind und wenn die Begegnung und/oder Auseinandersetzung mit Fremden etwas Produktives und zugleich Verunsicherndes hat, sie aber mehr denn je eine Alltagserfahrung – ja Normalität – ist, dann birgt der städtische Alltag latent auch mehr denn je die Gefahr der Krise. Die Konfrontation mit Fremdheit ist in Großstädten als permanente Herausforderung zu verstehen. Die Herstellung von Ordnung durch antierratische Stadtplanung, funktionale Trennung, übersichtliche Boulevards, Quartiere und Nachbarschaften waren historisch traditionell Formen, um Stadt kontrollierbarer und weniger konflikthaft zu gestalten. Die Logik der Stadtplanung ist es, Ordnung zu schaffen (vgl. Siebel 2006), wobei das Verschwinden oder die Kontrolle des Fremden nur ein Aspekt ist. Das bekannteste Beispiel ist die Haussmannisierung von Paris. Fremdheit zu kontrollieren oder zu eliminieren war und ist aber gleichwohl Gegenstand von (Stadt-)Politik bis hin zur ihrer vollständigen physischen Vernichtung (vgl. Bauman 1997: 207ff., Steinert 1995).

Auch die jüngsten Ausprägungen formeller sozialer Kontrolle, wie der Einsatz von Videoüberwachung, kommerzieller Sicherheitsdienste oder neue Polizeikonzepte, haben zumindest die latente Funktion, über die Herstellung von Ordnung Fremdheit zu bearbeiten. Sie resultieren neben politischen und ökonomischen Interessen (vgl. Wehrheim 2006a), so schon Parks These zu us-amerikanischen Städten vor knapp hundert Jahren, aus einem „cultural lag": Veränderungen von großstädtischen Lebensstilen gehen so schnell vonstatten und Migration nimmt so schnell zu, dass die „politischen Kenntnisse und unser gesunder Menschenverstand" nicht Schritt halten; „gesetzliche Verfügungen mehren sich, aber die tatsächliche Kontrolle nimmt ab" (Park 1974b: 93). Der Bedeutungszuwachs formeller sozialer Kontrolle in Großstädten kann daher auch als Reaktion auf zunehmende Fremdheit gelesen werden: lebensweltliche Verunsicherungen werden umkodiert in Ängste vor Kriminalität und darauf mit formeller Kontrolle reagiert – und eine weitere Facette der Ambivalenz verkannt: Der Fremde wird zwar mit Kriminalität in Verbindung gebracht, aber er ist gleichzeitig ein Garant für Sicherheit. De facto gewährleistet er den täglichen Schutz vor Gefahren auf der Straße, weil er viel öfter selbst informeller Kontrolleur und Hilfesteller als potentieller ‚Täter' ist (vgl. Jacobs 1963: 36, 46). Der

Einzelne mag gefährlich sein, die Masse auf der Straße hingegen bietet Schutz und Hilfe.

Von Idiosynkrasie geprägte Versuche, die verunsichernde Ambivalenz des Fremden nicht nur erträglich zu halten, sondern Fremdheit zum Verschwinden zu bringen, gefährden jedoch Bild und Realität der Europäischen Stadt: Denn würde Fremdheit als Merkmal des Städtischen verschwinden, so würden auch die produktiven und emanzipatorischen Potentiale der räumlichen Agglomeration Stadt verschwinden (vgl. Siebel 2004a). Die Freiheit, Rollen anonym wechseln zu können, sich von der herrschenden Moral emanzipieren zu können und die Produktivität der Konfrontation mit Differenz ist nicht ohne die Verunsicherung und ohne das Krisenhafte zu haben. Die von Bauman benannte Wissenslücke ist das Territorium der urbanen Ambivalenz, der Gefahr und der Freiheit. Die eigene Freiheit kann nur zum Preis einer Verstärkung der Verunsicherung durch den Fremden erhöht werden, und soll die Verunsicherung durch den Fremden verringert werden, so bringt dies eine Reduktion der eigenen Freiheit mit sich. Die städtische „Schwierigkeit liegt darin, von der Freiheit gerade so viel zu opfern, wie nötig ist, um die Qual der Unsicherheit erträglich zu machen (...)" (Bauman 1997: 206) und sie liegt gleichzeitig darin, trotz Fremdheit soziale Ordnung herzustellen.

2.4 Bearbeitungsmodi großstädtischer Fremdheit

In der Geschichte und Gegenwart von Großstadt lassen sich neben sozialer Kontrolle und Stadtplanung weitere Modi erkennen, mit denen verunsichernde Fremdheit bearbeitet wird. Nicht alle zielen auf die Nivellierung oder Vernichtung von Fremdheit. Die herausragende Qualität des Städtischen ist es vielmehr, es gerade zu ermöglichen, mit ihr umzugehen *und* sie aufrechtzuerhalten, also die Gratwanderung zwischen Verunsicherung und Freiheit zu bestehen. Großstädte zeichnen sich durch verschiedene Formen der Integration von Fremdheit aus. Sie lösen das scheinbare Paradoxon von sozialer Ordnung und Fremden.

2.4.1   Integration von Fremdheit

a)   Urbane Indifferenz und Selbstkontrolle

Aufgrund seiner Merkmale – Heterogenität und allgemeine Zugänglichkeit – bedarf es im öffentlichen Raum Umgangsformen, die es ermöglichen, sowohl die der Großstadt immanenten Reizüberflutung zu bewältigen, als auch „normative Dissense nicht zu Konflikten werden zu lassen" (Koenen 2003:

170).²² Es zeigen sich ausgefeilte Distanzierungstechniken, die das Produkt großstädtischer Sozialisation sind.
Urbane Indifferenz gilt seit Georg Simmel als charakteristisch für den Umgang mit multipler Fremdheit im öffentlichen Raum. Sie ist die Explikation der sozialen Dimension von öffentlichem Raum.

„Wenn der fortwährenden äußeren Berührung mit unzähligen Menschen so viele innere Reaktionen antworten sollten, wie in der kleinen Stadt, in der man fast jeden Begegnenden kennt und zu jedem ein positives Verhältnis hat, so würde man sich innerlich völlig atomisieren und in eine ganz unausdenkbare seelische Verfassung geraten. Teils dieser psychologische Umstand, teils das Recht auf Mißtrauen, das wir gegenüber den in flüchtiger Berührung vorüberstreifenden Elementen des Großstadtlebens haben, nötigt uns zu jener Reserve, infolge derer wir jahrelange Hausnachbarn oft nicht einmal vom Ansehen kennen und die uns dem Kleinstädter so oft als kalt und gemütlos erscheinen lässt. Ja, wenn ich mich nicht täusche, ist die Innenseite dieser äußeren Reserve nicht nur Gleichgültigkeit, sondern, häufiger als wir es uns zum Bewußtsein bringen, eine leise Aversion, eine gegenseitige Fremdheit und Abstoßung, die in dem Augenblick einer irgendwie veranlassten nahen Berührung sogleich in Haß und Kampf ausschlagen würde. Die ganze innere Organisation eines derartig ausgedehnten Verkehrslebens beruht auf einem äußerst mannigfaltigen Stufenbau von Sympathien, Gleichgültigkeiten und Aversionen der kürzesten wie der dauerndsten Art. Die Sphäre der Gleichgültigkeit ist dabei nicht so groß, wie es oberflächlich scheint; die Aktivität unserer Seele antwortet doch fast auf jeden Eindruck seitens eines anderen Menschen mit einer irgendwie bestimmten Empfindung, deren Unbewußtheit, Flüchtigkeit und Wechsel sie nur in eine Indifferenz aufzuheben scheint" (Simmel 1995:122f.).

Die Fähigkeit, Distanz zu halten, ist die herausragende Charaktereigenschaft des Großstädters. Großstädtische Beziehungen sind zu allererst rein sachliche Beziehungen, vergleichbar denen der Geldwirtschaft, die auch deren Basis bildet (vgl. Lindner 2004: 194). Die vier zentralen Begriffe, mit denen Simmel großstädtisches Verhalten beschreibt, lauten dementsprechend: intellektualisiert, reserviert, blasiert, distanziert. Damit umreißt Simmel ein behaviouristisches Reiz-Reaktions-Schema, das funktional für die Individuen ist. Der Verstand, als Schutzorgan des Großstädters, wirke als „Präservativ" gegen die, als „Vergewaltigung" bezeichneten, multiplen Sinnesreize der Großstadt (Simmel 1995: 118), die vor allem aus den Massen einander Fremder resultieren. Die Reize werden wahrgenommen, aber es wird nicht auf alles reagiert. Es findet eine gegenseitige mentale Abgrenzung statt und diese Leistung muss jeder Einzelne selbst erbringen. Wird sie erbracht, wird Individualität ermöglicht und wechselseitig eine Freiheit zur Abweichung akzeptiert. Urbanes Verhalten bedeutet, sich und andere von moralischen Ansprüchen freizumachen (vgl. Häußermann 1995: 92).

---

22 Koenen bezieht sich in dem Zitat aber nicht auf städtische Räume, sondern auf Strände.

Diese Abgrenzung ist aber nicht ausschließlich das Produkt von individuellen Leistungen, sie beruht auch auf informellen Konventionen, d.h. auch auf Vertrauen in deren Einhaltung:

> „Selbst in Zeiten, in denen sie einen schlechten Ruf haben, stellen die Straßen unserer Städte einen Schauplatz dar, auf dem regelmäßig gegenseitiges Vertrauen zwischen einander Unbekannten zur Geltung kommt. Es besteht eine freiwillige Koordination der Handlungen, bei der jeder der beiden Parteien eine Vorstellung davon hat, wie die Dinge zwischen ihnen gehandhabt werden sollten; bei der die Vorstellungen beider Seiten übereinstimmen; bei der jeder Partner glaubt, daß diese Übereinkunft existiere, und jeder der Überzeugung ist, daß auch der andere in Kenntnis dieser Übereinkunft handle. Kurz, wir entdecken hier die strukturellen Voraussetzungen für eine auf Konvention beruhende Regelung" (Goffman 1982: 41).

Inhalt solcher Konventionen ist es, dass einander Fremde weitestgehend wechselseitig darauf verzichten, weitere Situationsdefinitionen einheitlich gestalten zu müssen.[23] Der Modus vivendi, der dies ermöglicht (bzw. ermöglichen soll), ist bei Bahrdt (1998) stilisiertes Verhalten, bei dem verbale Kommunikation auf wenige legitime Themen beschränkt – etwa die Frage nach der Uhrzeit oder dem Weg – und der jeweils andere nur in seinem gerade zur Schau getragenen Ausschnitt seiner Persönlichkeit betrachtet wird. „Wen man auf der Straße nach der Uhrzeit fragt ist unabhängig davon, ob er guter Christ, treuer Ehemann oder guter Soziologe ist, es interessiert nicht und darf auch gar nicht interessieren, will man dem anderen nicht auf befremdliche Weise zu nahe treten." (Siebel 2007: 77). Urbane Indifferenz als Verhaltenstyp setzt keine Übereinstimmung bei Zielen oder Werten voraus, sondern bei der Art und Weise der Kommunikation. Auch sie unterliegt Konventionen – selbst nonverbal. Wenn sich in öffentlichen Straßensituationen einander Unbekannte beggnen, so deuten sie an, dass sie sich gesehen haben, unmittelbar vor einem Aneinandervorbeigehen wird der Blick jedoch „abgeblendet" (Goffman 1971: 85), um den jeweils Anderen unbehelligt zu lassen. Meist wird kommuniziert, dass man nicht weiter kommunizieren möchte. Stilisiertes, darstellendes Verhalten soll vieles verbergen, oft aber auch gleichzeitig manches sichtbar machen, das nicht ohne weiteres sichtbar ist.

Urbane Verhaltensstile – als Ergebnis von Konventionen und Distanzierungstechniken – sind Ergebnis und Ausdruck von *Selbstkontrolle*, von erlernter und intrinsischer Affektkontrolle, die sich im Prozess der Zivilisation in die Körper eingeschrieben hat.[24] „Fremdzwänge wurden in Selbstzwänge" (Elias) umgewandelt, wobei – darauf verweist Thomas

---

23 Dies ist notwendig, da nicht nur regelmäßig Konkurrenzen um die Nutzung öffentlicher Räume bestehen, sondern insbesondere auch Kommunikationsschwierigkeiten infolge unterschiedlicher kultureller Codes (vgl. Mandanipour 2003). Etwa wenn Gesten, Körperhaltung oder Mimik unterschiedlich be-deutet werden.
24 Vergleiche zur Bedeutung von Selbstkontrolle auch Gottfredson/Hirschi 1990: 85ff.

Lemke (2001: 83f.) – nicht einfach von einem „Abdruck der Gesellschaft im Innern" (Elias 1976: 173) auszugehen ist. Die Subjekte vollbringen Übersetzungsleistungen, und diese zeigen sich etwa darin, dass die Standards und Inhalte der Selbstkontrolle mit verschiedenen normativen Ordnungen – und damit auch räumlich – variieren.

Selbstkontrolle und urbane Indifferenz bedeuten in Großstädten nicht Konformität oder Gleichförmigkeit, sondern den jeweils anderen nicht in seiner Individualität zu gefährden. Der ‚Rahmen für Abweichung' ist damit weit gesteckt, denn die mentale Panzerung des Großstädters schützt sowohl die eigene wie die anderen Individualitäten. „Der urbane Mensch setzt in jedem Falle voraus, dass der andere – mag dessen Verhalten noch so sonderbar sein – eine Individualität ist, von der her sein Verhalten sinnvoll sein kann. (...) Das Verhalten ist geprägt durch resignierende Humanität, die die Individualität des anderen auch dann respektiert, wenn keine Hoffnung besteht, sie zu verstehen" (Bahrdt 1998: 164).

Urbane Indifferenz ist somit gleichfalls ein Mechanismus, der dazu dient, sich zu panzern gegenüber den Verhaltensweisen und Erscheinungen, denen vermeintlich keine intrinsische Affektkontrolle zu Grunde liegt: „Urbanität ist nichts als die überlegene Unfähigkeit, sich über die schlechten Manieren andrer zu ärgern." (Stendhal 1947: 433f.). Urbane Indifferenz als Integrationsmodus von Fremdheit in Gesellschaft ist nicht abhängig davon, dass ausnahmslos alle Beteiligten sich verhalten wie Simmelsche Großstädter. Im Gegenteil: Urbane Indifferenz ist gerade nicht nur Folge der „*Steigerung des Nervenlebens*, die aus dem raschen und ununterbrochenen Wechsel äußerer und innerer Eindrücke hervorgeht" (Simmel 1995: 116, Herv. i.O.), sondern auch Produkt davon, dass sich nicht alle Großstädter tatsächlich distanziert und den anderen in seiner gleichen Gültigkeit anerkennend verhalten.

Dies ist solange möglich, wie strukturelle Verunsicherung nicht in objektive Unsicherheit umschlägt, denn das urbane Subjekt hat den Umgang mit Fremdheit erlernt: „... civility is a looser kind of moral order obligation we owe to strangers" (Boyd 2006: 866). Sie wird dem Fremden sowohl geschuldet als auch verdankt. Damit ist urbane Indifferenz nicht nur funktional für die Individuen, sondern auch für Gesellschaft, indem die Großstädter wechselseitig Ungefährlichkeit sowie Gleichgültigkeit repräsentieren und stilisiertes, darstellendes Verhalten „in flüchtigen Kontakten" Arrangements ermöglicht (Bahrdt 1998: 90). Urbane Indifferenz ist ein Integrationsmodus über den soziale Ordnung hergestellt wird.

b) Verteidigungs- und Schutzmanöver

Erving Goffman (2000: 16) hat eine weitere Verhaltensweise identifiziert, mit der auf der Ebene der Individuen auf Fremdheit im öffentlichen Raum reagiert wird. Ist der ‚Simmelsche Großstädter' Ausdruck davon, verunsichernde Fremdheit in allen seinen beschriebenen Facetten zu begegnen, so sind Goffmansche „Schutzmanöver" spezieller Teil der individuellen „Performance" im öffentlichen Raum, mit der unmittelbar auf tatsächliche oder vermutete Gefahren reagiert wird. Sie sind damit nicht nur Ausdruck von Takt, um peinliche Situationen wechselseitig zu meiden, sondern können auch im unmittelbaren Sinn des Wortes verstanden werden, wenn konkrete (fremde oder auch bekannte) Personen mit Bedrohungen der persönlichen Integrität assoziiert werden: der diskrete Wechsel der Straßenseite oder cooles, scheinbar unbeeindrucktes Weitergehen, das die innere Angst nicht nach Außen erkennbar werden lassen soll, gehören zum Standardrepertoire. Ist urbane Indifferenz als mentale Abschottung ein vorbewusstes Verhalten, so sind solche Praktiken als aktive, bewusste Handlungen zu verstehen. Sie sind unmittelbarer – wenn auch kaum merklicher – Ausdruck von Verunsicherungen, Ausdruck, „der Lage" nur bedingt gewachsen zu sein.

c) Segregation

In modernen Großstädten ist räumliche Trennung – keine mentale wie bei der urbanen Indifferenz – sozial und kulturell unterschiedlicher Gruppen ein weiterer Bearbeitungsmodus von Fremdheit. Dieser Modus ist Folge und Ausdruck davon, dass sich bestimmbare Gruppen in einzelnen Quartieren konzentrieren und eine *tendenzielle* soziale und kulturelle Homogenisierung von Stadtteilen oder Räumen nach sich ziehen. Das „Mosaik kleiner Welten" (Park) ist der sprichwörtliche Ausdruck von Segregation, und auch die räumliche Trennung städtischer Funktionen ist darunter zu subsumieren, weil sie ebenfalls mit soziokulturellen Differenzierungen einhergehen kann.

Die Fremden sind in unterschiedlichen Mosaiksteinen und damit nebeneinander verortet. Ist die Bezugsebene die ganze Stadt, und nicht nur ein Segment, verschwindet Fremdheit also nicht. Austausch ist möglich, man kann von einer Welt in die nächste, von einer „moral region" in die nächste wechseln. Segregation ist ein Mittel, um wechselseitige Fremdheiten aufrecht zu erhalten. Sie ist gerade nicht Ausdruck von Assimilation und der von Louis Wirth (1974/1938) auf der Ebene der ganzen Stadt vermuteten Homogenisierung, als Folge der Orientierung an „Massenbedürfnissen" und „Durchschnittsmenschen". Das räumliche Nebeneinander, nicht das Miteinander der Indifferenz, ist hier der Modus der Integration.

d) Soziale Kontrolle

Abweichendes Verhalten und Fremdheit sind (auch) Produkte von Definitionsprozessen, die durch Machtdisparitäten gekennzeichnet sind. Definitionstheoretisch – und begrenzt sogar ätiologisch – betrachtet, schafft soziale Kontrolle erst das, was sie verhindern soll (vgl. auch Peters 2002: 199). Die Definition des Begriffs verdeutlicht aber, dass es eigentlich die Intention sozialer Kontrolle ist, Abweichungen zu verhindern und damit auch verunsichernde Fremdheit einzuhegen, indem Kontrolle signalisiert, Abweichungen und Andersartigkeiten des Fremden könnten nicht zum tragen kommen:

„Der Begriff ‚Soziale Kontrolle' soll Handlungen bezeichnen, die folgende Merkmale aufweisen: Sie
- zielen darauf ab, abweichendes Verhalten in dem sozialen System, in dem sie wirken, künftig zu verhindern.
- sind eine Reaktion auf gegenwärtiges oder erwartetes abweichendes, d.h. normverletzendes Verhalten und
- stehen im Einklang mit den Vorstellungen einer Bezugsgruppe, die über die Angemessenheit der Handlung wacht und die die Macht hat, diesen Vorstellungen Geltung zu verschaffen" (Peters 2002: 115).

Während Größe und Heterogenität in Großstädten zwangsläufig Anonymität hervorbringen und bewirken, dass die Anwesenden einander nicht bekannt – namenlos – sind, so bedeuten diese Merkmale des öffentlichen Raums zugleich, dass die Anwesenden nie vor den Blicken und damit der möglichen Kontrolle Anderer geschützt sind, und selbst „die Gefahr, daß zufällig Leute zusammentreffen, die ganz verschiedene Bilder von uns haben und die ganze Inszenierung in Gefahr bringen, ist immer noch groß" (Berger 1977: 120).[25] Es ist die Masse der Menschen und die Vielfalt der Großstadt, die Anonymität bedingen *und* soziale Kontrolle bewirken können: die Individuen begegnen sich zwar als Fremde, gleichwohl kann Handeln regelmäßig konkreten, jedoch ‚namenlosen' Anwesenden zugeordnet werden. Gerade diese prekäre Balance von Anonymität und Kontrolle ermöglicht es, in der Großstadt Freiheit ohne Anomie zu gewährleisten.

Kontrolle in großen Städten bedeutet neben Selbstkontrolle vor allem Zivilcourage und informelle soziale Kontrolle durch Anwohner und quartiersfremde Passanten wie sie Jane Jacobs (1963) mit den „eyes upon the street" beschrieb – denn der urbane Mensch verhält sich „höflich gleichgültig" (Goffman 1971: 84), aber er ist nicht „stumpfsinnig" (Simmel 1995: 121). Gleichgültigkeit bedeutet Gleichwertigkeit und nicht, das Leben auf der Straße, der jeweils Andere sei einem völlig egal.[26] „Die öffentliche Sicherheit

---

25 Der private Raum, im engeren Sinne, zeichnet sich hingegen gerade durch den Schutz vor Blicken aus. Er ist idealtypisch weder anonym noch kontrolliert. Er dient der Zuflucht und als psychischer Ausgleich für Öffentlichkeit und unterliegt besonderem juristischen Schutz (Art. 13 GG), um eine Privatsphäre als Schild gegen totalitäre „Vermassung" (Bahrdt 1998: 103) zu gewährleisten. Empirisch wird dieser juristische Schutz jedoch zunehmend durch den „Großen Lauschangriff", Pläne, private PCs heimlich zu durchsuchen, Vorratsdatenspeicherung etc., aufgeweicht.
26 Die permanente *latente* Bereitschaft zu informeller sozialer Kontrolle ist es, die Urbanität auch die Stabilität verleiht, wie sie Jacobs (1963: 35) am Beispiel von Anwohnern und Geschäftsinhabern beschrieb, die mutmaßten, einem Kind könne Gefahr von einem Unbekannten drohen. Die Kontrollbereitschaft, d.h. die Bereitschaft, Ver-

wird primär durch ein kompliziertes, fast unbewußtes Gewebe aus freiwilliger Kontrolle und grundsätzlichen Übereinkommen unter den Menschen selbst getragen und durchgesetzt" (Jacobs 1963: 29, vgl. auch Breckner 2006: 269).

Der Begriff der sozialen Kontrolle soll im Folgenden jedoch weiter gefasst werden, als in der zitierten Definition von Helge Peters. Kontrolle kann auch als produktiv verstanden werden, indem sie erwünschte Handlungen hervorbringt oder hervorbringen soll. Sie zielt nur mittelbar auf Nonkonformität. „Foucault zufolge liegt ein zentraler Aspekt von Regierung in der Macht, andere zum Handeln zu bewegen, also bestimmte Formen des Handelns weniger zu unterbinden oder sie zu beschränken als vielmehr zu fördern" (Lemke 2001: 92). Ist der Ausdruck der Macht, andere zum Handeln zu bewegen, auch mit der entsprechenden Intention verbunden, so erscheint es legitim, dies als soziale Kontrolle zu bezeichnen. Darauf, sowie auf das Verhältnis von Normativität und Normalität, wird zurückzukommen sein (siehe Kapitel IV.2.0).

Urbane Indifferenz und Selbstkontrolle, Schutzmanöver sowie Segregation sind alles großstädtische Bearbeitungsmodi von Fremdheit bei denen diese erhalten bleibt. Hinsichtlich sozialer Kontrolle bliebe Fremdheit dann erhalten, wenn diese in einzelnen Räumen weder auf a) die Veränderung von Personen und auf die Disziplinierung ihrer Körper zielte, noch auf b) Exklusion im Sinne von Ausschluss aus raumgebundenen Teilhabemöglichkeiten und auch nicht dazu führe, über ihre c) Produktivität gleichförmiges und somit nicht mehr wechselseitig fremdes Verhalten hervorzubringen.

Der Einsatz von Polizei, als Akteur formeller sozialer Kontrolle, genau wie von neuen Sicherheitstechniken sowie informeller sozialer Kontrolle, etwa durch Nachbarn in einem Wohnquartier, können darauf zielen, mit Fremdheit assoziierte „objektivierbare Risiken" (Kaufmann) einzudämmen, also dem überhöhten Ausdruck verunsichernder Fremdheit – Kriminalitätsassoziationen – seine Bedrohlichkeit zu nehmen. Ihr Schutz ist jedoch weder verlässlich – absolute Sicherheit kann es nicht geben[27] –, noch ist es ihnen

---

antwortung für das Treiben auf der Straße zu übernehmen, ist eine Grundlage städtischen Zusammenlebens, tatsächliche Kontrollhandlungen sind aber eben nur für den statistisch ausgesprochen unwahrscheinlichen Fall vorgesehen, dem Kind drohe tatsächlich Schaden – Differenzen bei der Situationsdefinition einmal außen vor gelassen (vgl. das anschauliche Beispiel bei Christie 2005). Ist dem nicht so, wie auch in Jacobs Beispiel, so bleibt die Kontrolle unbemerkt und hat ihre Bedeutung bereits in dem Moment verloren, in dem die Situation eindeutig unbedrohlich erscheint.

27 Die Polizeiliche Kriminalstatistik zeigt dies jährlich dramatisierend auf, aber etwa auch die Anschläge im Juli 2005 in London zeigten drastisch, dass auch die am stärksten überwachte Stadt keinen *verlässlichen* Schutz bieten kann. Auch wenn Überwachungskameras strafbare Handlungen insgesamt kaum reduzieren (vgl. Welsh/Farrington 2002; Gill/Spriggs 2005), so erscheint etwa der Handtaschenraub unmittelbar neben einem Polizisten dennoch unwahrscheinlich.

überhaupt möglich, die im Kontakt mit dem Fremden prinzipiell verankerte Ungewissheit zu beseitigen oder auch nur zu kontrollieren, also Erwartungssicherheit herzustellen. Polizisten schließen weder Wissenslücken, noch bearbeiten Kameras innere Verunsicherungen. Formelle Kontrolle könnte lediglich signalisieren, der Fremde könne nicht gefährlich werden. Soziale Kontrolle kann Sicherheits*gefühle* erhöhen und den Öffentlichkeitscharakter eines Ortes ggf. erhalten indem die Fremdheit des Fremden eingehegt wird. Sie kann Sicherheitsgefühle aber auch verringern und damit desintegrativ wirken, wenn etwa Polizisten oder Kameras erst an Gefahren erinnern oder aber Sicherheitsdienstleister selbst zu Quellen der Verunsicherung werden (z.B. für soziale Randgruppen, politische Aktivisten, Migranten ohne legalen Aufenthaltsstatus[28] oder grundsätzlich in totalitären Staaten). Ebenso kann der Nachbar als sicherheitsstiftender Akteur empfunden werden oder aber an Denunziation und Blockwarte erinnern. Kontrolle kann auch Ausdruck davon sein, Homogenität und Vertrautheit durch Ausgrenzungen von Fremden oder durch eine Nivellierung von Fremdheit zu produzieren. Dann ist soziale Kontrolle ein Modus, der verunsichernde Fremdheit nicht einhegt, sondern Fremdheit, in dem System in dem sie auftritt, eliminiert und dadurch auch Öffentlichkeit unterminiert.

2.4.2 Nivellieren und Vernichten von Fremdheit

Neben diesen vier Modi, die es erlauben, sich mit verunsichernder Fremdheit in der Stadt zu arrangieren und die damit als großstädtische Integrationsmodi zu verstehen sind, lassen sich außer spezifischen Ausprägungen und Intentionen sozialer Kontrolle weitere Bearbeitungsformen von Fremdheit identifizieren, deren latente oder manifeste Funktion (Merton) es ist, Fremdheit in Großstädten weitestgehend zu nivellieren oder zu vernichten.

a) Exklusion

Ist die Großstadt insgesamt die Bezugsgröße, so bewirkt Exklusion, also der Ausschluss von bestimmbaren Kategorien von Personen aus einem Raum, zunächst eine Verfestigung von Segregation. Fremde existieren nebeneinander, räumlich parallel in der Stadt; Fremdheit verschwindet noch nicht. Segregation erlangt jedoch eine andere Qualität, wenn Individuen oder soziokulturelle Gruppen aus Räumen exkludiert werden (vgl. Wehrheim 2006a) oder auch, wenn Räume etwa aus Furcht vor Kriminalität unfreiwillig gemieden werden (vgl. Young 1999). Der Begriff Exklusion verweist auf die Härte der Trennung: Segregation kann sich in den „Ghettos der Ausgeschlossenen" (Marcuse 1998) zuspitzen. Wenn statt Austausch ermöglichenden

---

28   Schätzungen belaufen sich für Deutschland immerhin auf 500.000 bis eine Millionen Menschen ohne legalen Aufenthaltsstatus.

„Mosaiken kleiner Welten" Gated Ghettos an Gated Communities grenzen (vgl. Wehrheim 2006a: 229), so entsteht Kontaktlosigkeit und die Kultur der Stadt ist keine mehr, die auf sich wechselseitig befruchtender Differenz beruht.

Vor allem aber, wenn ein konkreter Ort – ein Quartier, ein Platz, eine Passage – in der Stadt die Bezugsgröße ist, so bewirkt Exklusion eine soziale und kulturelle Homogenisierung und damit das Verschwinden von Fremdheit in diesem Raum. In diesem *einen* Segment von Stadt begegnen sich im Extrem keine sozial und kulturell unterschiedlichen Gruppen und Individuen mehr.

b) Biographisches und kategoriales Bekannt werden

„(...) interaction that is not routinised is by definition less predictable and more threatening" (Bannister et al. 2006: 932). Soziale Interaktionen zu routinisieren, bekannt werden zu lassen, und den Anderen als Träger einer bestimmten Rollen kennen zu lernen, sind Formen der Nivellierung von Fremdheit. Der Unbekannte wird zum kategorial Bekannten: der Fahrkartenverkäufer, der Bettler, der Polizist, der Konsument. Lassen sie sich in ihrer Rolle identifizieren (der Zivilpolizist etwa soll ja gerade nicht in seiner Rolle erkannt werden), so bedeutet dies Reduktion von Komplexität und erhöhte Erwartbarkeit von Verhalten. Die Identifikation von Personen als Träger von Rollen – und nicht als undefinierbare Fremde – ist der erste Schritt zur eigenen Verortung in einer Situation. Das fremde, verunsichernde Moment löst sich sukzessive auf. Die Garfinkelschen Krisenexperimente haben in ihrer Negation diese alltagsstrukturierende Wirkung von Rollenzugehörigkeit und Verhaltenserwartung deutlich hervorgehoben (vgl. Garfinkel 1967). Sind erwartete Rollenzugehörigkeit und soziales Handeln nicht kongruent, werden Irritationen und Verunsicherung so groß, dass Interaktion nicht mehr gelingt. Umgekehrt schafft die Kongruenz Stabilität und Sicherheit, sie lässt Interaktion leichter gelingen. Die Identifikation einer Person als Träger einer bestimmten Rolle verringert damit verunsichernde Fremdheit.

Über den kategorial Bekannten hinaus identifiziert Lyn Lofland den „familiar stranger" (1998: 60), auf den die Bezeichnung „stranger" eigentlich nicht mehr zutrifft. Mit diesem Begriff werden diejenigen bezeichnet, die zwar noch nicht näher persönlich bekannt sind, denen man jedoch aufgrund von Alltagsroutinen regelmäßig begegnet: der namentlich Unbekannte, der jeden morgen zur selben Zeit, dieselbe Route mit seinem Hund geht, der Bettler, der immer an derselben Stelle sitzt, der morgendliche Pendler im Zug, der immer auf demselben Platz sitzt. Aus der abstrakten Kategorie des Fremden als sozialem Typus wird der oberflächlich persönlich bekannt gewordene Träger einer bestimmten Rolle *und* ein identifizierbares Individuum. Ist die Rolle nicht negativ belegt, so schafft die Verbindung einer eindeutigen Rollenzuschreiben mit der täglichen Routine eine Vertrautheit, die dem Fremden sein abstrakt verunsicherndes Element nimmt – und zwar in doppelter Weise: durch das oberflächliche persönliche Bekanntwerden und die kategoriale Einordnung. Fremdheit verliert ihre spezifische Qualität. Sie löst sich auf.

Die biographische und kategoriale Auflösung von Fremdheit bringt aber auch erst Feinde oder Freunde hervor, denn Feinde oder Freunde sind Bekannte, keine Fremde (vgl. Nassehi 1995: 455). Der verunsichernde, eventuell als gefährlich angesehene Fremde verliert durch das Vertrautwerden entweder sein diesbezüglich verunsicherndes Element oder aber er bestätigt es gerade. Die Verunsicherung bzw. Gefährdung resultiert dann jedoch nicht mehr aus dem Unbekannten, als Voraussetzung für unterstellte Andersartigkeit, sondern aus askriptiven, aber objektivierten Eigenschaften. Aus dem fremden „Eckensteher" kann der immer freundlich grüßende Jugendliche werden oder aber das gefährliche Gangmitglied. Solche Veränderungen können personalisiert eintreten oder auch zu Veränderungen von Rollenbildern führen, wenn über das Bekanntwerden, etwa aus dem medial vermittelten Bild gefährlicher Drogenabhängiger, harmlose, wenn vielleicht auch enervierende Opfer der Drogenpolitik werden.

Alle diese Bearbeitungsmodi sind als analytische Modelle zu verstehen. Sie benennen die strukturellen Dimensionen des Umgangs mit Fremden und Fremdem und sie beruhen nicht auf einer immer gleichen empirischen Realität von Fremdheit. D.h. sie müssen immer in Bezug auf die Relationalität von Fremdheit gelesen werden: Das Fremde ist nicht überall fremd, es ist immer relational zu spezifischen Normalitäten und Normativitäten und ist abhängig von der jeweiligen Perspektive der Akteure.

Urbane Indifferenz ist nur ein Modus. Welche Strukturen Segregation hat, variiert, ebenso variieren die Objekte und Formen von Kontrolle und Exklusion. Nicht jeder Bewohner in einer vertrauten Nachbarschaft muss auch jedem bekannt sein und welches Schutzmanöver von wem wann angewendet wird unterscheidet sich anhand der Subjekte und ihrer Situationsdefinitionen.

Das heißt, wie genau mit Fremdheit im Ordnungstypus öffentlicher Raum umgegangen wird, ist eine empirische Frage, die nur anhand von konkreten Orten beantwortet werden kann. Die Art und Weise, wie mit dem soziale Ordnung konterkarierenden aber gleichwohl öffentlichen Raum charakterisierenden Fremden umgegangen wird, ist Gegenstand der Untersuchung. Als Fallbeispiele dienten zwei Marktorte, denn der Markt ist der Prototyp des öffentlichen Raums.

3.0 Öffentliche Marktorte?

Marktorte – bei Max Weber (1985: 728) ursprünglich auf die Stadt insgesamt bezogen und nicht auf Orte des Handels *in* der Stadt, wie der traditionelle Marktplatz oder die Geschäftsstraße – gelten als öffentlich, weil erstens der Markt als Organisationsform der Ökonomie (Habermas) theoretisch frei zugänglich ist und weil er zweitens ein Anlass für „Kontaktaufnahme zwischen Menschen" bietet, „die einander unbekannt sind, d.h. von denen keiner genau weiß, wo er den anderen einordnen soll. (...) Dies macht es möglich und zu einem gewissen Grade wahrscheinlich, daß sich auch andere Formen der Öffentlichkeit herausbilden, z.b. eine politische Öffentlichkeit" (Bahrdt 1998: 83).

Das Sozialgefüge der Anwesenden wird in rein versachlichten Tauschbeziehungen ausgeklammert und der Andere ist als ganze Person unbekannt, er ist fremd. Der Markt bietet den Beteiligten die Rolle des Käufers und des Verkäufers an, den Individuen ist es jedoch (mehr oder weniger) freigestellt, welchen Ausschnitt ihrer Persönlichkeit sie zur Schau tragen und welche Rolle sie anstelle der angebotenen einnehmen. Genauso, wie sich durch den Kontakt mit Fremden andere Formen, als die der Markt-Öffentlichkeit herausbilden könnten, so war und ist auch der historische Marktplatz nicht auf diese eine Funktion beschränkt. Der Markt ist ein Ort, an dem auch andere Rollen üblich waren und sind: Verkehrsteilnehmer, Flaneur, Anwohner, Gaukler, Bettler oder politischer Aktivist. Der Markt ist kein geschlossenes System, in dem alle Mitglieder vollständig integriert sind, wohl aber als öffentlicher Raum ein Ordnungstyp, oder wie Bahrdt (1998: 82) schreibt, eine institutionalisierte „Ordnungsform", in der bestimmte soziale Kontakte nach bestimmten Regeln ablaufen. Die Regeln können von „Mitspielern" und „Machthabern" verändert oder auch von der Polizei beaufsichtigt werden, „spielen" muss aber der Einzelne (ebd.).

Der historische Marktplatz ist zwar Prototyp des öffentlichen Raums, aber auch nur eine bestimmte Ausprägung von städtischen Räumen, die dem Markt dienen. Zwei aktuelle Typen solcher Räume, die im Folgenden – mit Blick auf Kontrolle und die Figur des Fremden – nach ihren „Mitspielern", „Machthabern" und den Regeln der sozialen Kontakte untersucht werden, sind innerstädtische Geschäftsstraßen und Shopping Malls, oder Shopping-Center, so der Terminus Technicus, als noch junger Typ öffentlicher (?) Räume. Beide Raumtypen unterscheiden sich zunächst in drei Merkmalen:

1. Die Geschäftsstraße ist baulich offen, die Mall ist überdacht und eingehaust.
2. Die Geschäftsstraße ist eigentumsrechtlich öffentlich, die Mall de jure privat.

3. Die Produktion der Geschäftsstraße unterliegt den Mechanismen des Immobilienmarktes und der Stadtplanung, die Mall wird zentral geplant und entwickelt.

Shopping Malls bilden in den USA seit den 1970er Jahren immer öfter das öffentlich-gemeinschaftliche Zentrum von Suburbs, weil sie nicht nur Ort von Versorgungseinkäufen sind, sondern regelmäßig auch die Funktionen Kultur, Religion, Sport, ... bedienen (vgl. Crawford 1992, Rowe 1991) und über diese Funktionen und vor allem über den Freizeit- und Erlebnischarakter, den der Begriff ‚shopping' impliziert, sind sie zu sozialen Treffpunkten geworden (vgl. Ortiz 1994). Damit sind sie qualitativ bedeutsam; Malls sind sozial bedeutungsvolle Orte – und dies gilt zunehmend auch für deutsche Städte.

In Deutschland wie in den USA sind sie ebenso quantitativ bedeutsam. Auch hierzulande verbreitet sich dieser Raumtyp massiv: von 88 Centern 1990 auf 399 Anfang 2008, so das EuroHandelsInstitut (EHI), das Center ab 10.000 m² Verkaufsfläche berücksichtigt und das bis 2011 die Eröffnung von 66 weiteren Centern in Deutschland erwartet (EHI 2008).[29] Die EuroHyp nennt für 2005 sogar schon 529 Center, zählt darunter allerdings bereits Center ab einer Größe von 5.000m².

Der anfängliche Boom suburbaner Malls auf der „Grünen Wiese" wird in deutschen Städten seit Mitte der 1990er Jahre durch einen Trend zu Inner-City-Standorten und Vertical-Malls abgelöst (Junker/Kühn 1999, Junker 2007, Brune et al. 2006). Shopping Malls liegen immer öfter in oder am unmittelbaren Rand der Fußgängerzonen oder in Stadtteilzentren.

Betrachtet man für Europa den Flächenzuwachs, so lässt sich seit Ende der 1980er Jahre auch insgesamt ein nahezu exponentielles Wachstum erkennen (siehe Diagramm 2). Deutschland liegt im europäischen Vergleich bei der Verkaufsfläche pro Kopf im Mittelfeld (vgl. Hahn 2007).

---

29 2005 wurden 95 Center von den Marktführern ECE Projektmanagement GmbH & Co KG und MRE – Metro Real Estates Management GmbH betrieben.

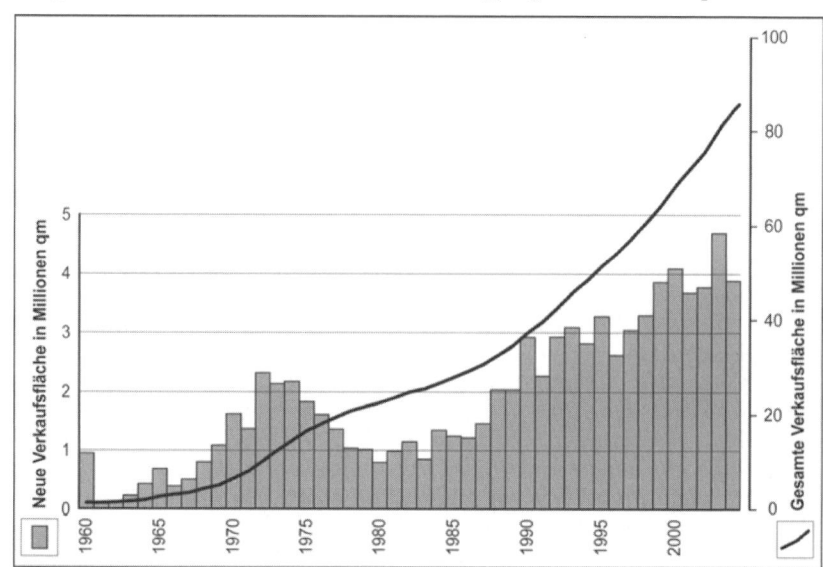

Diagramm 2: Wachstum und Fläche der Shopping Center in Europa

Quelle: Court 2005, in: Hahn 2007: 21

Basis solcher Zahlenangaben ist die Definition von Malls als, „aufgrund zentraler Planung errichtete großflächige Versorgungseinrichtungen, die kurz-, mittel- und langfristigen Bedarf decken. Sie sind charakterisiert durch:

- die räumliche Konzentration von Einzelhandels-, Gastronomie- und Dienstleistungsbetrieben unterschiedlicher Größe,
- eine Vielzahl von Fachgeschäften unterschiedlicher Branchen (...),
- ein großzügig bemessenes Angebot an PKW-Stellplätzen,
- zentrales Management bzw. Verwaltung,
- die Wahrnehmung bestimmter Funktionen durch alle Mieter (bspw. Werbung)
- und verfügen über eine Mietfläche inklusive Nebenfläche von mindestens 10.000m²" (Definition des EHI zitiert nach: Dörhöfer 1998: 87).

In der Definition des International Council of Shopping Centers (ICSC) wird noch einmal der zentrale Aspekt unterstrichen: „A group of retail or other commercial establishments that is planned, developed, owned and managed as a single property" (zit. nach Falk 1998: 15; ICSC 1999).

Wegen dieser Eigenschaft werden Shopping Malls kontrovers diskutiert: Ihre Betreiber treten einerseits regelmäßig mit dem Anspruch an, neue öffentliche Räume, gar die neue Mitte von Städten zu schaffen („wir wollen mehr Marktplatz als Handelsstandort sein", so ein Mallmanager), und es war auch die Intention Victor Gruens – des „Vaters" moderner Shopping Malls –, die spezifischen Qualitäten öffentlicher Räume europäischer Städte auf us-amerikanische zu übertragen und diese zu beleben (vgl. Gruen 1973, Gruen/Smith 1960).

Dass Projektierung, Entwicklung und Betrieb von Shopping Malls in einer Hand liegen und Grund und Boden Privateigentum sind, ruft jedoch andererseits Kritik hervor. Entgegen der propagierten Intention wird gerade von einer Privatisierung öffentlicher Räume gesprochen resp. von deren Verfall aufgrund der Kontrolle über Zugänglichkeit und Nutzung sowie einer dominanten Ausrichtung auf Konsum. Insbesondere neue Ausprägungen formeller sozialer Kontrolle, wie sie in Form von privaten Sicherheitsdiensten und Videoüberwachung für Shopping Malls konstatiert werden (vgl. Helten 2005, 2007; Helten/Fischer 2004), gelten als Gefährdung für Öffentlichkeit, weil sie Nutzungsmöglichkeiten und die Zugänglichkeit für bestimmbare Kategorien von Personen einschränken (vgl. Ronneberger et al. 1999, Wehrheim 2006a). Umgekehrt gelten sie jedoch gelegentlich auch als Garanten für Öffentlichkeit, da es erst die Kontrolle sei, die es anderen Gruppen und Individuen, die durch eine Informalisierung von Verhaltensstandards und Kriminalität im öffentlichen Raum verunsichert seien, ermögliche, an räumlich definierter Öffentlichkeit teilzunehmen (vgl. Huning 2003), und Sicherheit und Sauberkeit gelten als Basis der sich in der Verbreitung von Shopping Malls ausdrückenden Attraktivität dieser Räume (vgl. Underhill 2004). Traditionelle öffentliche Räume seien zudem durch Kfz-Verkehr und baulichen Verfall gefährdet. Ziel der Betreiber von Malls ist es, solchen Defiziten zu begegnen und die dem öffentlichen Raum inhärenten Spannungsverhältnisse von Vielfalt und Verunsicherung, Anonymität und Abwechslungsreichtum, anregenden und überfordernden Reizen auszugleichen sowie die mit dem Fremden verbundenen Ambivalenzen aufzulösen. Shopping Malls „betrachten sich nicht nur als vollgültiges Substitut von Stadt, sondern geradezu als Konzentrat all dessen, was Stadt idealerweise ausmacht, unter Aussparung aller eventueller Unzulänglichkeiten" (Legnaro/Birenheide 2005: 100).

Kontrolle verweist damit auf zwei Seiten derselben Diskussion (vgl. Siebel/Wehrheim 2003): Shopping Malls stehen in der Kritik, weil ein Zuviel an Kontrolle den Öffentlichkeitscharakter gefährden könne. Gleichzeitig werden Verfallstendenzen traditioneller öffentlicher Räume, wie Markplätze, Fußgängerzonen, Geschäftsstraßen, Parks etc., beschrieben, weil diese nicht nur das Großstädten unterstellte Kontrolldefizit aufwiesen, sondern sich Verhaltensstandards in diesen Räumen verändert hätten, und sie zunehmend als unsicher empfunden würden oder dies gar seien (vgl. Wilson/Kelling 1996/1982, Keim 1997, Schubert 2000). Dadurch sei ihre Zugänglichkeit und Nutzung eingeschränkt; auch ein Zuwenig an Kontrolle unterminiere den

Öffentlichkeitscharakter städtischer Räume (vgl. Hunter 1995). Unsichere Straßen, so schon Bahrdt (1998: 93), hätten mit Öffentlichkeit nichts zu tun. Kontrolle wird in den Rang eines Unterscheidungsmerkmals der Raumtypen gehoben und sie dient der Charakterisierung von Shopping Malls:

> „(...) ohne Kontrolle nicht jene auratische Wirkung des Sich-Wohlfühlens und Wohlfühlen-Könnens, die immer wieder von neuem produziert werden muss, ohne Kontrolle auch nicht die ständige Perfektheit des Gebotenen, die nur theatralische Vollendetheit, aber nicht dramaturgische Herstellung kennt, und ohne Kontrolle nicht die Abgrenzung zur innerstädtischen Fußgängerzone, die hier in ihrer Quirligkeit imitiert werden soll, ohne jene Erscheinungen aufzuweisen, die ein seines ökonomischen Status selten gewisses Publikum irritieren könnten" (Legnaro/Birenheide 2005: 129).

Die *„ständige* Perfektheit des Gebotenen", die „Vollendetheit", auf die Aldo Legnaro und Almut Birenheide hinweisen, deuten jedoch auch konzeptionelle Schwierigkeiten von Shopping Malls an: Sind traditionelle öffentliche Räume durch die Ambivalenzen von Fremdheit geprägt, die sie attraktiv und verunsichernd erscheinen lassen, so müssten entsprechende Versuche, diese Ambivalenzen dauerhaft durch Perfektion zu ersetzen, zur Folge haben, dass mit den Nachteilen urbaner Vielfalt auch deren Vorteile verschwinden. Shopping Malls unterliegen der für sie auch betriebswirtschaftlich hoch brisanten Gefahr, mittelfristig langweilig zu werden und damit ökonomisch zu scheitern. Mit dem Anspruch, Stadt ohne Unannehmlichkeiten zu produzieren, definiert die Mall auch ihre eigene Widersprüchlichkeit: Öffentlicher Raum zu sein, um attraktiv zu bleiben und mittels einer kontrollierten Umwelt eine perfekt inszenierte Konsumwelt zu produzieren.

Solche Verfallsthesen städtischer Öffentlichkeit müssen zunächst Ausdruck des Wandels der Polarität von Öffentlichkeit und Privatheit gelesen werden (vgl. Siebel/Wehrheim 2003), denn städtische Räume haben empirisch nie dem normativen Ideal oder dem Idealtypus von öffentlichem Raum entsprochen. Insofern erscheint es auch legitim, beide Typen von Räumen – Mall und Geschäftsstraße – trotz der drei genannten zentralen Unterschiede dahingehend zu untersuchen, inwieweit sie dem Idealtypus öffentlicher Raum nahe kommen. Der Status quo dieses Wandels wurde anhand einer suburbanen Shopping Mall und einer innerstädtischen Geschäftsstraße exemplarisch untersucht und gefragt, ob die thematisierten Unterschiede in Formen und Intensitäten sozialer Kontrolle bestehen und maßgeblich für den Öffentlichkeitscharakter der Räume sind. Die zentrale These ist, dass unterschiedliche Qualitäten der Räume im Modus der Bearbeitung von Fremdheit begründet sind, und dass Wahrnehmung und Bedeutung von Fremdheit mit unterschiedlichen Formen und Intensitäten von Kontrolle in den beiden Räumen variieren.

Im Folgenden werden zunächst das Forschungsdesign und das methodische Vorgehen näher dargelegt.

II. Forschungsdesign

1.0 Die Untersuchungsgegenstände

Die Untersuchungsorte

Untersucht wurde eine innerstädtische Geschäftsstraße und eine suburban gelegene Shopping Mall in einer nord-westdeutschen Großstadt (siehe Kapitel III.1.1, III.3.1). Verzeichnet die Geschäftsstraße bis zu 25.000 Besucher am Tag, sind es in der Mall durchschnittlich 40.000. Während die Mall als Ganze untersucht wurde, also die bauliche Hülle des Raums das Forschungsobjekt definierte, wurde aus Gründen der Vergleichbarkeit nur ein Ausschnitt einer Geschäftsstraße untersucht. Dabei beeinflusste zudem ein grundsätzlicher Unterschied zwischen beiden Orten die Empirie: Die Mall ist lediglich zwischen 8:00 und 20:00 geöffnet und insofern beschränkte sich auch die Untersuchung der Geschäftsstraße auf jene 12-Stundenphase.

Das Hausrecht in der Mall brachte die Bedingung mit sich, diese zu anonymisieren. Das Mallmanagement war zwar interessiert an der Studie und zeigte sich auch kooperativ, möchte jedoch vermeiden, dass mögliche, betriebswirtschaftlich ggf. brisante Ergebnisse, auf die konkrete Shopping Mall zurückgeführt werden können. Das Damoklesschwert, dass der Feldzugang per Hausrecht entzogen wird, schwebte deshalb des Öfteren über dem Projekt. Die Bedingung, die Mall zu anonymisieren, bringt auch die Notwendigkeiten mit sich, ebenfalls die innerstädtische Geschäftsstraße und die Stadt, in der das Forschungsprojekt durchgeführt wurde, zu anonymisieren. So können auch nicht alle Quellen genannt werden, diese sind an den jeweiligen Stellen ggf. mit ‚anonymisiert' vermerkt.

Die Shopping Mall wird im Folgenden – in Anlehnung an die Planungsintention von Shopping Malls, Stadt ohne Unannehmlichkeiten zu produzieren – als *Paradiso urbano* bezeichnet.

Die Untersuchungsgruppen

Die Bedeutung verschiedener Formen von Kontrolle für die Wahrnehmung von und den Umgang mit Fremdheit wurde anhand zwei kontrastierender Gruppen untersucht. Beide Befragtengruppen sind übliche und eigenständige Nutzer öffentlicher Räume: männliche Jugendliche und Heranwachsende im Alter von 14 bis 21 Jahren sowie Frauen zwischen 40 und 60 Jahren.

Konkurrierende Hypothesen lagen dieser Auswahl zugrunde: Männliche Jugendliche sind in der polizeiliche Kriminalstatistiken (PKS) sowohl als Täter als auch als Opfer überrepräsentiert. Sie stehen besonders im Fokus polizeilicher Aufmerksamkeit und werden in öffentlichen Räumen als verunsichernd beschrieben – Fragen nach Jugendlichen als Auslöser von Furcht gehören zum Standardrepertoire bei Untersuchungen zu Verunsicherungen in Städten. Männliche Jugendliche können daher zunächst als negative Adressaten von Kontrolle angesehen werden. Sie werden aber auch selbst als verunsichert beschrieben (vgl. Pain 2001). Frauen hingegen werden erhöhte Kontrollbedarfe in öffentlichen Räumen unterstellt, „Angsträume" geschlechtsspezifisch thematisiert (vgl. ILS 1995, Kaldun 2001), und Frauen äußern sich öfter dahingehend, in öffentlichen Räumen verunsichert zu sein (vgl. Janssen/Schollmeyer 2001 oder jüngst die differenzierte Darstellung bei Sessar 2007 sowie zu methodischen Einwänden Sutton/Farrall 2005).[30] Frauen können daher zunächst als positive Adressaten von Kontrolle definiert werden.

Solche Befunde und Überlegungen sagen aber nichts darüber aus, wie männliche Jugendliche oder Frauen *neue* Formen der Kontrolle – wie Videoüberwachung – empfinden. Sheila Brown (1999) verweist etwa auf die dadurch noch gesteigerte Sichtbarkeit von Frauen im öffentlichen Raum, die durch zusätzliche (meist männliche) Überwacher noch gesteigert und die – im Unterschied zu ‚realen' Gefahren – gerade als verunsichernd angesehen würde (vgl. auch Koskela 1999). In Bezug auf private Einkaufszentren und dort regelmäßig tätige private Sicherheitsdienste wird wiederum auf den Konflikt hingewiesen, ob männliche Jugendliche als erwünschte Konsumenten anzusehen sind oder als Störer des Konsumambientes (vgl. etwa Thompson 1998). Beide (Alters-)Gruppen zeichnen sich zudem durch einen unterschiedlichen ‚Stand' im großstädtischen Sozialisationsprozess aus.

Mit diesen beiden Interviewgruppen wird also keine repräsentative Studie zur Nutzung und Wahrnehmung zweier städtischer Marktorte und der dortigen Bedeutung von Kontrolle und Fremdheit vorgelegt, sondern eine Studie, die es anhand zweier Kontrastgruppen erlaubt, allgemeine Thesen zur Bedeutung von Fremdheit und Kontrolle an Marktorten zu formulieren.

2.0 Methodisches Vorgehen

Die Projektergebnisse basieren auf einem Methodenmix. Qualitative und quantitative Methoden wurden nicht nur getrennt eingesetzt, sondern es

---

[30] Jackson widerspricht zudem der These, Shopping Malls würden per se als sicher empfunden, und argumentiert dabei mit Frauen und männlichen Jugendlichen: „The semi-public spaces of the shopping mall are experienced by some people (including many elderly, white, working-class women) as fearful precisely because they are enjoyed by others (male, ethnic minority youth) as desirable places to 'hang out'" (Jackson 1998: 188).

wurde auch mit direkten Verbindungen beider Ansätze gearbeitet (vgl. Flick 2003: 316f.). Folgende methodische Zugänge wurden gewählt: offene, leitfadengestützte *Interviews mit Experten* aus Politik, Stadtplanung, Polizei, Mall- und Facilitymanagement etc. (die Experteninterviews zur Geschäftsstraße wurden jeweils mit G.x kodiert, die zur Mall mit M.x.),[31] Passantenzählungen, (Nicht-Teilnehmende) Beobachtungen, Beobachtungen mit anschließenden Kurzbefragungen, standardisierte Interviews mit offenen und geschlossenen Fragen, sekundärstatistische Analysen zur Bevölkerungsstruktur, Dokumentenanalysen sowie Begehungen und ‚Kartographie' der Untersuchungsorte.

Passantenzählungen

Die Passantenzählungen dienten zum einen dazu, die ‚tatsächliche' sozialstrukturelle Zusammensetzung der Anwesenden zu erfassen[32] und zum anderen die Präsenz von Personen und Gruppen, die als sozial und kulturell fremd im Vergleich zur deutschen Mittelschicht angesehen werden können.[33] Die Erhebung ermöglicht es, Aussagen darüber zu treffen, ob die jeweiligen Personengruppen *üblicherweise* vor Ort sind. Die absoluten Zahlen sind nachrangig.[34] Insbesondere für die Kategorisierung von verunsichernder

---

31   Experteninterviews zur *Geschäftsstraße*: G.0: Stadtplaner in der örtlichen Baubehörde, G.1: Verkehrsplaner in der örtlichen Baubehörde (und Bewohner des Quartiers der Geschäftsstraße), G.2: Ortsamtsleiter (und Bewohner des Quartiers der Geschäftsstraße), G.3: Lokal zuständiger Kontaktbeamter/Polizist, G.4: Leiter eines der beiden örtlich zuständigen Polizeireviere, G.5: Vorsitzender des örtlichen Hauptverbandes des Deutschen Einzelhandels sowie der Vereinigung der Einzelhändler in der Geschäftsstraße und dortiger Geschäftsinhaber, G.6: Lokal zuständiger Quartiersmanager. *Shopping Mall*: M.0: Stellvertretender Geschäftsführer einer international tätigen Betreiber GmbH von Shopping Centern, M.1: Manager von Paradiso urbano, M.2: Facilitymanager des Betreiberkonzerns (zuständig für Paradiso urbano sowie für einen Supermarkt in der Geschäftsstraße), M.3: Facilitymanager: Vertreter des für Paradiso urbano zuständigen Subunternehmens, M.4: Polizist in der Dienststelle in Paradiso urbano, M.5: Leiter der Polizeidienststelle in Paradiso urbano, M.6: Leiter des privaten Sicherheitsdienstes in Paradiso urbano (externes Unternehmen).
32   Als Kategorien dienten: (1) obdachlos/verwahrlost erscheinenden Personen, (2) sichtbar Armen, (3) sichtbar Wohlhabenden sowie (4) Oberschichtlebensstil.
33   (5) Angehörige von expliziten Subkulturen: Punks, Grufties/Gothics, Rocker, Skater, Hip Hopper etc., (6) nicht-deutsch aussehende Personen mit traditioneller (religiöser) Kleidung wie Burkas, Kippas oder Vergleichbarem, (7) *Gruppen* (ab drei Personen) ausländisch aussehender, männlicher Jugendlicher, (8) in Anlehnung an die von Guiliani/Bratton (1994) betonten „dangerous mentally ill street people" Personen, die durch ihr Verhalten – z.B. durch laute oder andauernde Selbstgespräche – akustisch oder anderweitig auffällig waren, (9) Angehörige der Drogen-/Alkoholszene sowie gesondert *verweilende* Einzelpersonen und Gruppen der genannten Kategorien.
34   Die Aussagekraft dürfte je nach Kategorie variieren. So weisen Tobias/Boettner (1992: 87) darauf hin, dass gerade ‚normale' Einkommensarmut – im Unterschied zu

Fremdheit liegt das Thomas-Theorem zu Grunde: Es ist nachrangig, ob jemand, der verwahrlost aussieht auch tatsächlich obdachlos ist oder ob jemand mit Burka auch tatsächliche eine streng gläubige Muslima ist. Entscheidend ist, dass im öffentlichen Raum primär aufgrund visueller Merkmale Zuschreibungen von Fremdheit erfolgen, und diese dadurch wirkungsmächtig werden: „If men define situations as real they are real in their consequences" (Thomas/Thomas 1928: 572). Wir unterstellen dabei, dass die Etikettierungen seitens der Passanten mit denen seitens der Beobachter weitestgehend kongruent sind, Drogenkonsumenten jeweils als Drogenkonsumenten ‚erkannt' werden. Das heißt aber keineswegs, dass die Inhalte der Etikettierungen als kongruent angesehen werden. Details solcher Be-deutungen sind vielmehr Gegenstand der Forschung: etwa ob – um beim Beispiel zu bleiben – Drogenkonsumenten für die Passanten verunsichernd sind und welche Handlungsfolgen dies ggf. hat. An beiden Untersuchungsorten wurden insgesamt jeweils für drei 12-Stundenphasen die Zugänglichkeit und das Vorhandensein der von uns als Fremde klassifizierten Personenkategorien erhoben.

Beobachtungen und Kurzbefragung

Um Nutzungs- und Verhaltensweisen zu erfassen wurden pro Untersuchungsort je nach genauem Gegenstand bis zu 85,5 Stunden Beobachtungen an Werktagen und Wochenenden im Sommer und im Winter durchgeführt (vgl. auch: von Seggern/Tessin 2005: 288ff.). Dabei wurden die Funktionen der Untersuchungsorte, d.h. das Spektrum der vorfindbaren Nutzungsweisen sowie ‚Abweichendes Verhalten und soziale Kontrolle' erfasst, und Situationen, in denen Angehörige der Untersuchungsgruppen mit ‚Extremen' sozialer/kultureller Fremdheit konfrontiert waren – im Folgenden als „spezielle Situationen" bezeichnet – beobachtet (nur in der Geschäftsstraße).[35]

Verwahrlosung, die eben *auch* eine Lebensstilkategorie ist – schwer beobachtbar ist, da von den Betroffenen gerade viel unternommen wird, um den Status ‚arm' nicht sichtbar werden zu lassen. Insofern ist davon auszugehen, dass in dieser Kategorie die erhobenen Zahlen eher zu niedrig als zu hoch sind. In der Stadtsoziologie werden auch habituelle Spezifika von Städten diskutiert und solche wirken sich auf die Verlässlichkeit der Methode aus: Oberschicht oder ostentative Wohlhabende ‚beobachten' zu können, erscheint auf der Düsseldorfer Kö' augenscheinlich, in der Züricher Bahnhofstraße, in der keinesfalls von geringerem Wohlstand auszugehen ist, ist es hingegen schwieriger. Wohlstand wird dort weniger zur Schau gestellt.

35   Beobachtungen ohne Zustimmung der Beobachteten sind forschungsethisch problematisch (vgl. Flick 2002: 201), in öffentlichen Straßensituationen jedoch nicht anders realisierbar. Bei Angehörigen der mit beobachteten Randgruppen stieß dies gelegentlich auf Widerstände: In solchen Fällen wurde in Gesprächen versucht, die Situation zu erläutern und im Zweifelsfall klarzustellen, dass man kein Polizist in Zivil war, und Verständnis für die Forschung zu erlangen. Dies gelang mit einer Ausnahme immer.

Nutzungsweisen: Öffentlichen Räumen werden im Kern die Funktionen Markt und Politik zugeordnet. Darüber hinaus ist ihr Merkmal, gerade nicht in ihrer Funktionalität determiniert und multifunktional zu sein. Bei beiden Orten wurde aber jeweils von Einschränkung bei den Nutzungsmöglichkeiten ausgegangen: In der Geschäftsstraße aufgrund der unterschiedlichen Verkehre, in der Shopping Mall aufgrund der in der Literatur regelmäßig hervorgehobenen Regulierung der Räume zum Zwecke des Konsum. Bei den Beobachtungen interessierten zudem weniger die Nutzungsweisen in absoluten Zahlen, als vielmehr deren Spektrum, als Ausdruck von Möglichkeiten, Raum zu nutzen.[36]

Abweichung und Kontrolle: Abweichendes Verhalten lässt sich nur schwerlich ‚objektiv' beobachten. Es ist zunächst negativ definiert über Normen – für die Geschäftsstraße formal festgeschrieben im Strafgesetzbuch, der Straßenverkehrsordnung, der Straßensatzung, dem Bußgeldkatalog der Umweltbehörde etc. und für die Shopping Mall, neben allgemeinen Rechtsverordnungen, in ihrer Hausordnung. Darüber hinaus ist Devianz erst das Produkt der Reaktion auf ein Verhalten. Abweichung und Kontrolle bedingen sich wechselseitig (siehe Kapitel I.2.1.2). Mit Howard S. Becker (1981: 13) kann zwischen ‚objektiven' Regelverletzungen und solchen, die darüber hinaus als Devianz bedeutet werden, unterschieden werden. Diese unterschiedlichen theoretischen Ansätze – objektivistisch und konstruktivistisch – bringen methodische Schwierigkeiten mit sich. Da es sowohl interessierte, wie dicht die soziale Kontrolle an den beiden Orten ist, als auch, inwieweit die Untersuchungsorte spezifische Ordnungen ausbilden und Normalitäten zeitigen, die auch durch Abweichungen beeinflusst werden, wurden unterschiedliche Erhebungsgegenstände erfasst, und teilweise die methodologischen Konsequenzen der Definitionstheorie ignoriert: 1. Abweichungen von kodifizierten Normen ohne dass Reaktionen von anderen Anwesenden darauf folgten. 2. Handlungen sozialer Kontrolle, die einerseits innerhalb des untersuchten Settings – definitionstheoretisch betrachtet – erst die Abweichungen schaffen und zusammen mit den erhobenen Regelverstö-

---

Ein, in der Geschäftsstraße ‚wohnender' Obdachloser war sich der Brisanz von Sozialforschung bewusst und lehnte die Beobachtung ab: „Das dient der Deportation", so seine drastische Parallele zur deutschen Geschichte. Es war nicht möglich, ihn davon zu überzeugen, dass wir zumindest bemüht sind, nicht intendierte Folgen möglicher Forschungsergebnisse (z.B. die weitere Verdrängung von Randgruppen aus dem Straßenzug) soweit wie möglich auszuschließen. Im weiteren Forschungsverlauf wurde daher auf die Mitbeobachtung dieses Obdachlosen verzichtet.

36 Als Kategorien dienten: 1. Politik (Verteilen von Flugblättern, Straßenstände, Demonstrationen, ...), 2. Spielen (Kinderflohmärkte, Fangen spielen, Nutzung der Möblierung zum Herumturnen, ...), 3. Sporttreiben (Joggen), 4. Ausruhen/Beobachten (Verweilen ab fünf Minuten Dauer an einem Ort außerhalb der Gastronomie), 5. Kultur (Straßentheater, -musik, ...), 6. Sonstiges. Da die Marktfunktion als typische für öffentlichen Raum bereits Kriterium für die Auswahl der Untersuchungsorte war, wurde diese nicht extra erfasst.

ßen andererseits Auskunft über die Objekte und Praktiken der Kontrolle geben. 3. Die Präsenz von Akteuren (formeller) sozialer Kontrolle, die es wiederum erlaubt, Aussagen darüber zu treffen, ob ein Ort intensiv kontrolliert ist – die schlichte Präsenz also auch bereits verhaltensbeeinflussenden Charakter haben könnte –, und darüber, ob formelle oder informelle Akteure sozialer Kontrolle ggf. auf Sanktionen von Normverstößen und somit auch auf die Definition ‚abweichend' verzichten.

Spezielle Situationen und Kurzbefragungen: Die männliche Jugendlichen und Frauen wurden in der Geschäftsstraße speziell beobachtet, während sie an Angehörigen sozialer Randgruppen vorbei- oder durch Gruppen von Personen hindurchgingen. Es war das Ziel, distanziertes großstädtisches Verhalten zu überprüfen. Konkret wurden Reaktionen auf drei verschiedene Ausgangssituationen erfasst: offene Drogen- , Alkoholszene, sitzenden oder liegende Obdachlose, Bettler. Dabei ist es selbstredend nicht möglich, eine exakte Skala von eindeutig interpretierbaren Gesten oder anderen Symbolen zu entwerfen (vgl. Blumer 1981: 131), gleichwohl war es möglich, Gestik, Mimik, andere körperliche oder sprachliche Äußerungen in ihrem lokalen Kontext zu erfassen (vgl. auch Goffman 1996: 263). Die Reaktionen wurden standardisiert als *offensive* (Ablehnung ausdrückende) und *defensive* (Unwohlsein/Furcht signalisierende) protokolliert sowie als *aktive* (z.B. Passanten unterhalten sich mit den Randgruppen oder geben Bettlern Geld) oder *passive* (keine sicht-/hörbare Reaktion) *Akzeptanz* vermerkt. Nach der Situation des Passierens wurden denselben zuvor beobachteten Probanden drei Fragen gestellt: 1. „Ist Ihnen gerade etwas aufgefallen?" 2. „Finden Sie, dass so was hier in der Stadt dazu gehört?" (ja/nein). 3. „Verunsichert sie so was?" (ja/nein). Es wurde also nicht abstrakt nach Unsicherheitsszenarien gefragt, wie es in standardisierten Studien zu Kriminalitätsfurcht üblich ist (vgl. etwa Häfele/Lüdemann 2006), sondern dies wurde direkt anhand einer konkreten und unmittelbar aktuellen Situation erhoben. Von insgesamt 263 beobachteten Passanten konnten 134 anschließend auch interviewt werden. In der Mall konnte nicht auf diesen methodischen Zugang zurückgegriffen werden, da entsprechende Situationen erwartungsgemäß kaum vorkamen.

Standardisierte Befragung

Neben solchen Kurzbefragungen erfolgte an den beiden Untersuchungsorten sowie in deren näheren Umgebungen eine weitere standardisierte Befragung (zu Befragungen im öffentlichen Raum vgl. Monheim 1999). Insgesamt wurden weitere 596 Face-to-face-Interviews geführt von denen 561 auswertbar waren.[37] 214 Interviewte waren Frauen, 347 männliche Jugendliche. Nur unter den in der Geschäftsstraße interviewten Jugendlichen verfügten mehr

---

37   152 in der Geschäftsstraße, 150 in deren Umgebung, 150 in der Mall und 109 in deren Umgebung.

über eine hohe als über eine niedrige Bildung (unterschieden nach Schulform bzw. Schulabschluss). An allen anderen drei Interviewworten verfügten zwischen 59,5% und 71,2% nur über eine niedrige Bildung. Bei den Frauen verfügten drei Viertel der zur Geschäftsstraße Befragten über eine hohe Bildung. Bei denen zur Mall Befragten ist es umgekehrt: nur 23,8% bzw. 32,3% haben eine am Schulabschluss gemessene hohe Bildung.[38]

Der Fragebogen war wie folgt gegliedert: Zunächst erfolgten allgemeine Fragen zum jeweiligen Untersuchungsort. Dabei diente u.a. ein Polaritätsprofil/semantisches Differential (vgl. Stier 1999: 97ff.) dazu, die Wahrnehmungen und Bewertungen der beiden Untersuchungsorte durch die Interviewten zu erfassen. Fragen zu Sicherheit und Kenntnissen über Kontrolle wurden vor den Fragen zur normativen Akzeptanz und zur Verunsicherung durch Randgruppen gestellt, um nicht erst durch die Befragung Zusammenhänge zwischen Randgruppen und Kontrollbedarfen zu konstruieren. Fragen zum jeweils zweiten Untersuchungsort sowie zur Person des Interviewpartners wurde am Ende des Interviews gestellt. Den jeweiligen Gegebenheiten der beiden Untersuchungsorte entsprechend unterscheiden sich die Fragebögen leicht. Schwerpunkte lagen auf der Wahrnehmung von Kontrolle, auf Nutzungs- und Verhaltenserwartungen und der Vertrautheit mit den Untersuchungsorten.

Begehungen

Mehrere Begehungen der beiden Untersuchungsorte dienten desweitern dazu, die gebaute Materialität der Räume zu erfassen sowie den Bestand der Ladenlokale und deren Veränderungen zu erheben (zum „Lesen" der Symbolik von Architektur und Raumgestaltung vgl. Schubert 2005). Zwei Grundüberlegungen waren dabei maßgeblich: Zum einen die Diskussion um die Bedeutung von „physical disorder" (Müll, Graffiti, zerbrochene Fensterscheiben, Leerstände ...) für Sicherheitsempfindungen in städtischen Räumen einerseits und sozial selektive Wirkungen von Materialien und weiteren Gestaltungselementen (vgl. Wagner 1999) andererseits. Zum anderen Studien über die Verhaltenslenkung durch die Gestaltung von Raum, wie sie für Shopping Malls insbesondere bei Legnaro/Birenheide (2005) und Underhill (2004) hervorgehoben werden. Demzufolge orientierten sich die Begehungen sowohl in der Geschäftsstraße, als auch in der Mall an von Wilson/Kelling (1996) und Skogan (1990) formulierten Indikatoren für „disorder" sowie an Kriterien zur Gestaltung von Shopping Centern (vgl. Sievers 2006). Die

---

38 Die Staatsangehörigkeit oder ein Migrationshintergrund wurde nicht abgefragt, sondern von den Interviewern aufgrund der Inaugenscheinnahme zugeschrieben, da die Wahrnehmungen von und Reaktionen auf Fremdheit nicht von formaljuristischen Kategorien (Staatsangehörigkeit) abhängen. Gleiches gilt für soziale Kontrolle: eventuelle Diskriminierung müsste zunächst aus visuellen Merkmalen resultieren.

Erhebung der jeweils entsprechenden Indikatoren an *beiden Orten* erlaubt es, mögliche Tendenzen einer wechselseitigen Angleichung zu analysieren, die Beobachtungs- und Befragungsergebnisse vor dem Hintergrund der Materialität der Orte zu interpretieren und Thesen zur Verhaltenslenkung zu überprüfen.

III. Zwei Fallstudien

Im Folgenden wird zunächst auf die innerstädtische Geschäftsstraße eingegangen und analysiert, ob sie dem Ordnungs- und Idealtyp öffentlicher Raum nahe kommt und welche Rolle dabei Fremdheit und Kontrolle spielen. Anschließend wird die Shopping Mall Paradiso urbano unter den selben Fragestellungen beschrieben, um eine Basis für vergleichende Betrachtungen zu liefern.

1.0 Die Geschäftsstraße als öffentlicher Raum?

Differenziert man öffentliche von privaten Räumen in den drei Dimensionen rechtlich, funktional und sozial und überprüft man deren jeweilige Repräsentanz durch die vierte Dimension der Differenzierung, die symbolische (siehe Kapitel I.1.3), so lässt sich auch der untersuchte Ausschnitt der innerstädtischen Geschäftsstraße innerhalb der Polarität von Öffentlichkeit und Privatheit darstellen. Neben den objektivierbaren Merkmalen sind es kulturelle Codes, die Assoziationen von Privatheit und Öffentlichkeit verhaltensleitend werden lassen und es ist die Symbolik, die die Inhalte der jeweiligen Dimensionen vermittelt. Materialität und Wahrnehmung greifen ineinander. Ein de jure öffentlicher Raum, ein Raum also, der nicht unter privatem Hausrecht steht, wird nur dann als öffentlicher wahrgenommen und entsprechend genutzt, wenn sein materiell-physisches Substrat sowie die Nutzungs- und Verhaltensweisen der Anwesenden diesen eigentumsrechtlich öffentlichen Status auch signalisieren. Architektur und Gestaltung von Raum können Nutzungen unterstützen oder unterminieren sowie Assoziationen von Offenheit oder Geschlossenheit erlauben. Materialien, Farben, Oberflächenstrukturen können „soziale Höhenlagen" (Wagner 1993) eines Raums definieren.
    Bevor die allgemeine Zugänglichkeit der Geschäftsstraße und diese in den vier Dimensionen der Polarität von Öffentlichkeit und Privatheit beschrieben sowie die Wahrnehmung der Straße dargestellt wird, zunächst zum Quartier, das den Straßenzug umgibt.

1.1 Eine Geschäftsstraße in einem innerstädtischen Wohnquartier

Die Geschäftsstraße liegt in einem gemischt genutzten Wohnquartier, das an den unmittelbaren City-Bereich der Großstadt angrenzt. Die Wahrnehmung als *ein* Quartier ergibt sich aus der räumlichen Abgrenzung (durch alte Wallanlagen, größere Straßenzüge und einen Fluss), aus der Baustruktur sowie aus der Geschichte. Verwaltungstechnisch ist es aber kein einheitlicher Stadtteil. Eine Verwaltungsgrenze trennt, markiert durch eine Straßenkreuzung in der Mitte, den untersuchten Straßenzug, der quer durch das Viertel verläuft, und diese formale Grenze ist auch eine gewachsene soziale und symbolische, die trotz immer wieder von den interviewten Experten aus Politik, Einzelhandel, Quartiersmanagement und Polizei betonten Gemeinsamkeiten, mit der eine gemeinsame Quartiersidentität erzeugt werden soll (siehe Kapitel IV.1.4.3), weiterhin Relevanz besitzt. Nach Außen beworben wird das *gesamte* Quartier auf einer vor allem vom Einzelhandel promoteten Homepage wie folgt:

- „eigentlich nix, was es nicht gibt
- nahezu 300 Fachgeschäfte (überwiegend inhabergeführt)
- kaum Filialisten
- 26.980 qm Verkaufsfläche
- rund 2000 Arbeitsplätze in Handel und Gastronomie
- 3 Straßenbahnlinien, die dort verkehren
- 1 Parkhaus + 2 große Parkflächen
- das Parkticket plus (mit dem Parkschein Straßenbahnfahren)
- die meisten Studenten
- die größte Dichte von Werbeagenturen, Grafik-Designern, Neue Medien-Dienstleistern u. ä.
- die meisten kulturellen Einrichtungen
- die besten Eisdielen
- die hübschesten Frauen
- ganz versteckt ein Tischlerei-Museum
- ca. 25.000 Menschen
- anteilig die meisten Menschen zwischen 25–45: 47%, in der restlichen Stadt: 31,8 %
- die meisten Single-Haushalte
- anteilig die meisten Menschen mit (Fach)Hochschulreife
- anteilig die meisten Menschen mit (Fach)Hochschulabschluss
- die beste Fußballmannschaft Nordeuropas"

Entstanden ist das Quartier überwiegend in der zweiten Hälfte des 19. Jahrhunderts.[39] Es ist in seiner Baustruktur weitgehend erhalten geblieben, d.h. es ist im Vergleich zu anderen Teilen der Stadt weder während des zweiten Weltkrieges, noch in der Phase des modernistischen Städtebaus stark zerstört worden. Altbauten im Reihenhausstil mit zum Teil aufwendigen, von

---

39 Die Aufhebung der Torsperre 1849 ermöglichte es dem Bürgertum ihren Wohnsitz vor die alte Stadtgrenze zu verlegen, ohne die an das damalige Stadtrecht gekoppelten Bürgerrechte zu verlieren.

früherem Reichtum zeugenden Gebäudefassaden, aber auch einige mehrgeschossige Mietwohnhäuser aus der Gründerzeit kennzeichnen das Straßenbild, teilweise unterbrochen durch Neubauten aus den 1950er Jahren. Pläne zu einer radikalen Umstrukturierung gab es jedoch immer wieder, und so ist die Gegenwart des Quartiers auch durch politische Kämpfe in den 1960er und v.a. 1970er Jahren gegen Pläne geprägt, durch die Nachbarschaft eine Umgehungsstraße zu legen: Nicht nur dahingehend, dass angedeutet wird, es habe sich so etwas wie ein kollektives soziales und politisches Bewusstsein herausgebildet (G.1, G.2), sondern auch sehr konkret, indem aktuelle Eigentumsverhältnisse auf Hauskäufe in jener Zeit zurückgehen, als Immobilienpreise verfielen, und in den 1980er Jahren zahlreiche Hausbesetzungen zu verzeichnen waren. Inzwischen kennzeichnen den Stadtteil die höchsten Grundstückspreise aller Wohngebiete der Stadt.[40]

Die jüngere Geschichte des Quartiers seit den 1970er Jahren war von einem permanenten Spannungsverhältnis zwischen Verfall, teilweise wird sogar heute noch von „Verslumung" des innenstadtabgewandten Abschnitts gesprochen (G.4), und Gentrification gekennzeichnet. Die Verfallsszenarien werden begründet mit der Präsenz einer offenen Drogenszene (v.a. Ende der 1980er/Anfang 1990er Jahre, als sich im Quartier verteilt täglich mehrere hundert Personen aufhielten), eines in den 1970 Jahren überdurchschnittlichen Anteils von Sozialhilfeempfängern und Nicht-Deutschen an der Wohnbevölkerung, politisch motivierten Unruhen sowie der Fluktuation und der hohen Leerstandsquote beim Einzelhandel.[41] Insbesondere die offene Drogenszene erlangte eine hohe mediale Aufmerksamkeit und prägt das Image des Stadtteils nach wie vor. Gentrification hingegen ist nicht Thema der städtischen Öffentlichkeit, sie zeigt sich aber gerade in jüngster Zeit deutlich durch eine politisch geförderte Aufwertung beim Einzelhandel und der Gastronomie, durch eine baulich-gestalterische Aufwertung sowie durch die Verdrängung der ansässigen ethnischen Minderheiten, der ärmeren und älteren Bevölkerung durch neue, einkommensstarke Bewohner (siehe Kapitel IV.1.4.3). Waren 1977 noch 15% der Wohnbevölkerung im Quartier nicht deutscher

---

40 Das Quartier ist heute sowohl durch eine hohe Fluktuation bei Bewohnern, insbesondere von Studenten, gekennzeichnet, als auch durch eine geringe residentielle Mobilität, die auf eine hohe Eigentumsquote zurückgeht. Für das Sample der Untersuchung sieht die Bewohnerstruktur wie folgt aus: die männlichen unter 25-Jährigen – für die exakte Altersgruppe der 14 bis 21-Jährigen liegen keine Daten vor – sind unterrepräsentiert (9,7% im Vergleich zu 12,3 im Stadtdurchschnitt) während Frauen zwischen 40 und 60 Jahren überrepräsentiert sind: 15,6% zu 13,9% (alle Angaben: Statistisches Landesamt 2005).

41 Aus der Innenstadtnähe resultieren trotz allem teilweise sehr hohe Mieten, die zur Geschäftsaufgabe bzw. -verlagerung führen. Inhaber, die einen Generationswechsel anstreben, finden nur schwierig Nachfolger und zweigeschossige Ladenlokale verursachen gemäß einem Vertreter des Einzelhandels zu hohe Personalkosten (G.5).

Herkunft, während es im Stadtdurchschnitt nur 4,8% waren, so ist die ausländische Wohnbevölkerung 2005 nicht mehr über- sondern unterdurchschnittlich: 12,7% zu 13,2% im Stadtdurchschnitt. Ähnlich gestaltet sich die Entwicklung in Bezug auf Sozialhilfeempfänger: Waren es im Quartier 1975 6,8% und 1989 13,7%, weshalb es als Armutsquartier ausgewiesen wurde, so waren es 2004 nur noch 6,2%, während sich im Stadtdurchschnitt der Anteil im gleichen Zeitraum von 4,8% auf 8,3% kontinuierlich erhöhte.[42] Der Bildungsstand war Ende der 1980er Jahren im Vergleich zum Stadtdurchschnitt mit einer fast doppelt so hohen Quote an Einwohnern mit Hoch- oder Fachhochschulreife ausgesprochen hoch. Gemäß Daten der Volkszählung von 1987 – aktuellere Daten liegen nicht vor – verfügten im Quartier 31,3% über eine Hoch- oder Fachhochschulreife (im Stadtdurchschnitt nur 16,8%) und 40,5% über einen Volks- oder Hauptschulabschluss (im Stadtdurchschnitt waren es 54,4%)(siehe auch die Zusammensetzung des Interviewsamples).

Besonders ist das Quartier auch von der Lebensstil- und politischen Orientierung der Bewohner. Die politische Haltung, die auch als ein Indikator für normative Orientierungen der Wohnbevölkerung dienen kann, lässt sich aus dem jüngsten Bundestagswahlergebnis ableiten:

Tab. 1: Umgebung Geschäftsstraße: Ergebnisse der Bundestagswahl (2005)**

		CDU	SPD	GRÜNE	FDP	PDS*	DVU	REP	NPD	Sonst.
Quartier	%	11,1	32,1	35,1	6,0	14,2	x	x	0,5	1,1
Stadt gesamt	%	22,6	42,1	15,2	8,2	8,6	x	x	1,4	2,0

*PDS-Die Linke, **Zweitstimmen. Quelle: Statistisches Landesamt.

Knapp die Hälfte der Wähler haben für Die Grünen/Bündnis 90 oder PDS-Die Linke gestimmt, was bereits auf ein spezifisches Milieu hindeutet. Die Daten zum unterdurchschnittlichen Sozialhilfebezug sowie der hohe Bildungsgrad lassen auch ein hohes Durchschnittseinkommen vermuten. In dieses Bild eines besonderen Milieus passt, dass das Quartier die niedrigste Fertilitätsrate der gesamten Stadt verzeichnet und dass die Bevölkerung überdurchschnittlich oft ledig ist: 62,7% statt 44,1% im Stadtdurchschnitt. Dementsprechend charakterisiert ein Gutachten zu einem avisierten Wohnmilieu in einem unmittelbar angrenzenden Areal, das einer Umnutzung unterzogen werden soll, dieses analog zum Untersuchungsgebiet als: Postmaterielle (aufgeklärte Nach-68er, liberale Grundhaltung, „grünes" Wohnen in charaktervollen Altbauten), moderne Performer (junge, unkonventionelle Leistungselite), bürgerliche Mitte (statusorientierter Mainstream) und Experimentalisten (individualistische neue Bohème, die urbane, bunte Nachbarschaften schätzten).

---

42 Quellen: anonymisiert, z.T. Statistisches Landesamt 2006.

Zusammengefasst und zugespitzt ausgedrückt: Das Quartier ist ein Quartier eines urbanen, alternativen Milieus.

1.2 Allgemeine Zugänglichkeit

Nicht jeder Bewohner einer Stadt und des Umlands hat dieselbe Zugangschance zu jedem Ort der Stadt. Das hat allein schon verkehrstechnische Gründe, der Zeit- und Kostenaufwand, der notwendig ist, einen Ort zu erreichen, kann schlicht unverhältnismäßig sein – und dies verweist bereist auf eine grundsätzliche Schwäche des normativen Konzept ‚öffentlicher Raum'. Die Bedingungen im Untersuchungsfall sind jedoch günstig:

- Die Straße liegt zentral. Sie kann mit dem Pkw, mit dem Fahrrad, mittels drei verschiedener Straßenbahnlinien sowie per pedes erreicht werden.
- 16 Straßen münden in die Geschäftsstraße bzw. führen von ihr weg. Bauliche Hindernisse, reale Barrieren wie geschlossene Türen oder Treppen oder symbolische Barrieren wie offene Türen oder Tordurchfahrten bestehen nicht, lediglich der umliegende Straßenverkehr ist u. a. durch viele Einbahnstraßen reguliert.
- Die Straße ist – im Unterschied etwa zu Passagen oder auch manchen Parks oder der Shopping Mall – rund um die Uhr geöffnet.

Bauliche und zeitliche Offenheit, Zentralität und Erreichbarkeit unterstreichen den Öffentlichkeitscharakter der Straße. Die leichte Zugänglichkeit deutet sich auch anhand von Daten aus einem Protokoll des Ortsbeirats von 2002 an: Demnach gelangen die Nutzer der Straße zu 42% zu Fuß, zu 31% mit der Straßenbahn, zu 17% mit dem Fahrrad und zu 13% mit dem Pkw zur Geschäftsstraße. Die Art und Weise lässt zudem vermuten, dass gut die Hälfte der Nutzer aus der näheren Umgebung und dem Quartier selbst kommt, die Übrigen jedoch weiter entfernt wohnen – also auch Quartiersfremde zu den regelmäßigen Nutzern der Straße gehören.

Aus der rein physischen Zugänglichkeit des Ortes kann jedoch noch keine soziale oder kulturelle Heterogenität der Nutzer, im Sinne einer „Repräsentativität" des öffentlichen Raums für die Stadt insgesamt, abgeleitet werden. Sie bedeutet noch nicht, dass die Straße allgemein zugänglich und ein Ort ist, an dem sich unterschiedliche soziale und kulturelle Gruppen präsentieren können und der durch die Anwesenheit von (verunsichernden) Fremden gekennzeichnet ist. Mittels Passantenzählungen wurde daher die allgemeine Zugänglichkeit überprüft, denn diese ist das Primärkriterium für Öffentlichkeit und die Grundlage ihrer sozialen Dimension.

Dass die normale Mittelschichts-Wohnbevölkerung anwesend ist, war ebenso offensichtlich wie die regelmäßige Präsenz nicht-deutschaussehender Passanten. *Systematisch* erhoben wurde deshalb nur, inwieweit darüber hinaus erstens, bestimmte Gruppen anwesend sind, die als Extreme sozialer und kultureller Fremdheit definiert wurden – ‚sichtbar' Arme oder verwahrlost erscheinende Personen – und die teilweise mit dem generellen Stigma der Gefährlichkeit belegt sind – Angehörige von Subkulturen wie Punks oder Drogenkonsumenten –, sowie zweitens, Personengruppen, deren Wohlstand deutlich sichtbar ist oder die einer traditionellen Oberschicht zuortbar waren (siehe Kapitel II.2.0). Zum einen wurde damit die allgemeine Zugänglichkeit überprüft, zum anderen die (damit verbundene) Präsenz von, aus einer (deutschen) Mittelschichtsperspektive, Fremden.

Rechnet man die Daten aus den über den Tag verteilten 10-minütigen Zählintervallen hoch, so trifft man in der Geschäftsstraße statistisch gesehen alle zwei Minuten auf Personen, die sichtbare Merkmale von Armut aufweisen oder die gar als verwahrlost bzw. obdachlos klassifiziert wurden. Alle 3,4 Minuten trifft man auf einen anscheinend exzessiven Konsumenten illegaler Drogen. Sichtbar wohlhabende Personen sind im Schnitt alle sechs Minuten anwesend.[43] Vertreter der Oberschicht hingegen wurden nicht beobachtet, sie wohnen aber auch nicht in dem Quartier, das die Geschäftsstraße umgibt, und die örtliche Infrastruktur hat ihnen wenig zu bieten. Nennenswerte Unterschiede an verschiedenen Wochentagen wurden nicht registriert, und tageszeitliche Unterschiede lassen sich nur im Zusammenhang mit Angehörigen von Subkulturen erkennen (mit Ausnahme der Drogenszene): Punks und Gothic-Anhänger, als häufigste Gruppen, sind eher am Nachmittag und Abend vertreten.[44] Es ist jedoch auffällig, dass trotz erheblicher Witterungsunterschiede im Sommer und Winter Personen mit auf Armut verweisenden Merkmalen durchgängig im Untersuchungsgebiet anwesend sind. Dies gilt für die Kategorie der sichtbar Wohlhabenden nicht, entsprechende Personen sind bei schlechter Witterung deutlich seltener vor Ort (46 zu 26). Wobei bei

---

43 In der Zeit der Zählungen (insgesamt sechs Stunden netto) wurden 59 Personen als „ostentativ wohlhabend" notiert. 46 Personen wurden unter „obdachlos/verwahrlost" erfasst. 128 Personen wurden als „sichtbar arm" klassifiziert.

44 Auch andere, visuell und/oder akustisch besonders auffällige Kategorien sind regelmäßig, wenn auch deutlich seltener vor Ort: Es wurden 26 Angehörige von Subkulturen erfasst (23 von 26 wurden ab 15:30 gezählt), sechs Personen vermutlich ausländischer Herkunft mit traditioneller Kleidung (über den Tag verteilt), sieben Personen wurden als psychisch auffällig ettiketiert und 104 Einzelpersonen wurden unter der Kategorie Drogenkonsumenten gezählt. Es ist davon auszugehen, dass von den insgesamt 174 Personen, die bei der Zugänglichkeit als obdachlos/verwahrlost bzw. als sichtbar arm klassifiziert wurden, 104 zur Kategorie Drogenkonsumenten/Alkoholiker zählten. Verweilende *Gruppen* (ab drei Personen) wurden insgesamt 12 gezählt, alle zwischen 15:30 und 20:10. Acht davon waren Gruppen von Drogenkonsumenten mit schwankenden Teilnehmerzahlen während der Zählintervalle (3-10 Personen). Ansonsten kam eine Fünfergruppe mit traditionell gekleideten Personen vor, zwei Gruppen männlicher Jugendlicher mit jeweils vier Personen sowie eine Gruppe mit fünf subkulturell gekleideten Personen.

schlechtem Wetter insgesamt weniger Menschen auf der Straße sind. Der niedrige soziale Status korreliert insofern mit der Präsenz im öffentlichen Raum bzw. verdeutlicht die Unterschiede in der Bedeutung des öffentlichen Raums für unterschiedliche soziokulturelle Gruppen.

Trotz der langen Geschichte der Vertreibung von sozialen Randgruppen, insbesondere der offenen Drogenszene aus dem Quartier, die sich in hitzigen öffentlichen Diskussionen ausdrückte und in zahllosen Platzverweisen sowie vielfältigen baulichen Maßnahmen – in Form von abmontierten Unterständen und Sitzbänken, verfugten Drogenverstecken, neuen Fahrradständer an ehemals angestammten Sitzplätzen der Drogenszene, Gittern und Zäunen vor Eingängen, Schrägen, die das Stehen vor Eingängen verhindern sollen etc. – manifestierte, ist der Raum grundsätzlich allgemein zugänglich. Von den Beobachtungen und Passantenzählungen her gibt es keine Anzeichen dafür, bestimmte soziale Gruppen würden grundsätzlich exkludiert. Die genannten Gruppen sind trotz massiver Repression immer noch gegenwärtig.

Die Straße ist durch die Präsenz sozial und (ethnisch-)kulturell unterschiedlicher Personengruppen und Lebensstile gekennzeichnet und damit auch durch, über visuelle Merkmale vermittelte, Fremdheit. Mit dieser allgemeinen Zugänglichkeit ist die Grundvoraussetzung gegeben, um von öffentlichem Raum sprechen zu können. Die Tatsache, dass die Oberschicht nicht präsent ist und Randgruppen verdrängt werden, unterminiert diesen Öffentlichkeitscharakter noch nicht per se, denn es ist bereits von den theoretischen Überlegungen her absurd, davon auszugehen, öffentlicher Raum müsse dadurch charakterisiert sein, dass zu jeder Zeit ausnahmslos alle soziokulturellen Gruppen einer Großstadt gleichzeitig präsent wären. Diese müssen vielmehr die *Chance* dazu haben. Angaben von Experten zufolge nutzen täglich 20.000 – 25.000 Menschen die Geschäftsstraße (vgl. Homepage des Quartiers; G.5). Bei 15.778 Bewohnern (Stand 2005) des Quartiers ist sie damit auch ein Ort, der täglich von zahlreichen Quartiersfremden genutzt wird.

Damit einher geht großstädtische Anonymität. Die Masse der Menschen, deren Heterogenität und die mindestens 5.000 – 10.000 Quartiersfremde täglich gewährleisten sie. D.h. wer von außerhalb in die Geschäftsstraße kommt, wird nicht erkannt: weder als namhaftes Individuum, noch als auffälliger Fremder, der vor dem Hintergrund eines homogenen Milieus sichtbar und infolgedessen skeptisch beäugt würde. Der Fremde bleibt fremd ohne deshalb besonders aufzufallen. Er hat damit die Freiheit, den zu präsentierenden Ausschnitt seiner Persönlichkeit zu wählen und unerkannt in unterschiedlichen Rollen aufzutreten. Dies gilt für viele Bewohner jedoch nicht. Die Wahrscheinlichkeit, dass sie mehr oder weniger gute Bekannte treffen und erkannt werden, ist deutlich größer. Allerdings dürfte auch für die Anwohner gelten, dass sie überwiegend nur in der Rolle des Anwohners oder Käufers und Passanten erkannt werden, nicht jedoch als ganze Person mit ihrer Geschichte und ihren primären sozialen Beziehungen.

1.3 Dimensionen lokaler Öffentlichkeit

Neben dem Primärkriterium Zugänglichkeit wurde die Polarität Öffentlichkeit-Privatheit in vier Dimensionen beschrieben, und diese wurden in der Empirie überprüft:
Die juristische Dimension: Der Straßenzug unterliegt – den erwähnten drei zentralen Unterscheidungsmerkmalen der beiden Untersuchungsorte entsprechend – öffentlichem Recht im weitesten Sinne, d.h. neben der allgemeinen, durch bürgerliches Recht, Straf- und Strafprozessrecht regulierten Nutzung, unterliegt er bzw. das Verhalten der Nutzer dort Regulierungen durch das Ortsgesetz über die öffentliche Ordnung, durch die Straßenordnung, den Flächennutzungsplan, die Straßenverkehrsordnung, das Landesstraßengesetz, die Verordnungen der Umweltbehörde, die Sperrgebietsverordnung, die Bauverordnung etc. pp. Dass der Raum eigentumsrechtlich öffentlich ist, bedeutet also keineswegs, er sei nicht rechtlich reglementiert. Ganz im Gegenteil: Das sich in den genannten Gesetzen und Verordnung ausdrückende institutionalisierte Normensystem des Raums ist außerordentlich umfangreich. Staatliche Regulierung bildet – zunächst unabhängig der Normakzeptanz und -durchsetzung – den Hintergrund nicht nur etwa für die Quartiersentwicklung allgemein, sondern auch für das alltägliche Leben in dem Straßenzug. Sie zielt auf konkrete Verhaltens- sowie allgemeine Nutzungsweisen. So wird offiziell nicht nur das Ausspucken von Kaugummis, das Wegwerfen von Essensresten oder Zigarettenkippen mit 30,- €, 25,- € bzw. 20,- € Bußgeld geahndet (Bußgeldkatalog der Umweltbehörde), sondern auch Bettelei, soweit „Personen bedrängt, festgehalten oder berührt werden" (§1 Ortsgesetz über die öffentliche Ordnung), und das Lagern, „in einer für Dritte beeinträchtigenden Art zum Zwecke des Konsums von Betäubungsmittel" (§2), ist verboten. Auch müssen Straßenmusikanten nach spätestens 30 Minuten den Standort wechseln (§5), die gewerbliche Werbung durch Tragen von Plakaten oder Verteilen von Werbezetteln ist zwar in dem untersuchten Straßenzug erlaubt, nicht jedoch in zwei Stichstraßen davon (§2 Straßenordnung). Nirgends erlaubt ist das Herausstellen von Kränzen oder Blumen am Volkstrauertag oder das Waschen von Personenkraftfahrzeugen „unter der Verwendung von Zusätzen" oder auf Gehwegen (§2) sowie das Abbrennen von Fackeln (§7 Ortsgesetz über die öffentliche Ordnung). Zahlreiche weitere Verbote ließen sich anführen.
Dementsprechend verfügen Polizei und Ordnungsamt über weitreichende Handlungsbefugnisse. Das zuletzt 2006 geänderte Polizeigesetz ermöglicht etwa Personenkontrollen, die ausschließlich in dem Verdachtsmoment ‚Aufenthaltsort' begründet sind.[45] Auch ist die Polizei befugt, Platzverweisungen

---

45 §11 (1): „Die Polizei darf die Identität einer Person feststellen (...), wenn die Person sich an einem Ort aufhält, von dem (...) erfahrungsgemäß anzunehmen ist, dass dort Straftaten von erheblicher Bedeutung verabredet, vorbereitet oder verübt werden (...), wenn sie sich in (...) einem öffentlichen Verkehrsmittel (...) aufhält."

auszusprechen und Betretungsverbote für einen örtlichen Bereich zu verhängen, wobei ein solcher Bereich einen Ort, ein Gebiet innerhalb einer Gemeinde oder sogar das gesamt Gemeindegebiet umfassen kann (§14 Polizeigesetz). Die Durchsetzung eines Platzverweises rechtfertigt selbst eine Ingewahrsamnahme (§15). Ebenso ist die Videoüberwachung von Orten, „an denen vermehrt Straftaten begangen" oder erwartet werden, rechtlich abgesichert (§29).

Die Tatsache des eigentumsrechtlich öffentlichen Status der Straße sagt demnach nichts über gebotene oder verbotene Nutzungen und Verhaltensweisen oder über die alltagsrelevante Qualität des Raumes aus. Die Details sind vielmehr in den jeweiligen Rechtsvorschriften geregelt. Die besondere Eigenart dieser Vorschriften besteht jedoch darin, dass sie im Rahmen demokratisch legitimierter Herrschaft verhandelbar sind, d.h. sie können je nach mehrheitsfähigen Interessen und Machtkonstellationen verändert werden: Staatliches Handeln kann nur dann als öffentlich gelten, wenn „politische Herrschaft effektiv dem demokratischen Öffentlichkeitsgebot unterstellt wird" (Habermas 1973: 61) – und dies ist letztendlich eine andere empirische Frage.

Die funktionale Dimension: Historisch sind dem öffentlichen Raum die Funktionen Markt und Politik zugeordnet (vgl. Siebel 2000a). Zu den Nutzungsformen des Straßenzuges gehört entsprechend dieser Zuordnung und der daran orientierten Auswahl des Untersuchungsgebietes insbesondere die Funktion des Marktes, die sich bereits an den Anliegern erkennen lässt: Insgesamt befinden sich 133 Ladenlokale im untersuchten Abschnitt der Geschäftsstraße. Auf den 500 Metern Länge existiert neben Schuh- und Bekleidungsgeschäften, die traditionelle Damenmode, Dessous, „Streetware" oder auch Bekleidung für Fußballhooligans anbieten, ein breites Spektrum an Spezialgeschäften: von einem Geschäft, das Hängematten und afrikanische Trommeln verkauft, über einen Haushaltswarenladen, Delikatessengeschäfte, Buchhandlungen und Apotheken, einen Teppichhändler, einen Optiker, einen „Head-Shop"[46], ein Gardinengeschäft, einen „Weltladen", Gemüsegeschäfte und Kioske, bis hin zu zwei Supermärkten und drei Drogerien. Der Einzelhandel zeichnet sich durch eine hohe Diversität aus: sowohl was die Branchenvielfalt betrifft, als auch hinsichtlich der Preissegmente. Obwohl der Anteil der ausländischen Wohnbevölkerung unterdurchschnittlich ist, gibt es eine ethnische Ökonomie in Form von Gemüseläden sowie von Imbissen, Call-Shops und Schmuckläden. Weitere Dienstleistungsunternehmen finden sich ebenfalls unter den Anliegern: Kosmetiksalons, Internetcafés, zahlreiche Friseure, eine Sparkasse und ein Sonnenstudio. Neben der Marktfunktion – im Sinne des Handels von Waren und Dienstleistungen – bedienen die Anlieger auch kulturelle und freizeitorientierte Konsumbedürfnisse: eine Diskothek, ein Kino, zwei Videotheken und insbesondere zahlreiche Kneipen unterschiedlicher Couleur, Bistros und

---

46 Geschäfte, die insbesondere Artikel für Cannabiskonsumenten anbieten.

Restaurants sowie 13 Imbisse prägen das Bild der Straße. Außer den Supermärkten, Drogerien, Bäckern und einem Reisebüro gab es zu den Erhebungszeitpunkten keine Filialisten oder Franchisenehmer, auch gibt es keine Monopolstellungen. Die Geschäfte sind überwiegend inhabergeführte Geschäfte, die, je nach Angebot, mit einander konkurrieren. Insbesondere bei den Imbissen, Friseuren und Call-Shops ist die Konkurrenz enorm.

Im Sommer 2005 existierten außerdem sechs Arztpraxen, vier Anwaltskanzleien mit bis zu sechs Anwälten, eine Schuldnerberatung, ein Vereinslokal, eine Beratungsstelle für Behinderte, ein Marketingbüro, eine Krankengymnastikpraxis sowie ein Zentrum für Zen-Buddhismus.

In einer nur vom Untersuchungsort zugänglichen Seitenstraße, die optisch durch eine Metallbarriere abgegrenzt ist und für die der Zutritt für Jugendliche und Frauen untersagt ist, befinden sich zudem mehrere Bordelle.[47] Am anderen Ende des Straßenzugs – knapp außerhalb des unmittelbaren Untersuchungsbereichs – ist das größte Theater der Stadt sowie eine Kunsthalle gelegen.

Produzierendes Gewerbe gibt es in der Geschäftsstraße, mit Ausnahme eines Uhrmachers, nicht mehr.

Die Diversität bei Einzelhandel, Dienstleistungen und Gastronomie ist allerdings räumlich unterschiedlich verteilt. Es gibt zwar in beiden Abschnitten des Straßenzuges hoch- und niedrigpreisige Geschäfte. „Schickere" Geschäfte liegen aber v.a. im innenstadtzugewandten Teil, und auch dortige Imbisse zielen, von ihrer Aufmachung und ihrem Angebot mit Bagels und Sandwichs, eher auf die Gaumen von Young Urban Professionals. Der innenstadtfernere Abschnitt erscheint ‚ärmer'. Die Gebäudefassaden sind seltener renoviert. Auch liegen die, insbesondere von Migranten frequentierten Call-Shops in diesem Abschnitt. Imbisse bieten üblichen Döner. In jüngerer Zeit sind dort auch mehrere Wettbüros eröffnet worden und die Fluktuation von Läden ist höher: Gab es zwischen August 2004 und Juni 2005 im innenstadtfernen Abschnitt fünf Neueröffnungen nach Leerständen und fünf neue Leerstände (bei drei dauerhaften), so ist diese hohe Fluktuation im anderen Abschnitt nicht mehr zu verzeichnen (G.1, G.2). Dort gab es lediglich zwei Geschäftswechsel und zwei Geschäfte eröffneten nach Leerständen. Im Sommer 2005 gab es gar keine Leerstände mehr.[48]

Nicht nur verwaltungstechnisch wurden also zwei unterschiedliche Stadtteile definiert. Die gemessenen Unterschiede innerhalb des für die

---

47 Diese Nutzung der Straße besteht bereits seit 1878, als Prostitution aufgrund einer Polizeiverordnung dort kontrolliert untergebracht wurde. Mit einer Sperrgebietsverordnung wurde 1976 Straßenprostitution in der gesamten Stadt untersagt, ebenso jegliche andere Form von Prostitution im Quartier der untersuchten Geschäftsstraße, mit einer Ausnahme sowie zwei weiteren in anderen Stadtteilen. Seit 2002 existieren Pläne für eine bauliche Umstrukturierung der Straße.

48 Im gesamten Straßenzug gab es zwischen 2000 und 2003 80 Geschäftsaufgaben und 66 Neueröffnungen (Quelle anonymisiert).

Untersuchung gewählten sozial produzierten Raums, legen die Annahme nahe, dass die verwaltungstechnisch getrennten Räume auch unterschiedlich sozial (re-)konstruiert werden.

Aber nicht nur die Anlieger – zu denen insbesondere auch die Anwohner gehören: in fast jedem Gebäude befinden sich auch Wohnungen – bestimmen die Funktionalität des Raumes, auch die tatsächlichen „Nutzungen formen den Raum" (G.2). Der Straßenraum erfüllt ebenfalls die Marktfunktion. Auf zwei kleinen Plätzen ist jeweils zweimal pro Woche Markt, d.h. Gemüse-, Brot-, Blumen-, Fleisch- und Gewürzstände belegen die freien Flächen, ebenso einmal pro Woche ein zusätzlicher Imbisswagen. Neben dem Einzelhandel können soziologisch auch die zahlreich beobachteten Situationen des Bettelns zur Marktfunktion gerechnet werden – zumindest im Mittelalter beinhaltete dies einen Handel ‚Geld gegen Seelenheil' (vgl. Dietz 1997: 27f.).

Obwohl aufgrund von Massenmedien und Parlamenten die Politik immer seltener im öffentlichen Raum verortet ist, erfüllt die Geschäftsstraße sogar diese Funktion. Sie bedient ein breites Spektrum: vom Verkauf der UZ (Zeitschrift der DKP) auf der Straße über Straßenstände etwa der Socialist Party of Iran bis hin zu einer Demonstration von verdi wurden verschiedenste politische Aktivitäten beobachtet. Die Straße ist ein Ort, an dem man sich auch für „politisch randständige Positionen" (Siebel 2004a) engagieren kann. Politische Straßenstände bieten damit zumindest gelegentlich Anlässe für räsonierenden Austausch unter dem Publikum zugewandten Privatleuten (vgl. Habermas 1990). Die Breite des Spektrums bedeutet jedoch nicht, dass *alle* politischen Gruppierungen hier vertreten wären. In Wahlkämpfen werden zwar die erwähnten kleineren Gruppierungen, Bürgerinitiativen oder NGOs durch Stände der etablierten Parteien ergänzt. Der NPD jedoch, bekäme sie dort einen Straßenstand genehmigt, dürfte es, aufgrund der politischen Orientierung der Mehrheit der Wohnbevölkerung, aber kaum gelingen, einen solchen Stand auch tatsächlich zu betreiben.

Quantitativ ist außer der Funktion des Marktes vor allem der Verkehr zentral. Der Straßenzug ist keine Sackgasse, sondern ein Durchgangsort, d.h. die Passanten können in der, dem Wort inhärenten, Rolle auftreten, sie brauchen keinen anderen Grund, der ihren Aufenthalt legitimiert. Neben Pkw, für die es etwa auf der Hälfte der Länge der Geschäftsstraße Parkbuchten gibt, prägt die Straßenbahn das Erscheinungsbild. Beide Verkehre konkurrieren mit Fahrradfahrern, die auf etwa der Hälfte des untersuchten Straßenabschnitts einen optisch abgehobenen Fahrradweg nutzen können. Die bauliche Enge bewirkt dabei eine zusätzliche Konkurrenz zu Fußgängern, wobei mal Bordsteinkanten die Verkehre separieren, mal diese fehlen bzw. sich Fahrradfahrer genötigt fühlen, aufgrund der Enge von Pkw-Verkehr und Straßenbahnschienen auf den Bürgersteig auszuweichen (G.2).

Die Materialität des Straßenzugs ist Ausdruck seiner Nutzung als Verkehrs- und Marktort, die sich in weiteren Details zeigt: So gibt es fünf öffentliche Telefone, sechs Fahrradständer und zehn, oft überfüllte, Mülleimer. 13 Ladenlokale haben zudem größere Auslagen vor den Schaufenstern und es sind insgesamt 51 so genannte Kundenstopper sowie 57 Kübelpflanzen von den Geschäftsinhabern auf dem Gehweg aufgestellt, um die Geschwindigkeit der Fußgänger zu verringern und ihre Aufmerksamkeit auf die Ladenlokale zu lenken.[49]

Auch wenn der eigentlich freie Raum auf Fußwegen und Plätzen regelmäßig durch Außenbestuhlung der Gastronomie sowie durch Marktstände belegt ist – 13 Cafés, Kneipen und Restaurants verfügen über Außenbestuhlung, die dementsprechend bei guter Wetterlage und teilweise sogar bei Regen große Flächen der Bürgersteige und der beiden, den untersuchten Abschnitt eingrenzenden, kleinen Plätze einnehmen –, so lassen sich dennoch zahlreiche weitere Nutzungsformen finden. Während der systematischen Beobachtungen wurden an unterschiedlichen Tagen in insgesamt 49 verschiedenen Situationen 108 Erwachsene und Kinder registriert, die spielten oder sich sportlich betätigten (Joggen, Skateboardfahren, Fangen spielen, auf Skulpturen herumklettern, Ballspielen,...).[50] Die Anwesenden nutzen die Straße als Ort der Freizeitgestaltung – und sei es nur als Durchgangsort beim Joggen. Sie eignen ihn sich gegen Widerstände aufgrund anderer Funktionen an bzw. konkurrieren offensiv mit diesen oder suchen sich Nischen. So werden aufgrund fehlender, nicht-kommerzieller Sitzgelegenheiten Treppenstufen in Hauseingängen zum Sitzen genutzt oder auch Skulpturen: 34 Personen wurden gezählt, die sich ausruhten, klönten oder schlicht das Treiben auf der Straße beobachteten. Bezieht man soziale Randgruppen mit ein, so kann gar davon gesprochen werden, dass der blanke Straßenraum ein sozialer Treffpunkt ist: Weitere 55 Personen nutzten in derselben Zeit den Ort als Treffpunkt. Die Straße erfüllt auch eine kulturelle Funktion: Sieben Straßenmusiker und ein Chor wurden registriert. Auch dienen Hauswände, Umspannungskästen, Laternen und Straßenschilder oft als (wilde) Plakat- und Aufkleberflächen für Ankündigungen von politischen sowie kommerziellen und nicht-kommerziellen kulturellen Veranstaltungen. Sonderveranstaltungen etwa in Form von Straßenfesten, kommen hinzu.

Alle aufgeführten Tätigkeiten können als regelmäßig vorkommende Nutzungsweisen angesehen werden, was allerdings keinesfalls den Umkehrschluss erlaubt, freie oder sonst wie geeignete Flächen würden permanent genutzt: Die erfassten Situationen verteilten sich auf drei Beobachtungszonen und auf 13,5 Stunden. Ergo passiert die meiste Zeit nichts, das über passageres Verhalten hinausginge. Anders ausgedrückt: statistisch gibt es nur 0,8

---

49 27 kleinere und größere Bäume begrünen zudem den Straßenabschnitt.
50 Außerhalb der Zeiten der systematischen Beobachtungen gibt es unregelmäßig auch Kinderflohmärkte als spielerisches Ausüben der Marktfunktion.

Situationen pro Stunde und Ort, bei denen Nutzer des Straßenzuges etwas anderes tun, als ihn zu durchqueren. Zeitlich und räumlich dominant sind die Funktionen Markt und Verkehr.

Der Straßenzug ist gleichwohl ein *Multioptionsraum*: Auch wenn er nicht ein Ort ist, der permanent Funktionen von Politik, Kultur und Freizeit bedient, es bestehen die Möglichkeiten dazu. Er ist ein „Möglichkeitsraum", wie es Walter Siebel angelehnt an Winnicott formuliert hat (vgl. Siebel 2004b*)*. Ebenso wie öffentlicher Raum nicht über die tatsächliche Anwesenheit aller Großstädter definiert ist, sondern über die gleichen und allgemeinen Chancen des Zugangs, so gilt auch hinsichtlich der Funktionalität des Raums, dass er Optionen eröffnet: für die traditionellen Funktionen von Markt und Politik und darüber hinausgehende. Er ist gerade nicht auf bestimmte Nutzungsweisen festgelegt, diese konkurrieren vielmehr miteinander.

Die Straße bietet damit sehr unterschiedliche Angebote für unterschiedliche Lebensstilgruppen, Schichten und individuelle Präferenzen. Dies bedeutet jedoch nicht, sie biete (kommerzielle) Infrastruktur für *jegliche* soziokulturellen Gruppen und Bedürfnisse: Ein fundamentalistischer Protestant etwa findet ebenso wenig spezielle Angebote wie die traditionelle Oberschicht.

Die soziale Dimension: Funktionen eines Raums und die Arten seiner Nutzung durch die Anwesenden prägen dessen Charakter. Die bauliche Struktur sowie die Anlieger bilden dafür ebenso den Rahmen wie das institutionalisierte und normative Regulationssystem. Eng damit verbunden ist das der sozialen Dimension zuzurechnende (soziale) Handeln der Anwesenden.[51]

Auch wenn eine „Informalisierung" (Wouters 1999) von Verhaltens- und Erscheinungsstandards zu erkennen ist – informelle Kleidungsvorschriften beispielsweise sind nicht nur weit von den formellen des Mittelalters (vgl. Hradil 1999: 12f.) entfernt, sondern ebenso von den informellen der Stadt des Bürgertums des späten 19. Jahrhunderts – so ist doch der Kontakt zwischen Fremden auf der Straße durch „Vorderbühnenverhalten" (Goffman 2000) charakterisiert. Im Prozess der Zivilisation „verhäuslichte" Tätigkeiten werden überwiegend nicht in der Öffentlichkeit praktiziert, passageres Verhalten herrscht vor. Es gibt jedoch Ausnahmen: Die Verbreitung des Mobiltelefons führte auch in der Geschäftsstraße dazu, dass Anwesende ständig mit Privatangelegenheiten Fremder konfrontiert werden. Intimitäten wie Küssen, die zu Zeiten der Urbanisierung noch der Privatsphäre vorbehalten waren, sind ebenfalls alltäglich – was allerdings ebenso wenig ortspezifisch ist, wie die Auswirkung des Handys. Der regelmäßige exzessive

---

51 Unter Nutzungsweisen werden Oberkategorien von Handeln verstanden, z.B. Sport treiben, Spielen, politische Betätigungen. Unter Handeln wird im Weberschen Verständnis sinnhaftes, also zweckhaftes und bedeutungsvolles Verhalten verstanden. Soziales Handeln ist entsprechend Handeln, dass sich auf Andere bzw. auf das Handeln Anderer bezieht (vgl. Weber 1985/1922: 1).

Konsum von Alkohol in dem Kneipenviertel führt dazu, dass auch Aggressionen und Emotionen häufiger zur Schau getragen werden, und sei es nur in der Form, dass laut über die Straße gerufen oder gesungen wird. Bedeutsamer für die Qualität der Straße erscheint aber eine Veröffentlichung des Privaten durch sozial Unterprivilegierte. Personen ohne Obdach sind auf öffentlichen Raum in viel größerem Maße angewiesen als Personen mit Obdach; die Bedeutung öffentlichen Raums variiert mit Vorhandensein, aber auch mit Größe und Qualität des privaten Raums: Für diese Gruppen erfüllt der Straßenzug nicht nur öffentliche Funktionen, er ist Treffpunkt und ‚Wohnzimmer' und mithin ‚privater' Raum. Er ist der Ort, an dem gelebt wird. Insbesondere Anfang der 1990er Jahre dealten, schliefen, feierten, drückten, starben, liebten, ... (G.2) sie öffentlich in der Nachbarschaft, und wenn auch heute kaum noch öffentlich gedrückt, körperlich geliebt und gestorben wird, so gehören gelegentlich Feiern, Trauern, Streiten und Schlafen immer noch zu den öffentlich beobachtbaren Handlungen. Orte in der Straße wurden und werden von Randgruppenangehörigen nach wie vor auch gegen Widerstände von Seiten der Anwohner, der Politik und v.a. des Einzelhandels angeeignet.

Dass Angehörige von Randgruppen ‚zivilisatorisch' eigentlich im privaten Raum verortete Handlungen im öffentlichen Raum vollziehen, verändert aber noch nicht den allgemeinen Öffentlichkeitscharakter des Raums in der Dimension des Sozialen, denn die ganz überwiegende Mehrheit verhält sich entsprechend der Goffmanschen Vorderbühne. Eher lässt es entsprechendes Verhalten zu abweichendem Verhalten werden, infolgedessen negative Sanktionen und Kriminalisierung regelmäßige Konsequenzen sind, und es unterstreicht die Notwendigkeit urban indifferenten Verhaltens, was in Kapitel III.2.0 überprüft wird.

Die symbolische Dimension bezieht sich zunächst auf das physisch-materielle Substrat des Raums. Es ist der gebaute Raum, der Öffentlichkeit oder Privatheit signalisiert, er beeinflusst die soziale Konstruktion eines Raums als öffentlichen oder privaten. Die Eingangstür oder der niedrige Gartenzaun sind ein Ausdruck davon. Vergleichbare, den Zugang regulierende, symbolische Zugangsbarrieren existieren in der Geschäftsstraße nicht.

Schreibt Monika Wagner (1993: 293), die Wahl der beim Bau verwendeten Materialen formuliere bereits das „Anspruchsniveau der Umgebung" und damit auch, für welche sozialen Gruppen ein Ort dienen solle, so lassen sich für die Geschäftsstraße keine Materialien identifizieren, die eine sozial selektive Zugänglichkeit nahe legen würden. Beim Bodenbelag wechseln sich Kopfsteinpflaster, geteerte und anderweitig gepflasterte Abschnitte ab. Auch an den Fassaden der Gebäude gibt es keine überdimensionierten Spiegel- oder Marmorflächen, denen eine solche sozial selegierende Wirkung hinsichtlich sozialer Randgruppen zugeschrieben wird. Eine einladend wirkende Möblierung der Straße existiert allerdings ebenso wenig.

Vielmehr lassen sich Spuren von „physical disorder" vorfinden, die im Sinne der so genannten Broken-Windows-Theorie (Wilson/Kelling 1996) als Zeichen gelten, die Verunsicherung erzeugen und selektiven Zugang bewirken könnten: Einige Fassaden sind verdreckt und heruntergekommen, auch zerbrochene Fensterscheiben, die erst nach Wochen repariert werden, gibt es immer wieder mal. 45 von insgesamt 107 Gebäuden zieren Spuren von Graffiti, die aber nicht als Ausdruck territorialer Bestrebungen zu deuten sind, wie es im Zusammenhang mit Gangs in us-amerikanischen Großstädten thematisiert wird, sondern die auf politische Positionen aufmerksam machen oder aber als tags die jeweiligen Autoren bekannt machen sollen.[52] Desweitern finden sich auf der Straße unzählige festgetretene Kaugummis, wild geklebte Plakate und Aufkleber, herumliegende Zigarettenkippen, Verpackungsmaterial der zahlreichen Imbisse etc. Eine grobe ‚Vermüllung' ist jedoch nicht zu konstatieren. Neben der Straßenreinigung ist zusätzlich ein Quartiersservice tätig, der insbesondere mittwochs die Spuren der „Gelbe Säcke-" und Altpapierabholung beseitigt, und ein Obdachloser verbringt oft viele Stunden am Tag damit, die Straße penibel zu reinigen. Eine tatsächlich immer saubere Straße wird aber ebenso wenig gewährleistet.

Meidungstendenzen und Kriminalitätsfurcht und damit Verluste des Öffentlichkeitscharakters erscheinen hinsichtlich der Symbolik des gebauten und genutzten Raums gleichwohl wenig plausibel, vielmehr können die Anzeichen von „physical disorder" als Folge und Ausdruck der soziokulturellen Heterogenität und Multifunktionalität der Straße und damit zunächst von Öffentlichkeit gedeutet werden.

Auch weitere Zeichen deuten auf den Öffentlichkeitscharakter der Straße hin. Auf den beiden Plätzen stehen eine abstrakte Skulptur sowie eine bronzene Ziege, die neben einer entsprechenden Steinplatte auf den historischen Markt für Ziegen hinweist. Sie zeigen die Einbindung von Kunst in das Straßenleben und verweisen auf die gewachsene Geschichte dieser europäischen Stadt, die auch in den Straßennamen zum Ausdruck kommt. Ebenso dokumentiert eine Apotheke auf einer Informationstafel ihre eigene Geschichte und einige Geschäfte verweisen demonstrativ auf ihr Gründungsdatum – teilweise vor über 100 Jahren. An einem Baum wurde 2004 eine Metalltafel mit Namen verstorbener Drogenkonsumenten angebracht, die zu Lebzeiten diesen Straßenabschnitt nutzten; Blumen und Trauerkarten zeugen jeweils von neuen Opfern der Drogenpolitik. Die Geschichte der Drogenszene im Viertel ist nach wie vor gegenwärtig und die Tafel verdeutlicht deren Präsenz in der Öffentlichkeit des Raums. Mit der objektiv immer geringer werdenden Anzahl der Junkies, reduziert sich diese Öffentlichkeit jedoch immer stärker auf die Symbolik des Vergangenen. Nichtsdestoweniger verweisen die Symbole von Geschichte – zu denen auch die Architektur der Straße zählt, an der unterschiedliche Epochen ebenso abgelesen werden

---

52 Auch größere Auftragsarbeiten und damit legale Graffiti sind dabei.

können, wie die Tatsache, dass einige wenige Häuser während des letzten Krieges zerstört worden sind –, darauf, dass diese Stadt und ihr öffentlicher Raum sich entwickelt und verändert. Der spezifische, singuläre Charakter des Ortes, seine Identität wird erfahrbar, auch ohne ihn über lange Zeiträume zu kennen. Im Sinne Marc Augés (1994) ist die Straße ein Ort – mit Identität und Geschichte.

Insgesamt gefährden die durch multiple Funktionen und vielfältige Nutzungen hervorgebrachten ‚materiellen Schattenseiten der Urbanität' nicht die grundsätzliche Öffentlichkeit des Ortes – auch nicht, wenn sie ggf. dazu führen, gehobene Bevölkerungsschichten oder konservative, traditionelle Milieus nicht anzuziehen. Die Straße ist nicht nur de jure allgemein zugänglich, sondern auch symbolisch. Der Raum symbolisiert Multifunktionalität sowie soziale und kulturelle Heterogenität, er ist steingewordener und sichtbarer Ausdruck seiner Nutzungen und Konflikte, und er verkörpert gewachsene Strukturen einer europäischen Stadt. Es gibt auch keine Zeichen, die dem juristisch öffentlichen Charakter widersprechen würde. Örtlich tätige Polizisten symbolisieren zwar Bestrebungen, kodifizierte Normen durchzusetzen, ihre Uniformen signalisieren aber auch, dass es sich um ‚öffentliche Normen' handelt, nicht um Partikularnormen – auch wenn die Polizei historisch nie eine (wert- oder klassen-) neutrale Institution war (vgl. Beste 1998: 199). Gleiches gilt für die funktionale Dimension. Sieht man davon ab, dass die Straße auch eine städtische Nische für Randgruppen darstellt und sie für diese auch in der Privatsphäre verortete Funktionen übernimmt, so gilt dies nicht hinsichtlich der Masse der Anwesenden: weder Produktion noch Reproduktion findet auf der Straße statt (mit Ausnahme der Erholung in Cafés).

Die Aneignung von Raum durch singuläre Gruppen kann jedoch als eine temporäre Privatisierung beschrieben werden. So wie das Ausbreiten von Zeitungen und Taschen in einem Zug verdeutlichen soll, dass ein (eigentlich freier) Platz belegt ist und ein weiterer Fahrgast als Eindringling in die Privatsphäre betrachtet wird, so bestehen ähnliche Rituale auch im Straßenraum. Tische und Stühle von Restaurants signalisieren Zugänglich- und Nutzbarkeit ausschließlich unter der Bedingung des Konsums. Gleichermaßen unterstreichen laute Ghettoblaster und Hunde neben Punks ebenso die vorübergehend ‚private' Nutzung wie ein kleiner Kinderflohmarkt. All dies zeigt sich in der untersuchten Geschäftsstraße, die Interpretation der Erscheinungen variiert jedoch mit der subjektiven und gesellschaftlichen Zuschreibung zu den Handlungen und Personenkategorien (vgl. Carr et al. 1992), die neben der Tatsache, dass eine bestimmte Fläche an Quadratmetern zeitlich begrenzt nicht für andere Personen nutzbar ist, relevant sind: Eine solche Privatisierung von Raum tritt also zum einen durch die banale Okkupation von Fläche und zum anderen durch die jeweils damit verbundene Symbolik ein.

Auch wenn entsprechende Formen regelmäßig zu beobachten waren, sie können nicht als so vorherrschend bezeichnet werden, dass sie den Öffentlichkeitscharakter der gesamten Straße nachhaltig unterminieren würden (siehe auch Kapitel III.2.0).

Zusammengefasst kommt die Geschäftsstraße dem Idealtypus öffentlicher Raum nahe: Sie ist allgemein zugänglich, da keinen Kategorien von Personen der Zugang grundsätzlich verwehrt ist, und sie kann juristisch, funktional, sozial und symbolisch als öffentlich charakterisiert werden. Die Bedeutung des Symbolischen verweist jedoch darauf, dass die beschriebene ‚objektive' Öffentlichkeit, wie sie sich für einen außenstehenden Beobachter darstellt, nicht mit der Wahrnehmung eines anderen Beobachters, eines Experten, eines Passanten oder eines Anwohners kongruent sein muss. Die Außenwahrnehmung des fremden Sozialwissenschaftlers kann sich von der Innenwahrnehmung durch quartiersvertraute Bewohner unterscheiden. Frauen und männliche Jugendliche könnten an diesem Ort unterschiedliche Räume konstruieren.

1.4 Die Wahrnehmung des Straßenraums

Liest man die Literatur zu öffentlichem Raum und betrachtet man die erhobenen objektiven Merkmale der Geschäftsstraße, so liegt das bekannte Bild eines ambivalent wirkenden Raums nahe: Die aus diesen Erscheinungen resultierende „Steigerung des Nervenlebens" (Simmel) verweist auf Stress und auf Interessantes, der Kontakt mit Fremden, wie sie den Straßenzug prägen, legt Produktivität und Verunsicherung nahe, die „schlechten Manieren der Anderen" (Stendhal) deuten neben Freiheiten Ärgernisse an, und Anonymität, aufgrund der Masse und Heterogenität der Anwesenden, verweist nicht nur auf Individualisierung, sondern auch auf Vereinzelung. Unklar bleibt trotzdem, ob die Merkmale des Raums auch für die Nutzer diese Bedeutungen haben. Wird der Ort innerstädtische Geschäftsstraße auch ‚von Innen' und von den interviewten Nutzergruppen entsprechend als öffentlicher Raum mit all seiner Ambivalenz empfunden?

Um die Wahrnehmung der Geschäftsstraße durch die männlichen Jugendlichen im Alter von 14 bis 21 Jahren und durch die Frauen im Alter von 40 bis 60 Jahren zu erfassen, wurde ein semantisches Differential bzw. ein Polaritätsprofil verwendet. Als aus der Literatur abgeleitete Merkmale urbaner, öffentlicher Räume dienten die Adjektive *anstrengend, anonym, interessant, vielfältig, unsicher, unübersichtlich, unverwechselbar* und *spannungsgeladen*. Ihnen wurden die Begriffe *stressfrei, familiär, langweilig, eintönig, sicher, überschaubar, austauschbar* und *harmonisch* gegenübergestellt, wobei die jeweiligen Antonyme wiederum in der Literatur zu Shopping Malls als für diese charakteristisch gelten. Die Probanden konnten den Straßenzug auf einer fünfstelligen Skala beispielsweise als *sehr sicher* (1), *eher sicher* (2), *weder sicher noch unsicher* (3), *eher unsicher* (4) oder *sehr unsicher* (5) einordnen. Ein Mittelwert zwischen 2,5 und 3,5 fällt demnach in den Weder-noch-Bereich.

Zusammen betrachtet widersprechen die Ergebnisse der Befragung von 302 Frauen und männlichen Jugendlichen der genannten Charakterisierung eines urbanen Raums. Insgesamt wird die Geschäftsstraße überwiegend mit positiv belegten Adjektiven beschrieben – und nicht als ambivalent. Sie gilt als *stressfrei* und *familiär*, als *interessant* und *vielfältig* sowie als *überschaubar* und *unverwechselbar*. Allerdings gilt die Straße *weder* als *sicher* noch als *unsicher* und *weder* als *harmonisch noch* als *spannungsgeladen*.[53] Damit wird insgesamt ein Bild einer eher vertrauten, jedoch wenig urbanen Straße gezeichnet. Sie wird zwar erwartungsgemäß als *interessant* und *unverwechselbar* beschrieben (diese Merkmale stechen besonders hervor), aber die Schattenseiten werden nicht thematisiert.

Dieser Gesamteindruck täuscht jedoch. Differenziert man zwischen den Frauen und männlichen Jugendlichen zeigt sich ein widersprüchliches Bild. Die Frauen beschreiben den Straßenzug deutlich positiver als die Jugendlichen und die Unterschiede sind, außer bei dem Begriffspaar *stressfrei-anstrengend*, bei dem nahezu identisch geantwortet wurde, signifikant (siehe Diagramm 3).

Diagramm 3: Wahrnehmung der innerstädtischen Geschäftsstraße

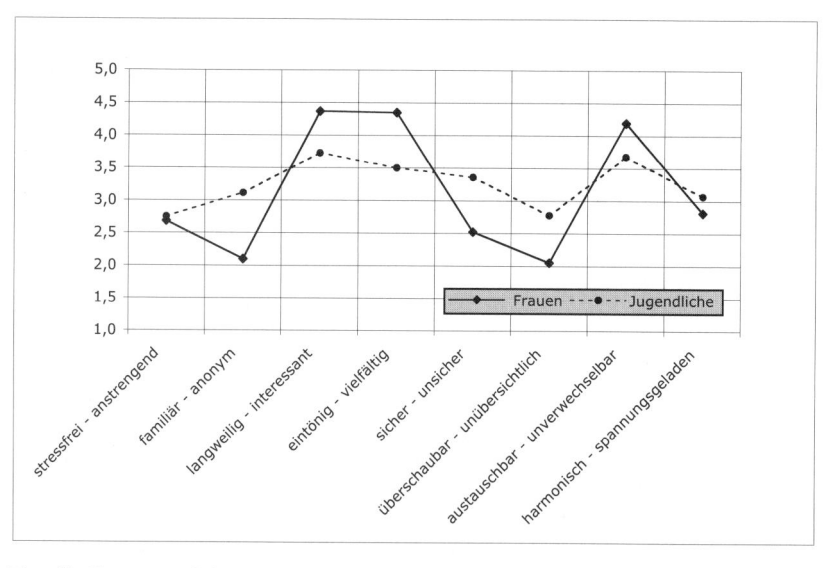

Für die Frauen zeichnet sich ein Bild einer vertrauten Straße: Sie gilt als eher stressfrei, als familiär, interessant, vielfältig, sicher, überschaubar, unverwechselbar und harmonisch. Die Frauen betonen also bei den Begriffspaaren

---

53 Die Items *stressfrei, familiär, unsicher, überschaubar* und *harmonisch* verbleiben alle im Bereich weder-noch zwischen 2,5 und 3,5.

die Adjektive, mit denen üblicherweise private Räume belegt (familiär, sicher, harmonisch) oder mit denen eher homogene, suburbane Nachbarschaften assoziiert werden (stressfrei, überschaubar). Dies stellt für sie offenbar keinen Widerspruch dazu dar, die Straße auch gleichzeitig mit urbanen Elementen zu verbinden: *Interessant, vielfältig* und *unverwechselbar* sind keine Begriffe, mit denen private Räume oder sozial und funktional homogene Quartiere üblicherweise beschrieben werden. Für die Jugendlichen hingegen erscheint die Straße eher so, wie aufgrund der Literatur und der erhobenen, objektivierten Kriterien von Öffentlichkeit erwartet: urban, im Sinne von ambivalent. Die Straße gilt auch als *interessant, vielfältig* und *unverwechselbar*, jedoch signifikant schwächer als bei den Frauen. Darüber hinaus beschreiben die Jugendlichen die Straße als *anonymer, unsicherer* und als *weder harmonisch noch spannungsgeladen*.

Die beiden Gruppen nehmen ein und denselben Ort also unterschiedlich wahr. Merkmale von Größe, Dichte und Heterogenität, allgemeiner Zugänglichkeit und vierdimensionaler Öffentlichkeit bedeuten noch nicht, dass die von Experten ‚gemessene Urbanität' auch von den Nutzern der Straße als solche empfunden und beschrieben wird. Fraglich bleibt aber, wie die unterschiedlichen Wahrnehmungen zu erklären sind. Neben der Variablenkombination Alter und Geschlecht, die wir kontrolliert haben, ist der Faktor Bildung naheliegend.

Bei den Frauen lassen sich jedoch keine signifikanten Unterschiede im Zusammenhang mit dem Bildungsgrad feststellen (wobei allerdings 76% der befragten Frauen Abitur und nur zwei von 104 Befragten einen Hauptschul- oder gar keinen Schulabschluss haben, die Daten also auch wenig aussagekräftig gewesen wären). Bei den männlichen Jugendlichen hingegen zeigen sich signifikante Unterschiede in Bezug auf die Bildung: Jugendliche mit hoher Bildung finden das Viertel signifikant *interessanter, vielfältiger, unverwechselbarer* und *harmonischer* als Jugendliche mit niedriger Bildung. Die übrigen Unterschiede sind nicht signifikant, deuten aber in die gleiche Richtung. Höhere Bildungsschichten würden damit den öffentlichen Raum positiver konnotieren. Dass sie sich auch urbaner verhalten konstatiert Simmel: „(...) weshalb denn auch dumme und von vornherein geistig unlebendige Menschen nicht gerade blasiert zu sein pflegen" (1995: 121). Männliche Jugendlichen mit niedriger Bildung sehen die Geschäftsstraße hingegen negativer, die Ambivalenz von beispielsweise ‚interessant' *und* ‚unsicher' oder von ‚anonym' *und* ‚vielfältig' bleibt bei den Jugendlichen mit niedriger Bildung erhalten bzw. sie kommt stärker hervor.

Höhere Bildung scheint, zumindest für die männlichen Jugendlichen, eine Voraussetzung zu sein, um als Flaneur Fremdheit auch genießen zu können. Eine Argumentation, die auch Hartmut Häußermann (1995) stützt. Er sieht soziale Integration als eine Voraussetzung an, um urban indifferent und tolerant mit der verunsichernden Fremdheit der Großstadt umgehen zu können, und hebt dabei auf relative psychische und materielle Unabhängigkeit ab. Ingrid Breckner und Gabriele Sturm (2002: 178) schreiben wiederum, dass neben der notwendigen Bedingung Zeit, ein Mindestmaß an kulturellem, sozialem und ökonomischem Kapital weitere Bedingungen seien, um an der Öffentlichkeit des urbanen Raums auch teilhaben zu können, also auch konfliktfähig zur Auseinandersetzung mit Fremdheit zu sein. Kann von so einer, Stabilität verleihenden, Basis des eigenen Lebens ausgegangen werden, so wird es dem Großstädter zumindest wesentlich erleichtert, distanziert, blasiert und intellektualisiert – als Simmelsche Großstädter – mit Situationen im öffentlichen Raum umzugehen.

Auch wenn hier keine dezidierten Angaben zur materiellen oder gar psychischen Unabhängigkeit der Interviewten gemacht werden können, so kann hohe Bildung als eine Variable angesehen werden, die auf solche Voraussetzungen zumindest hindeutet. Auch lassen sich implizit aus der Struktur der Wohnbevölkerung des Quartiers entsprechende Voraussetzungen ableiten (siehe Kapitel III.3.1).

Noch nahe liegender dafür, wie ein Ort empfunden wird, erscheint die Vertrautheit mit dem Habitus des Ortes. Diese wurde darüber operationalisiert, ob jemand in dem Quartier, in dem die Geschäftsstraße liegt, wohnt – was wiederum auch als indirekter Indikator für den sozialen Status gedeutet werden könnte. Jemand aus dem Quartier wird aller Wahrscheinlichkeit nach eher einen ‚Blick von Innen' haben, also mit dem alltäglichen Straßengeschehen vertraut sein, als jemand der dort nicht wohnt. Jene Befragten würden über eigene Erfahrungen verfügen, ihr Bild der Straße wäre kein spontaner oder medial vermittelter bzw. auf dem äußeren Image beruhender Eindruck. Es müsste für sie, bei aller Vielfalt, zwangsläufig weniger Neues und Überraschendes und damit auch weniger lebensweltlich Verunsicherndes geben.

Bei den Frauen zeigen sich jedoch, außer beim Wortpaar *stressfrei-anstrengend,* wenig Unterschiede: Frauen, die im Quartier wohnen, finden es noch stressfreier (2,09) als Frauen, die dort nicht wohnen (2,79). Soziale Interaktionen auf der Straße, so lässt sich mutmaßen, sind für sie routinisiert und werden auch so wahrgenommen. Der Fremde als sozialer Typus verschwände, oder aber, der durch den täglichen Kontakt erlernte Umgang mit Differenz führt dazu, „der Lage gewachsen" (Kaufmann) zu sein, was den Kontakt mit Fremden stressfrei werden und den Ort als sicher erscheinen lässt. Dem Polaritätsprofil nach ist für die Frauen die Straße überwiegend ein Ort, mit dem konkrete (positiv konnotierte) Erwartungen und/oder Erfahrungen verbunden sind.

Bei den männlichen Jugendlichen zeigt sich hingegen erneut ein differenziertes Bild. Es lassen sich Unterschiede hinsichtlich ihres Wohnortes feststellen. Jugendliche, die nicht im Viertel wohnen, beurteilen es bei allen Items negativer. Der vertraute, geradezu heimelige Straßenzug, wie ihn selbst die Frauen, die nicht im Quartier wohnen, beschreiben, zeigt sich hier nicht. Für den außenstehenden Jugendlichen dominiert das „objektive" Bild der ambivalenten Öffentlichkeit. Da auch die Items *interessant, vielfältig* und *unverwechselbar* weniger stark ausgeprägt sind, wird der Raum von ihnen negativer bedeutet, als von denjenigen, die dort wohnen. Die produktiven Aspekte der urbanen Heterogenität hätten demnach nur eine geringe positive Bedeutung in der Wahrnehmung der befragten Jugendlichen, die nicht im Quartier wohnen, während die Schattenseiten deutlich hervortreten. Für die dort Wohnhaften hingegen nähert sich das Bild dem der Frauen an.

Die Bedeutung von Bildung und Wohnort für die Wahrnehmung der Straße durch die Jugendlichen zeigt sich besonders dann, wenn beide Variablen zusammen berücksichtigt werden:[54] Diejenigen, die nicht im Quartier der Geschäftsstraße wohnen und auch nicht über eine höhere Bildung verfügen resp. einen höheren Schulabschluss anstreben (N=72), beschreiben die Straße durchschnittlich negativer und damit auch urbaner. Sie tendieren zu *eher vielfältig* und *eher interessant*, aber auch zu *eher anonym, eher spannungsgeladen* und vor allem zu *eher unsicher*. Das Quartier, und damit auch die Geschäftsstraße, ist nicht der Ort von bildungsfernen Jugendlichen. Es ist nicht „ihr" Milieu. Diese Jugendlichen sind dort selbst Fremde.[55] Auch wenn, mit Ausnahme des Begriffspaars *sicherunsicher*, alle Angaben im arithmetischen Mittel im ‚Weder-noch-Bereich' liegen, so sind die Unterschiede zu den männlichen Jugendlichen mit hoher Bildung und Wohnanschrift im Quartier (N=28) doch deutlich (aufgrund der niedrigen und unterschiedlichen Fallzahlen wurden hierfür keine Signifikanzen berechnet). Diese Jugendlichen empfinden die Straße als *sehr interessant*, als *sehr unverwechselbar* sowie als *eher überschaubar, eher familiär* und als *weder sicher noch unsicher*. Sie gehören aber auch selbst zum lokalen Milieu. Sie zeichnen ein Bild der Straße, dass es erlaubt, zu mutmaßen, sie empfinden die Straße auch als „ihre" Straße, sie sind dort etabliert und haben gelernt mit deren Fremdheit umzugehen.

Eine aufgrund des Wohnortes bessere Kenntnis über die sozialen Prozesse auf der Straße erhöht demnach, in Verbindung mit einer gehobenen Bildung, die Wahrscheinlichkeit, einen als ‚objektiv' öffentlich definierten Raum nicht mehr als ambivalent und durch Fremdheit charakterisiert wahrzunehmen. ‚Überschaubar' und ‚familiär' sind Adjektive die nicht mit

---

54 Die Fallzahlen sind dann jedoch gering: 28 Jugendliche, die über eine hohe Bildung verfügen und im Quartier wohnen, gegenüber 72 Jugendlichen mit niedriger Bildung, die außerhalb wohnen.

55 Diese Interpretation liegt auch bei den als nicht-deutsch kategorisierten Befragten nahe: Fast die Häfte dieser Jugendlichen (14 von 30) geben an, die Geschäftsstraße als *sehr* oder *eher spannungsgeladen* anzusehen; bei den als deutsch kategorisierten sind dies weniger als 1/3. Der eigene Status als fremd würde demnach dazu führen, Schattenseiten der Urbanität zu betonen. Die geringe Fallzahl erlaubt aber keine weitergehenden Aussagen.

dem klassischen Bild von Urbanität vereinbar sind. Dennoch behält der Ort auch für diese Befragten seine Besonderheit. Die Klassifizierung als *sehr interessant* und *sehr unverwechselbar* sind eindeutige Anzeichen dafür.

Auf solche Differenzierungen bei der Binnenwahrnehmung, auf die Bedeutung von Fremdheit und inwieweit die beiden interessierenden Nutzergruppen dem Bild des sich urban indifferent verhaltenden Simmelschen Großstädters entsprechen, soll in den folgenden Kapitel näher eingegangen werden.

2.0 Fremdheit und der Simmelsche Großstädter: eine empirische Annäherung

Die innerstädtische Geschäftsstraße ist für den außenstehenden Beobachter ein von Heterogenität geprägter Ort: vom materiellen Erscheinungsbild, von den Nutzungsformen und von der sozialen und kulturellen resp. lebensstilistischen Zusammensetzung der Nutzer der Straße. Er wirkt „objektiv" öffentlich und urban, wird aber von den interviewten Frauen und männlichen Jugendlichen keineswegs in allen Fällen auch so wahrgenommen. Die Beurteilung variiert mit der Vertrautheit mit dem Ort sowie mit Bildung und sozialem Status.

In der sozialen Dimension kennzeichnet die Straße das für den öffentlichen Raum typische Vorderbühnenverhalten, wobei durch die regelmäßige Präsenz sozialer Randgruppen ebenso Verhalten konstatiert wurde, das eigentlich in der Privatsphäre verortet und (auch deshalb) als abweichend bedeutbar ist. Nicht zuletzt deshalb liegt urbane Indifferenz, als klassischer Bearbeitungsmodus von Fremdheit im öffentlichen Raum, für das Verhalten in der Geschäftsstraße nahe.

Ob urbane Indifferenz auch tatsächlich der Bearbeitungsmodus von verunsichernder Fremdheit in der Geschäftsstraße ist oder ob die übrigen Berabeitungsmodi – Schutzmanöver, Segregation, Kontrolle, Exklusion oder kategoriales/biographisches Bekanntwerden – vorherrschen, wurde in teilnehmenden Beobachtungen, unmittelbar anschließenden Kurzbefragungen und in längeren, standardisierten Interviews erhoben (siehe Kapitel I.2.4, II.2.0).

Der Umgang mit Angehörigen traditioneller sozialer Randgruppen – Drogenkonsumenten, Obdachlose/Bettler, „Trinkerszene" – stand dabei im Fokus. Nicht zuletzt, da die offene Drogenszene *das* Thema des Quartiers in den vergangenen 15-20 Jahren war: Alle Experten betonten es in den Interviews. In der Figur des Junkies an der Straßenecke kulminieren die verschiedenen Verunsicherungen, die öffentlichen Raum kennzeichnen (siehe Kapitel I.2.2): Der Junkie ist zunächst, wie jeder andere Anwesende auch, für die Übrigen biographisch unbekannt. Er ist, in Relation zu den übrigen Nutzern der Straße und zur Mittelschichtsgesellschaft, *sozial* fremd, da er in der Regel verarmt ist, und er ist *kulturell* fremd, da er einer Subkultur mit begrenzt eigenen Normen und mit eigenen Codes und Symbolen angehört. Über seine Sichtbarkeit aufgrund der offenen Szene, ist er damit auch prädestiniert dafür, als andersartig bedeutet zu werden. Er gilt sowohl moralisch als „böse" als auch als „gefährlich", im Sinne einer Risikoeinschätzung (vgl. Lutz/Thane 2002); Junkies sind als kriminell und gefährlich stigmatisiert. Der im Straßenraum präsente, sichtbare Drogenkonsument oder -verkäufer kann demzufolge als Inbegriff verunsichernder Fremdheit im öffentlichen Raum der Großstadt angesehen werden, denn selbst wenn er als

Drogenkonsument identifiziert wird, so scheinen für das konkrete Individuum die gesellschaftlich konstruierten Bedrohungsassoziationen mit seiner Rolle unklar: Ist er Kranker, Süchtiger, Krimineller, ..., und was folgt ggf. daraus? Wissenslücken und merklich differente Lebenswelten verunsichern. Ähnlich kann in Bezug auf Obdachlose argumentiert werden. Wilhelm Heitmeyer dokumentiert zumindest deutliche Ablehnungstendenzen ihnen gegenüber: Im Survey „Gruppenbezogene Menschenfeindlichkeit 2005" hätten 38,9% der Aussage, „die Obdachlosen in den Städten sind unangenehm", ‚eher' oder ‚voll und ganz' zugestimmt (Heitmeyer 2006: 29) – wobei allerdings unklar bleibt, worauf dies zurückgeht.

Verstärkt werden können Verunsicherungen noch einmal durch die Präsenz von Gruppen. Verweilende Gruppen im öffentlichen Raum – welcher sozialen und kulturellen Zusammensetzung auch immer – symbolisieren bereits eine soziale Privatisierung des Raumes, d.h. eine Ausdehnung einer privaten Machtsphäre. Andere Personen können das Betreten dieser Sphäre als Eindringen in einen fremden privaten Raum empfinden (vgl. Lofland 1998: 14) und sich bereits dadurch in ihrem Wohlbefinden sowie ihrer Individualität eingeschränkt fühlen. Gruppen wählen außerdem andere Formen der Repräsentation in der Öffentlichkeit als Einzelpersonen, und werden sie zur Drogen- oder Trinkerszene gerechnet, können sich abstrakte Verunsicherungen zu konkreten Bedrohungsassoziationen verstärken. Fragen zur Präsenz von Drogenkonsumenten und anderen sozialen Randgruppen gehören zum Standardfragenkatalog von kriminologischen Regionalanalysen und diese bringen zumindest entsprechende Ergebnisse hervor.

Distanziertes, urban indifferentes Verhalten wäre also die erwartbare Reaktion der beobachteten und befragten Frauen und Jugendlichen auf die Präsenz von Drogenkonsumenten und Obdachlosen, so sie ‚gelernte Großstädter' sind, die eben blasiert, intellektualisiert und gleichgültig auf die multiplen Reize und Verunsicherungen der Großstadt reagieren.

2.1 Urbane Indifferenz

Die Begegnungen mit der offenen Drogenszene und Angehörigen einer kaum davon zu trennenden „Trinkerszene" sowie mit Obdachlosen dienten als Anlässe für Beobachtungen des Verhaltens der Probanden. Gemessen wurde der Umgang mit dem Fremden im öffentlichen Raum anhand von verbalen Äußerungen, ihrer Körpersprache, Blicken und Laufwegen.

Bei keinem von 242 Beobachtungsfällen, bei denen die beobachteten Passanten mit entsprechenden Situationen konfrontiert waren, d.h. an Obdachlosen oder Drogenkonsumenten vorbei oder durch eine Gruppe hindurch gingen, zeigte sich irgendeine sicht- oder hörbare Reaktion der

Passanten auf diese Begegnung:[56] weder Abwehr oder Schrecken noch unangenehme Empfindungen oder Mitleid, nicht einmal besondere Aufmerksamkeit. Es dominierten „hinweggleitende" Blicke „höflicher Gleichgültigkeit" (Goffman 1971: 84). Weder „Hinstarren" noch „Haßblicke" noch demonstratives „Wegsehen" wurde erfasst (ebd.). Vielmehr signalisieren die hinweggleitenden Blicke, „(...) man habe keinen Grund, den Absichten der anderen Anwesenden zu misstrauen, und auch keinen Grund, die anderen zu fürchten, ihnen feindlich gesonnen zu sein oder sie meiden zu wollen" (ebd.: 85). Der Kontakt erscheint als unbedeutende Alltagsnormalität. Damit lägen auch keine ebenfalls großstädtisch erlernten, Gleichgültigkeit nur vortäuschenden, „Schutz- oder Verteidigungsmanöver" (Goffman 2000) vor, mit denen Verunsicherung überspielt werden soll, um aus Verunsicherung keine Unsicherheit werden zu lassen.

Auch die Kurzbefragungen verdeutlichen, dass dieser Bearbeitungsmodus von Fremdheit hier nicht bedeutsam ist: Unmittelbar im Anschluss an die Situationen des Passierens wurden dieselben Personen danach gefragt, ob ihnen gerade etwas aufgefallen sei. Nur 25 und damit knapp ein Fünftel der insgesamt 134 Passanten (107 Frauen und 27 Jugendliche),[57] die befragt werden konnten, erwähnten daraufhin von selbst die Begegnung mit Angehörigen der Randgruppen. 15 Frauen und ein Jugendlicher blieben sogar nach einem Hinweis auf die Situation dabei, nichts bemerkt zu haben. Die Befragten messen demnach der Begegnung mit Randgruppen keine so große Bedeutung bei, dass diese Begegnung für sie zu einem Ereignis wird, das sie reflektieren oder auf das sie bewusst cool und demonstrativ teilnahmslos reagieren. Teilweise scheinen sie diese Gruppen bzw. Einzelpersonen sogar vollständig aus ihrer Wahrnehmung auszublenden. Auch bei zwei weiteren Fragen zur Akzeptanz der Präsenz von Randgruppen im öffentlichen Straßenraum bzw. zur Normalität ihrer Präsenz sowie zum Sicherheitsempfinden der Probanden im Zusammenhang mit als arm (Obdachlose) wahrgenommen bzw. zusätzlich als gefährlich stigmatisierten Personen (Drogenkonsumenten), zeigten sich die Befragten ganz überwiegend als gelernte Großstädter: Nur vier von 25 Jugendlichen und elf von 91 Frauen meinten, die Randgruppen gehörten hier nicht dazu. Und schließlich antwor-

---

56 Davon 203 Situationen mit Angehörigen der nicht trennscharf zu unterscheidenden Drogen- und Trinkerszene, 39 Situationen mit still herumsitzenden/liegenden Obdachlosen. Zu den 242 Beobachtungsfällen hinzu kamen weitere 21 Situationen mit aktiven Bettlern, d.h. Passanten wurden um Geld gebeten. Die Bettler wurden immer aktiv (dreimal wurde Geld gegeben) oder passiv (keine Reaktionen) akzeptiert. Ablehnende Haltungen oder Gespräche waren nicht zu beobachten. Es konnten bei den Situationen mit Bettlern aber nur zwei Passanten anschließend befragt werden.

57 Die im Folgenden unterschiedlichen Zahlen ergeben sich aus unterschiedlichen Grundgesamtheiten: a) nur Beobachtete, b) Beobachtete und anschließend Befragte, c) Befragte, die nach der ersten oder zweiten Frage das Kurzinterview abgebrochen haben.

teten nur drei der 91 Frauen und fünf der 25 Jugendlichen, eine solche Begegnung würde sie verunsichern.

Diese Ergebnisse würden also die Thesen Simmels und Bahrdts bestätigen. In der Geschäftsstraße würden urban indifferente Großstädter deutlich überwiegen: Die beobachteten und befragten Passanten zeigten keinerlei Reaktionen auf die Begegnung mit auffälligen Randgruppen, sie sind *gleichgültig*. Die weit überwiegende Mehrheit nimmt solche Begegnungen gar nicht bewusst wahr, sie ist *blasiert*. Auch hält die weit überwiegende Mehrheit sie für zugehörig zur Normalität der Stadt, sie ist *intellektualisiert*, oder wie Bahrdt es formulierte, sie zeigt resignierte Toleranz. Auch wird kaum Verunsicherung geäußert, man gibt sich *distanziert*. Es wäre also die erfolgreiche Leistung des urbanisierten Individuums, verunsichernde Fremdheit nicht an sich heranzulassen und dadurch souverän mit großstädtischer Vielfalt und der Ambivalenz des öffentlichen Raums umzugehen.

Nur aus den Beobachtungen und den kurzen Befragungen den Simmelschen Großstädter abzuleiten wäre jedoch voreilig. Neben dieser These der urbanen Verhaltensweise liegen weitere Erklärungsmöglichkeiten für das beobachtete Verhalten und die in den Kurzbefragungen erhobene Wahrnehmung und Beurteilung nahe. Das für den außenstehenden Beobachter erkennbare Bild eines urbanen Straßenzugs ist nur ein Ausschnitt des sozialen Systems innerstädtische Geschäftsstraße. Mit Blick auf die aufgeführten übrigen Bearbeitungsmodi von Fremdheit und auf das Milieu des Wohnquartiers lassen sich weitere Erklärungsansätze analytisch differenzieren und verfolgen:

- Die Ergebnisse könnten die Folge von Segregation und Meidung sein, wenn ein selektives Sample beobachtet und befragt worden wäre.
- Sie könnten das Produkt intensiver sozialer Kontrolle sein, die Unsicherheit eindämmt.
- Es könnten andere Relevanzstrukturen und Verhaltenserwartungen aufgrund des spezifischen Milieus des Quartiers bestehen und diese den erfassten Umgang mit Fremdheit erklären.
- Die sozial und kulturell Fremden könnten zumindest oberflächlich als Individualitäten bekannt sein und dadurch nicht mehr verunsichern.

Insbesondere die standardisierte – von den Beobachtungssituationen unabhängige – Befragung von 302 Personen (105 Frauen und 197 männliche Jugendliche),[58] die teilweise direkt vor Ort auf der Geschäftsstraße und teilweise in der näheren Umgebung interviewt wurden, erlaubt es, diese vier alternativen Erklärungsmöglichkeiten näher zu analysieren.

---

58 Die Samplegröße kann je nach Frage variieren.

2.2 Segregation

Die erste alternative Erklärung für das beobachtete Verhalten und die geäußerten Situationsbewertungen könnte ein selektives Sample sein. Daher wurde erstens geprüft, ob bestimmte Frauen oder männliche Jugendliche den Straßenzug grundsätzlich meiden oder aber exkludiert werden. Zweitens war zu fragen, ob die Geschäftsstraße möglicherweise *in sich* segregiert ist.

Bei den Interviews, die außerhalb der Geschäftsstraße geführt wurden, meinten 23 von 115 männlichen Jugendlichen, dass sie die Geschäftsstraße nicht nutzen würden. Aber nur zwei meinten, diese aus Furcht vor Kriminalität bzw. wegen der Drogenproblematik zu meiden (die sonstige Gründe lauteten: zu weit weg, kein Anlass, ...). Von den in der Umgebung befragten 35 Frauen nutzen alle die Geschäftsstraße. Auf die Frage, ob es *manchmal* vermieden würde dorthin zu gehen antworteten 9,5% (10) aller Frauen und 10,3% (18) aller männlichen Jugendlichen sie würden die Geschäftsstraße manchmal aus Sicherheitsgründen meiden (Gesamtanzahl der Antwortenden 279; die Frage wurde sowohl auf der Geschäftsstraße, als auch in der Umgebung gestellt). Sicherheitsüberlegungen, die auch auf die Bedeutung von Fremdheit im öffentlichen Raum zurückgeführt werden können und die sich in Meidungsverhalten widerspiegeln, spielen demnach für jeden Zehnten eine Rolle. Da die Beobachtungen tagsüber und an „durchschnittlichen" Tagen durchgeführt wurden, in Begründungen zur Meidung jedoch spezifische Gründe bzw. Zeiten genannt wurden (nachts, bei Fußballspielen),[59] kann nicht davon ausgegangen werden, die oben aufgeführten Beobachteten und Befragten seien ein aufgrund von verunsichernder Fremdheit selektiv entstandenes Sample gelernter oder besonders „mutiger" Großstädter. Meidung spielt für die Erklärung des beobachteten Verhaltens demnach ebenso wenig eine bedeutende Rolle wie eine mögliche Exklusion von ‚besonderen' Frauen oder Jugendlichen: Die in den Experteninterviews befragten Polizisten teilten zwar mit, dass männliche Jugendliche, wenn sie in Gruppen auftreten, vermeintlich russlanddeutscher Herkunft sind bzw. Subkulturen angehören oder mit Angehörigen der Drogenszene sprechen, verstärkt beobachtet würden. Daraus lässt sich jedoch noch nicht schlussfolgern, der Kontrolldruck, dem diese Jugendlichen damit unterlägen, sei so hoch, dass Exklusion ein latenter Effekt wäre. Auch dafür, dass die von den Polizisten erwähnten Gruppen per se manifest exkludiert würden gibt es keine Anzeichen. Die Samplezusammensetzung kann so nicht erklärt werden.

Der ca. 500m lange Straßenzug hat jedoch eine ‚Grenze' in der Mitte, markiert durch eine Straßenkreuzung (siehe Kapitel III.1.1). Obwohl beide Abschnitte regelmäßig zusammen betrachtet werden und von einem Ganzen

---

59 Ein Fußballstadion befindet sich in der Nähe und an- und abreisende Fußballfans durchqueren die Geschäftsstraße bzw. suchen dort vor und nach Spielen die Kneipen auf.

gesprochen wird, ist diese Grenze nach wie vor auch eine soziokulturelle Grenze. Der Straßenzug ist in sich segregiert: In der einen Hälfte wurden bei den Zählungen zur Zugänglichkeit des Raums doppelt so viele Personen gezählt, die Merkmale von Armut und/oder Verwahrlosung aufwiesen, wie in der anderen. Bei Personen, die der Drogen-/Alkoholszene zugeordnet wurden, ist das Verhältnis noch deutlicher, nämlich mehr als viermal so viele (130 zu 31). Bei den als „sichtbar wohlhabend" klassifizierten Personen zeigt sich das genau umgekehrte Verhältnis: In dem Abschnitt, in dem kaum Randgruppen vorkamen, wurden doppelt so viele gezählt wie in dem anderen. Diese Segregation ist erklärbar mit den erwähnten unterschiedlichen Qualitäten und Angeboten der Geschäfte, die unterschiedliche Kundschaft anziehen. Auch spielen historisch gewachsene Gewohnheiten und feine Unterschiede der Adresse eine Rolle. So galt der innenstadtfernere Abschnitt in den 1970er Jahren eher als Arbeiter- und auch als „Türkenviertel", der innenstadtzugewandte Teil als „A-14-Quartier" (G.1) resp. als C-4 Quartier, in Anspielung auf die zahlreichen Universitätsangestellten und Professoren, die dort wohnten. Die deutliche soziale Differenzierung der beiden Räume verringert also die Wahrscheinlichkeit, dass sozial oder kulturell unterschiedliche Gruppen aufeinandertreffen. „Ungelernte Großstädter" könnten somit die Begegnung mit Randgruppen bewusst meiden oder aber sie treffen aufgrund unterschiedlicher Bewegungsmuster schlicht und einfach nicht zufällig aufeinander.

Bei den standardisierten Befragungen zeigten sich allerdings keine Unterschiede im Antwortverhalten: Bei Fragen nach Verunsicherung durch Randgruppenangehörige – als ein indirekter Hinweis auf Meidungstendenzen – gibt es keine signifikanten Unterschiede zwischen denjenigen, die in dem einen und denjenigen, die in dem anderen Abschnitt der Straße befragt wurden. Die erkennbare Segregation hat damit keine Erklärungskraft für das beobachtete Verhalten und die in den Kurzbefragungen erhobenen Einstellungen. Es besteht zwar für die Nutzer der Straße die theoretische Chance, Randgruppen zu meiden, das beobachtete blasierte, intellektualisierte und distanzierte Verhalten scheint jedoch weder auf eine „zufällige" Trennung unterschiedlicher Personenkategorien zurückzuführen zu sein, noch auf eine bewusste Meidung.

2.3 Soziale Kontrolle

Großstädten wird grundsätzliche ein Defizit an sozialer Kontrolle nachgesagt. Shopping Malls seien – so eine verbreitete These – deshalb attraktiv, weil sie über formelle soziale Kontrolle dieses Defizit ausgleichen würden, dies sei auch im Straßenraum notwendig, um einem Verfall seines Öffentlichkeitscharakters zu begegnen. Gerade Drogenszenen gelten als zu kontrollierendes Problem im öffentlichen Raum. Formelle soziale Kontrolle soll Sicherheit oder

Sicherheitsempfindungen hinsichtlich ‚objektiver Gefahren' erhöhen. Sie könnte damit dieses eine verunsichernde Element des Fremden einhegen und somit auch einen Hintergrund der beobachteten Indifferenz bilden. Kontrolle könnte die soziale Ordnung des Raums Geschäftsstraße mit prägen und subjektiven Verunsicherungen begegnen. Allerdings birgt dies die Gefahr, dass Kontrolle nicht nur eventuell Fremdheit einhegt, sondern auch Einschränkungen für Handlungsspielräume und damit auch Einschränkungen des Öffentlichkeitscharakters der Straße mit sich bringt und auch so empfunden wird.

Basis der formalisierten Kontrolle sind u.a. die zahlreichen kodifizierten Normen, wie sie in Kapitel III.1.3 dargelegt wurden. Unklar ist aber, ob diese Normen überhaupt bekannt sind, um handlungsrelevant werden zu können und wann bzw. ob diese überhaupt durchgesetzt werden.

Per se Handlungsfreiheiten einschränkend erscheinen die Normen nicht, denn sie sind überwiegend gar nicht bekannt. Sowohl die Frauen als auch die männlichen Jugendlichen nehmen die Geschäftsstraße als einen Raum wahr, der nicht über ein weiterreichendes, kodifiziertes Normen- und Regulationssystem verfügt: 83,8% der Frauen und 82,2% der Jugendlichen meinen, es gäbe keine speziellen Verhaltensvorschriften, die über das Strafgesetzbuch oder die Straßenverkehrsordnung hinausgingen. Der Raum Geschäftsstraße evoziert offenbar keine Assoziationen mit Freiheiten besonders einschränkenden Normen. Die Anwesenden könnten demnach davon ausgehen, Kontrolle ziele nur auf strafrechtlich relevante Handlungen und würde daher nur das Handeln Anderer einschränken und Sicherheit erhöhen.

Die Frage ist aber weiter, ob formelle soziale Kontrolle in der Geschäftsstraße überhaupt intensiv ist und auch so empfunden wird.

Soziale Kontrolle im Quartier der Geschäftsstraße ist vor allem durch ihre Geschichte bedeutsam und sie zielte in der Tat vor allem auf sozial unterprivilegierte Gruppen: Eine lange Historie der repressiven Vertreibung,[60] insbesondere der offenen Drogenszene bzw. solcher Personen, die aufgrund ihres Erscheinungsbildes, z.B. einer dunklen Hautfarbe, polizeilich dazu gerechnet werden, hat die Sichtbarkeit dieser Gruppen im Straßenzug deutlich verringert. Präsent sind heute im Vergleich zu früher weniger – meist nur fünf bis fünfzehn Personen an einer Stelle, anstatt mehrerer Dutzend und, je nach Schätzung, 100 bis 300, die sich Anfang der 1990er Jahre täglich im Quartier verteilt aufhielten. Die wenigen, die sich nach wie vor in der Geschäftsstraße aufhalten, sind – auch wenn laute oder gar aggressive Streitereien vorkommen – überwiegend bemüht, sich ostentativ konform zu verhalten und sie demonstrieren teilweise sogar Hilfsbereitschaft und Höflichkeit: Im Unterschied zu ‚normalen' Passanten oder auch abendli-

---

60 In einem Fall kam sogar eine Person im Polizeigewahrsam bei der gewaltsamen Vergabe von Brechmitteln zur Exkorporation von Drogen zu Tode (vgl. auch Pollähne/Kemper 2005, 2007).

chen Kneipenbesuchern achten sie penibel darauf, dass kein Müll oder keine Scherben liegen bleiben, die Ansprache beim Betteln ist betont höflich, stürzen Fahrradfahrer oder benötigen Blinde Unterstützung beim Überqueren der Straße sind sie die ersten, die Hilfe anbieten – all das wurde beobachtet. Aufgrund der hohen sozialen Bedeutung des Straßenraums haben Organisationen wie JES (Junkies, Ehemalige und Substituierte) lange Jahre darum gekämpft, als normal und dazugehörig betrachtet zu werden. Gleichwohl sind diese Wenigen nach wie vor Objekte intensiver und teilweise rassistisch konnotierter sozialer Kontrolle.

Die *formelle* soziale Kontrolle, gemessen an der lokalen Präsenz der Polizei, ist, entgegen der traditionellen Vorstellung von Großstadt, in der Geschäftsstraße ausgesprochen hoch und damit Gefährdungen des Öffentlichkeitscharakters der Straße weniger durch ein Zuwenig, als durch ein Zuviel an Kontrolle zu erwarten: Die hohe Intensität der Kontrolle betonen nicht nur die interviewten Polizisten, die auf einen Einsatzmix aus orts- und milieukundigen Kontaktbeamten, Zivil- und normaler Streifenpolizei verweisen und darüber hinaus hervorheben, der Untersuchungsort sei für die Beamten attraktiv, da er (gerade nachts) nicht so „langweilig" sei (G.3) wie andere Stadtquartiere. Bei einer sehr vorsichtigen Hochrechnung der Beobachtungsdaten ist die Polizei im Durchschnitt alle 25,6 Minuten gegenwärtig, d.h. sie fährt oder geht durch den Straßenzug bzw. ist mittels einer mobilen Wache oder eines Streifenwagens zeitlich begrenzt stationär vor Ort.[61] In den 57 Stunden, in denen u.a. polizeiliches Handeln beobachtet wurde, wurden 20 Kontrollhandlungen registriert, die sozial hoch selektiv waren: Lediglich vier der 20 Handlungen bezogen sich nicht auf soziale Randgruppen. Während die Polizei kleinere Abweichungen der ‚normalen' Passanten selten ahndet – den erwähnten Bußgeldkatalog des Ordnungsamts durchzusetzen, „habe ich mir nicht auf die Fahne geschrieben", so ein interviewter Polizist (G.3) –, sind Obdachlose und Drogenabhängige bereits aufgrund ihrer schlichten Anwesenheit Objekte von Kontrolle.[62] Selbst dann, wenn sie sich augenscheinlich normkonform verhalten, sind sie Ziel entsprechender polizeilicher Aktivitäten, deren Umfang von einem Polizeirevierleiter mit 30% der täglichen Arbeit beziffert wird – gefolgt von der Kontrolle von Prostitution (in der näheren Umgebung des Untersuchungsor-

---

61 Dies kann bereits deswegen als „hoch" bezeichnet werden, da die örtliche Polizei in einer von ihr selbst durchgeführten Bürgerbefragung fragt, wann die Bürger das letzte Mal eine Polizeistreife gesehen haben und als Antwort war als höchste Frequenz „heute oder gestern" vorgegeben.

62 In einem Protokoll des Ortsbeirats von 2001 heißt es zur Polizeipräsenz und Drogenszene: „[Ein Polizist] schildert die Situation aus Sicht der Polizei. 16 "Mannstunden" am Tag verbringen Beamte derzeit an der Kreuzung und die Präsenz soll noch erhöht werden, auch wenn im Sommer der BGS abgezogen werde. [Er] nennt insgesamt 300 Personen, die die Polizei in dem Bereich beobachte, 30 bis 60 Personen seien es täglich."

tes) und Ladendiebstählen sowie gelegentlichen Körperverletzungen im Zusammenhang mit nächtlichem Kneipenpublikum.[63]

Diese Kontrollen der Randgruppen bewirken mittlerweile allerdings weniger eine effektive Vertreibung, als vielmehr eine symbolische Einhegung resp. sie dürften eher indirekt, durch die erlebten Schikanen, verdrängende Effekte haben. Wenn die Kontrollierten aufgefordert wurden, sich zu entfernen, bewegten sie sich kurz fort und kehrten wieder zurück, meist wieder an ihren ursprünglichen Standort. Vor dem Hintergrund der Erfahrung, dass eine vollständige Verdrängung in der Vergangenheit nicht erreicht wurde, soll nun polizeilich eine „Verklumpung" der Szene verhindert werden (G.2). Die Szene soll „gedeckelt", auf ein tolerierbares Maß, welches das Quartier „ertragen muss", reduziert werden. Die polizeilichen Mittel dafür sind „Schikanen" (G.2) und „Nadelstiche" (G.4), wie permanente Kontrolle oder das Beschlagnahmen von vermeintlich aus Drogengeschäften stammendem Geld sowie Platzverweise und Durchquerungsverbote. Die Dezentralisierung der Szene soll erreicht werden. Dieses Vorgehen – von dem neben Konsumenten illegaler Drogen auch andere Randgruppen wie Punks und Wohnungslose betroffen sind, wenngleich seltener – wird als erfolgreich ausgegeben: „Das war alles scheiß Politik für die Abhängigen, aber gut für den öffentlichen Raum" (G.2), wie es ein politischer Vertreter des Stadtteils formuliert. Das Vorgehen erweist sich als explizit raumorientiert. Die Geschichte und Alltäglichkeit solcher polizeilicher Handlungen haben Kontrollen zur ortsspezifischen Normalität werden lassen.

Vor dem Hintergrund der Vertreibung und Einhegung von Randgruppen könnte formelle soziale Kontrolle also insofern die beobachtete urbane Indifferenz erklären, als dass sie signalisiert, dass die Fremdheit innerhalb des entsprechenden Raumsegments unter Kontrolle ist. Den Fremden würde durch die polizeiliche Präsenz das Moment der unterstellten Gefährlichkeit genommen, wenn auch nicht ihre lebensweltliche Verunsicherung: durch suggerierten Schutz vor kriminogenen Handlungen sowie durch ein regelmäßiges, wenn auch zeitlich begrenztes, Außer-Sicht-Schaffen, dass die statistische Wahrscheinlichkeit der Begegnung mit sozial und kulturell Fremden verringert. Eine „öffentliche Verschmutzung" (G.5), so die Terminologie eines Vertreters des örtlichen Einzelhandels, fände heute nicht mehr statt.

Die hohe polizeiliche Präsenz und ihre repressiven Handlungen spiegeln sich jedoch nicht in der Befragung wider. Die von den befragten Frauen geschätzte Polizeipräsenz liegt deutlich unter der beobachteten: 3,1%

---

63 Laut lokalisierter Polizeilicher Kriminalstatistik wurden 2004 für den gesamten Straßenzug (etwa doppelt so lang wie der Untersuchungsabschnitt) 160 Verstöße gegen das BtmG registriert. Die Straßenkriminalität, zu der Drogendelikte nicht zählen, wird insgesamt mit 168 Fällen angegeben. Also zusammen durchschnittlich knapp ein Ereignis pro Tag.

meinen, die Polizei sei „gar nicht" vor Ort, 53,1% „3-4 mal am Tag", 25,0% „stündlich" und nur 18,8% meinen realitätsnäher „öfter als stündlich". Auch die Jugendlichen schätzen eine niedrigere Polizeipräsenz als die beobachtete, wenngleich sie eine höhere Intensität formeller sozialer Kontrolle vermuten, als die befragten Frauen: 33,9% schätzen „öfter als stündlich", 32,2% „stündlich", 31,6% „3-4 mal am Tag" und 2,3% „gar nicht". Die Jugendlichen zeigen sich damit sensibler für Fragen der Kontrolle, unterschätzen aber dennoch zu 2/3 die gemessene, durchschnittlich Polizeipräsenz alle 25,6 Minuten.

Die Präsenz der Polizei wird damit zwar wahrgenommen, jedoch hat dies im Bewusstsein der Befragten keine Relevanz für ihr Sicherheitsempfinden: Es lässt sich kein (bivariater) Zusammenhang zwischen Wahrnehmungen *formeller* sozialer Kontrolle und der Einstufung des Ortes als sicher oder unsicher erkennen. Die Einhegung von Fremdheit durch polizeiliche Kontrolle wirkt ebenso wenig auf das Sicherheitsgefühl vor Ort: Abgefragte Verunsicherungen durch soziale Randgruppen erweisen sich als unabhängig von der von den Befragten vermuteten Polizeipräsenz, d.h. sie nehmen nicht mit der Höhe der vermuteten Polizeipräsenz ab. Auch gibt es keinen signifikanten Zusammenhang zwischen einer Variable, die die Differenz zwischen *geschätzter* und *gewünschter* Polizeipräsenz, die ebenfalls abgefragt wurde, angibt und der Einstufung des Untersuchungsortes als sicher oder unsicher. Nur 18,4% (49 von 266) der Befragten[64] wünschen sich eine höhere Polizeipräsenz, als die von ihnen geschätzte (7,3% der Frauen und 24,7% der Jugendlichen), d.h. sie versprechen sich dadurch Sicherheitsgewinne oder aber bewerten mögliche positive Effekte höher als mögliche negative. 18,7% der Frauen und 27,1% der Jugendlichen wünschen sich sogar eine geringere Polizeipräsenz (zusammen 64 von 266 Befragten).[65] Insbesondere bei den Jugendlichen gibt es keine einheitliche Einstellung zur Kontrolle durch die Polizei: Knapp ein Viertel der Befragten wünscht sich eine höhere Polizeipräsenz als die von ihnen vermutete, ein gutes Viertel wünscht sich hingegen eine niedrigere.

Die männlichen Jugendlichen können insofern sowohl als positive wie als negative Adressaten von Kontrolle angesehen werden (siehe Kapitel II.1.0), denn auf sie richtet sich auch öfter der polizeiliche Blick. Die befragten Frauen hingegen scheinen weder negative noch positive Adressa-

---

64 Nur 266 von 302 haben auf beide zugrundliegenden Fragen geantwortet: „Wie oft am Tag *geht* hier (dort) die Polizei durch?", Wie oft am Tag *sollte* denn Ihrer (Deiner) Meinung nach hier (dort) die Polizei durchgehen?".

65 Auch *durchschnittlich* wird von den Frauen weniger Polizei gewünscht, als geschätzt, dass sie da ist: 2,41 (gewünscht) zu 2,59 (geschätzt) (auf einer umcodierten Skala von 1=gar nicht bis 4=öfter als stündlich; die Unterschiede sind hoch signifikant). Gleiches gilt für die männlichen Jugendlichen, wenn auch auf einem höheren Niveau: 2,84 (gewünscht) zu 2,97 (geschätzt) (die Unterschiede sind hoch signifikant).

tinnen von Kontrolle zu sein. Selbst in der im Untersuchungsdesign als verunsichernd angenommenen innerstädtischen Geschäftsstraße haben sie keinen erhöhten Bedarf an Polizei, sie sind kaum sensibel für deren Präsenz und auch keine herausragenden Objekte von formeller Kontrolle.

Auch eine multivariate Regressionsanalyse ergab weder für die befragten Frauen noch für die Jugendlichen einen positiven Zusammenhang von Variablen, die sich auf formelle soziale Kontrolle bezogen mit der abhängigen Variable sicher-unsicher. Für die wenigen interviewten Frauen, die nur über eine niedrige Bildung verfügen (N=25), ergab sich sogar ein negativer Zusammenhang: Je höher die vermutete Polizeipräsenz (einzige Variable mit Erklärungskraft) ist, desto eher wird die Straße als unsicher wahrgenommen.[66] Demnach wäre entweder die Polizei selbst Auslöser für Verunsicherung, Frauen mit niedriger Bildung würden sich also durch diese Institution selbst bedroht sehen, oder aber die Polizei würde erst durch ihre Präsenz an vermeintliche Gefahren erinnern.

Eine Assoziation die sich auch hinsichtlich Videoüberwachung feststellen lässt, nach deren Bedeutung für die Geschäftsstraße hypothetisch gefragt wurde und deren Einführung immer wieder Teil des öffentlichen Diskurses ist (siehe Tabelle 2): 65,7% der Frauen assoziieren mit Videokameras, dass sie persönlich überwacht werden und 9,8% verknüpfen den Ort erst aufgrund von Videokameras mit Gefahren. Lediglich 10,8% der zur Geschäftsstraße befragten Frauen geben an, sich aufgrund von Kameras sicherer zu fühlen, den übrigen 13,7% wäre die Implementation von Kameras in der Geschäftsstraße egal. Die Jugendlichen lassen sich ähnliche, wenn auch nicht so deutliche Tendenzen erkennen. Fast die Hälfte (48,0%) bringt Kameras zwar mit Überwachung in Verbindung und sogar 13,3% assoziieren Kameras mit Gefahr, aber einem Fünftel sind sie egal und immerhin 17,9% würden sich sicherer fühlen. Formelle soziale Kontrolle in Form von Videokameras würde also insgesamt nicht einmal für ein Sechstel der Befragten verunsichernde Momente des öffentlichen Raums reduzieren, zumal für fast jeden Achten Kameras nicht Sicherheit, sondern Gefahren symbolisieren.[67]

---

66 Regression: beta = .464, R^2 = ,215. Für Jugendliche ließen sich weder bei Differenzierungen nach Wohnort noch nach Bildung irgendwelche Zusammenhänge hinsichtlich formeller sozialer Kontrolle erkennen. Endgültig in die Regression eingeflossene Variablen/Fragen: „Die Leute die Sie hier sehen, was meinen Sie, was machen die hier? (keine Ahnung/alles mögliche; nur einkaufen)", „Wenn einem hier was passiert, z.B. was geklaut wird. Glauben Sie, dass andere Leute einem helfen?" „Wie oft am Tag geht (oder fährt) hier die Polizei durch?"; „Verunsichert es Sie, wenn wenn hier Obdachlose sind?", „Verunsichert es Sie, wenn hier Drogenabhängige sind?", „Gibt es eigentlich spezielle Vorschriften, die das Verhalten hier regeln?", „Bei den Obdachlosen und Drogenabhängigen, gibt es da welche, die Sie hier wieder erkennen?", sowie aus dem Polaritätsprofil die Wortpaare „überschaubar-unübersichtlich", „anonym-familiär".

67 Unterteilt man die Antwortenden anhand ihres Wohnsitzes so ergibt sich folgendes

Tab. 2: Assoziationen mit Videokameras in der Geschäftsstraße

		Stellen Sie sich vor, hier wären Videokameras, denken Sie dann ...?				Gesamt
		hier ist es sicher	ist mir egal	ich fühle mich überwacht	offenbar passiert hier viel	
Frauen	Anzahl	11	14	67	10	102
	% von Befragter	10,8%	13,7%	65,7%	9,8%	100,0%
Männliche Jugendliche	Anzahl	31	36	83	23	173
	% von Befragter	17,9%	20,8%	48,0%	13,3%	100,0%
Gesamt	Anzahl	42	50	150	33	275
	% von Befragter	15,3%	18,2%	54,5%	12,0%	100,0%

Folgt man den Hinweisen auf die Geschichte der Vertreibung, wären auch die Vergangenheit effektiver Exklusion von Randgruppen und die Gegenwart formeller Kontrollen ausschlaggebend für eine Einhegung verunsichernder Fremdheit im öffentlichen Raum. Das alternative Milieu im Quartier würde sich die beobachtete Indifferenz und die geäußerte Toleranz *auch* vor dem Hintergrund von repressiven Kontrollen und Exklusion leisten. Berücksichtigt man, dass es früher eine einflussreiche Bürgerinitiative gegen die Drogenszene gab, Geschäftsinhaber teilweise mit Wasserschläuchen gegen Junkies vorgingen und dass auch heute noch bei öffentlichen Versammlungen „alles hoch kocht" und daher eher bei informellen Treffen zwischen der Stadtteilvertretung und der Polizei der „Druck im Kessel" (G2) gemessen wird, an dem sich dann die Kontrollintensität orientiert, erscheint diese These hoch plausibel. Die formelle Kontrolle ist zu einem normalen Bestandteil der Straße geworden, sie wird nicht mehr reflektiert, entfaltet aber eine unterschwellige Wirkung, die auch gelernten Großstädtern urbane Indifferenz erleichtert.

Definitionstheoretisch verweist dies auf eine Veränderung der Bedeutung von Kontrolle im zeitlichen Verlauf: Schafft oder verstärkt die

---

Bild: Diejenigen die nicht im Quartier wohnen meinen zu 18,0% „hier ist es sicher", zu 20,0% „egal", zu 44,0% „ich fühle mich überwacht" und zu ebenfalls 18,0% „offenbar passiert hier viel". Bei denjenigen, die im Quartier wohnen sind es 11,3%, 16,1%, 67,7% sowie lediglich 4,8%. Externe werden also genauso oft durch Kameras an Gefahr erinnert, wie diese Sicherheit suggerieren. Diejenigen, die vor Ort wohnen, fühlen sich hingegen ganz überwiegend überwacht, was die These zulässt, dass Videoüberwachung insbesondere dann abgelehnt wird, wenn sie näher an den privaten Nahbereich heranreicht.

polizeiliche Kontrolle in der Wahrnehmung der Anwesenden auf der Straße zunächst Verunsicherung und Abweichung, denn die Kontrolle wirkt als ex post Bestätigung der vermeintlichen Gefährlichkeit der Junkies und erst aufgrund von Sanktionen werden aus herumstehenden Personen Kriminelle, so ändert sich die Wirkung der Kontrolle später: Steht die Definition „gefährliche Drogenszene" erst einmal fest, so symbolisiert polizeiliches Handeln nun deren Einhegung, der jedoch aufgrund ihrer Normalität keine Aufmerksamkeit mehr geschenkt wird.

Hinsichtlich dieser Geschichte des Umgangs mit der Drogenszene und unter Berücksichtigung der Wohnorte der Befragten ist darüber hinaus von unterschiedlichen Sensibilitäten auszugehen: Während den 40 bis 60-jährigen Frauen die Situation Ende der 1980er/Anfang der 1990er Jahren noch gegenwärtig sein dürfte[68] und demzufolge fünf bis fünfzehn Junkies an einem Ort heute als vergleichsweise wenige erscheinen, gilt dies für die 14 bis 21-jährigen Jugendlichen resp. Heranwachsenden kaum. Aufgrund ihres Alters ist die Chance, diese Geschichte erlebt zu haben und mit ihr sozialisiert worden zu sein vergleichsweise gering. Auch wohnen aktuell nur 28,6% von ihnen im Quartier der Straße (bei den interviewten Frauen sind es 67,6%). Die Wahrnehmung der Jugendlichen dürfte daher weniger zeitlich, wie bei den Frauen, als vielmehr räumlich kontrastiert sein: Im Vergleich zu anderen Stadtteilen gibt es – so lässt sich aus alltagsweltlichen Erfahrungen sagen – in der untersuchten Geschäftsstraße viele sozial Unterprivilegierte. Mit Ausnahme des Bahnhofsplatzes dürften nirgendwo in der Stadt so viele erkennbare Drogenkonsumenten auf der Straße präsent sein. Die Jugendlichen sind mit deren Verhaltensweisen weniger vertraut, der lebensweltliche Kontrast ist größer, auch weil sie nicht speziell in diesem räumlich-sozialen Setting sozialisiert wurden. Ihr gesamtes Wissen über den Raum ‚innerstädtische Geschäftsstraße', über den „Habitus des Ortes" (Dangschat) ist inkohärenter, als das der dort bereits länger Wohnenden. Die *lokalspezifischen* Zivilisationsmuster, wie Gewohnheiten, Moden und gesellschaftliches Benehmen (vgl. Schütz 1972: 54, 57), sind ihnen eher fremd. Die „Syntheseleistungen" (Löw) der Jugendlichen, also wie sie aufgrund ihrer Erfahrungen und Einstellungen Dinge, Menschen und Handlungen zu Räumen zusammenfügen, schaffen für sie einen anderen Raum und führen zu anderen Bewertungen der im Raum verorteten und diesen mitkonstruierenden Drogenszene, als es für die untersuchten Frauen der Fall ist. Die Jugendlichen sind, wenn auch auf einer anderen Ebene, selbst Fremde – und Fremde verunsichern nicht nur, der Fremde ist vor allem selbst verunsichert (vgl. Schütz 1972, Park 1928).

Dieser indirekten, da primär im historischen Bezug relevanten Bedeutung formeller sozialer Kontrolle, steht eine unmittelbare und hohe

---

68 Aus zeitlichen, interviewtechnischen Gründen musste auf die Frage nach der Wohndauer verzichtet werden.

Bedeutung *informeller* sozialer Kontrolle gegenüber, welche – so ein Polizist – wegen der „Intellektuellen" im Quartier ausgeprägter sei als anderswo. Insbesondere bei den befragten Frauen ist ein hohes Vertrauen in die Hilfe der übrigen Nutzer der Straße zu konstatieren und damit ein Vertrauen in funktionierende informelle soziale Kontrolle, also Kontrolle durch Anwohner und Passanten. 77,7% der Frauen (N=80) meinen, ihnen würde von den übrigen „Leuten" geholfen, wenn ihnen „was passiert, z.b. was geklaut" würde.[69] Bei den Jugendlichen meinen dies immerhin noch knapp die Hälfte der Befragten (46,8%; N=80). Auch der Einfluss informeller sozialer Kontrolle auf Wahrnehmungen von Sicherheit ist bivariat hoch signifikant: Befragte, die davon ausgehen, ihnen würde geholfen, wenn ihnen auf der Straße etwas passiere, stufen den Untersuchungsort unabhängig ihres Alters/Geschlechts häufiger als ‚sehr/eher sicher' ein, als Befragte, die nicht davon ausgehen, ihnen würde geholfen – und umgekehrt.[70] Der Zusammenhang von Hilfeerwartungen resp. Erwartungen informeller sozialer Kontrolle und Verunsicherung durch Drogenkonsumenten ist immerhin noch schwach signifikant: Je eher auf Hilfe vertraut wird, desto geringer ist die Verunsicherung durch Drogenkonsumenten. Das Vertrauen in die übrigen, biographisch ebenfalls fremden Passanten befördert demnach Sicherheitsgefühle und ermöglicht einen indifferenten Umgang mit überhöhter, als andersartig bedeutbarer sozialer und kultureller Fremdheit, ja sogar mit als gefährlich stigmatisierten Randgruppen.[71] Darauf verweisen – gerade bei den Frauen – auch die Begründungen, *warum* die Befragten sich, entgegen den theoretischen Erwartungen, nur selten von den Extremen sozialer und kultureller Fremdheit verunsichert fühlen. Von denen, die angaben, sie fühlten sich nie durch Drogenkonsumenten auf der Straße verunsichert, begründet ein gutes Drittel der Frauen dies an erster Stelle mit der Qualität des Raums: An diesem Ort könne doch nichts passieren (siehe Tabelle 3). Bei den Jugendlichen meint dies nur jeder Zehnte, sie verweisen – noch öfter als die Frauen – auf eine generelle Furchtlosigkeit bzw. auf einen ortsbedingten Gewöhnungseffekt.

---

69 Frage: „Wenn einem hier was passiert, z.B. was geklaut wird. Glauben Sie, dass andere Leute einem helfen?"
70 Informelle Kontrolle kann scheinbar auch nicht durch formelle substituiert werden: Befragte, die nicht in die übrigen Passanten vertrauen, wünschen sich weder mehr formelle soziale Kontrolle (in Form der Polizei), noch gibt es signifikante Zusammenhänge mit der Wahrnehmung von Videokameras als möglicher Verstärker von Sicherheit.
71 Multivariate Zusammenhänge wurden mittels einer Regression geprüft: Auch dort verweist die Variable „Hilfe" auf einen positiven Erklärungszusammenhang (beta = ,294) mit der Einstufung sicher-unsicher. Die Zusammenhänge sind allerdings schwach: R^2= ,163 (zusammen mit den Variablen Verunsicherung durch Drogenkonsumenten (negativer Erklärungszusammenhang) und Kenntnisse über spezifische Verbote).

Tab. 3: Begründungen von Frauen und Jugendlichen für ausbleibende Verunsicherung durch Drogenkonsumenten

		Warum nicht?			Gesamt
		Hier kann doch nichts passieren	Die machen mir grundsätzlich keine Angst	Hier bin ich daran gewöhnt	
Frauen	Anzahl	20	23	15	58
	% von Befragter	34,5%	39,7%	25,9%	100,0%
Männliche Jugendliche	Anzahl	9	47	28	84
	% von Befragter	10,7%	56,0%	33,3%	100,0%
Gesamt	Anzahl	29	70	43	142
	% von Befragter	20,4%	49,3%	30,3%	100,0%

Auch beobachtete informelle Kontroll*handlungen* verweisen auf eine funktionierende informelle Kontrolle im Quartier. Sie zielten jedoch vergleichsweise selten auf Randgruppen: das war nur fünfmal der Fall.[72] Dagegen waren die Feldforscher im selben Zeitraum 16-mal Objekte potentieller informeller Kontrolle. Passanten durchbrachen die urbane Indifferenz und sprachen die Soziologen auf im öffentlichen Raum illegitime Themen an, nämlich darauf, was diese dort machen. Es existiert also ein durchaus sensibles und handlungsbereites Potential informeller Kontrollen in der Geschäftsstraße. Abweichungen von der lokalen Normalität erzeugen Aufmerksamkeit und auch wenn die Feldforschung nicht unterbunden werden sollte, so hätte informelle Kontrolle vermutlich gegriffen, wenn jene als Verstoß gegen lokale (informelle) Normen gedeutet worden wäre.

2.4 Lokale Normalität und milieuspezifische Verhaltenserwartungen

Eine bedeutsame Rolle spielt die Besonderheit des Milieus in dem Quartier das die Geschäftsstraße umgibt. Das Straßenbild ist, wie erwähnt, ausgesprochen heterogen: sowohl was die Nutzungsweisen und das vorfindbare

---

72 Dabei intervenierten einmal Passanten bei einer Schlägerei, viermal wurden Randgruppenangehörige weggeschickt bzw. eine von ihnen als Sitzplatz angeeignete Statue auf einem kleinen Platz demonstrativ mit Wasser besprizt, einmal wurde versucht, das Herausholen von (gut erhaltenen) Lebensmitteln aus einem Müllcontainer eines Supermarktes zu unterbinden.

Rollenspektrum, als auch was die lebensstilistische und ethnische Zusammensetzung der Nutzer betrifft. *Vielfalt ist die Normalität* und dies beeinflusst auch die Wahrnehmbarkeit von verunsichernder Fremdheit: Auf einer ausschließlich roten Fläche sticht die Komplementärfarbe grün ins Auge, in einem bunten Mosaik hingegen ist es schwierig, gerade grün wahrzunehmen. Übertragen auf die Geschäftsstraße bedeutet das, dass (statistische) Abweichungen – von Personen oder Handlungen – schlicht weniger auffallen, da sich überhaupt nur schwer ein Modalwert formulieren lässt. Fremdheit würde in einer Normalität, die hier Heterogenität bedeutet, verschwinden.

Daneben ist es, aufgrund des spezifischen Milieus der Bewohner des Quartiers sowie aufgrund des Images als „buntes", abweichendes Quartiers, das für bestimmbare Gruppen anziehend und für andere abstoßend wirkt, naheliegend, dass neben einer spezifischen Normalität ebenso eine informelle ortsspezifische *Normativität* herrscht. Im alternativen Milieu des Quartiers verfügen die Bewohner überwiegend nicht nur über die materielle und psychische Unabhängigkeit, als Voraussetzung dafür, in urbaner Indifferenz und Souveränität mit Fremdheit umzugehen (vgl. Häußermann 1995), die Vielfalt des Straßenzuges wurde insbesondere auch von den interviewten Frauen und in den Experteninterviews positiv hervorgehoben: 97,1% der Frauen bezeichnen die Straße als sehr oder eher *interessant*, keine einzige findet die Straße *langweilig*. Auf die Frage, warum sie die Geschäftsstraße sehr oder eher *interessant* finden meinten 65,7% der Frauen ausschließlich oder unter anderem wegen der „unterschiedlichen Leute" – zu denen eben auch Angehörige von Subkulturen, ethnischen Minderheiten und sozialen Randgruppen gehören. Bei den Jugendlichen waren es immerhin noch 59,8% die sich dementsprechend äußerten (66,0% aller Jugendlichen beschreiben die Straße als sehr/eher interessant).

Auch die Informalisierung von Verhaltensstandards, wie sie für die Städte des späten 20. und frühen 21. Jahrhunderts beschrieben wird und den Verfall von Öffentlichkeit mitbegründen soll (vgl. etwa Keim 1997, Schubert 2000), wird von vielen gar nicht beklagt oder resigniert toleriert. Informalisierung von Normen oder Normenpluralität im Quartier gehört zur Straßenkultur und sie wird bedingt akzeptiert oder gar begrüßt: Das Trinken von Bier im öffentlichen Raum, das Herumsitzen und Spielen, légère Kleidung und bunte Frisuren, das Duzen von einander unbekannten Personen etc., all das gehört zur Normalität und bestimmt die Normativität mit. Selbst gegenüber (zumindest „weichen") illegalen Drogen ist in diesem Milieu eine hohe Toleranz zu vermuten. Dass etwa die beobachtenden Soziologen durch ihre Tätigkeit weit mehr Aufmerksamkeit erregten, als Obdachlose und Drogenabhängige, kann als Hinweis auf ein normatives „Hier-Dazu-Gehören" oder zumindest auf die Alltäglichkeit der Erscheinung dieser Gruppen, im Gegensatz zum offenkundigen Exotismus von Soziologen, interpretiert werden. Es bestehen besondere Relevanzstrukturen und eine ortsspezifische Normalität, die den Habitus des Ortes charakterisieren. Auch die Sauberkeits- und Ordnungsvorstellungen, denen regelmäßig Bedeutung für Sicherheitsfragen sowie für die Nutzung von Straßen und Plätzen zugeschrieben wird (vgl. Wilson/Kelling 1996, Häfele/Lüdemann 2006), scheinen flexibler, als etwa aufgrund anderer Daten zu vermuten wäre: In einer Befragung durch die örtliche Polizei wurden von den Befragten die folgenden Erscheinungen als „ziemliches" oder „großes Problem" in ihrem Stadtteil genannt:

Tab. 4: Definitionen lokaler Probleme 2001

„ziemliches" oder „großes Problem"	Stadt Gesamt	Polizeiinspektion Mitte*
Herumlungernde Jugendliche	27,4%	12,8%
Drogenabhängige	24,1%	22,9%
Betrunkene	23,2%	16,5%
Schmutz und Müll	54,7%	50,6%
Graffiti	32,0%	33,6%

Prozentwert: Gültige %, fehlende Werte sind nicht mitgerechnet. *Zu dieser Polizeiinspektion gehört auch das Quartier in dem die untersuchte Geschäftsstraße liegt.

Dass in einem Quartier, das als *das* Drogenviertel und als *das* Kneipenviertel der Stadt gilt und das den Erhebungen zufolge stark durch Erscheinungen von ‚physical and social disorder' gekennzeichnet ist, vermeintliche Indikatoren dafür jedoch unterdurchschnittlich oft – mit Ausnahme von Graffiti – als Probleme definiert werden, lässt auf sozialräumlich unterschiedliche Problemdefinitionen und Sensibilitäten schließen.[73] Unterstrichen wird dieser Befund spezifischer (Un-)Sensibilitäten durch unsere Befragungen, die auf eine noch geringere Problematisierung durch die Bewohner hindeutet, als von der örtlichen Polizei erhoben. Bei den Befragten besteht kein hoher Bedarf an formellen Verhaltensregelungen, die entsprechende Erscheinungen eindämmen sollen bzw. die Befragten differenzieren oder wünschen zumindest selten prohibitive und repressive Reaktionen auf störende Ereignisse (siehe Tabelle 5). Von einer Liste von sieben, regelmäßig in Shopping Malls bzw. aufgrund von lokalen Straßensatzungen/Ordnungsgesetzen auch im de jure öffentlichen Raum, verbotenen Handlungen,[74] die den Befragten vorlegt

---

[73] Gemäß des interviewten Kontaktbereichsbeamten der Polizei und eines interviewten Revierleiters hat die Wohnbevölkerung auch andere Relevanzstrukturen als die Polizei: Würde letztere v.a. mit Drogenkriminalität, Prostitution, Diebstahl und Körperverletzungen – in dieser Reihenfolge – beschäftigt sein, so klagten Anwohner v.a. über Kneipenlärm, Falschparker, herumfahrende Freier und über Vorgärten, die auf der Suche nach versteckten Drogen durchwühlt würden – in dieser Reihenfolge.

[74] Die Hausordnung umfasst noch weit mehr Verbote. Das Wegwerfens von Papier oder sonstigen Dingen ist jedoch nicht in der Mall, wohl aber in der Geschäftsstraße verboten. Es wird dort allerdings nicht durchgesetzt.

wurde, wurden in der innerstädtischen Geschäftsstraße durchschnittlich nur 1,59 Verbote gefordert, von den Frauen sogar nur 1,41. Nur ein Jugendlicher forderte mehr als vier Verbote, während insgesamt 28 Befragte gar keine der vorgelegten Handlungen verboten wissen wollte. Mit Blick auf das spezifische Milieu des Wohnquartiers fordern allerdings relativ viele, nämlich 12,5% der Frauen und 25,9% der Jugendlichen ein Bettelverbot,[75] 74% bzw. 88,4% wollen das Wegwerfen von Papier verboten wissen, 3,8% bzw. 13,9% „unnötigen Aufenthalt":

Tab. 5: Verbotsforderungen in der innerstädtischen Geschäftsstraße

Sollten die folgenden Dinge hier verboten werden?	Innerstädtische Geschäftsstraße	
	Frauen	Jugendliche
Rollschuhlaufen	30,8%	11,6%
Betteln	12,5%	25,9%
Fotografieren	1,9%	4,6%
Rauchen	16,2%	16,7%
Unnötiger Aufenthalt	3,8%	13,9%
Verteilen von Flugblättern	1,0%	9,2%
Wegwerfen von Papier	74,0%	88,4%

Die männlichen Jugendlichen geben sich dabei also deutlich repressiver, als die Frauen. Betrachtet man die Verbotsforderungen im Einzelnen, so erscheinen sie gruppen- bzw. altersspezifisch (Rollschuhlaufen, Fotografieren), im allgemeinen prohibitiven Trend liegend (Rauchen, Wegwerfen von Papier[76]) bzw. als Ausdruck eines Bedürfnisses, stabilitätsstiftende Ordnung zu erreichen. Verbotsforderungen für Betteln sowie unnötigen Aufenthalt vor allem durch die Jugendlichen ergänzen das Bild von schwächer etablierten Jugendlichen, deren Distinktionsbedürfnis gegenüber Außenseitern entsprechend größer erscheint und die, selber eher fremd, Sicherheit durch Ordnung suchen.

Mit Blick auf einen in den Experteninterviews beschriebenen Wandel der Toleranz der „Alt-68er" (oder Nach-68er) im Quartier, die konservativer geworden seien (G.3, G.4), können die Antworten der Frauen auch dahingehend interpretiert werden, dass die Ordnungsvorstellungen zwar rigider geworden sind (z.B. Wegwerfen von Papier, Bettelverbot), man sich jedoch immer noch politisch links-liberal verortet, wozu zweifelsfrei auch gehört, das Verteilen von (politischen) Flugblättern zu akzeptieren, was auch nur 1% der Frauen verboten wissen will.

---

75 Laut einer, aus Anlass des Anfang 2006 in Hamburg geplanten Bettelverbots im Auftrag des Stern durchgeführten Forsa-Umfrage, sprachen sich bundesweit 32% der insgesamt 1003 Befragten für ein Verbot des Bettelns in Innenstädten aus, 63% waren dagegen (stern Presse Portal 2006).

76 Inwieweit gerade hier eventuell Jugendliche sozial erwünschte Antworten gaben, kann nicht geklärt werden.

2.5 Kategorial und biographisch Bekannte

Das Bekannt werden ist der modus vivendi des Umgangs mit Fremdheit in geschlossenen, vollständig integrierten Systemen: Auf dem Dorf gibt es keine Fremden, nicht nur weil sie seltener dort hinkommen, sondern weil sie ihren Status des Fremdseins verlieren, wenn sie kommen und bleiben (was nicht automatisch bedeutet, sie würden auch Teil der dörflichen Gemeinschaft). Wahrnehmungen und Interaktionen ändern sich, wenn der Andere in einer bestimmten Rolle oder schlicht aufgrund wiederkehrender Begegnungen bekannt wird. Ähnliches wird auch für „Quartiersöffentlichkeiten" diskutiert (vgl. Bahrdt 1969, Hunter 1995, Lofland 1998, Schäfers 2001, Kusenbach 2006).

Herbert J. Gans (1982) beschrieb in den 1960er Jahren am Beispiel eines Quartiers italienischer Immigranten der zweiten Generation, wie sich in großstädtischen Räumen dörfliche Strukturen und Interaktionsmuster zeigen. Sein Begriff des „urban villagers" umschreibt ein mögliches Innenleben der Parkschen Mosaiksteine, das durch intensive soziale Netzwerke, gegenseitige Hilfsbereitschaft und einen wechselseitig hohen Grad an Bekanntheit sowie informelle Kontrolle oder „collective efficacy" gekennzeichnet ist, der, so Robert J. Sampson, Stephen Raudenbush und Felton Earls (1997), eine hohe Bedeutung für Sicherheit in Nachbarschaften beizumessen sei. Obwohl Gans seine These des *urban Villagers* für ein traditionelles Industriearbeitermilieu im Bostoner Westend Ende der 1950er Jahre formulierte und für ein Quartier, das als Slum galt, so bietet sie gleichwohl einen Anknüpfungspunkt zur Interpretation sozialer Interaktion im alternativen Milieu des untersuchten Quartiers.

Bei den insgesamt 104 Situationen, in denen bei den Erhebungen zur Zugänglichkeit und ‚objektiven Fremdheit' die Anwesenheit von Angehörigen der Drogen- und Alkoholszene erfasst wurde, handelte es sich schätzungsweise nur um 30-40 *verschiedene* Individuen, die jeweils in neuen Zusammenhängen auftauchten. Auch hinter den während der Beobachtungsphasen gezählten 46 Obdachlosen verbirgt sich ein Kern von vier bis fünf Personen, der fast permanent vor Ort ist. Bei den beobachtbaren Randgruppen handelt es sich also mehrheitlich um eine ‚Stammbesetzung'. Das bedeutet, dass Passanten, die sich oft im Untersuchungsgebiet aufhalten, nicht nur eine hohe Wahrscheinlichkeit haben, Angehörigen von Randgruppen, sondern regelmäßig auch denselben Individuen zu begegnen. Man kenne die Gesichter, wenn auch selten die Namen (G.2). Selbst polizeiliche Kontaktbeamte und Junkies würden sich in der Freizeit grüßen (G.3) – trotz der Schikanen während der regelmäßigen Kontrollen.

Eine zumindest einseitige Bekanntheit bestätigen auch die Interviews: 90 von 105 Frauen und immerhin noch 86 von 171 befragten Jugendlichen geben an, Obdachlose und Drogenkonsumenten im Untersuchungsgebiet wieder zu erkennen. Von denjenigen, die im Quartier der Geschäftsstraße wohnen, sind es sogar 67 von 71 (Frauen, 94,4%) bzw. 46 von 55 (männliche Jugendliche, 83,6%). Die Verunsicherung durch den Fremden wäre insofern nicht dadurch beruhigt, dass der Fremde ignoriert, gemieden, kontrolliert oder toleriert würde, sondern dadurch, dass er mit der Zeit zum Bekannten wird. Er ist nicht nur in seiner Rolle (Bettler, Drogenkonsument, ...) bekannt und damit in seinen Handlungen kalkulierbarer, sondern er wird zudem nicht nur als Teil einer abstrakten, fremden Gruppe wahrgenommen, sondern als Individuum (vgl. auch Gruen 2005). Der kategorial und biographisch bekannte Fremde wird berechenbarer, und auch Assoziationen mit strafrechtlich relevanten Handlungen, bei denen Dritte geschädigt werden, entfallen eher, wenn die Erfahrung routinisierter Interaktionen zeigt, dass regelmäßig keine Schädigungen eintreten. Auch weitere abstrakte Verunsicherungen reduzieren sich: Sonst im öffentlichen Raum als befremdlich und abweichend gedeutete bzw. im privaten Raum verortete, d.h. verhäuslichte, Handlungen der Emotionalität und Intimität (vgl. Gleichmann 1976, Zinnecker 1990) – Alkoholtrinken, laut Reden, Streiten, Schlafen etc. – sind dadurch, dass sie von wiedererkennbaren Individuen vollzogen werden, in ihrem subjektiven Sinn verständlicher und damit weniger irritierend. Jemanden als bestimmte Person wieder zu erkennen nimmt ihm das Merkmal Fremdheit und reduziert damit Unsicherheitsgefühle, denn der Fremde erlangt seine gesellschaftliche Bedeutung als abstrakter sozialer Typus, nicht als Individuum (vgl. Simmel 1992a/1908: 770). Diese Verminderung der Verunsicherung wird bestätigt durch den deutlichen Zusammenhang zwischen der Einschätzung der Straße als sicher und dem Wiedererkennen von Randgruppen (und umgekehrt), der bei den befragten Frauen hoch signifikant ist und bei den Jugendlichen immerhin noch die gleiche Tendenz aufweist, wenngleich nicht signifikant. D.h. auch, die Junkies und Obdachlosen werden durch das Bekannt werden nicht zu Feinden.

Der etablierte Außenseiter hat seinen Platz im Quartier, er wird nicht mit einem Niedergang sozialer Kontrolle und mit Verfall des Quartiers assoziiert, wie es selbst Wilson und Kelling (1996: 123) feststellten: „Die ‚Ortsansässigen' waren ‚ordentliche' Leute, aber auch einige Betrunkene und Obdachlose, die sich hier ständig aufhielten, aber ‚ihren Platz' kannten. Fremde waren, nun ja – eben Fremde, die mißtrauisch und manchmal auch furchtsam beäugt wurden". Den (fast) täglich anwesenden Personen gegenüber bilden sich quasi-dörfliche Interaktionsmuster heraus, in denen Fremdheit verschwindet in zumindest oberflächlicher Bekanntheit und einer akzeptierten Alltäglichkeit, sodass sich manchmal auch kurze Gespräche und Teilhabe an individuellen Schicksalen ergeben. Teilweise werden Randgruppenangehörige auch funktional integriert und dadurch akzeptiert – etwa wenn ein Obdachloser regelmäßig und penibel die Straßen reinigt. Aus stigmatisierten „dangerous mentally ill street people" (Giuliani/Bratton 1994) werden im übertragenen Sinn ebenfalls stigmatisierte „Dorftrottel", die sonderbar bleiben, jedoch ihre Gefährlichkeit verlieren. Zumindest aber wird offenbar differenziert zwischen „Müßiggängern" und „Verbrechern" (vgl. Jacobs 1963: 68).[77]

Die Diskrepanz zwischen dem, was man über eine Situation wissen müsste, um sie kontrollieren zu können, und dem, was man tatsächlich weiß (Bauman 1997: 205), verringert sich in dem Maße, in dem der ursprünglich Fremde mit (etwas) mehr als nur einem Ausschnitt seiner Persönlichkeit bekannt wird und infolgedessen auch (subkulturell) unterschiedliche Verhaltenscodes eher wechselseitig verstanden werden. Soziale und kulturelle Fremdheit wird durch biographische Bekanntheit im Sinne Loflands (1998) überlagert und sie verliert dadurch ihre spezifische Qualität. Der von Angesicht bekannte Drogenkonsument verliert sein kategoriales Stigma der Gefährlichkeit – was noch nicht bedeutet, er würde damit voll und ganz akzeptiert.

Dass der aktuelle Status quo in der Straße für diejenigen, die mit ihm alltäglich konfrontiert sind, keine per se verunsichernde, zu dramatisierende Situation darstellt, zeigt sich auch dadurch, dass von den lediglich 28 Befragten die angaben, *manchmal* den Straßenzug aus Sicherheitsgründen zu meiden (Gesamtanzahl der auf diese Frage Antwortenden N=279), 24 nicht in dem Quartier wohnen, in dem auch die untersuchte Geschäftsstraße liegt. Ohne die hier geringen Fallzahlen überstrapazieren zu wollen, deuten sie daraufhin, dass Meidung eher die Folge des (alten) Images des Quartiers und mangelnder Vertrautheit ist, als aus dem individuellen Erleben resultiert. Sie haben ein anderes (gesellschaftlich konstruiertes) Wissen und konstruieren daher, bei gleicher physischer Materialität, einen anderen sozialen Raum.

Dass das Image der Straße, aber auch das Image des „typischen Drogenabhängigen", bedeutsam ist, zeigt sich auch durch die bei den unterschiedlichen methodischen Zugängen (Beobachtungen vor Ort mit unmittelbar anschließenden Befragungen, Befragungen auf der Geschäftsstraße ohne vorherige Beobachtungen sowie Befragungen in der Umgebung der Geschäftsstraße) gemessenen Unterschiede: Diejenigen, die ganz unmittelbar mit den genannten Personengruppen konfrontiert waren als sie an ihnen vorbei gingen, zeigten und äußerten sich am seltensten verunsichert oder ablehnend. Dies war nur bei 6,9% der Fall. Die Verunsicherungsquote stieg jedoch leicht aber stetig mit der physischen und offenbar auch mentalen Distanz zu den Randgruppen – ohne aber in eine überwiegende Verunsicherung umzuschlagen: Von den Frauen und männlichen Jugendlichen, die direkt auf der Straße und damit oft auch noch in Sichtweite von Obdachlosen

---

77 Womit sich Jacobs entscheidend von jüngeren Diskussionen im Rahmen von Broken Windows abhebt: die alleinige (optische) Abweichung von (konservativen) mittelständigen Ordnungsvorstellungen an einem bestimmten Ort, wäre demnach gerade nicht ausreichend für eine Kriminalisierung, wie sie derzeit zunehmend aufgrund eben dieser beiden Merkmale praktiziert wird (vgl. zu letzterem Aspekt: Belina 2005).

und Drogenkonsumenten befragten wurden, äußerten bereits 23% sie seien durch die Drogenszene verunsichert (weitere 17,8% meinten dies „je nach Situation"). Der prozentuale Anteil der Verunsicherten steigt noch einmal bei denjenigen, die in der Umgebung der Straße interviewt wurden, auf 32,5% (plus 19,8% „je nach Situation").[78]
Die unmittelbar sichtbaren und ggf. sogar persönlich bekannten Randgruppenangehörigen verunsichern kaum. Bei zunehmender Distanz hingegen tritt die persönliche Bekanntheit und das situationsgebundene Wissen in den Hintergrund und die, auch medial produzierte, Vorstellung vom gefährlichen Süchtigen und das alte Image der gefährlichen Straße wird dominanter.

2.6 Integrationsmodi: urban Villager und urbane Indifferenz

> *„How dangerous an area seems depends on how familiar one is with the neighborhood and what one take for granted. Villagers often use the euphemism "tricky". Depending on how long they live here and how "urban" they are, the streets may seen manageable or unmanageable" (Elijah Anderson 1995: 331).*

Integriert man die für die fünf Erklärungsmodelle (Indifferenz, Segregation, Kontrolle, Milieu, Bekanntheit) separat diskutierten Daten, so zeigt sich, dass diese analytische Differenzierung in der Empirie nicht stringent aufrechtzuerhalten ist. Einzelne Aspekte der verschiedenen Erklärungsmodelle verschmelzen zu zwei Typen von Nutzern. Es kristallisieren sich – gleichzeitig und an ein und demselben Ort – zwei unterschiedliche Modi der großstädtischen Integration und des Umgangs mit bzw. der Wahrnehmung von Fremdheit heraus: urbane Indifferenz und ein spezifischer urban Villager, und diese Bearbeitungsmodi gelten jeweils für spezifische Personenkategorien in ein und derselben Straße. Beides verdeutlicht sich bei einer Clusteranalyse.[79]

Bei der Two-Step-Clusteranalyse wurde zunächst von drei erwartbaren Modellen des Umgangs mit Fremdheit ausgegangen. Neben „urbane Indiffe-

---

[78] Für die Verunsicherung durch Obdachlose lauten die Zahlen 0% bei den auch Beobachteten, 5,3% bzw. 3,9% bei den auf der Straße Befragten und 7,9% bzw. 8,7% bei den in der Umgebung Befragten.

[79] Unabhängig des Geschlechts resp. des Alters der Befragten wurden für die Geschäftsstraße folgende kategoriale Variablen/Fragen berücksichtigt: „Die Leute die Sie hier sehen, was meinen Sie, was machen die hier?", „Wenn einem hier was passiert, z.B. was geklaut wird, glauben Sie, dass andere Leute einem helfen?" „Was meinen Sie, wie verhalten sich die Leute hier?", „Vermeiden Sie es manchmal hier her zu gehen?", „Verunsichert es Sie, wenn hier Obdachlose sind?", „Verunsichert es Sie, wenn hier Drogenabhängige sind?", „Bei den Obdachlosen und Drogenabhängigen, gibt es da welche, die Sie hier wieder erkennen?", sowie die stetigen Variablen/Fragen: „überschaubar-unübersichtlich", „anonym-familiär", „harmonisch-spannungsgeladen" und eine Variable zu einem Verboteindex.

renz" und „urban Villager" wurde, aufgrund der Ausgangsüberlegungen, Fremdheit im öffentlichen Raum sei per se (auch) verunsichernd, ebenso ein Cluster „Verunsicherung/Meidung" erwartet. Wie bereits die Beschreibungen hinsichtlich Segregation zeigten, ist die räumliche Trennung unterschiedlicher Kategorien von Personen aufgrund von Verunsicherungen jedoch kein zentrales Merkmal der Geschäftsstraße, und Anzeichen/Äußerungen von Verunsicherung führen ebenso wenig dazu, einen eigenen Typus statistisch herauszubilden. Ambivalenz ist ein integraler Bestandteil urbaner Indifferenz. Der Großstädter nimmt Reize sehr wohl wahr, aber er setzt sich nur mit den wenigsten auseinander. Die mit Großstadt verbundene Verunsicherung wird nicht handlungsleitend, und „Aversionen" gegenüber der Masse oder gegenüber Einzelnen sind eben „leise" (Simmel 1995), sie treten im distanzierten Verhalten nicht zu Tage. Für die innerstädtische Geschäftsstraße ließen sich dementsprechend nur zwei Typen identifizieren, die als „urbane Indifferente" sowie als „alternative urban Villager" bezeichnet wurden. Quantitativ sind beide Typen etwa gleich stark vertreten.[80]

Cluster 1 „*alternativen urban Villager*": Herausragende Merkmale dieses Typus sind erstens, dass im hohen Maße auf informelle Kontrollstrukturen in der Geschäftsstraße vertraut wird. Das Großstädten inhärente Defizit an informeller Kontrolle ist aufgelöst oder aber wird zumindest nicht als solches wahrgenommen. Zweitens kennt der urban Villager ‚sein' Quartier und ist mit den auch milieu- resp. quartiersspezifischen Situationen auf der Straße und den darin involvierten soziokulturellen Gruppen vertraut.

Cluster 2 „*urban Indifferente*": Die Befragten sind nicht explizit mit dem ‚Innenleben' des Straßenzugs vertraut, sie sind eher selbst fremd. Bei ihnen spielen auch die Schattenseiten der Vielfalt des öffentlichen Raums eine Rolle und das Image des Straßenzugs scheint eine höhere Bedeutung zu haben.

Augenscheinlich werden diese beiden Typen in der Abgrenzung zu einander. Insbesondere das Antwortverhalten bei zwei Fragen macht die Unterschiede deutlich: 76,4% derjenigen, die glauben, ihnen würde von den übrigen Passanten *nicht* geholfen, entfallen auf das Cluster 2 „urban Indifferente". Umgekehrt meinen 78,9% aus Cluster 1, ihnen würde geholfen. Noch deutlicher unterscheiden sich die Cluster anhand der Frage, ob Angehörige von Randgruppen wieder erkannt werden: 73,2% derjenigen, die Randgruppen wieder erkennen sind in Cluster 1 „alternative urban Villager", womit *alle* 123 Befragten in diesem Cluster entsprechend geantwortet haben. Dementsprechend sind alle Befragten, die Obdachlose oder Drogenkonsu-

---

80 Von den Daten der insgesamt 272 Befragten, die in die Clusteranalyse einflossen, können 123 (47,7%) dem Typus „alternativer urban Villager" (Cluster 1) zugeordnet werden und 135 (52,3%) dem Typus „urban Indifferente" (Cluster 2); 14 Fälle wurden durch die Analyse ausgeschlossen.

menten *nicht* wiederer kennen in Cluster 2 zu finden. Die signifikanten Unterschiede bei der Wahrnehmung der Straße durch die Befragten (siehe Kapitel III.1.4) unterstreichen zusätzlich die Interpretation der Clusterunterteilung: Diejenigen in Cluster 1 „alternative urban Villager" beschreiben den Straßenzug durchschnittlich als *familiärer*, als *harmonischer* und als *überschaubarer* als die Befragten im Clustern 2 „urban Indifferente" und gleiches gilt für die leichten Verunsicherungstendenzen, die bei den urban Indifferenten eher als bei den urban Villagern zum Ausdruck kommen.

Diese Tendenz im Clusters 1 „alternative urban Villager", die Straße eher als familiär zu beschreiben, auf Hilfe zu vertrauen und Randgruppenangehörige zu biographisch Bekannten zu machen, geht allerdings nicht einher mit Empfindungen rigider informeller Kontrollen, wie sie zumindest implizit für dörflich Nachbarschaften (vgl. von Wiese 1928, Hainz 1999, Jetzkowitz/Schneider 2006) bzw. mit Blick auf Kleinstädte beschrieben werden. Urbane Toleranz bleibt erhalten: Dieser *alternative urban Villager* ist im „vergeistigten und verfeinerten Sinn" genau wie der Simmelsche Großstädter „»frei« im Gegensatz zu den Kleinlichkeiten und Präjudizierungen, die den Kleinstädter einengen" (Simmel 1995: 126). Der milieuspezifischen Normalität und Normativität des Quartiers entsprechend werden die beobachtete Vielfalt, die relative Unordentlichkeit der Straße (Müll, Graffiti, ...) und der lockerere Umgang miteinander, überwiegend als normal und nicht als abweichend definiert. 68 von 123 Befragten meinen, die Leute verhielten sich dort „normal, wie überall", während nur 39,2% (N=47) derjenigen, die das Verhalten als „eher unordentlich" einstufen auf das Cluster 1 entfallen.[81] Lokalspezifische Normalität und Normativität stehen in einem Wechselverhältnis. Dementsprechend werden im Cluster „alternative urban Villager" auch durchschnittlich weniger Verbote gefordert, als im Cluster „urbane Indifferente": 1,14 zu 1,95. Das vertraute, quasi-dörfliche Ambiente führt auch nicht dazu, den Anderen als ganze Person zu kennen oder ihn auch nur auf eine bestimmbare Rolle zu reduzieren. 109 von 123 Befragten im Cluster 1 antworten auf die Frage „Was meinen Sie, was machen die Leute hier?" „keine Ahnung" bzw. „alles Mögliche". Die Unbestimmtheit des urbanen Straßenlebens bleibt bestehen. Die übrigen, „normalen" Passanten bleiben nicht nur biographisch unbekannt, sondern auch kategorial, in ihrer Rolle. Der urban Villager dieses Milieus ist eben *auch* „urban". Ein geschlossenes System vollständiger Integration, wie es Bahrdt für dörfliche Strukturen beschreibt oder Gans für das Bostoner Arbeiterquartier, zeigt sich für das tägliche Treiben in der innerstädtischen Geschäftsstraße nicht.

Wechselseitige Vertrautheit entsteht, so die These, über das Milieu, das ein hochmodernes, postindustrielles Alternativmilieu ist und diesbezüglich auch begrenzt homogen. Vielfalt ist vor allem eine visuelle, lebensstilistische und keine der sozialen Schichtung, auch wenn Obdachlose da herausfallen:

---

81 Diese Variable ist jedoch als einzige nicht signifikant für die Clusterunterteilung.

Ökos, Punks, Gothics, Emos – sie alle sind überwiegend Teil der Mittelschicht (und nicht selten auch die Kinder des alternativen Bildungsbürgertums des „C4-Quartiers").

Die in Cluster 2 konstatierte größere Anonymität, Unübersichtlichkeit und Spannungsgeladenheit der Geschäftsstraße sowie die häufigeren Verbotsforderungen verweisen hingegen auf eine ambivalente Wahrnehmung, die sich auch in der Erwartung des Verhaltens der übrigen Passanten niederschlägt. Nicht nur erwarten 54,1% ein „eher unordentliches" Verhalten, sondern 12,6% in diesem Cluster vermuten sogar die *allgemeinen* Nutzer der Straße (nicht die Randgruppen!) seien dort nur wegen der Drogen bzw. sie würden sich allgemein deviant verhalten – und damit 89,5% aller Befragten, die diese Einschätzung äußerten. Auch kann keine grundlegende, Verunsicherung verringernde, Reduktion großstädtischer Rollenvielfalt konstatiert werden. Fremdheit wird nicht über eine kategoriale Zuordnung reduziert.

Zusammenfassend kann festgehalten werden, dass erstens eine Nivellierung von Fremdheit durch Personalisierung den Umgang mit – für den außenstehenden Beobachter – prinzipieller bzw. durch Devianzzuschreibungen überhöhter Fremdheit charakterisiert; zweitens, Fremdheit nicht nur teilweise in biographische Bekanntheit transferiert wird, sondern ebenso das Vertrauen in Hilfsbereitschaft und damit in funktionierende *informelle* soziale Kontrolle die Wahrnehmung sowie Beurteilung des Straßenzuges prägt. Die unbekannten Anderen gelten nicht primär als Quelle von Verunsicherung, sondern als Akteure sozialer Kontrolle und damit als Garanten für Sicherheit auf der Straße. In diesen beiden Punkten unterscheiden sich die beiden Nutzertypen.

Dabei bleibt es bei den Befragten im Cluster „urbane Indifferenz" die Leistung der Individuen, sich mit der Fremdheit des öffentlichen Raums zu arrangieren, sich also in großstädtischer Manier und damit sehr begrenzt, mit ihr auseinander zu setzen. Diese Leistungsfähigkeit geht auch nicht dem Typus „urban Villager" verloren, er bleibt urban. Die zumindest gefühlte Vergemeinschaftung des Quartiers entlastet ihn jedoch, sie kann selbst in der Urbanität ein Sicherheitsgefühl der „Geborgenheit" (Kaufmann 1973) vermitteln. Ein über das Milieu konstruiertes Gefühl von Gemeinschaft ist der effektive „Zwilling", mit dem die negative Seite der Ambivalenz des janusköpfigen Fremden eingehegt wird (vgl. Bauman 1997: 224), und das Gefühl, die Leute zu kennen und gekannt zu werden, schafft auch das Gefühl sicher zu sein (vgl. auch Watt 2006: 786). Sicherheitsgefühle werden insofern individuell und kollektiv hergestellt, und erleichtert wird dies, weil in dem Milieu weniger Erscheinungen und Verhaltensweisen überhaupt als abweichend und ggf. Verunsicherung auslösend definiert werden.

2.6.1 Sozial divergierende Wahrnehmungen

Das tendenziell gleichförmige Verhalten, wie es in Situationen mit sozial und kulturell Fremden beobachtet wurde, und die ebenso gleichförmige Wahrnehmung dieser Situationen, wie sie in den Kurzbefragungen zum Ausdruck kamen, nämlich Gleichgültigkeit, Distanziertheit, Intellektualisiertheit, gehen also auf zwei unterschiedliche Integrationsmodi zurück, Fremdheit an ein und demselben Ort wird auf zwei Weisen bearbeitet: über Indifferenz und über Vertrautheit eines alternativen Milieus. Sie bewirken jeweils ein relativ konfliktfreies Miteinander ohne Fremdheit dabei vollständig zu nivellieren.

Betrachtet man nun die soziodemographische Zusammensetzung der Cluster, so sind vor allem drei Variablen für die Erklärung der Unterschiede bei den Integrationsmodi relevant: Alter und Geschlecht als zusammen erhobene Variablen, der Bildungsstand sowie der Wohnort. Diese drei Variablen lassen sich zu der These verdichten, dass der Grad der Vertrautheit und ein Sicherheit verleihender Status als etabliert entscheidend für die Wahrnehmung von und den Umgang mit Fremdheit in der innerstädtischen Geschäftsstraße ist – ohne das allerdings die spezifischen Situationen im öffentlichen Raum losgelöst von ihrem historischen Kontext interpretiert werden dürfen.

Obwohl insgesamt nur 36% *aller* in der Clusteranalyse ausgewerteten Befragten Frauen sind, insgesamt nur 45% im Quartier wohnen und insgesamt nur 58% der Befragten über eine hohe Bildung verfügen, wird das Cluster 1 „alternative urban Villager" überwiegend von Frauen (71 von 123), von Befragten, die im Quartier der Geschäftsstraße wohnen (89 von 123) und von Befragten mit hoher Bildung (84 von 123) gebildet. Diese Unterteilung wird umso augenscheinlicher, wenn die Daten kreuztabelliert werden: 55 von den 123, und damit knapp die Hälfte in diesem Cluster sind Frauen zwischen 40 und 60 Jahren mit hoher Bildung, die auch im Quartier der Geschäftsstraße wohnen. Hingegen sind nur 8,9% im selben Cluster männliche Jugendliche mit niedriger Bildung, die nicht im Quartier wohnen. Die Mehrheit dieser Befragten dürfte also über die nötigen Voraussetzungen für einen ‚entspannten' Umgang miteinander sowie mit sozialer und kultureller Fremdheit verfügen (vgl. Häußermann 1995, Breckner/Sturm 2002): kognitive Ressourcen (hohe Bildung und durch den Wohnort konkretere Erfahrungen mit auf der Straße präsenten Randgruppen), relative ökonomische Unabhängigkeit (überdurchschnittliches Einkommen im Quartier), relative psychische Unabhängigkeit (sie sind durch ihren Status etabliert im Quartier) und eine entsprechende normative Orientierung (alternative Milieus orientieren sich eher an postmateriellen Werten, vgl. etwa Giegler 1994: 270). Der alternative urban Villager ist im Untersuchungsgebiet explizit urban und gleichzeitig schafft sein etablierter Status eine Sicherheit, die sich als Kongruenz von subjektiven Handlungsdispositionen und Situation (vgl. Kaufmann 1987) Ausdruck verleiht. Die Sicherheit des alternativen urban

Villagers bedeutet, mit der Situation im öffentlichen Raum vertraut und „der Lage" gewachsen zu sein (vgl. ebd.). Zudem verfügt dieser Typus offenbar über die Verlässlichkeit, die Stabilität der eigenen Lebenswelt, dass er eher mit Differenz umgehen kann ohne von ihr verunsichert zu werden. Nicht zuletzt, weil viele von ihnen selber über subkulturelle Erfahrungen verfügen dürften: aus der eigenen Geschichte oder aber von ihren Kindern. Der alternative urban Villager verweist auf vermeintlich „sicheres Wissen" über Verhalten und Interaktionsprozesse im öffentlichen Raum (vgl. auch Ruhne 2003: 63). Unsicherheit spielt kaum eine Rolle, eher werden Abweichungen als lästig empfunden.

Im Cluster 2 „urban Indifferente" zeigt sich ein konverses Bild: Insgesamt sind 110 von 135 in dem Cluster männliche Jugendliche, 105 von 135 wohnen nicht im Quartier und 65 von 135 haben einen niedrigen Bildungsstand. Zusammen betrachtet sind 86 von 135 Jugendliche, die nicht im Quartier wohnen und exakt die Hälfte davon verfügt nur über eine niedrige Bildung.[82] Der damit verbundene bzw. zu vermutende geringere Grad der Etabliertheit im Quartier, die aufgrund des Alters und des Wohnortes geringere persönliche Erfahrung mit urbaner Vielfalt im Allgemeinen und mit Junkies im Besonderen sowie die niedrigere Bildung führen zwar nicht dazu, dass großstädtisches Verhalten nicht feststellbar wäre – Beobachtungen und Befragungsergebnisse entsprechen ja überwiegend dem Simmelschen Bild der urbanen Indifferenz – jedoch dazu, dass die „Schattenseiten der Urbanität" (Siebel) auch klar erkennbar sind. Diese Gruppe ist distanzierter und eher, wenn auch nur leicht, verunsichert. Fremde verunsichern, weil die Jugendlichen die Erfahrungen erst noch machen müssen, „daß *andere Menschen, die keine verwandtschaftlichen oder freundschaftlichen Bindungen zu einem und keine berufsmäßige Verantwortung für einen haben*, jenes bißchen öffentliche Verantwortung zeigen" (Jacobs 1963: 62; Herv. i.O.). Dass die Geschäftsstraße dennoch nicht einfach negativ, sondern ambivalent beurteilt und wahrgenommen wird, ließ sich anhand des Polaritätsprofils erkennen (siehe Kapitel III.1.4): Trotz erschwerter Voraussetzung und dem Status, tendenziell selbst Fremde zu sein, erbringen auch die bildungsfernen männlichen Jugendlichen die individuelle Leistung, sich mit Fremdheit zu arrangieren.

2.6.2   Quartiersöffentlichkeit und die Grenzen der Toleranz

Lyn Lofland (1993) unterscheidet zwei Formen der Toleranz: Eine negative, die Fremdheit, Abweichung und Differenz toleriert, wenn keine Auseinan-

---

[82] Da die Einstufung der Bildung teilweise an den erst angestrebten Schulabschluss gekoppelt ist, muss berücksichtigt werden, dass die Jugendlichen ‚mit hoher Bildung' im Unterschied zu den Frauen nicht immer auch schon über einen hohen Abschluss (z.B. Abitur) verfügen.

dersetzung mit ihr stattfinden muss. Ist der Fremde und Abweichende räumlich segregiert, also in einem anderen Mosaikstein der Stadt verortet, oder mental und symbolisch distanziert, so stößt er seltener auf Ablehnung. Es besteht eine kontaktlose Toleranz. Daneben beschreibt sie eine positive Toleranz, die auch bei Kontakt und Interaktion bestehen bleibt und eher auf tatsächliche Akzeptanz von Fremdheit und Abweichung verweist (vgl. auch Schmidt-Semisch/Wehrheim 2005). Diese positive Form würde sich Lofland zufolge eher in Nachbarschaften mit hohem Bildungsniveau, hohem sozialen Status, hohem Anteil von Singles und Kinderlosen herausbilden (vgl. Lofland 1993: 98f). Alle diese Indikatoren treffen auf das untersuchte Quartier zu: Die Bildung ist überdurchschnittlich hoch, die Berufe verweisen auf hohen Status, die Verheiratetenrate ist unterdurchschnittlich und die Fertilitätsrate ist die niedrigste der gesamten Stadt. Die politisch links-liberale Orientierung, wie sie an den Wahlergebnissen abzulesen ist, unterstreicht die These der Toleranz (ggf. auch einer positiven).

Auch wenn die interviewten Experten durchweg betonen, die „Alt-68er" (oder auch die ehemaligen Autonomen und Hausbesetzer) im Quartier seien konservativer geworden und die Toleranz nähme ab, so verweisen das Straßenbild wie auch das beobachtete Verhalten und die abgefragten Einschätzungen keineswegs darauf, Toleranz sei nicht mehr gegeben. Zwei Einschränkungen müssen dennoch gemacht werden: Erstens verweisen die Ergebnisse darauf, dass tolerantes großstädtisches Verhalten zumindest teilweise auf der Geschichte und Gegenwart von Repression beruht. Eine Situation die früher „schlimmer" war kann heute leichter toleriert werden, gerade auch wenn die Polizei alle 25 Minuten gegenwärtig ist. Zweitens muss von *tipping points* ausgegangen werden.

Drogenkonsum oder „Rumhängen" gelten zunächst eher als individuelle, wenn auch oft störende oder nervende „Macken" (oder bedauerliches Einzelschicksal) denn als sichtbares Merkmal für die Gefährlichkeit der ganzen Person (vgl. auch Krasmann 2000a: 204). Solche Verhaltensweisen werden nur als der eine Ausschnitt der Persönlichkeit wahrgenommen, der sie auch sind. Die Toleranz kippt jedoch, wenn die (bei ungleichen Voraussetzungen) „ausgehandelten Beziehungen" (G.2) zwischen offener Drogenszene und sonstiger Bevölkerung verletzt werden, Störungen also einseitig als zu stark bewertet werden: wenn Randgruppen sich etwa laut streiten oder wenn die Junkies auch nur darauf verzichten, sich z.B. hinsichtlich Scherben und Müll ordentlicher als die ‚normalen' Passanten zu verhalten. Entsprechende Aussagen aus den Experteninterviews wie auch die Tatsache, dass 18,7% (52) der Befragten angeben, *je nach Situation* durch Drogenkonsumenten verunsichert zu sein und 6,1% (17) dies selbst in Bezug auf Obdachlose meinen, verweisen auf einen qualitativen, am Verhalten der Randgruppenangehörigen gemessenen tipping point der milieuspezifischen Toleranz. Diese Grenze kann auch durch die bloße Gruppengröße erreicht werden: Wenn sich die Randgruppen durch Herumsitzen, das Veranstalten von „Volxküchen" oder ähnlichem auf der Straße (zu viel) Raum aneignen oder auch, wenn Verunsicherung erst Folge der Gruppengröße ist. Diese Grenzen sind jedoch nicht objektiv bestimmbar, sie variieren mit den subjektiven Be-deutungen der jeweiligen Situationen.

Mit der Gruppengröße nimmt auch die Wahrscheinlichkeit, Angehörige von Randgruppen wieder zu erkennen, zwangsläufig ab. Toleriert wird demnach wenn dann das Individuum, der einzelne, biographisch Bekannte, nicht aber die Rolle, der nur kategorial bekannte Drogenkonsument. Mit anderen Wort: Verhaltensweisen, die manche oder viele stören, werden in der Geschäftstraße toleriert, wenn die dazugehörigen Individuen bekannt sind, aber nur dann – also wenn der abstrakte Fremde zur konkreten Person wird. Mit Blick auf die Geschichte des Quartiers wird demnach differenziert: Zwischen bekannten, nicht störenden, ungefährlichen und quasi „würdigen" Armen, die – und dies scheint die conditio sine qua non zu sein – nur in überschaubarer Zahl vorkommen dürfen, und zahlreichen nervenden, als gefährlich stigmatisierten „unwürdigen" Armen (vgl. zur historischen Unterscheidung zwischen den „deserving and undeserving poor" auch: Morris 1994, Gans 1995). Angehörige der offenen Drogenszene hätten bei zunehmender absoluter Gruppengröße (oder hoher Fluktuation), und damit abnehmender Wahrscheinlichkeit jemanden wieder zu erkennen, keinen Platz im Quartier, da sie Fremde und zwar stigmatisierte Fremde blieben. Auch die alternativ orientierte Mittelschicht will – bei aller zumindest vordergründigen Toleranz – ‚ihren' öffentlichen Raum nicht wirklich teilen, und Elend darf nicht zu offen-sichtlich sein, um nicht zu sehr zu verstören. Dementsprechend ist es auch polizeiliche Praxis, ab einer Anzahl von drei bis vier Personen an einer Stelle zu intervenieren, den Raum für das alternative Mittelschichtsmilieu zu verteidigen.

Diese tipping points beziehen sich aber nur auf die hier näher thematisierten Extreme sozialer und kultureller Fremdheit. Dafür, dass die lebensstilistische und ethnische Heterogenität nicht toleriert würde, lassen sich keine Anzeichen finden. Ganz im Gegenteil: Die „Buntheit" des Quartiers wird geschätzt und sie wird in den Rang eines Standortfaktors gehoben, der entsprechend beworben wird (siehe auch Kapitel III.1.1). Und diese Standortrelevanz gilt im beschriebenen Rahmen selbst für die Randgruppenangehörigen: Ein Experte aus der Planung bezeichnet sie nicht nur als „nervig", sondern eben auch als dazugehörig zum „Flair" (G.1) des Quartiers.

Die Geschäftsstraße, als Teil eines gemischt genutzten Wohnquartiers, zeichnet sich damit durch eine *spezifische Quartiersöffentlichkeit* aus. Sie ist dadurch gekennzeichnet, dass sie sowohl vertraut ist, als auch Anonymität und Offenheit zulässt und entsprechend empfunden wird (vgl. auch Bahrdt 1969: 114). Die Multifunktionalität der Geschäftsstraße und das spezifische

Milieu erlauben Fremdheit *und* Vertrautheit. Viele Nachbarn kennen sich untereinander oder sind gar befreundet, die Masse kennt sich jedoch nicht – nicht unter den Bewohnern und erst recht nicht die Externen, die zum Einkaufen, wegen der Kneipen oder aus anderen Gründen ins Quartier kommen. Trotz lokaler Vertrautheit entsteht kein Dorf, die Anonymität für den Fremden bleibt erhalten. Es dürften gerade die unzähligen, „trivialen Kontakte" sein – die gerade keine einengenden privaten sind, aus denen wechselseitige Verpflichtungen und Kontrolle resultieren –, die in ihrer Summe erst die Vertrautheit und Sicherheit schaffen (vgl. Jacobs 1963: 47). Die eigene Privatsphäre wird respektiert, die Freiheit, private Kontakte selbst wählen zu können, bleibt erhalten und ermöglicht gleichzeitig die Kontrolle der Straße – und nicht der Individuen –, weil die Menschen gerade nicht aus Angst, in persönliche Beziehungen hingezogen zu werden, Kontakte meiden (vgl. ebd.: 54).

3.0 Die Shopping Mall als öffentlicher Raum?

Auch die Shopping Mall Paradiso urbano wurde entsprechend der vier Dimensionen – juristisch, funktional, sozial und symbolisch – untersucht. Zunächst jedoch zu ihrer geographischen Lage in der Untersuchungsstadt und damit auch zu ihrem Einzugsbereich sowie der damit zu erwartenden soziokulturellen Zusammensetzung der dort Anwesenden.

3.1 Eine Mall am Rande der Stadt

Paradiso urbano wurde 1990 eröffnet und liegt in der Nähe eines Autobahnkreuzes am Rande derselben Großstadt, in der auch die innerstädtische Geschäftsstraße liegt. Ihr Einzugsbereich wird von den Betreibern mit einem Radius von bis zu 70 km angegeben, und der Kernbereich umfasst immer noch 30 km, wobei 43% der Kunden aus der Stadt selbst und die übrigen aus dem Umland stammen.[83] Die eigentliche Mall ist integriert in ein Gelände, das, neben 4.000 Parkplätzen, einen Komplex mit einem Großkino (inkl. einer Diskothek und wechselnden weiteren Einrichtung), ein Möbelhaus, eine Saunalandschaft, eine McDonalds Filiale, einen Baumarkt, einen Kleinwagenhändler sowie eine Tankstelle umfasst. Die unmittelbare Umgebung des Areals besteht aus Brachland bzw. Grünflächen sowie aus einem Gewerbegebiet. Ebenfalls dicht am Gelände der Mall, jedoch baulich getrennt – es gibt keinen direkten Zugang –, liegt ein wenige Straßen umfassendes Einfamilienhausgebiet und dahinter erneute eine Freifläche.

Die weitere Umgebung im Umkreis von etwa drei Kilometern weist große Unterschiede auf – von der Siedlungs- wie von der Bewohnerstruktur. Außer einem nicht-industriellen Gewerbegebiet liegt eine Großsiedlung, die aufgrund ihrer sozialen und ethnischen Zusammensetzung als sozialer Brennpunkt bezeichnet wird, in unmittelbarer Nähe.[84] Des Weiteren gibt es in der Umgebung der Mall ein traditionelles Arbeiterquartier, das auch Standort eine Automobilfabrik ist, eine Mittelschichtseinfamilienhaussiedlung, eine Mehrfamilienhaussiedlung, die ebenfalls als „Brennpunkt" gilt, sowie einen Ortsteil, der sich durch eher dörfliche Strukturen auszeichnet. Die erwähnte Großsiedlung, zwei Einfamilienhauswohnsiedlungen sowie der Stadtteil, der noch über seine dorfähnlichen Strukturen vor der Eingemein-

---

83 Alle Angaben direkt zur Mall beruhen auf einer Studie des Betreiberkonzerns. Die Basis sind 500 Face-to-face Interviews. Alle weiteren Daten sind, soweit nicht anders benannt, Angaben des statistischen Landesamtes.

84 2003 bezogen 31,3% der Bewohner der Hochhausblöcke Laufende Hilfe zum Lebensunterhalt und 2004 hatten 59,7% einen Migrationshintergrund, 88 verschiedene Nationalitäten sind dort vertreten. Die Großsiedlung wird derzeit saniert und teilweise, aufgrund hoher Leerstandsquoten, rückgebaut.

dung verfügt, liegen in fußläufiger Entfernung (ca. 1,5-2 km) zur Mall. Insgesamt verfügen die sechs in der Nähe liegenden Ortsteile über 44.659 Einwohner (Stand 2005). Die Lage der Mall lässt insofern eine sozial und ethnisch äußerst heterogene Zusammensetzung ihrer Nutzer erwarten.

Betrachtet man für die gesamte Umgebung die durchschnittlichen soziokulturellen, politischen und demographischen Daten der Wohnbevölkerung, so zeichnet sich folgendes Bild: Der Anteil an nicht-deutscher Wohnbevölkerung ist im Unterschied zum Quartier der innerstädtischen Geschäftsstraße nicht niedriger, sondern höher als im Stadtdurchschnitt (2005: 16,8% zu 13,2%). Es gab 2004 auch überdurchschnittlich viele Empfänger von Laufender Hilfe zum Lebensunterhalt (12,7% zu 8,3%). Blickt man hinsichtlich des Bildungsstandes auf die Daten der Volkszählung von 1987 (aktuellere kleinräumige Daten liegen nicht vor, es gibt jedoch – gerade hinsichtlich der Bildung – keine Anzeichen dafür, dass sich das Verhältnis der Umgebungsbevölkerung zu dem der Gesamtstadt verschoben haben könnte), so ist dieser nicht wie im Quartier der Geschäftsstraße deutlich überdurchschnittlich, sondern unterdurchschnittlich: 62,1% der Anwohner verfügten nur über einen Volks- bzw. Hauptschulabschluss (Stadt gesamt: 54,4%) und lediglich 10,5% über Hoch- bzw. Fachhochschulreife (Stadt gesamt: 16,8%). Der Anteil der männlichen Bevölkerung unter 25 Jahren war 2005 überdurchschnittlich (15,3% zu 12,3%), der der Frauen zwischen 40 und 60 Jahren leicht unter dem Durchschnitt (13,6% zu 13,9%). Die politische Orientierung der Einwohner – gemessen an ihrem Wahlverhalten – entspricht in etwa dem Stadtdurchschnitt, lediglich SPD und Grüne ‚tauschen' fünf Prozentpunkte:

Tab. 6: Umgebung Shopping Mall: Ergebnisse der Bundestagswahl (2005)

		CDU	SPD	GRÜNE	FDP	PDS*	DVU	REP	NPD	Sonst.
Umgebung Mall	%	23,3	47,6	10,3	7,7	7,7	x	x	1,5	2,0
Stadt gesamt	%	22,6	42,1	15,2	8,2	8,6	x	x	1,4	2,0

Quelle: Statistisches Landesamt 2006; *PDS-Die Linke

Liest man die Daten zum Wahlverhalten erneut als Indikator für normative Orientierungen und Einstellungen gegenüber Formen sozialer Kontrolle – die Akzeptanz von Videoüberwachung variiert beispielsweise deutlich mit der politischen Orientierung (vgl. Hölscher 2003) –, so kann nicht, wie bei der Geschäftsstraße, von einem spezifischen Milieu ausgegangen werden, eher vom politischen Durchschnitt mit einem sozialdemokratischen Bias.

Geht man davon aus – und die eigenen Befragungen von Frauen und Jugendlichen in der Umgebung der Mall bestätigen dies (s.u.) –, dass die Bewohner der benachbarten Quartiere die Mall nutzen, so müsste sich die heterogene soziokulturelle Zusammensetzung auch in der Mall zeigen, und sie wäre damit ein Ort ambivalenter Fremdheit.

3.2 Heterogenität trotz begrenzter Zugänglichkeit

Ein erster Unterschied zur Geschäftsstraße resultiert aus der Einhausung der Mall und lässt sich an den Öffnungszeiten ablesen: Die Zugänglichkeit ist bereits dadurch eingeschränkt, dass Paradiso urbano nachts geschlossen ist. Dieser ‚öffentliche' Raum ist nur die Hälfte der Tageszeit – von 8:00 bis 20:00 – zugänglich. Aber auch während der Öffnungszeiten gelten Shopping Malls als exklusiv: als Marktorte, die auf kaufkräftige Kundschaft ausgerichtet sind und die Personen, die als nicht kaufkräftig oder als konsumstörend definiert werden, ausschließen. Die allgemeine Zugänglichkeit als Merkmal öffentlicher Räume wird bezweifelt. Ein erster Indikator für eine solche Exklusivität könnte die Lage von Paradiso urbano sein.

Als suburban gelegene Mall ist sie im Vergleich zu innerstädtischen Lagen mit ihrem praktisch-geographischen und auch symbolischen Wert (vgl. zur Zentralität auch Held 2005) relativ exklusiver. Zufällige oder beiläufige Besucher, wie sie in zentralen Bereichen der Städte üblich sind, da verschiedene Anlässe sich dort aufzuhalten miteinander verbunden werden können, kommen in Paradiso urbano nicht vor. Die Mall muss gezielt aufgesucht werden und sie ist dann überwiegend auch das einzige Ziel: 90% der Besucher suchen beim selben Anlass keine weiteren Einkaufsorte auf (Umfrage des Betreibers).

Ihre Lage unmittelbar an einem Autobahnkreuz zeigt dementsprechend, dass sie auf einen weiten Einzugsbereich und privaten Personenkraftfahrzeugverkehr ausgerichtet ist. Pkw sind aber keine Voraussetzung, um diese Mall zu erreichen. Es wird nicht, wie bei vielen US-amerikanische Malls, versucht, über Lage und mangelhafte Anbindung an den öffentlichen Personennahverkehr bestimmte Personengruppen fern zu halten.[85] Allerdings kommen lediglich 4% zu Fuß oder mit dem Fahrrad zur Mall und nur weitere 9% mit dem ÖPNV.[86] Aufgrund der Lage der Mall zwischen demographisch, sozialstrukturell und ethnisch unterschiedlich zusammengesetzten Wohngebieten und aufgrund der

---

85 „In 1995, an African American teenager was killed while trying to cross a busy seven-lane highway on her way to a mall near Buffalo, New York. She was forced to walk across the road because the mall prohibited city busses from stopping on the property. (...). Are malls racist? (...) It seems clear that malls hope by limiting public transportation they can control who may enter and who may not. The fact that you need to drive doesn't completely ensure that a mall will get only the law-adiding middle class, since in America people of extremely modest means still manage to own cars. Still, city dwellers and teenagers most often are the ones without wheels. So keeping the mall unattainable by public transportation goes a long way toward segregating it from anything even potentially scary" (Underhill 2004: 33).

86 Angaben des Betreibers. Es ist zu vermuten, dass auch diese 9% aus der näheren Umgebung kommen, denn von der Innenstadt aus benötigt man 45 Minuten, um Paradiso urbano zu erreichen. Bei durchschnittlich 40.000 Besuchern täglich wären dies immerhin 5.200 Personen, die zu Fuß mit dem Fahrrad oder mit dem ÖPNV kämen.

verkehrstechnischen Anbindung kann die Mall von sehr unterschiedlichen Gruppen erreicht werden. „Hier können auch die flanieren, die kein Auto haben. (...) Bei schlechtem Wetter fahren die zwei Haltestellen [von der Großsiedlung, J.W.] hier her" (M.5). Je nach Ausgangsort ist dies jedoch mit größerem Aufwand (und Kosten für den ÖPNV) verbunden.

Dass die Mall gezielt aufgesucht und keineswegs bewusst gemieden wird, unterstreicht auch die eigene Untersuchung. Obwohl es alternative Orte für Freizeit und Konsum gäbe, gehen von den 109 von uns in der Umgebung der Mall Befragten 106 dorthin. Für das interviewte Sample kann also nicht von einer Selbstselektion aufgrund andere Präferenzen oder Meidung aufgrund von Verunsicherung oder aber als Einschränkung empfundener (Video-)Überwachung, wie es einer Ausgangshypothese entsprach, gesprochen werden.

Die Heterogenität der Nutzer spiegelte sich auch bei den Zählungen zur Zugänglichkeit wider: Die statistische Wahrscheinlichkeit, in der Mall einer Person zu begegnen, die, wenn auch nicht als verwahrlost, so doch als sichtbar arm klassifiziert wurde, liegt im Sommer bei alle 3,15 Minuten. Im Winter sind dies sogar nur 1,5 Minuten (insgesamt wurden in den Zählintervallen 79 Personen dieser Kategorie zugeordnet).[87] Gibt es in Paradiso urbano keine sozialen Randgruppen, die nur annähernd so oft präsent wären wie in der Geschäftsstraße, so doch Armut. Angehörige der Oberschicht wurden aber auch hier nicht registriert. Ostentativ wohlhabende Besucher wurden hingegen an den drei Zähltagen (einer im Sommer, zwei im Winter) insgesamt 39 erfasst, was in etwa deren Präsenz in der Geschäftsstraße entspricht (dort waren es 59 bei einem Zähltag mehr). Angesichts der weit höheren Gesamtzahl der Besucher (ca. 40.000 in der Mall zu 25.000 in der Geschäftstraße) können aber diese ‚Abweichungen vom Durchschnitt' als klare Ausnahme betrachtet werden.

Laut der Studie des Betreiberkonzerns waren 2003 60% der Besucher weiblich. Ein für Malls relativ typischer Prozentsatz: So nennt Kerstin Dörhöfer für Shopping Malls in Berlin einen Anteil von 2/3 Frauen (vgl. Dörhöfer 2007: 66). Das Durchschnittsalter betrug 41,7 Jahre, wobei der höchste Anteil bei den „besonders konsumorientierten" 25-39-Jährigen lag, jedoch auch ein hoher Anteil bei den über 60-Jährigen.[88] Diejenigen, die in

---

87 Da Malls in den Wintermonaten aufgrund ihrer Umbauung und Klimatisierung in nördlichen Breitengraden grundsätzlich häufiger frequentiert werden, als im Sommer (in Spanien oder dem Süden der USA ist es umgekehrt), wurden bei den Zählungen im November und Dezember auch mehr Personen in den Klassifizierungen ‚sichtbar arm' und ‚sichtbarer Wohlstand' gezählt.
88 Angaben zur Nationalität oder ethnischen Herkunft wurden nicht erhoben und die Angaben zum Einkommen resp. zum sozialen Status erscheinen fragwürdig: So soll das durchschnittliche *Haushaltsnettoeinkommen* bei lediglich 1.415,- € liegen, wobei 16% der Haushalte sogar weniger als 500,- € monatlich zur Verfügung hätten. 11% hätten ein Haushaltsnettoeinkommen von mehr als 2.500,- €. Im Bundesdurchschnitt

die Mall kommen, hielten sich 2003 durchschnittlich 123,2 Minuten in Paradiso urbano auf. Ein knappes Drittel bleibt sogar länger als 2,5 Stunden.[89] 28% der Befragten besuchen die Mall mindestens wöchentlich, 34% mindestens einmal pro Monat.

Migranten der ersten, zweiten oder dritten Generation sind ebenso ein normaler Bestandteil der Mall. Auch solche, die Kopftücher, Umhänge oder andere traditionelle/religiöse Kleidungstücke tragen und damit ihre Fremdheit sichtbarer werden lassen, sind keine absolute Ausnahme. Sie wurden in den 10-minütigen Zählintervallen insgesamt immerhin 30-mal registriert.[90] Paradiso urbano ist auch ein Ort für jung und alt: Familien mit Kindern sowie Senioren sind auffällig zahlreich vor Ort, für sie ist die Mall offenbar sehr attraktiv. Busse mit älteren Leuten, die auch 3-4 Stunden blieben, kämen regelmäßig, so der Mallmanager. Ebenso ist die Mall ein Ort für ‚Randgruppen', jedoch nicht für die, die in der Geschäftsstraße erfasst wurden: Auf den Beinen etwas wackeligere ältere Menschen sind ebenso zahlreich vor Ort wie Personen mit Gehstützen oder mit Rollstühlen, die dort sogar geliehen werden können (vgl. auch Bareis 2005, Frank 2007).[91]

Paradiso urbano ist dennoch ein Ort sozial selektiver Zugänglichkeit: An den insgesamt drei Zähltagen im Sommer und Winter wurden nur zwei Personen gezählt, die als obdachlos/verwahrlost klassifiziert wurden sowie drei, die zu verschiedenen Subkulturen gehörten, wobei Subkulturen in der Mall auch keine für sie besonders attraktiven Angebote vorfinden. Erkennbare Drogenkonsumenten etwa sind kein merklicher Bestandteil der Mallbesucher, und dies ist auch eine Folge von aktiv betriebener Exklusion. Seit der Eröffnung der Mall 1990 wurden, insbesondere in der Anfangszeit – exakte Statistiken liegen nicht vor –, ca. 500 (nach Aussage eines interviewten Polizisten lebenslange) Hausverbote vom Centermanagement gegenüber Angehörigen sozialer Randgruppen und gegenüber männlichen Jugendlichen

---

lag das durchschnittliche Nettoeinkommen pro Haushalt 2002 jedoch bei 2675,- €. Selbst bei den nicht Erwerbstätigen lag es über 1.700,- € (Statistisches Bundesamt 2003). Es ist daher davon auszugehen, dass Befragte oft das eigene Einkommen, nicht das des Haushaltes genannt haben, zumal davon auszugehen ist, dass das Einkommen aller Haushaltsmitglieder inkl. sämtlicher Transferleistung den Befragten nicht immer bekannt ist. Die Hälfte der Besucher gab an, berufstätig zu sein (wobei von den nicht Berufstätigen gemäß der Erhebung lediglich 4% arbeitslos seien, die übrigen seien Azubis, Hausfrauen/-männer, Rentner, Studenten).

89 Eine hohe Aufenthaltsdauer, die teilweise mit einer Exzeptionalität des Besuchs erklärt werden kann, wenn viele Kilometer Anreise bewältigt werden müssen, die aber auch zum relativ hohen Anteil Nicht-Berufstätiger passt.

90 Auch Gruppen verweilender und passierender männlicher Jugendlicher wurden häufiger erfasst, als in der Geschäftsstraße (19 bei einem Zähltag weniger, statt fünf).

91 Die artifizielle Welt der Mall ist auch ein Ort der Geselligkeit: Fast drei Viertel der Besucher kommen als Paar oder als Familie in die Mall und sie nehmen dafür durchschnittlich eine Anfahrtszeit von 31,9 Minuten in Kauf.

ohne expliziten Randgruppenstatus ausgesprochen (M.4, M.5).[92] Punks und „Penner werden rauskomplementiert" (M.1), „man hält seinen Laden hier sauber" (M.4). Und diese Anzahl an Hausverboten bezieht sich nur auf schriftliche Hausverbote, die bei mehrfachen Ladendiebstählen oder anderen gröberen Vergehen (M.4) ausgesprochen würden. Die Zahl der nicht offiziellen, d.h. informell und mündlich ausgesprochenen Hausverbote dürfte wesentlich höher liegen, denn in den Experteninterviews wurde verdeutlicht, dass etwa Jugendliche in Gruppen, die nicht plausibel machen können, dass sie einkaufen, sofort aus der Mall verwiesen werden.[93] Personen, die verwahrlost und so stark verarmt sind, dass sie gar nicht als Konsumenten auftreten können, dürften die Mall zudem bereits wegen des Ambientes meiden (vgl. auch Wagner 1993, 1999):

> „There´s already a remarkably efficient self-regulating mechanism that maintains orderliness in the world of shopping. It uses symbolism and nuance to attract certain people while repelling certain others. (...). People of modest means may dream of someday indulging a taste for Armani, but they tend not to try for it until they can afford it, and no armed guard is required to turn them away in the meantime" (Underhill 2004: 35).

Insgesamt ist Paradiso urbano damit ein Ort, der trotz exklusiver Tendenzen aufgrund seiner Lage durchaus durch soziale und ethnische Heterogenität gekennzeichnet ist. Ist die innerstädtische Geschäftsstraße aber durch eine deutlich sichtbare lebensstilistische Heterogenität geprägt, die jedoch eine schichtspezifische Homogenität überdeckt (überwiegend Mittelschicht), so ist die Mall insgesamt lebensstilistisch homogener (keine ostentativen Inszenierungen von Individualität oder Subkulturzugehörigkeit), von der sozialen Schichtung jedoch heterogener als die Geschäftsstraße: Auch die Unterschicht ist neben der Mittelschicht normaler Bestandteil des Publikums. Dadurch aber, dass der Mensch ein Augenwesen ist, seine Wahrnehmung also primär über das Auge erfolgt (vgl. Simmel 1992b), wird diese soziale Heterogenität weniger wahrgenommen als eine leichter sichtbare lebensstilistische. Zumindest in Relation zur Geschäftsstraße zeigt sich den Beobachtungen zufolge im Inneren eher eine *optisch* „nivellierte Mit-

---

92 Für die Geschäftsstraße gibt es keine entsprechenden Statistiken oder Zahlenangaben aus Experteninterviews. Die Anzahl der Platzverweise dürfte allerdings die der Hausverbote deutlich übersteigen. Für Hamburg St. Georg etwa waren es Mitte der 1990er Jahren bei einer ähnlichen Ausgangslage jeweils zwischen 30.000 und 50.000 jährlich. Solche Platzverweise und Aufenthaltsverbote können zwar ebenfalls mehrere Monate dauern, sie sind aber nicht, wie die Hausverbote in der Mall, lebenslang gültig.

93 Segregation und nicht nur funktionale Differenzierung *innerhalb der Mall*, wie sie etwa Sievers (2006: 48) hinsichtlich avancierterter us-amerikanischer Malls dokumentiert, ließ sich für Paradiso Urbano nicht feststellen. Wenngleich unterschiedliche Geschäfte und Ankermieter unterschiedliches Publikum anziehen, lassen sich weder in einzelnen Abschnitten der Mall unterschiedliche Personenkategorien zählen noch wurde Segregation in Experteninterviews als Planungsaspekt benannt.

telstandsgesellschaft" (Schelsky), es dominiert die Massenkultur. Dies würde es aber auch nahe legen, die verbleibenden, visuell auffälligen Anwesenden – etwa die bei den Zählungen erfassten Personen mit traditioneller/religiöser Kleidung – gerade als fremd zu bedeuten. Sie müssten auffälliger sein, worauf im Kapitel IV.3.0 zurückgekommen werden soll.

3.3 Dimensionen lokaler Öffentlichkeit

Neben der Zugänglichkeit sind es die vier benannten Dimensionen der Polarität von Öffentlichkeit und Privatheit anhand derer der Öffentlichkeitscharakter eines Ortes abgelesen werden kann.
Die juristische Dimension: Shopping Malls sind eigentumsrechtlich privat. Sie stehen auf privatem Grund und Boden und auf ihrem Gelände gilt das Hausrecht, was es ermöglicht, lokal gültige Normen vorzugeben und es bildet die Grundlage für die Wahl der Mittel sozialer Kontrolle. Auf dessen Basis wird der Einsatz von Videoüberwachung oder privater Sicherheitsdienste ermöglicht. Der eigentumsrechtliche Status sagt zunächst aber nur etwas über den Ursprung und die Modi der Veränderung des institutionalisierten normativen Regulationssystems des Raums aus, nicht über dessen Inhalt.[94]
Auch Paradiso urbano ist de jure ein privater und kein öffentlicher Raum. Die auf bestimmte Ordnungsvorstellungen verweisenden Normen sind in der Hausordnung kodifiziert:

„Damit Sie sich alle auf Dauer bei uns wohlfühlen, beachten Sie bitte unsere Hausordnung. Die nachfolgenden Punkte gelten für das gesamte Centergelände, insbesondere in der Ladenstraße.

1. Durch das Verhalten unserer Besucher dürfen Dritte weder behindert, belästigt, noch gefährdet werden.
2. Rollschuhlaufen, Skateboardfahren, Inlineskating und Fahrradfahren sowie das Schieben von Krafträdern usw. durch die Ladenstraße ist nicht gestattet.
3. Verteilen von Prospekten, Handzetteln u.ä. ist nicht gestattet.
4. Das Betteln, Hausieren, Feilbieten von Waren, Filmen, Fotografieren, Musizieren, Auftritte und Veranstaltungen sind in der Ladenstraße ohne schriftliche Genehmigung des Centermanagements nicht gestattet.

---

94 Hinsichtlich der Regulationstiefe ist beispielsweise umstritten, ob in Shopping Malls die Ausübung politisch-bürgerlicher Rechte gewährleistet sein muss: In den USA gestatten manche Gerichte Einschränkungen beim free speech, andere lehnen diese ab; in deutschen Städte gibt es hingegen bislang keine aktenkundig gewordenen Konflikte darüber, ob etwa Gewerkschaften Zutritt zu ihrem Klientel gewährt werden muss oder ob Malls gar für politische Kundgebungen offen stehen müssen.

5. Das Mitführen von Hunden in der Ladenstraße an der Leine ist gestattet. Verunreinigungen sind von den Hundehaltern sofort zu beseitigen.
6. Das Rauchen sowie der Verzehr von alkoholischen Getränken außerhalb der gastronomischen Betriebe ist nicht gestattet.
7. Unnötiger Aufenthalt sowie Herumlungern ist nicht gestattet.
8. Das weitere Verweilen nach Aufforderung durch das Centermanagement und seine Mitarbeiter, das Center zu verlassen, wird als Hausfriedensbruch geahndet.
9. Den Anweisungen des Centermanagements und seiner Mitarbeiter ist Folge zu leisten."

Ähnlich dem allgemeinen Ordnungsrecht in der Geschäftsstraße setzen auch in diesem Fall Ver- und Gebote weit unterhalb strafrechtlich relevanter Normen an. Ihr Inhalt wird jedoch vom Mallmanagement festgelegt, d.h. er ist nicht das Produkt demokratisch legitimierter Herrschaft, sondern Ausfluss eines Partikularinteresses. Die Regelungen der Hausordnung sind teilweise sehr detailliert, teilweise eröffnen sie jedoch gerade den lokalen Ordnungshütern weiten Interpretations- und damit Handlungsspielraum für selektive Interventionen (z.B. „unnötiger Aufenthalt"). Die Hausordnung ist vor allem eine Legitimationsgrundlage für Interventionen, und ihre ‚Präambel' deutet an, was das vordergründige Ziel der Normen sein soll: Wohlfühlen, und zwar aller Kunden. Sie lässt die „private" Herrschaft über die Konsumenten von denselben als legitim empfinden.

Die Vorschriften der Hausordnung zielen auf diszipliniertes, zivilisiertes Vorderbühnenverhalten und verweisen damit auf Öffentlichkeit. Aber es ist nur eine eingeschränkte Öffentlichkeit. Die Hausordnung der Manhattan Mall in New York etwa bestimmt: „No person or persons are permitted on the premises for any purpose other than shopping, without the prior written consent of mall management" (siehe Wehrheim 2006a: 132). So explizit sagt es die Hausordnung von Paradiso urbano zwar nicht, die Verhaltensregelungen zeigen dennoch deutlich: Die Rolle des Konsumenten ist – ohne das sie genannt wird – die einzig erwünschte. Konsumsteigerung ist die hintergründige Intention des Normsenders. Alle anderen für die Geschäftsstraße beschrieben Funktionen des Raums wie Spielen und Sport treiben, Kultur in Form von Straßenmusik, Formen des (spielerischen) informellen Handelns, Ausruhen oder auch politische Betätigungen sind untersagt.

Die Normen sagen jedoch noch nichts über tatsächliches soziales Handeln aus. Ob sie befolgt oder anders als intendiert interpretiert werden und der Raum tatsächlich nur einer Funktion – der des Konsums – dient, wurde unter anderem mittels systematischer Beobachtung überprüft.

Die funktionale Dimension: Shopping Malls sind Einzelhandelsstandorte. Sie werden produziert, um Käufern und Verkäufern einen Marktort zu bieten. D.h. sie bedienen per definitionem die Marktfunktion: Im Inneren beherbergt Paradiso urbano auf zwei Etagen – wobei nur etwa die Hälfte der heutigen Grundfläche seit der Erweiterung 1996 über zwei Stockwerke verfügt – insgesamt 103 Ladenlokale[95] mit insgesamt offiziell 66.000m² Mietfläche. Neben dem vorherrschenden klassischen Einzelhandel sind Gastronomie- sowie einige Dienstleistungsbetriebe präsent. Entgegen der Betonung, gerade lokale Anbieter seien wichtig für eine Mall, um deren „Verödung" (M.1) zu verhindern, werden sowohl Einzelhandel als auch der übrige Dienstleistungssektor von Filialisten abgedeckt. Inhabergeführte Geschäfte gibt es unter den Mietern so gut wie keine. Selbst die drei vorhandenen Friseure gehören zu großen Ketten, zwei sogar zur selben, die jedoch unterschiedliche Preissegmente bedienen. Bei den insgesamt 56 Einzelhandelsgeschäften dominiert die Bekleidungsbranche, gefolgt von acht Schuhgeschäften, die jeweils unterschiedliche Kundensegmente und Bedarfe bedienen. Die Produktpalette von Paradiso urbano ist dennoch breit: vom Supermarkt, über die Drogerie, zum Sportgeschäft, dem Juwelier, einer Parfümerie und einem Süßwarenladen. „Kleine, spezielle Läden runden das Sortiment ab" (M.1). Der Branchenmix sei wichtig, so der Manager, um alle Altersgruppen anzusprechen. Kleinere Kinder sollten auch als spätere Kunden geworben werden, um eine Identifikation mit der Mall aufzubauen – ein Spielzeuggeschäft ist dementsprechend vor Ort. Im enger definierten Dienstleistungssektor finden sich ein Reiseveranstalter, ein Schlüsseldienst, eine Sparkassenfiliale und eine Post sowie fünf Anbieter im Bereich Telekommunikation. Ein Ärztezentrum sei für den seit Jahren verwaisten dritten Stock des Mall-Anbaus angedacht. Derzeit bietet die Mall jedoch keine Dienstleistungen im Gesundheitssektor an, auch gibt es keine Anwaltskanzleien oder Vereinslokale, ebenso wenig eine öffentliche Bibliothek wie in einer kleineren Mall in einem benachbarten Stadtteil. Öffentliche Einrichtungen, allerdings nur in „epischer Breite" (M.1; z.B. Kfz-Meldestelle plus Standesamt und Bibliothek), wären jedoch erwünscht um weitere Besucher anzuziehen.

Als Magneten oder Anker von Paradiso urbano dienen zwei Bekleidungsgeschäfte sowie ein Super- (an erster Stelle) und ein Elektromarkt (an vierter Stelle;), die beide zum Betreiberkonzern der Mall selbst gehören.

Erweitert wird das „Markt-Angebot" durch entsprechende Stände im Mallgang bzw. in kleineren Courts. Teilweise sind sie dauerhaft installiert und bieten Gemüse, Obst oder Wurstwaren an und imitieren damit den traditionellen innerstädtischen Wochenmarkt, teilweise bieten sie im Rahmen von zeitlich begrenzten „Events" mit Messecharakter Lampen, Bekleidung, Dekorationsartikel etc. feil. Meist werden diese Stände von internen Anbietern bestückt, regelmäßig aber auch von externen betrieben.

Zum Standardrepertoire von Shopping Malls gehört auch hier die Gastronomie. Ein gerade umgebauter „Schlemmermarkt", der aufgrund baulicher

---

[95] Stand: August 2006 – geworben wird jedoch mit 120 Geschäften, wobei dazu auch die im Außenbereich der Mall zählen.

Grenzen nicht zum Mall-typischen Food-Court umgewandelt werden konnte, beherbergt acht Anbieter: vom Bäcker, über ein Fisch-Schnellrestaurant bis zum Thai-Imbiss. Acht weitere in der Mall verteilte Restaurants, Bistros und Cafés ergänzen das Angebot.

Auch wenn die Angebotspalette breit ist, Extreme gibt es keine – weder preislich: Armani ist ebenso wenig vertreten wie Aldi, noch lebensstilistisch: Geschäfte für Lack- und Latexbekleidung wie in der Geschäftsstraße gibt es nicht, auch keine Bekleidung für Hooligans, keine Delikatessengeschäfte, keine Läden für Kiffer oder Anhänger des Buddhismus, keine türkischen An- und Verkaufsläden und keine Call-Shops für Migranten. Einzig ein kleiner Laden, der teure, zum Mainstream gewandelte und als „Trendwear" bezeichnete Subkulturbekleidung[96] anbietet, wurde vor kurzem integriert. Vom Einzelhandel, den Dienstleistungen und der Gastronomie entspricht Paradiso urbano damit der typischen Zusammensetzung von Shopping Malls in Deutschland (vgl. Junker 2007). Der Markt orientiert sich am ‚Durchschnittskunden'. Bei den entsprechenden ‚Durchschnittsangeboten' bietet die Mall jedoch deutlich mehr als die Geschäftsstraße, in der es keinen Elektronikmarkt gibt und auch Bekleidung eher spezieller – und oft teurer – ist, als in der Mall. Letzteres gilt auch für Cafés und Imbisse.

Paradiso urbano ist, so der Manager, zur Hälfte Fachmarkt- und zur Hälfte Shopping-orientiert. Der Begriff Shopping verweist bereits darauf, dass die Mall mehr bedeutet, als das schlichte Befriedigen des Warenbedarfs. Shopping soll zum Synonym für Freizeit werden und in der Tat muss Shopping auch als soziales Ereignis gelesen werden. Einkaufen, Bummeln und Window-Shopping sind in Malls gleichermaßen erwünschte Verhaltensweisen, weil sie für die Betreiber und Einzelhändler entweder direkten oder aber zukünftigen Umsatz erwarten lassen. In der Gruppe oder auch allein ist Shopping eine bedeutungsvolle Freizeitaktivität geworden, denn Konsum ist in spätmodernen Gesellschaften ein Element der Identitätsproduktion (vgl. Bauman 2003, Hayward 2004). Gerade in der Gruppe bekommt dies zusätzlich einen Erlebnischarakter (vgl. Legnaro/Birenheide 2007). Paradiso urbano erfüllt also, in dem Moment, in dem es die Marktfunktion bedient, gleichzeitig auch eine spezifische Freizeitfunktion des öffentlichen Raums.

Beobachtet wurden in Paradiso urbano ebenso Freizeitaktivitäten, die nicht unmittelbar ökonomisch funktional für die Mall sind. So nutzen Kinder die Springbrunnen, die bei einer Renovierung 2005 eingefügt wurden, regelmäßig zum kurzfristigen Spielen. Spielende Kinder an Brunnen werden in der Literatur sogar explizit als Merkmal der Attraktivitätssteigerung beschrieben, da sie Leben und damit Abwechslung in die Mall brächten und beliebte Motive von Erwachsen seien (vgl. Connor 1999). Im vorliegenden Fall

---

96 Z.B. Kapuzenpullover mit Motiven, die an Tätowierungen angelehnt sind, mit Totenkopfmotiven oder mit Aufschriften in Runenschriften.

ist jedoch eher von einem Planungsfehler (vgl. Kapitel IV.1.4.2) auszugehen. So wurde das starke Bespielen der Brunnen in einem Interview als unerwünscht beschrieben, wenngleich die Kinder selbst erwünscht seien. Damit aber, dass „völlig schmerzfreie Mütter" (M.1) ihre Kinder nicht zur Raison riefen, hätte man nicht gerechnet. Infolgedessen gab es regelmäßig Wasserlachen um die (inzwischen meist wieder abgestellten) Brunnen. Aber auch ältere Kinder, die unerwünscht sind, weil sie dort ihre Zeit totschlagen und für die die Mall der zentrale Ort der Freizeitgestaltung ist (vgl. auch Gestring/Neumann 2007, Schützler et al. 1999), waren Objekte entsprechender Beobachtung, etwa wenn sie ohne offensichtliches Interesse an Waren durch die Ladenpassage stromerten oder in umgekehrter Richtung die Rolltreppen nutzten. Insgesamt wurden in der Zeit der systematischen Beobachtungen 33 Situationen notiert, in denen Kinder in der Mall gespielt haben. Zwölf davon bezogen sich auf das Bespielen der Brunnen, in ebenso vielen Situationen spielten Kinder eng begrenzt auf den Sitzbänken sowie auf den angrenzenden Blumenbeeten. Weitaus seltener konnten Kinder an der Rolltreppe beobachtet werden, mit Luftballons oder auch einem Ball spielend.

Obwohl die Nutzung der Mall nicht durch verschiedene Verkehre beeinträchtigt ist, werden die 54.000m², die nicht als Mietfläche angegeben und damit ‚frei' sind, auch dann kaum für andere Funktionen genutzt, wenn sie nicht mit temporären Markt- oder Ausstellungsständen belegt sind. Dieser Raum wird selbst von den Kindern nur selten selbständig erschlossen, wie es teilweise in der Geschäftsstraße beobachtet wurde. Intensiv werden aber die 70 Bänke in der Mall zum Ausruhen und Beobachten genutzt. Es ist nicht nur hervorhebenswert, dass es überhaupt Bänke gibt, die ohne Verzehrzwang genutzt werden können (vgl. dem entgegen etwa Uzzel 1995), sondern auch, dass diese ausgesprochen oft und lange frequentiert werden. Bei aller Problematik dies exakt zu messen, wurden während der 85,5 Stunden Beobachtung (an drei Tagen mit drei Beobachtern an jeweils unterschiedlichen Orten in der Mall) 264 Personen gezählt, die länger als 10 Minuten auf einer Bank verharrten. Oft sitzen sie dort sogar über 20 Minuten, selbst eine Dreiviertelstunde Sitzdauer wurde mehrfach notiert. Insbesondere ältere Menschen nutzen die Bänke zum Ausruhen und zum Beobachten (vgl. auch Frank 2007). Die Mall erfüllt damit viel eher als die Geschäftsstraße, die dafür gar keine Gelegenheiten vorsieht, eine solche Funktion. Nichtintendierte Sitzflächen, wie etwa die Ränder der Brunnen oder Ränder von Blumenkübeln, werden kaum zum Sitzen genutzt. Ein entsprechendes Aneignungsengagement wird den Kunden aber auch nicht abverlangt.

Erweist sich bereits die Freizeitfunktion des öffentlichen Raums für die Mall-Betreiber als zwiespältig, weil nur (Window-)Shopping nicht jedoch tobende Kinder erwünscht sind, so gilt dies erst recht für die Funktionen Politik und Kultur. Beobachtet wurden entsprechende Aktivitäten so gut wie nicht: Ein Beobachter bekam äußerst diskret den „Wachturm" angeboten, der als religiöse Zeitschrift auch unter diese Kategorien subsumiert wurde, ebenso wie ein Aufruf zu einer Knochmarkspende, der als DIN A 4 Plakat an mehreren Eingangstüren zu Geschäften hing. Zudem wurde noch ein einziger Aufkleber rassistischen Inhalts an einer Eingangstür der Mall entdeckt – mehr nicht. Im Vergleich zur Geschäftsstraße sind politische und kulturelle Aktivitäten und deren Symbole so gut wie inexistent.

Parteien, Kirchen und Verbände haben jedoch großes Interesse daran, Paradiso urbano als Präsentationsort zu nutzen. Sie wollen in oder vor der Mall Informationsstände vor Wahlen oder im Rahmen von Kampagnen aufstellen, aus der Marktöffentlichkeit also auch politische Öffentlichkeit entstehen lassen. Solche einzelnen Aktivitäten werden jedoch vom Centermanagement nicht genehmigt (M.1). Dennoch ist die Mall Ort politischer und kultureller Aktivitäten, wenn diese als Kundenmagneten erscheinen oder positive öffentliche Aufmerksamkeit erzeugen. So fand eine, von einer lokalen Zeitung organisierte, Wahlveranstaltung mit mehreren Parteien statt, bei der Paradiso urbano nur den Raum dafür zur Verfügung stellte. Politik war dabei nicht Teil öffentlicher Praxis, sondern sie fand als Inszenierung statt. Insofern wurden auch die für Großstädte sonst ebenfalls üblichen „randständigen politischen Positionen" (Siebel 2004a) gezielt ausgeklammert. In Malls ist weder ein außerparteiliches Spektrum vertreten, das in der Geschäftsstraße vorherrschte, noch wurden die Ränder des Parteienspektrums, wie PDS oder NPD, an der Veranstaltung beteiligt.

Auch Kirchen oder der Arbeitersamariterbund sind gelegentlich in der Mall präsent. Dürfen sie zwar keine Einzelstände dort betreiben, so sind sie im größeren Rahmen mit Eventcharakter erwünscht. Wenn mit anderen Veranstaltern zusammen ein „Thema" bedient würde, sei dies o.k., man profitiere wechselseitig: die Anbieter über Publizität, die Mall durch einen Event, der wiederum auch Medienpräsenz mit sich brächte (M.1). Deshalb ist Paradiso urbano ein Ort, der regelmäßig andere Nutzungen in Form von Events integriert: Autogrammstunden von Fußballspielern, Kleinstmessen von Reiseveranstaltern oder Präsentationen von Kraftfahrzeugen (siehe Kapitel IV.1.4.1).

Zusammenfassend lässt sich in der funktionalen Dimension der Raum als ‚kontrolliert öffentlich' bezeichnen: Paradiso urbano ist aufgrund seiner Lage und baulichen Konstruktion kein Durchgangsort, der Zugang zu einem unmittelbar angrenzenden Wohngebiet ist baulich geschlossen. Die Rolle des schlichten Passanten entfällt somit. Es gibt auch keinen Verkehr und keine Anwohner. Die Funktionen Politik und Kultur kommen inszeniert und damit ‚gedeckelt' vor, und die Freizeitfunktion ist nur in Verbindung mit Shopping im weitesten Sinn akzeptiert. Die Marktfunktion wird für die Käufer erfüllt, wenn auch begrenzt, da Konkurrenz eine Ausnahme, die Wahl der Verkäufer eingeschränkt ist, und im Interesse von Malls auch sein soll (vgl. Weißker

1998: 800).⁹⁷ Die Rolle des Konsumenten ist trotzdem die Alles überdeckende. Selbst wenn Malls als soziale Treffpunkte insbesondere für Jugendliche und Senioren dienen (vgl. Lewis 1990, Ortiz 1994, Hahn 2002, Bareis 2005, Gestring/Neumann 2007, Frank 2007), so beleibt der ‚Marktplatz' Mall auf seine traditionelle Funktion – Tausch und Handel – begrenzt: Andere kommen nennenswert nur als inszenierte Nutzungen zum Tragen.

Die soziale Dimension: Verortet man das vorfindbare Verhalten innerhalb der Polarität von Öffentlichkeit und Privatheit, so erscheint die Mall „zivilisierter" als die Geschäftsstraße: Waren Verhaltensweisen, die Emotionalität, Körperlichkeit und Intimität zum Ausdruck bringen, bereits dort eine Ausnahme, die überwiegend auf soziale Randgruppen und (alkoholisierte) Kneipenbesucher begrenzt waren oder als sportliche Aktivitäten daherkamen, so sind sie in der Mall gänzlich inexistent. Dass mit den Randgruppen auch ihre Nutzungsweise des öffentlichen Raums als Wohnzimmerersatz verschwindet, ist naheliegend, aber auch sonst döst beispielsweise niemand in der durch die Glasdächer scheinenden Sonne, kein Streiten lässt sich wahrnehmen, niemand ruft über den Mallgang, niemand weint oder lacht lauthals. Eine Informalisierung öffentlicher Verhaltensstandards ließ sich mit Ausnahme des Küssens oder des Telefonierens mit dem Handy nicht beobachten. „Social disorder" oder „incivilities" (vgl. auch Bannister et al. 2006), wie Betteln oder „Herumlungern", oder die in Form von herumliegendem Müll, Vandalismus oder Graffiti den Übergang zur Symbolik der „physical disorder" markieren, gibt es nicht.

Zusammen mit der tendenziellen funktionalen Eindimensionalität entsteht – gerade im Kontrast zur Geschäftsstraße – eine Verhaltensgleichförmigkeit, die noch über Normkonformität hinausreicht. Selbst die Kleidung der Besucher erscheint ordentlicher: Es fehlen zwar ohnehin Subkulturen mit als abweichend definierbaren Kleidungsstandards, aber es käme auch keiner mit „Kittelschürze" (M.1). Der Gründer und Eigentümer der Mall sei gar überzeugt davon gewesen, die Leute würden sich extra besonders kleiden, wenn sie in die Mall kämen (M.1, G.0). Gleiches betont ein Vertreter eines international tätigen Betreiber- und Entwicklerkonzerns. Insbesondere in ostdeutschen Centern würden die Besucher merklich besondere Kleidung tragen, wenn sie in die Mall gingen: „den in der Jogginghose" träfe man nicht (M.0). Unsere Beobachtungen in Paradiso urbano bestätigen diesen Eindruck.

Damit erinnert die Mall – obwohl sie *auch* Ort der Unterschicht und nicht, wie die Geschäftsstraße, durch ein alternatives Bildungsbürgertum geprägt ist – paradoxerweise viel stärker an die Stadt des Bürgertums und ihre Verhaltens- und Kleidungsstandards im späten 19. Jahrhundert, als es in der Geschäftsstra-

---

97 Eine Ausnahme scheinen fünf Telekommunikationsanbieter zu sein. Für sie ist aber entweder der Markt groß genug, um die Konkurrenz nicht ernsthaft zu fürchten oder aber es geht mehr um Präsenz und Eigenwerbung, denn um lokalen Umsatz.

ße der Fall ist. Sie ist dominiert von klassischem, angepasstem und der Sichtbarkeit bewusstem Vorderbühnenverhalten. (Fast) niemand fällt aus der ordentlichen (Konsumenten-)Rolle. Man macht sich gar fein, wenn man in die artifizielle Stadt geht. Urban indifferentes Verhalten scheint weniger gefordert, auch weil Assoziationen mit Fremdheit unwahrscheinlicher werden.

Die symbolische Dimension: Obwohl durchschnittlich täglich Tausende Menschen die Mall aufsuchen und Paradiso urbano öffentlich und urban sein soll (M.1, M.5), so symbolisiert sie doch auch privaten Raum. Der „Markt" ist eingehaust und allein die Umbauung der insgesamt 120.000 m^2 umfassenden Mall deutet Privatheit an. Auch offen stehende Türen sind Türen, die geschlossen werden können und außerhalb der Geschäftszeiten geschlossen werden. Es sind symbolische Barrieren, die, im Unterschied etwa zu einem freien Platz, bereits Assoziationen mit privatem Raum begründen. Die Einhausung des Marktplatzes symbolisiert Exklusivität im Sinne begrenzter Zugänglichkeit, die trotz der fünf Eingänge nicht aufgebrochen wird – zur Erinnerung, die Geschäftsstraße verfügte auf der gleichen Länge über 16 ‚Eingänge'. Neben der Tatsache, dass dieser Raum zwölf Stunden täglich für den Publikumsverkehr geschlossen ist, unterstreicht bereits die Symbolik der Möglichkeit der Schließung den privaten Charakter des Raums – vermittelt über sein materiell-physisches Substrat.

Auch wenn die Mall betreten wurde, verschwindet dieser Eindruck nicht, da mit Ausnahme des Glasdaches kein Blick nach außen möglich ist und auch weitere Gestaltungsmerkmale Privatheit suggerieren (sollen). Palmen und große Ficus Benjaminus sind in diesen Breitengraden Zimmerpflanzen und erwecken einen entsprechenden Eindruck bzw. sollen an zu Hause erinnern und an Privatheit (vgl. Farrell 2003: 38). Die Materialien Marmor und Granit sind ebenfalls so gewählt, dass sie nicht nur haltbar und gut zu reinigen sind sowie ein gehobenes Ambiente signalisieren, sondern es sind Materialien, die primär in Innen- und damit symbolisch privaten Räumen verwendet werden (vgl. auch Wagner 1993: 292ff.).

Symbolik des Privaten findet sich, trotz der für Malls unüblichen und Öffentlichkeit symbolisierenden Präsenz von Polizei, ebenso im Einsatz eines privaten, uniformierten Sicherheitsdienstes, der im Zweifelsfall auf das Hausrecht verweist. Darüber hinaus entsteht ein Wechselverhältnis, wenn eher privat anmutendes Ambiente erzeugt werden soll (vgl. Sievers 2006: 49f.), um für Familien attraktiv zu sein, und deren starke Präsenz wiederum den Eindruck von Privatheit, von Malls als Ort der Familie, unterstreicht. Familiarität und eine „neutral intimacy" (Kowinski 1985: 39) der Atmosphäre sollen in der Öffentlichkeit der Mall zwar keine Assoziation mit der privaten Wohnung hervorrufen, wohl aber mit den Attributen, die mit ihr verbunden sind: Vertrautheit, keine Hektik, Harmonie.

Paradiso urbano changiert damit in dessen Symbolik zwischen den beiden Sphären Privatheit und Öffentlichkeit, in dem Bestreben, die positiven

Assoziationen beider zu erreichen und die jeweils negativen auszuklammern. In der juristischen Dimension ist die Mall eindeutig privat. Die private Verfügungsgewalt der Mallbetreiber über den Raum bildet die Basis für die übrigen Dimensionen. So erscheint die Mall oberflächlich multifunktional, darunter zeigen sich aber eine inszenierte Abgestimmtheit mehrerer Funktionen und deren Instrumentalisierung für Profitmaximierung. Eine relative funktionale Offenheit und Unbestimmtheit wie sie für öffentlichen Raum über die Funktionen Politik und Markt hinaus gilt, lässt sich nicht erkennen. Die Marktfunktion dominiert zu sehr. Durch sie kann die Mall aber nie ein rein privater Raum sein. Auch die Verhaltensweisen und Erscheinungsformen entsprechen einer öffentlichen „Performance" auf der Bühne des Alltagstheaters Shopping Mall (vgl. Goffman 2000): Verhalten ist in Paradiso urbano stilisiert (Bahrdt) und auf die in der Öffentlichkeit akzeptierten Formen reduziert. Die normative Regulierung soll dies befördern. Das öffentliche Verhalten in der Mall muss damit weniger urban indifferentes Verhalten sein, welches gerade Ergebnis der Notwendigkeit ist, eine Umgangsweise mit Reizüberflutung und Abweichungen zu finden.

Die Mall entzieht sich somit der Polarität von Öffentlichkeit und Privatheit. Die Kategorien greifen nicht mehr um den Raum Shopping Mall adäquat zu beschreiben. Damit ist allerdings noch keine Aussage darüber getroffen, ob die interviewten Frauen und männlichen Jugendlichen die Mall nicht mit Attributen von Öffentlichkeit und Privatheit belegen, sie also entsprechend des einen oder anderen Pols wahrnehmen.

3.4 Die Wahrnehmung der Mall

Um die Wahrnehmung der Mall durch die Frauen und die männlichen Jugendlichen zu erfassen, wurde das selbe semantische Differential eingesetzt wie in der Geschäftsstraße. Paradiso urbano wurde dahingehend überprüft, ob es als Marktort, dessen Nutzer sozial heterogen und ethnisch divers zusammengesetzt sind und der Zehntausende Besucher täglich aufweist, auch mit Adjektiven beschrieben wird, wie sie dem Idealtypus öffentlicher Raum entsprechen, oder ob die gegenteiligen Begriffe betont werden, wie sie auch in der Literatur zu Shopping Malls verwendet werden, wenn Sicherheit, Privatheit, Familiarität, Übersichtlichkeit und Bequemlichkeit betont werden (vgl. etwa Crawford 1992, Miller et al. 1998, Legnaro/Birenheide 2005).

Auch hier wurde von Ambivalenz ausgegangen, jedoch weniger im Sinn der psychoanalytischen Begrifflichkeit, als vielmehr im Alltagsverständnis des Begriffs: Das Stressfreie, Sichere, Harmonische, Überschaubare ist auch das Langweilige, Eintönige, Austauschare – oder zumindest liegen sie dicht beieinander. Es wird also eine Ambivalenz erwartet, die für die Mall wirtschaftlich problematisch sein könnte: Die Betonung von Sicherheit, Sauberkeit,

Übersichtlichkeit, Bequemlichkeit – Merkmal also die Shopping Malls attraktiv werden lassen sollen und mit denen sich von innerstädtischen Geschäftsstraßen abgesetzt werden soll – wären auch die an Privatheit erinnernden Merkmale, die die Attraktivität der Mall mittel- oder langfristig gefährden könnten, da interessante Abwechslung ausbliebe. Die Normalität der Mall könnte Langeweile – und damit Umsatzeinbußen – bedeuten, wenn mit den Nachteilen des öffentlichen Raums auch dessen Vorteile verschwänden.

Der Ort Paradiso urbano wird von den Befragten durchschnittlich mit positiv belegten Attributen beschrieben: als *stressfrei, familiär, harmonisch, überschaubar, sicher* und als *interessant, vielfältig* und *unverwechselbar*. Damit wird Paradiso urbano durchschnittlich nicht so wahrgenommen, wie es für so einem Ort erwartbar wäre: Trotz Masse, Dichte und Heterogenität kommt keine Reizüberflutung oder Verunsicherung zum Ausdruck – und auch keine Ambivalenz.

Unterschiede zeigen sich jedoch, wenn die Frauen und Jugendlichen getrennt betrachtet werden (siehe Diagramm 4):

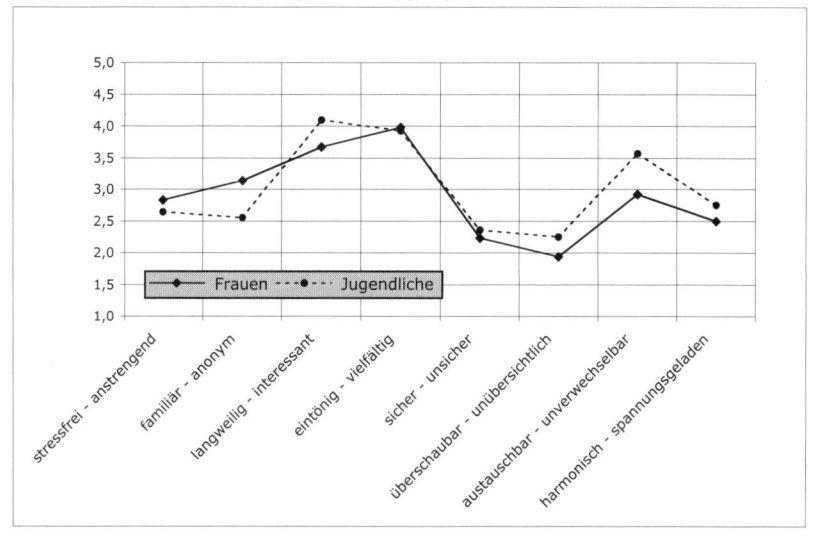

Diagramm 4: Wahrnehmung der Shopping Mall

Männliche Jugendliche finden Paradiso urbano signifikant *familiärer, interessanter, überschaubarer* und *unverwechselbarer* als die befragten Frauen zwischen 40 und 60 Jahren. Auch bei den übrigen Items bestätigt sich dieses Bild: Die Jugendlichen empfinden die Mall als *stressfreier, sicherer* und *harmonischer* – die Unterschiede sind jedoch nicht signifikant. Insbesondere für die Jugendlichen ist die Mall ein positiv belegter Ort.

Während sich bei den männlichen Jugendlichen keine signifikanten Unterschiede in Bezug auf deren Bildung zeigen, lassen sich diese bei den befragten Frauen identifizieren: Frauen mit niedriger Bildung finden die Mall signifikant interessanter, vielfältiger, überschaubarer und unverwechselbarer, als Frauen mit hoher Bildung.[98] Damit ist die Mall einerseits ein Ort für männliche Jugendliche generell und andererseits ein Ort für Frauen mit niedriger Bildung: Für diese beiden untersuchten Gruppen erscheint sie am attraktivsten.

Es zeichnet sich ein Bild eines anderen Raumtyps ab, der nicht mehr dem Idealtypus öffentlicher Raum nahe kommt. Zwar weisen – entgegen der These, Shopping Malls seien langweilig, weil ihre zentrale Planung sowie die Filialisierung dazu führe, dass sie in hohem Maße berechenbar und überall gleich seien (vgl. z.B. Dörhöfer 1998) – selbst die Adjektive *interessant*, *vielfältig* und *unverwechselbar* starke Ausprägungen auf. Die oben unterstellte Nähe von Bequemlichkeit und Langeweile kommt zumindest nicht zum Tragen. In der Wahrnehmung der Befragten schließen sich *überschaubar* und *vielfältig*, *stressfrei* und *interessant* nicht wechselseitig aus. Die Ambivalenz des öffentlichen Raums, bei der Verunsicherung als untrennbar mit Vielfalt verknüpft beschrieben wurde, scheint hier aber aufgelöst. Das Arrangement Mall scheint diesen Nexus zu unterbrechen. Männliche Jugendliche, die sich in der Geschäftsstraße mühselig mit Fremdheit arrangieren, aber auch Frauen mit niedriger Bildung, werden in der Mall offenbar entlastet.

Diese Wahrnehmung deutet darauf hin, dass in der Mall Ordnung anders hergestellt, Fremdheit anders bearbeitet wird, als für den Idealtyp öffentlicher Raum beschrieben und als für die Geschäftsstraße festgestellt. Auch zeigt die überwiegend positive Attribuierung der Mall, dass es den Betreibern offenbar gelingt, die als positiv empfundenen Elemente von Öffentlichkeit *und* Privatheit zusammenzubringen und die jeweiligen Schattenseiten auszuklammern. Insofern deutet auch die anhand des Polaritätsprofils gemessene Wahrnehmung der Mall darauf hin, dass die Kategorien Öffentlichkeit-Privatheit nicht mehr geeignet sind, um den Marktort Shopping Mall zu charakterisieren, es zeichnet sich ein anderer Ordnungstypus ab, denn genauso wenig, wie Paradiso urbano öffentlich ist, ist es privat.

---

98 Dieser Trend zur positiven Beschreibung zeigt sich ebenfalls hinsichtlich der Adjektive stressfrei, sicher und harmonisch (jedoch nicht mehr signifikant).

4.0 Fremdheit und Abweichung in der Ordnung der Mall

Paradiso urbano ist ein Ort an dem „alle möglichen Leute" (M4) sind. Die Zehntausende täglich sind einander unbekannt und sie sind von ihrer sozialen und ethnischen Zusammensetzung heterogen. Damit müsste Paradiso urbano auch ein Ort von Fremdheit sein. Gleichwohl wurde die Mall nicht wie eine urbane Großstadtstraße wahrgenommen. Negative Attributionen unterblieben weitestgehend. Verunsicherungen und Anstrengungen aufgrund von Fremdheit und multiplen Reizen spielen demzufolge kaum eine Rolle. Dabei ist es nicht die Intention von Mallbetreibern Fremdheit zu beseitigen. Ihnen geht es ums Verkaufen. Aber erst ohne verunsichernde Fremde und Reizüberflutung wird der Kunde entlastet und es ihm ermöglicht, sich auf die Waren zu konzentrieren. Blasiertes, reserviertes, intellektualisiertes Verhalten, um sich vor zu vielen Reizen zu schützen, wie es den Großstädter kennzeichnet, darf in Shopping Malls nicht eintreten.

Wie kann es aber sein, dass ein Ort mit denselben Voraussetzungen wie die innerstädtische Geschäftsstraße – Marktfunktion, Anwesenheit vieler, unterschiedlicher und einander unbekannter Menschen –, phänomenologisch anders ist, sich die Nutzer anders verhalten und er anders empfunden wird? Die Daten legen es nahe, dass die Erklärung in der Qualität des Raums zu suchen ist; dass sich über die Gestaltung des physisch-materiellen Substrats des Raums und seine Bespielung, über Verhaltenslenkung und Warenangebote eine Art Gleichförmigkeit herausbildet, die die Erwartbarkeit sozialen Handelns perfektioniert ohne an Attraktivität einzubüßen, und dass die tagtägliche herrschaftliche Re-Produktion des Raums auch eine von den Betreibern intendierte Re-Konstruktion durch die Anwesenden evoziert.

4.1 Exklusion von Fremdheit

Eine erste Erklärung für die Unterschiede zwischen Geschäftsstraße und Mall ist, dass die in der innerstädtischen Geschäftsstraße alltäglichen Extreme sozialer und kultureller Fremdheit in Paradiso urbano exkludiert sind (siehe Kapitel III.3.2). Personen, die nicht vor Ort sind, können auch nicht vor Ort verunsichern und noch stärker zu Simmelscher Distanziertheit nötigen, als es ohnehin der Fall sein müsste. Trotz der benannten Hausverbote gegenüber sozialen Randgruppen und Jugendlichen, die sich nicht in die intendierte Nutzung des Raums Mall fügen, wird aber Fremdheit nicht völlig durch Exklusion beseitigt: „Wir haben hier Kopftücher rumlaufen. (...) Wermutbrüder gibt es hier nicht" (M.1), womit gemeint ist, dass es in Paradiso urbano muslimische Frauen, aber keine alkoholisierten Obdachlosen gibt. Die Masse bleibt heterogen und einander unbekannt. Neben Exklusion bedarf es weiterer Bearbeitungsweisen von Fremdheit, um die überwiegend eindimensionale Nutzung und damit verbunden das tendenziell gleichförmige Vorderbühnenverhalten in der Mall sowie deren dokumentierte Wahrnehmung zu erklären.

Ein zweiter Erklärungsansatz ist, dass als abweichend erscheinende Verhaltensweisen und darüber als Fremde bedeutbare Personen nicht augenscheinlich werden, weil Abweichungen kaum vorkommen oder weil ‚man', und damit auch Sozialforscher, sie nicht als solche wahrnehmen.

4.2 Die Unsichtbarkeit normativer und statistischer Abweichungen

Während der 85,5 Stunden Beobachtungen wurden nur 49 Auffälligkeiten, d.h. Verstöße gegen die Hausordnung oder gegen die in der Literatur zu Shopping Malls formulierte Ordnung registriert. 33 davon betrafen spielende Kinder, 13-mal wurde verbotenerweise die Weihnachtsdekoration fotografiert und je einmal wurde ein Skateboardfahrer gezählt, jemand der außerhalb der Gastronomie ein Bier trank sowie eine Person, die in einem Aschenbecher nach Zigarettenresten suchte. Dem entgegen wurden in der Geschäftsstraße, bei schätzungsweise nur halb so vielen Menschen, alleine 42 Situationen mit 110 spielenden Kindern registriert, diverse politische und kulturelle Aktivitäten sowie Jogger, Fußballspieler etc.; Biertrinken auf der Straße ist dort ebenso alltäglich wie Betteln, so dass beides gar nicht erst gesondert notiert wurde. Auch finden sich in der gesamten Mall nur ein paar Kratzer an Drehtüren sowie ein einziger Aufkleber, während in der Geschäftsstraße mehr oder weniger große Graffiti fast jedes Haus zieren, defekte Fensterscheiben keine Seltenheit sind und zahlreiche wild geklebte Plakate über politische und kulturelle Veranstaltungen informieren. Erinnert man sich zudem an die tendenzielle funktionale Eindimensionalität in Form des Konsumierens, so kann für Paradiso urbano angenommen werden, dass weder statistische Abweichungen von den üblichen Nutzungen und Verhaltensweisen noch Handlungen, die als Abweichungen von Verhaltenserwartungen, also von sozialen Normen, bedeutbar wären, regelmäßig vorkommen.

Zwei Erklärungen für diesen Befund zur Mall sind naheliegend: Erstens, entsprechende Erscheinungen kommen nicht vor, d.h. die Besucher der Mall verhalten sich konform. Zweitens, entsprechende Erscheinungen wurden von den Beobachtern nicht als solche wahrgenommen, d.h. sie sind nicht nichtexistent, sondern ‚unsichtbar'.

Zunächst zur Unsichtbarkeit von Abweichung. Diese kann wiederum entweder darin begründet sein, dass (a) Abweichungen von kodifizierten Normen nicht offen-sichtlich, sondern verborgen erfolgen, ihre Spuren umgehend beseitigt werden oder aber die Zuschreibung ‚abweichend' nicht erfolgt, sie also deshalb nicht als Abweichung gelten; oder darin, dass (b) die Organisation des Raums so angelegt ist, dass unterschiedliches Handeln zeitlich oder räumlich von einander getrennt, er funktional differenziert ist.

Zu (a): Kriminalisierbare Handlungen sind weniger sichtbar als in der Geschäftsstraße, „man sieht nicht, was hinter den Kulissen geschieht" (M.4): Wenige, für die Mall berichtete Fälle von Drogenhandel und zwei bekannt gewordene Fälle von Prostitution waren keine auffälligen Handlungen, wie sie in der Geschäftsstraße täglich zu beobachten sind, sondern fanden in Cafés statt – so ein interviewter Polizist – bzw. diskrete Geschäftsleute trafen dort entsprechende Verabredungen für die Mittagspause. Früher dienten auch Fluchtwege außerhalb des eigentlichen Mallgeschehens als Drogenverstecke. Auch geschehen in Paradiso urbano 10-13% aller registrierten Ladendiebstähle der Stadt (M.4), diese treffen aber nicht die Kundschaft. Die Besucher sind nicht die Opfer. Ladendiebstähle fallen ihnen auch vergleichsweise selten auf, weil Ladendetektive bemüht sind, Verdächtige diskret in ihr Büro zu bitten, während z.B. die Durchsuchungen von des Drogenhandels Verdächtigen in der Geschäftsstraße demonstrativ öffentlich stattfinden.[99]

So konnte – im deutlichen Unterschied zur Geschäftsstraße – lediglich eine einzige Handlung sozialer Kontrolle beobachtet werden: Ein Sicherheitsangestellter ermahnte an einem Brunnen spielende Kinder, die Pfützen im Mallgang verursachten. Das Beharrungsvermögen des Angestellten erwies sich jedoch als gering. Mit dem Verzicht auf die Sanktionierung der ‚objektiven' Regelverletzung wird auch auf die Etikettierung ‚deviant' verzichtet und damit der Handlung keine besondere Qualität verliehen. Es findet gewissermaßen eine Entdramatisierung statt, die nicht nur für die Sicherheitsdienstleister bequem ist, sondern für Shopping Malls auch funktional. Die lokale Ordnung kann auch durch Sanktions- und damit Definitions*verzicht* hergestellt, Konformität dadurch erhalten werden. Dies erscheint im Setting Mall doppelt bedeutsam. Zum einen, weil die über Sanktionen definierte und wahrgenommene Abweichung die Störung verstärken – wenn nicht erst hervorrufen – und das Ambiente, die heile Welt der Mall, negativ beeinflussen würde. Zum anderen wären regelmäßig die erwünschten Kunden selbst oder zumindest ihre Kinder – und damit zukünftige Kunden – die Adressaten sozialer Kontrolle, was wiederum deren Wohlbefinden nicht zuträglich wäre; wenngleich die Kunden etwa das Rauchverbot nach einer Übergangszeit und anfänglichen Protesten angenommen hätten (M.4). Um ein mallspezifisches Ambiente zu erhalten oder erst herzustellen, ist im Zweifelsfall diskretes Einschreiten nötig oder ein gewisses Maß an Toleranz, wenn der Verstoß gegen (Partikular-)Normen nicht als gravierend eingestuft wird.

Das Interesse, problematisierbare soziale Ereignisse gerade nicht zu lokalen sozialen Problemen werden zu lassen, lässt sich auch im Zusammenhang

---

99 Sie fallen den Besuchern nicht zuletzt auch deshalb nicht auf, weil statistisch gesehen insbesondere die Angestellten die Ladendiebe sind, nicht die Kunden. In der Vergangenheit war sogar das Sicherheitspersonal selbst involviert: „Die haben ganze Läden leer gemacht" (M.4).

mit dem Image der Mall erkennen: Für den Profit ist alles, was dem Ruf schaden kann, fatal und dies gilt insbesondere für das Thema Sicherheit. Während us-amerikanische Malls oder auch englische, die in der Vergangenheit Ziele von IRA-Anschlägen waren (vgl. Miller et al. 1998), Sicherheit betonen, um sich von anderen, unsicheren Stadtteilen oder Marktorten abzusetzen, verzichten deutsche Malls meist darauf, Sicherheit auch nur zu thematisieren. So war Sicherheit in der Studie durch den Betreiberkonzern von Paradiso urbano nicht einmal eine Frage wert. Dramatisierungen von Devianz und der Anwesenheit von, im Verhältnis zur angestrebten Kundschaft, sozial und kulturell Fremden, wie sie häufig in Bezug auf innerstädtische Fußgängerzonen und Geschäftsstraßen zu finden sind (vgl. etwa HDE o.J.), unterbleiben tunlichst. So haben die Interviewten (mit Ausnahme eines Interviews mit einem Polizisten, der auf die sehr hohe Quote an Ladendiebstählen verwies[100]) die recht hohen Kriminalitätsbelastungsziffern von sich aus gar nicht zur Sprache gebracht. Störungen, Abweichungen, Fremdheit werden de-thematisiert. Sicherheit gilt als schlichte Selbstverständlichkeit, darin würde sich dieser Ort auch von der untersuchten Geschäftsstraße unterscheiden, in der man, laut dem interviewten Facilitymanager von Paradiso urbano (der dort ebenfalls ein Objekt betreut), nicht einmal ungefährdet sein Auto parken könne. Die Straße, an der Paradiso urbano liegt, und damit das Gelände von Paradiso urbano, weist jedoch, gemäß der lokalisierten Polizeilichen Kriminalstatistik des Jahres 2004, eine mehr als doppelt so hohe Belastung im Bereich „Straßenkriminalität" auf wie die innerstädtische Geschäftsstraße (PKS Schlüssel 8990: 352 Fälle zu 168).[101]

---

100 „Jeder Diebstahl eines ansonsten einwandfreien Menschen ist ein Triumph der modernen Verkaufstechnik" wusste Hans von Hentig (1954: 52) und zitiert eine Warenhausdiebin: „Nachdem ich mich in die berauschende Atmosphäre des Warenhauses hineinstürzte (...), fühlte ich mich nach und nach von einer Verwirrung befallen, die sich mit der ihr eigneue Betäubung und Erregung nur mit einem Rausche vergleichen läßt. Ich sah Dinge wie durch eine Wolke hindurch (...) ich fühlte mich zu ihnen hingetrieben und bemächtigte mich ihrer, ohne daß mich irgendein Bedenken davon abhielt" (ebd.: 52f.).

101 Zu Straßenkriminalität gehört: Handtaschenraub, sonstige Raubüberfälle auf Straßen, Wegen oder Plätzen, gefährliche und schwere Körperverletzung auf Straßen, Wegen oder Plätzen, Diebstahl insgesamt aus Kfz, Diebstahl insgesamt an Kfz, Taschendiebstahl, Landfriedensbruch, Sachbeschädigung an Kfz und sonstige Sachbeschädigung auf Straßen, Wegen und Plätzen. Die ganz überwiegende Zahl der Fälle in Paradiso urbano sind Fälle von Taschen- bzw. Diebstählen aus Kraftfahrzeugen. Bei verunsichernden Handlungen, die in der PKS jedoch nicht unter Straßenkriminalität subsumiert werden, wie „einfacher" Körperverletzung, weist die Statistik ein allerdings umgekehrtes Verhältnis auf (13 zu 94). Gleiches gilt für Drogendelikte, als Beispiele opferloser Devianz (6 zu 170). Dürften die höhere Anzahl an Diebstahlsdelikten im Zusammenhang mit dem höheren Personen- und Pkw-Aufkommen bei Paradiso urbano zu erklären sein, sind umgekehrt die Zahlen zu Drogendelikten und Körperverletzungen im Zusammenhang mit der Funktion der Geschäftsstraße und des

Ebenso sind die in der Literatur oft erwähnten coping Strategien von Adressaten sozialer Kontrolle (vgl. etwa Schützler et al. 1999; Bareis 2005, 2007) unter das Ergebnis der Unsichtbarkeit von Fremdheit und Abweichung zu subsumieren. Es wird eine „Fassade des Normalen" (vgl. Goffman 1974: 318ff.) aufgebaut, wenn Sanktionen bewusst vermieden werden sollen: Jugendliche vermeiden es, zu lange in größeren Gruppen an einer Stelle zu verweilen, sie bleiben in Bewegung oder trinken im Café sehr lange an einem Getränk. Der „Wachturm" wird nicht offen, sondern verdeckt angeboten. Angehörige von Randgruppen führen Einkaufstaschen mit sich, um Shopping zu suggerieren oder „verhandeln" mit dem Sicherheitspersonal oder dem Management bzw. haben schnell Erklärungen parat, warum sie nicht nur „abhängen". D.h. sie verstoßen zwar gegen die Normalität und die Norm des Konsums, dies wird von den übrigen Anwesenden jedoch nicht so wahrgenommen. Bareis (2005: 253f.) berichtet davon, Randgruppen würden sich – ähnlich dem erwähnten straßenfegenden Obdachlosen in der Geschäftsstraße – funktional integrieren. Ein Obdachloser in einer Hamburger Mall würde beispielsweise als eine Art „Infopoint" dienen und den Kunden kompetent Auskunft über die einzelnen Geschäfte geben. Irritiert er zudem weder optisch noch olfaktorisch die Sinne der Kunden, stellt er auch keine Abweichung zur Ordnung der Mall mehr dar. Er gehört vielmehr dazu.

Ebenso sollen baulich-optische Abweichungen aller Art verschwinden (vgl. Legnaro/Birenheide 2005). Zentral dafür ist eine schnelle und permanente Reinigung der Mall: „Der Klassiker in Malls ist das heruntergefallene Eis – da muss man schnell sein" (M2). Dazu gehört auch das umgehende Übermalen von Graffiti oder das Reparieren von Vandalismusspuren. Spuren von Abweichungen und Störungen werden postwendend beseitigt.[102]

Zu (b): Die Grundreinigung der Mall erfolgt – wie auch die Straßenreinigung in der Geschäftsstraße – bevor die Kunden kommen. Dies wird zwar nicht strikt durchgehalten, ist aber effektiver als in der Geschäftsstraße und die Intention ist genauso klar wie bei der Warenanlieferung oder speziellen Dekorationsarbeiten. Sie sollen vom Publikumsverkehr zeitlich und räumlich getrennt erfolgen, also möglichst außerhalb der Geschäftszeiten und so wenig wie möglich über die Publikumseingänge (Vernor/Kabianski 1993: 133, Beddington 1991: 45). Von den Kunden als Arbeit oder gar als Plackerei wahrgenommene Dienstleistungen dürfen nicht offensichtlich sein, sonst würden sie stören.

Aber so schnell die Reinigung der Mall auch sein mag, so gut die Anpassungsstrategien der Jugendlichen, so blasiert das Sicherheitspersonal und so

---

umliegenden Quartiers als Kneipenviertel zu erklären und mithin auf die 24-stündige „Öffnungszeit" der Geschäftsstraße zurückzuführen.

102 Zwar kommen lediglich 3,5% der Besucher u.a. wegen der Sauberkeit in die Mall, aber bei 74,6% entspricht die Sauberkeit auch ihren Erwartungen (Umfrage des Betreiberkonzerns 2003).

strikt die zeitliche oder räumliche Trennung von Tätigkeiten in der Mall: Bei einem Ort, der öffentlicher Raum sein soll und bei durchschnittlich 40.000 Anwesenden täglich, wäre eine größere Verhaltensvielfalt erwartbar, es hätten mehr Abweichungen registriert werden müssen; über statistisch oder sozial abweichendes Verhalten identifizierbare Fremdheit müsste immer noch bedeutungsvoll sein. Die Frage bleibt also, wieso kaum Auffälligkeiten vorkamen und dadurch der Eindruck gleichförmigen Verhaltens bei den Sozialforschern entstand.

4.3 Konformität durch Selbstdisziplinierung und Fremdzwang

Wie in der Geschäftsstraße kann formelle soziale Kontrolle als eine wichtige Variable diskutiert werden, mit der Fremdheit eingehegt und Raum darüber mitkonstruiert wird. Eine der zentralen Annahmen zu Shopping Malls besagt ja, dass sie als formell hoch kontrollierte Räume mittels privater Sicherheitsdienste, Polizei und Videoüberwachung und auf Basis von substrafrechtlichen Partikularnormen nicht nur bestimmbare Kategorien von Personen exkludieren, sondern ebenso disziplinierend auf die Besucher einwirken. Denn: „The goal is to stop the behavior, not to lose the customer" (Thompson 1998: 32).

All dies existiert auch in der Mall Paradiso urbano. Die zunächst für alle Besucher gültige Hausordnung verbietet und reglementiert vieles und dies wird als ein kollektives Interesse der Normadressaten verkauft. Allgemein zielt diese „Kontraktualisierung des Da-Seins" (Legnaro/Birenheide 2005: 134) inhaltlich auf ein breites Spektrum an Verhaltensweisen, das zu unterbleiben hat. Im Detail zielen Verbote und Reglementierungen aber vor allem auf Verhaltensweisen, die insbesondere mit bestimmbaren Personengruppen verbunden werden: Adressaten der in der Hausordnung kodifizierten Normen sind an erster Stelle klassische Randgruppen (Betteln, Herumlungern, ...), konkurrierend Handeltreibende (Verteilen von Prospekten, Feilbieten von Waren, ...) und Jugendliche (Herumlungern, Skateboardfahren, ...).

Die Rezeption der Hausordnung fällt dementsprechend bescheiden aus. „Haben Sie schon eine gesehen" (M4), fragt ein örtlich eingesetzter Polizist im Interview zurück, und meint damit, dass diese nicht nur unauffällig neben den Eingängen angebracht ist, sondern dass die meisten Kunden gar nicht wissen, ob und inwieweit die Mall ein privatrechtlich besonders reglementierter Ort ist. Dies bestätigen auch die Befragungsergebnisse, allerdings mit einer alters-/geschlechtsspezifischen Differenzierung: Während die interviewten Frauen zu 73,1% glauben, es gäbe keine speziellen Verhaltensvorschriften, meinen das von den männlichen Jugendlichen weniger als die Hälfte (47,0%). Die Hausordnung ist eher bei denjenigen bekannt, für die sie auch geschrieben wurde: bei als potentielle

Störer definierten Jugendlichen. Für einen Teil der Befragten könnte die privatrechtliche Reglementierung des Raumes also eine selbstdisziplinierende Wirkung entfalten: *Selbstdisziplinierung*, verstanden als eine Orientierung und Anpassung an erwartete Normen ohne zusätzlichen Fremdzwang. Aber nur für einen Teil: Für die Mehrheit gilt dies nicht, denn nur wenn lokal spezifische Normen bekannt sind oder mit einer hohen Wahrscheinlichkeit erwartet werden, kann man sich ihnen unterwerfen.

Die versteckt angebrachte Hausordnung dient aber auch weniger als Aufforderung an alle, sich doch der strengen lokalen Ordnung zu unterwerfen, als vielmehr als Legitimationsgrundlage für Sanktionen im Moment der Sanktionierung. Je vager sie formuliert ist (z.B. „unnötiger Aufenthalt" ist verboten), desto größer ist die Bedeutung der von Garfinkel (1967) beschrieben „et cetera-Annahme", der zufolge (alltags-)sprachliche Ausdrücke nie ohne einen Bedeutungskontext zu verstehen sind (vgl. auch Peters 1995a: 98, Manzo 2005) und desto breiter ist damit auch – je nach Situation und je nach zu Sanktionierendem – der Spielraum für Akteure sozialer Kontrolle. Normen und damit ebenso Abweichungen sind nur so zu verstehen. Gerade solche vagen Formulierungen in Hausordnungen können dafür als exemplarisch angesehen werden: Was „unnötiger Aufenthalt" oder was „angemessene Kleidung" ist, muss sich aus dem räumlichen Kontext Mall erschließen. Die Hausordnung bildet den Kern der Ordnung der Mall, der im Wechselverhältnis zwischen Produktion und Konstruktion konstituierte Raum den Orientierungsrahmen für Deutungen von Normen und Handlungen.

Eine weitere Erklärung für die beobachtete Konformität könnte eine präventive Selbstdisziplinierung aufgrund der schlichten *Erwartung von Fremdzwang* im Fall mangelnder Disziplin sein, wenn etwa die Norm ‚Verbot des Skateboardfahrens' vergleichsweise wenig Interpretationsspielraum zulässt. Erwartungen eines eingeschränkten sozial akzeptierten Verhaltensspektrums *und* Kenntnisse über mögliche Sanktionen bei Abweichungen *sowie* über die Entdeckungswahrscheinlichkeit, also Kenntnisse über die Formen und die Intensität formeller sozialer Kontrolle wären relevant. Dies wird von Experten für einige Besucher als gegeben angesehen: Jugendliche etwa wüssten, dass Konflikte in der Mall keinen Sinn machten, da dies bemerkt würde und Hausverbote eine Konsequenz sein könnten. Sie verhielten sich deshalb überwiegend von vornherein ordentlich (M.5). Mit deren erwähnter höherer Kenntnis der Hausordnung korrespondiert auch eine höhere Sensibilität der Jugendlichen für Akteure formeller sozialer Kontrolle. Sie schätzen eine höhere Präsenz der Polizei in der Mall, die deutschlandweit die einzige sei, die über eine Polizeistation *in* der Mall verfügt (M.4), als die Frauen (siehe Tabelle 7).

Tab. 7: Wahrnehmung der Polizeipräsenz in der Mall

		Wie oft am Tag geht hier die Polizei durch?				Gesamt
		gar nicht	3-4 mal am Tag	stündlich	öfter als stündlich	
Frauen	Anzahl	23	57	11	3	94
	Prozent	24,5%	60,6%	11,7%	3,2%	100,0%
Männliche Jugendliche	Anzahl	27	67	37	12	143
	Prozent	18.9%	46,9%	25,9%	8,4%	100,0%
Gesamt	Anzahl	50	124	48	15	237
	Prozent	21,1%	52,3%	20,3%	6,3%	100,0%

Demnach rechnen nur 34,3% der Jugendlichen mit einer stündlichen oder häufigeren Präsenz der Polizei, bei den Frauen sind es sogar lediglich 14,9%.

Unterschiede zwischen den befragten Frauen und Jugendlichen lassen sich (hochsignifikant) auch für die Kenntnisse über einen privaten Sicherheitsdienst und über Videoüberwachung feststellen: Die Hälfte der männlichen Jugendlichen weiß, dass es einen privaten Sicherheitsdienst gibt. Bei den Frauen ist es nur ein knappes Viertel. Direkt verneint wird dies von jeweils einem guten Viertel der Befragten (26,4% der Frauen und 26,0% der Jugendlichen).

Kenntnisse über Videoüberwachung sind hingegen verbreiteter, insbesondere bei den Jugendlichen (siehe Tabelle 8). Zwei Drittel von ihnen (74,0%) wissen von den Kameras oder gehen zumindest von ihrer Existenz aus, und bei den Frauen sind es immerhin noch 40,6%, die davon ausgehen, die Mall sei mittels Video überwacht.[103] Gemäß einer Berliner Studie führt aber selbst die bewusste Wahrnehmung von Videoüberwachung in Shopping Malls nur bei 19,2% der Besucher zu einer Änderung des Verhaltens (Helten/Fischer 2004: 28) – zumindest äußerten sich die Befragten entsprechend. Dabei steht doch eigentlich gerade die für Videoüberwachung bemühte Metapher des Panopticons dafür, wie Internalisierung funktioniert bzw. funktionieren soll: durch „die Einpflanzung externer Kontrolle in die Individuen selbst" (Krasmann 2000b: 309).

---

103 Dies entspricht in etwa auch Ergebnissen einer Studie aus Berlin: 60,6% der in den Malls Befragten wussten, dass es dort Videoüberwachung gibt, allerdings konnten davon 44,8% keine Kamera identifizieren (Helten/Fischer 2003: 9f).

Tab. 8: Kenntnisse über Videoüberwachung in der Mall

		Gibt es hier Videoüberwachung?			Gesamt
		ja	nein	weiß nicht	
Frauen	Anzahl	43	26	37	106
	Prozent	40,6%	24,5%	34,9%	100,0%
Männliche Jugendliche	Anzahl	111	29	10	150
	Prozent	74,0%	19,3%	6,7%	100,0%
Gesamt	Anzahl	154	55	47	256
	Prozent	60,2%	21,5%	18,4	100,0%

Betrachtet man nun Kenntnisse von Normen und Kontrolle zusammen, zeigt sich folgendes Bild: Lediglich 33 von 259 zur Mall Befragten sagen, es gäbe spezielle Vorschriften, einen privaten Sicherheitsdienst *und* Videoüberwachung (von diesen 33 sind 28 männliche Jugendliche) und nur 14 gehen *zudem* davon aus, die Polizei sei stündlich oder öfter als stündlich vor Ort. Nimmt man diese Variablenkombination als Indikator für einen formell hoch kontrollierten Raum, so würden 5,4% der Befragten die Mall dementsprechend wahrnehmen. Nur für diese Wenigen könnte formelle soziale Kontrolle einen präventiv disziplinierenden Charakter entfalten.

Die Vorstellung und Ausgangsthese, die Shopping Mall sei ein aufgrund von formeller Kontrolle befriedeter öffentlicher Raum, in dem Repression ein dominantes Merkmal wäre, Konformität produziere und insofern über Verhaltens- oder Erscheinungsweisen assoziierbare verunsichernde Fremdheit nivelliere, bestätigt sich also nicht – zumindest nicht in der Beurteilung durch die Besucher bzw. nur für wenige, die allerdings auch diejenigen sind, die Partikularnormen und die Kontrolleinrichtungen kennen sollen, weil sie als potentielle Störer des Ambiente angesehen werden.

Umgekehrt gehen aber auch nur 19 der 259 Befragten davon aus, die Mall sei formell nur schwach kontrolliert, also weder durch eine Hausordnung noch durch Videoüberwachung oder einen privaten Sicherheitsdienst gekennzeichnet, und von diesen 19 meinen 16, die Polizei sei seltener als stündlich vor Ort. Formelle soziale Kontrolle ist damit also auch nicht bedeutungslos für die Wahrnehmung von Paradiso urbano durch die Gesamtheit ihrer Besucher. Sie ist aber nur *ein* Faktor, der die Ordnung der Mall mit produziert, und sie zielt im Sinne kontrolltheoretischer Überlegungen vor allem auf Adressaten, denen Defizite bei verinnerlichten Normen unterstellt werden.

Diese eingeschränkte Bedeutung spiegelt sich auch im lokalen Sicherheitsempfinden der Besucher wider. Formelle soziale Kontrolle erhöht nicht die gefühlte Sicherheit, sie hegt die verbleibende Fremdheit nicht ein: So gibt es weder für Frauen noch für Jugendliche einen signifikanten bivariaten Zusammenhang zwischen der Kenntnis über Videoüberwachung, Sicherheitsdienst, Hausordnung oder der geschätzten Polizeipräsenz und der Einstufung von Paradiso Urbano als sicher oder unsicher. Auch eine multivariate Regressionsanalyse hat keine Zusammenhänge der genannten Variablen erkennen lassen. Dies ist umso erstaunlicher, als dass auch informeller sozialer Kontrolle, also Kontrolle durch die übrigen Besucher, kein hoher Stellenwert eingeräumt wird. War informelle Kontrolle für die Geschäftsstraße eine zentrale Variable, so vertrauen in Paradiso urbano weder die männlichen Jugendlichen noch die Frauen darauf, ihnen würde im Zweifelsfall von anderen geholfen: Nur 36,1% (32,1% der Frauen und 38,9% der Jugendlichen; Antwortende insgesamt: 255) vertrauen auf informelle Hilfe „wenn einem hier etwas passiert". Auch wenn die Mall nicht als sonderlich anonym beurteilt wurde (vgl. Kapitel III.3.4), scheint der Ort Vertrauen in andere, fremde Besucher trotzdem nicht nahe zu legen.

Ebenso fällt die Beurteilung von Videoüberwachung in Paradiso urbano nicht eindeutig aus (siehe Tabelle 9):

Tab. 9: Assoziationen mit Videokameras in der Mall

		Wenn sie hier eine Videokameras sehen, denken Sie dann ...?				Gesamt
		hier ist es sicher	ist mir egal	ich fühle mich überwacht	offenbar passiert hier viel	
Frauen	Anzahl	51	19	14	20	104
	Prozent	49,0%	18,3%	13,5%	19,2%	100,0%
Männliche Jugendliche	Anzahl	40	61	21	28	150
	Prozent	26,7%	40,7%	14,0%	18,7%	100,0%
Gesamt	Anzahl	91	80	35	48	254
	Prozent	35,8%	31,5%	13,8%	18,9%	100,0%

Zeigte die Frage nach der Kenntnis über Kameras vor Ort keine Korrelationen mit der Einschätzung desselben Ortes als sicher oder unsicher, so geben auch bei der Frage nach Assoziationen mit Videokameras vor Ort die Frauen nur zu knapp der Hälfte an, Kameras mit Sicherheit in Verbindung zu bringen (bei den Jugendlichen sind es nur 26,7%). Für diese könnten die

Kameras deren Wohlfühlen verbessern und Fremdheit – oder zumindest die mit ihr verbundenen Kriminalitätsassoziationen – einhegen. Knapp jeder fünfte Befragte assoziiert aber erst aufgrund der Kameras die Mall mit besonderen Gefährdungen. 13,8% fühlen sich überwacht, was auf Konformitätsdruck verweisen würde. In der untersuchten Mall entspricht die geringe Verknüpfung von Kameras mit Sicherheit oder Überwachung auch ihrem realen Potential. Die Kontrolle durch Kameras ist de facto gering: Die Videoanlage, mit ihren insgesamt nur zehn Kameras innerhalb der Mall, ist veraltet, die Kameras funktionieren nicht mehr alle und sind z.T. so ausgerichtet, dass ihr Blick Richtung Decke geht.[104] Wenn überhaupt, werden ihre Bilder eher beiläufig beobachtet: Ein Bildschirm steht im Büro des Centermanagers, der damit zwar Besucher wie Angestellte im Mallgang sowie den Verkehr auf dem Außengelände und den Zufahrtsstraßen jederzeit beobachten könnte, dies aber selten tun dürfte, hat er doch primär andere Aufgabenbereiche. Ein zweiter Bildschirm steht in einem Nebenraum der Polizeistation. Die Polizei hätte gerne eine modernere Anlage, dies wurde in der Vergangenheit jedoch aus Kostengründen abgelehnt und die Personalsituation erlaubt ohnehin keine permanente Beobachtung. So dient die Anlage laut der Experten v.a. dazu, den Pkw-Verkehr an publikumsreichen Tagen zu koordinieren, das Kundenaufkommen zu schätzen oder mal nach älteren Damen, die „der Bus aus Braunschweig vergessen hat" (M.5), zu suchen. Die Entdeckungswahrscheinlichkeit von Verstößen gegen die Hausordnung (oder das Strafrecht) durch Videoüberwachung ist gering. Dies bestätigt auch Frank Helten (2005: 168) für Berliner Shopping Malls, der bei „heuristischen Experimenten" bei 20 Verstößen nur einmal „erwischt" wurde und dies nur deshalb, weil in der Mall vor kurzem ein Raubüberfall stattgefunden hatte, die Sensibilität also gerade erhöht war. Auch Clive Norris und Garry Armstrong (1998) verwiesen darauf, dass Überwachungspersonal überwiegend nicht auf Handlungen achtet, sondern – wenn überhaupt – auf bestimmte Personenkategorien oder auf bereits den Beobachtern persönlich bekannte Personen. Abstrakt formuliert: Sie schauen nicht auf die Masse der Unbekannten allgemein, sondern auf andersartig etikettierte Fremde und auf „Feinde".

Die geringe Intensität der formellen Kontrolle gilt ebenso für das Sicherheitspersonal. Es ist deutlich seltener im Mallgang präsent, als zu erwarten war. Den Experteninterviews und den Beobachtungen zufolge, sind in der Regel nur ein bis zwei Polizisten in der Mall anwesend, die zwar räumlich unmittelbar in der Nähe des Geschehens sind, aber nur vormittags mal einen Gang durch Paradiso urbano machen und die nachmittags, wenn ihr „Klientel wach ist" (M.4), von Ladendetektiven gerufen werden. Auch der kommer-

---

104 Zum Vergleich: In Berliner Malls mit Videoüberwachung variiert die Anzahl der Kameras unabhängig der Fläche der Mall zwischen 33 und 83 Kameras (Helten/Fischer 2003: 21).

zielle Sicherheitsdienst ist an normalen Wochentagen erst ab 17:00 mit nur einem Angestellten in schwarzer Uniform gegenwärtig, an einem Samstag vor Weihnachten wurden ganztägig zwei Sicherheitsbedienstete eingesetzt. Wenn man diesen Samstag einmal großzügig wie einen normalen Tag bewertet, so wären Polizei und Sicherheitsdienst zusammen im Jahresdurchschnitt alle 56 Minuten im Mallgang präsent. Im Sommer immerhin noch alle 91,25 Minuten und damit deutlich öfter als von den Befragten vermutet. Dennoch: In der vermeintlich geringer kontrollierten, de jure öffentlichen Geschäftsstraße betrug die gemessene und vorsichtig hochgerechnete Präsenz im Jahresmittel alle 25,6 Minuten. D.h. die Präsenz von Akteuren formeller sozialer Kontrolle ist dort, entgegen den Erwartungen, mindestens doppelt so hoch (siehe Kapitel III.2.3). Paradiso urbano ist – gerade auch mit Blick auf das hohe Personenaufkommen – schwächer kontrolliert und wird als noch geringer kontrolliert wahrgenommen.

Wie in der Geschäftsstraße hat der in Paradiso urbano beobachtete Status quo aber auch eine Geschichte der Repression (siehe Kapitel III.3.2/4.1). Insbesondere in der Anfangszeit hätte es massive Probleme mit Jugendlichen und Randgruppen gegeben. Das hätte man aber – insbesondere mit Hausverboten – in den Griff bekommen. „Wehret den Anfängen" (M.2, M.5) lautet die Parole und sie bezieht sich, im Sinne einer zero tolerance-Politik, auf ein frühzeitiges und konsequentes Eingreifen bei Verstößen gegen die Hausordnung: „Da wird nicht ‚du, du' gemacht, (...) wir legen die Hausordnung rigoros aus" (M.5), „wir leben die Hausordnung" (M.2). Die recht drastische Diktion der Experten entspricht – wie gezeigt – allerdings nicht den im Jahr 2005 beobachteten Aktivitäten des Sicherheitspersonals. *Fremdzwang* auf Basis formeller sozialer Kontrolle ist im Vergleich zur Geschäftsstraße ein seltenes Phänomen.

Die Geschichte der Repression wirkt aber gleichwohl nach ihrer Phase höchster Intensität weiter. Sie dient als Druckmittel für Disziplinierung und so ist der Konformitätsdruck auf die kaum anwesenden Obdachlosen und teilweise auf Jugendliche in Paradiso urbano hoch. Wie in der Geschäftsstraße müssen erstere ausgesprochen höflich sein und sich ordentlich bis devot verhalten: Ein dem Centermanager persönlich bekannter „Vollbärtiger mit Kappe" grüßt nicht nur nett, sondern sagt dementsprechend auch immer gleich „alles klar Chef" (M.1) und geht weiter, wenn er irgendwo zu lange saß und angesprochen wurde. Für den gelegentlichen Besucher bleibt er dadurch in seiner Rolle unsichtbar. Betteln würde ohnehin nicht toleriert. Jugendliche brauchen – im Unterschied zur Geschäftsstraße – im Zweifelsfall gute Ausreden (wenn auf Nachfrage etwas in Richtung „Abhängen" kommt, werden sie gleich rausgeschickt; M.4) um in der Mall verbleiben zu können, wenn sie sich den eigentlich mit Konsum verbundenen Aufenthalt nicht leisten können oder wollen. Sie *können* nicht nur einen Grund des Aufenthalts nennen, sondern sie *müssen* dies auch, um an einem Ort, der öffentlich sein möchte, verbleiben zu können. Aufenthalt zu einem anderen Zweck oder um des schlichten Aufenthaltswillens, um das dortige Leben erfahrbar werden zu lassen, ist nicht offen sichtbar möglich. Bei der Intensität und Inszenierung formeller sozialer Kontrolle wird berücksichtigt, inwieweit sie die (erwünschten) Kunden beeinträchtigt, inwieweit sie selbst Kosten verursacht – ein von den Mietern gewünschter verstärkter Einsatz kommerzieller Sicherheitsdienste wurde auf einer Mieterversammlung aus Kostengründen abgelehnt – und wie hoch die möglichen Einsparungen wären, die durch verhinderte Devianz erreicht werden könnten. Dabei zählt für die Mallbetreiber selbst aber nicht der „Schwund" an Waren in den einzelnen Geschäften. Dies ist das Risiko der Ladeninhaber. Für die Betreiber zählen nur (Image-)Schäden für die eigentliche Mall. Im Sinne einer amoralischen, managementorientierten „actuarial justice" (Simon/Feeley 1994; vgl. Schmidt-Semisch 2002) wird ökonomisch, nicht normativ abgewogen.

Formelle soziale Kontrolle: Ein Zwischenfazit

Formelle soziale Kontrolle diente und dient immer noch dazu, Personen, die Extreme von Fremdheit verkörpern, zu exkludieren und Anwesende ggf. zu disziplinieren. Ihre tatsächliche Intensität ist derzeit aber gering, den meisten Besuchern sind weder lokale Normen noch die Instrumente der Kontrolle bekannt. Nur ein Teil der Besucher der Mall könnte sich demnach entweder selbst disziplinieren, also sich an die lokale Normativität aufgrund seiner Kenntnis der Normen und ggf. auch aufgrund der Kenntnis von Kontrollinstrumenten bewusst anpassen, oder aber durch Fremdzwang diszipliniert werden, indem (formelle) soziale Kontrolle greift. Trotz der nicht zu unterschätzenden Bedeutung der zahlreichen Hausverbote, sind Partikularnormen und Kontrolle nur Puzzleteile, die das Bild einer eingehausten Stadt ohne Unannehmlichkeiten mit gestalten. Formelle soziale Kontrolle in der genannten engeren Definition (vgl. Peters 2002) ist wie in der Geschäftsstraße, aber entgegen den Erwartungen zur Mall, offenbar nicht das entscheidende Medium, um Fremdheit zu beseitigen, Abweichung zu unterbinden und darüber Sicherheit und Wohlfühlen zu produzieren. Teilweise erscheint sie sogar kontraproduktiv für die soziale Ordnung der Mall.

Kontrolle kann jedoch zusätzlich auch als produktiv verstanden werden, sie bringt bestimmbares Verhalten hervor (siehe Kapitel IV.2.0)

4.4 Die Produktion von Umwelt

Seit dem Aufsatz „Postskriptum über die Kontrollgesellschaft" von Gilles Deleuze (1993) wird in der Soziologie Sozialer Kontrolle wie in der Kriminologie darüber diskutiert, ob und inwieweit die von Michel Foucault und insbesondere für das 19. Jahrhundert beschriebene Disziplinargesellschaft durch eine Kontrollgesellschaft abgelöst wird (vgl. etwa Legnaro 2003, Schmidt-Semisch 2002, Krasmann 2003). Die These ist, dass sich die Disziplinarinstitutionen Familie, Schule, Fabrik etc. verändert hätten und die Subjekte sich mehr an situative Gegebenheiten anpassen müssten. Sie würden in ihrem Leben nicht mehr im zeitlichen Verlauf nahtlos von einer Institution in die nächste wechseln, sondern Anforderungen unterschiedlicher Disziplinarinstitutionen seien dauerhaft (Stichwort „Lebenslanges Lernen") und die Wechsel zwischen ihnen erfolgten nicht mehr analog sondern flexibel. Konformität/Disziplin würde weniger durch die Produktion „zuverlässiger Menschen" (Treiber/Steinert 2005) und „gelehriger Körper" (Foucault 1989: 173ff.) erreicht, sondern Kontrolle setze an der Umwelt der Menschen an, die sich selbst in diese einfügen und mit ihr arrangieren müssen. Kontrolle erscheint damit dezentraler, flexibler, kurzfristiger und situativer als die Einschließung in Disziplinarmilieus, die die Menschen selbst ändern. Aber sie ist trotzdem permanent und keineswegs weniger intensiv (Deleuze 1993). Im Zuge der „Gouvernementalität der Gegenwart" (Bröckling et al. 2000) strukturierten physisch-materielle wie virtuelle Räume, technische wie symbolische Barrieren die Umwelt der Subjekte und diese seien gefordert, sich selbst anzuleiten, zu steuern, zu optimieren, anzupassen. Anreize gewinnen neben Repression an Bedeutung. Macht – oder hier Kontrolle – sei produktiv, sie diene auch dazu, Verhalten hervorzubringen.

Shopping Malls werden als prototypische Räume einer solchen Kontrollgesellschaft diskutiert (vgl. De Marinis 2000, Legnaro/Birenheide 2005). Sie sind als Versuch eines sozialen Experiments zu verstehen, bei dem sämtliche Umweltvariablen kontrolliert werden und sich an den Umsatzzahlen ablesen lässt, wie erfolgreich das Experiment verläuft. Intention und Effekt von Planung und Management von Shopping Malls ist es, sämtliche sensorischen Reize sowie alle Variablen hinsichtlich der Handelsstandorte, die in traditionellen Geschäftsstraßen über Marktmechanismen reguliert werden, zu kontrollieren (vgl. Sievers 2006, 2007). Die idealtypische Mall wäre die, in der dies vollständig umgesetzt ist. D.h. nicht nur die Verhinderung von Abweichung und das Ausklammern sämtlicher irritierender und verunsichernder Elemente werden angestrebt, sondern erwünschte Verhaltensweisen sollen in diesem Raum hervorgebracht werden.

Den Betreibern von Paradiso urbano gelingt der Versuch, ein entsprechendes „perfect environment" herzustellen – dem Weberschen Idealtypus entsprechend – natürlich nicht. Gleichwohl lassen sich zahlreiche Ansätze im Fallbeispiel wiederfinden.

4.4.1 Kundenlenkung und die Produktion erwünschten Verhaltens

Spielräume, die Mall zu nutzen und sich in der Mall zu verhalten, sind Gegenstände von Planungsprozessen sowie des Raummanagements durch die Betreiber. Die soziale Produktion des Raums Mall soll die Prozesse sozialer Konstruktion desselben Raums bestimmen, mithin von der intendierten abweichende Interpretationen des Settings und seiner Materialität sowie Möglichkeiten der Aneignung unterbinden. Hierzu gehört auch, bestimmtes Verhalten nicht nur zu verhindern, sondern Verhalten an sich zu kanalisieren oder auch erst hervorzubringen.[105] Die Organisation von Raum soll eine Lenkung von Kunden ermöglichen, und dies geschieht einerseits manifest, indem bestimmte Nutzungen/Verhaltensweisen mittels der Gestaltung von Raum verhindert werden, und andererseits latent manipulativ, wenn Verhalten über Sinnesreizungen gesteuert werden soll.[106]

Lenkung von Individuen und Handlungen über bauliche Gestaltung ist allerdings kein Phänomen, das erst mit dem Boom der Shopping Malls relevant wurde. Die Geschichte des Bürgersteiges zeigt etwa, dass dessen Erhöhung nicht nur die nach wie vor übliche Funktion hatte, Fußgängern einen vor dem „Auffahren der Fuhrwerke (...) gesicherten und besonders geebneten Weg" vorzubehalten (Stübben 1980 [1890]: 81), sondern bereits um die vorletzte Jahrhundertwende spielten Überlegungen hinsichtlich Bequemlichkeit und situativer Kriminalprävention eine Rolle: „Immerhin sollten in Großstädten im Interesse größerer Bequemlichkeit des Publikums und zur Erschwerung der Tätigkeit der Taschendiebe Bürgersteige unter 4 m Breite nicht mehr angelegt werden" (Brix 1909: 15). Ebenso waren Sauberkeit und Hygiene relevant, Schlamm und Fäkalien an den Schuhen sollten vermieden werden. Alles Themen, die auch heute in Malls virulent sind und im Interesse der Kunden (und Betreiber) gelöst werden sollen. Die Trennung unterschiedlicher Funktionen der Straße diente, damals wie heute, aber dazu, unterschiedliche Nutzungsweisen zu *integrieren*, parallel zu ermöglichen und wechselseitige Gefährdungen zu reduzieren. Der Bürgersteig war darüber hinaus – der Name deutet es an – ursprünglich auch Symbol der Emanzipation. Das aufstrebende Bürgertum wollte nicht mehr von den zahlreichen und schnellen Kutschen der Herrschaften bedrängt und gefährdet werden, wollte sich Raum in der Stadt aneignen. Mit dem Bürgersteig war auch ein Bürgerrecht gemeint.

---

105 Die folgenden Darstellungen orientieren sich auch an der im Rahmen desselben DFG-Projekts erstellten Diplomarbeit von Karen Sievers (Sievers 2006).
106 Die Bedeutung von Crime Prevention Trough Environmental Design, die diesbezüglich regelmäßig hervorgehoben wird, spielt außerhalb der einzelnen Ladengeschäfte in Paradiso urbano allerdings keine Rolle, es wird nicht etwa auf Sonderstandflächen verzichtet, um in Hochzeiten weniger Gedränge zu haben oder den Mallgang besser einsehen zu können (M.5).

Die (spät-)modernen Shopping Malls unterscheiden sich nun nicht nur deutlich von den Bürgersteigen oder von Passagen, die oft als ihre direkten Vorläufer diskutiert werden (vgl. dazu kritisch: Dörhöfer 2007), entsprechende Überlegungen sind auch ausgefeilter, weitreichender und können aufgrund der zentralen Planung der Mall auch eindeutiger umgesetzt werden. Vor allem aber dient die Verhaltenslenkung weder der Emanzipation der Besucher noch der Integration von Nutzungsweisen. Sie dient, direkt oder indirekt, der Profitmaximierung. Lenkung – als Element der Verhaltenskontrolle – konstruiert die räumliche Ordnung mit, denn das Verstärken erwünschter Verhaltensweisen durch bauliche Mittel bewirkt indirekt auch, dass unerwünschte Verhaltensweisen ausbleiben.

Die Nutzungsmöglichkeiten solcher öffentlich zugänglicher Orte sind reduziert, dem Raum werden Funktionen eindeutig zugeordnet, und den Konsumenten fällt eine überwiegend passive Rolle zu (vgl. Sievers 2006: 61): „People flow much like liquid, tending to follow the line of least resistance (and greatest attraction). They can deliberately 'funnelled' into certain flow patterns" (Beddington 1991: 1). Restriktionen ("least resistence") und Anreize ("greatest attraction") greifen dafür in einander.

Die Beispiele aus der insbesondere durch die Umwelt- und Verkaufspsychologie beeinflussten Literatur und Forschung über Lenkung und Verhaltensbeeinflussung sind vielfältig: Materialien, Licht, Gerüche, Farben – all dies dient oder soll der Lenkung und Verhaltensbeeinflussung dienen. Das beginnt bereits auf dem Parkplatz. Bei Parkhäusern wird der Mall-Eingang in den ersten Stock gelegt. Da die Kunden lieber nach unten gehen als nach oben, wird so erreicht, dass mehrere Stockwerke aufgesucht werden und obere nicht verwaisen (vgl. Brown, G.M. 1999: 213; Garreau 1991: 456). In Paradiso urbano ist dies nicht möglich, ein Parkhaus existiert nicht. Eine vertikale Lenkung innerhalb der Mall wird daher mittels (von der Decke hängender) Hinweisschilder oder auch temporär mit einer „Wichtelseilbahn" angestrebt, die die Blicke in den ersten Stock gleiten lassen sollen. Auch die Parkbuchten sind nicht wie empfohlen im rechten Winkel zum Gebäude angelegt, um die Laufwege zu minimieren und die Kunden ohne Umwege direkt zum Eingang zu lenken (vgl. Gruen/Smith 1960: 127; Vernor/Rabianski 1993: 131f.). Dafür existieren aber Hindernisse auf den Parkierungsanlagen, die das Überwechseln zwischen unterschiedlichen Parksektoren erschweren. Bewegten sich die Kunden nämlich während des Besuchs außerhalb der Mall mit dem Auto statt innerhalb zu Fuß zum nächsten Ankermieter, würde ein elementares Prinzip der Center außer Kraft gesetzt: Sie wären nicht der aufwendigen Warenpräsentation ausgesetzt, die den Weg zu Fuß kennzeichnet. Bemühungen innerhalb der Mall konzentrieren sich darauf, diese Laufwege der Kunden zu lenken: (Roll-)Treppen sind an End- und Knotenpunkten der Mallstraßen konzentriert, Ankermieter so positioniert, dass die Kunden bei Bewegungen zwischen ihnen zwangsläufig auch an den kleineren Geschäften vorbei kommen (vgl. Beddington 1991: 101; Wawrowsky 1998: 188f.). Gilt in Paradiso urbano ersteres nur für den zweistöckigen Anbau („noch immer die 1b-Lagen"; M.1), wodurch eine Rolltreppe nun in der Mitte der Mall liegt, erweist sich letzteres auch hier als charakteristisch. Auf der Mallstrecke selbst bremsen Möblierungselemente, temporäre Verkaufsstände und Pflanzen den Fußgängerstrom, so dass die Kunden sich die angebotenen Waren länger ansehen können (bzw. müssen), und sie drängen die Konsumenten gleichzeitig so nah wie möglich an die Schaufenster heran (vgl. auch Brown, G.M. 1999: 195). Insgesamt gibt es etwa alle 25-35 Meter Bäume in der Mall, ein temporärer Weihnachtsmarkt oder auch an traditionelle Marktstände erinnernde Warenpräsentationen ergänzen diese, ebenso wie insgesamt 70 Bänke (auf lediglich ca. 500 Metern Malllänge), die früher einmal wegen in der Mall präsenter Randgruppen abmontiert waren, sowie drei Brunnenarrangements mit Blumenbeeten. Sind die Sonderstandflächen im Mallgang einmal nicht belegt, so dienen breite Markierungsstreifen im Granit des Fußbodens dazu, die Orientierung zu erleichtern, Laufwege zu lenken und visuelle Abwechslung zu erreichen (M.2). Gestaffelte Ladenfronten zum Abbremsen des Kundenstroms oder zum Kaschieren der Malllänge (vgl. Beddington 1991: 33) finden sich jedoch kaum (nur dreimal). Offene Ladenfronten (vgl. Germelmann 2003: 187, Dörhöfer 2004), die die Zugangsbereitschaft vom Gang in die Geschäfte erhöhen sollen, sind hingegen häufig vorzufinden, auch wurde bei der jüngsten Renovierung der Mall verstärkt der Granitfußboden vom Mallgang in die Geschäfte hineingezogen, um symbolische Grenzen zu verringern.

Bewegungen innerhalb der Mall werden zusätzlich durch ‚Lichtzonierungen', Spots, Lichtflächen in der Centerdecke oder Farbvariationen beeinflusst. Diese sollen nicht nur einen Eindruck von Lebendigkeit und Abwechslung hervorrufen, sondern Besucher unterbewusst durch die Mall führen: In Paradiso urbano existieren nur wenige entsprechende Lichtarrangements rechts und links über den Gängen. Weitere Beispiele wie subtil eine solche Lenkung vonstatten geht, lassen sich u.a. bei Paco Underhill (2000: 76) finden: Während Spiegel an den Wänden oder angenehme Gerüche, etwa einer Bäckerei, den Gang der Kunden verlangsamen, beschleunigt sich derselbe beim Anblick einer Bankfiliale. Auch langsame Musik verlangsamt den Gang und führt empirisch messbar zu mehr Umsatz (vgl. Ng 2003: 444). Hat Paradiso urbano derzeit noch ein „massives Akustikproblem" (M.2), aufgrund dessen Musik im Mallgang nur morgens bis 10:00, wenn noch nicht so viele Kunden vor Ort sind, gespielt wird, so soll dies behoben und zukünftig ein spezielles Musikprogramm der Firma „Point of Sale" eingespielt werden: „Musik soll zum Kauf verleiten, aber den Kauf nicht verleiden" (M.2). Zahlreiche, einheitliche Hinweisschilder mit Piktogrammen vervollständigen den Eindruck.

4.4.2 Bequemlichkeit und die Produktion von Atmosphäre

Noch viel weitergehender wird das Verhalten in der Mall über die „Atmosphäre", die „spürbaren unsichtbaren Seiten" des materiellen Raums (Löw 2001: 205), beeinflusst. So betont der International Council of Shopping Centers, der Erfolg von Malls hänge davon ab, neben einem breiten Waren-, Dienstleistungs- und Entertainmentangebot Ambiente und Atmosphäre zu bieten (vgl. Joye 2000).

Ziel der Mallplanung und der täglichen Reproduktion von Raum ist es, eine Atmosphäre zu erreichen, die von den Besuchern trotz der Massen einander Unbekannter als angenehm empfunden wird und die Konflikten sowie jeglicher Verunsicherung vorbeugt, indem sie Reize dosiert und Stress verringert und dadurch die Stimmung der Kunden hebt. Eine Atmosphäre der Bequemlichkeit und des Wohlfühlens soll die Attraktivität der Mall, die Besucherfrequenz sowie die Aufenthaltsdauer und letztendlich den Umsatz steigern. Zirkeleffekte werden angestrebt: Die angenehme Atmosphäre beeinflusst das Verhalten der Anwesenden, die dadurch die Atmosphäre reproduzieren.

Auch diesbezüglich beginnt das Erlebnis Shopping Mall bereits auf dem Parkplatz. Parkplätze sind in ausreichender Zahl vorhanden (und so geben 96% der Kunden an, sofort oder ohne Probleme einen Parkplatz zu finden; Angabe des Betreibers) – und wenn nicht, wie manchmal an ehemals Langen Samstagen, dann seien die Kunden „angefasst" (M.5) und die Stimmung würde schon schlechter, bevor die Mall überhaupt betreten wurde. Wenn „alles bequem ist" gäbe es auch weniger Aggressivität, es solle nichts aufgestaut werden, Kleinigkeiten sollten sich nicht hochschaukeln (M.2). Wohlfühlen wirkt präventiv auf Konflikte und soll es auch. So schaffen etwa die Parkplatzeinweiser in Paradiso urbano keine neuen Parkplätze, sie „verbreiten eine Stimmung" (M.1). Zuvorkommendes Personal, Höflichkeit und personalisiertes Ansprechen werden demonstriert. Das Sicherheitspersonal wird dem Atmosphäregedanken entsprechend auch als Servicepersonal definiert,[107] selbst Polizisten würden oft und „wegen allem Möglichem" angesprochen (M.4).

Familien mit Kindern steht der (kostenpflichtige) Kinderhort „Spaceland" zur Verfügung und körperlich eingeschränkte Kunden können Leihrollstühle bekommen, mit denen sie sich auf dem kantenfreien Mallboden problemlos bewegen können. Letztere sind auch dementsprechend zahlreich anwesend. Auch Fußgänger haben keine Schwierigkeiten: Der Granitboden wurde mittels Durchschnittsschuhen gemäß Deutscher Industrie Norm auf Rutschfestigkeit geprüft und extra dreimal nachbehandelt (M.2).

---

107 Die eher martialisch wirkenden schwarzen Uniformen sind insofern entweder als Relikte der Anfangszeit zu interpretieren, als formelle Kontrolle und Exklusion bedeutsamer waren, oder als Schwäche des Konzepts.

Bordsteinkanten oder Hundehaufen, die Aufmerksamkeit verlangen oder Verärgerung hervorrufen könnten, gibt es nicht. Der Kunde muss sich keine Gedanken über sein sicheres Fortkommen machen oder auch nur beständig den Blick nach unten richten (vgl. Underhill 2004: 41).

Zur Bequemlichkeit gehört auch, die Mall übersichtlich zu gestalten bzw. Orientierung zu erleichtern, denn Eindeutigkeit ist ein elementarer Bestandteil von Shopping Malls. Der Centermanager betont, im Unterschied zum vielleicht interessanten, aber nervenaufreibenden „Suchen", sei das „Finden" und vor allem das „Alles Finden" die Philosophie des Centers (M.1). Bereits im Vorfeld eines Besuchs kann man sich auf der Homepage von Paradiso urbano informieren, es existieren Faltpläne für die Mall und zahlreiche Hinweisschilder und ein, jedoch nur schwach frequentierter, „Infopoint" ermöglichen es, jederzeit weitere Hilfestellungen zu erlangen. Auch baulich ist die Mall übersichtlich gestaltet: ca. 500 Meter lang und fast gerade, mit einem kleinen Knick, der für Ablenkung sorgt oder auf den jeweils hinteren Teil neugierig machen soll, jedoch die Orientierung ebenso wenig erschwert, wie die zwei kleinen Courts oder Innenhöfe im Inneren. Und so empfinden Dreiviertel der Befragten Paradiso urbano als *sehr* oder *eher überschaubar* (198 von 259 Antwortenden).

Um stressfreies Ambiente zu gewährleisten, würde auch auf zu viele temporäre Verkaufsstände im Mallgang verzichtet, das würde zwar kurzfristig bedeuten, auf mehr Umsatz zu verzichten, sei aber für die Atmosphäre – und damit langfristig – wichtig (M.1). Dazu gehört auch, die Besucher nicht mit akustischen oder visuellen Reizen zu überfordern, die Temperatur (immer 21°C)[108] komfortabel zu halten und Licht so akzentuiert einzusetzen, dass es Laufrichtungen nahe legt oder Warenpräsentationen unterstützt, jedoch nicht blendet – auch auf blendende Sonneneinstrahlungen durch das Glasdach wird, allerdings mit begrenztem Erfolg, eingewirkt. „Sauberkeit, Licht, Mieter, Luft ... alles zusammen ist das Gesamtambiente" (M.2), dies beeinflusse das Verhalten.

Getragen wird die Atmosphäre durch die *Einhausung*. Sie ist die Voraussetzung, um die Temperatur zu regulieren, Licht zu akzentuieren, Dreck einzudämmen und sie wirkt auf das Sicherheitsgefühl. Schon der Raum vermittele „ich bin geschützt" (M.1). Die Wahrnehmung der Atmosphäre ist es auch, die Sicherheitsgefühle beeinflusst (vgl. auch Czerwinski/Zurawski 2006) und Sicherheit, die eben gar nicht erst zum Gegenstand von Reflexion wird, ist Teil der Atmosphäre.

---

[108] In der Literatur ist jedoch davon die Rede, die Innentemperatur solle im Winter etwas niedriger als im Sommer sein, um keinen zu großen Unterschied zu produzieren und im Winter den Besuchern das Problem abzunehmen, nicht zu wissen wohin mit ihrem Mantel – dies würde sonst dazu führen, dass sie entweder früher gingen, weil sie schwitzten, oder aber keine Hand mehr für Einkäufe oder Warenbetrachtungen frei hätten (vgl. Underhill 2004).

Atmosphäre soll die Attraktivität steigern und den „feel-good-factor" stärken. Teil der Atmosphäre ist auch die funktionale Eindeutigkeit der Mall, die auf die Wahrnehmung von Fremdheit und damit auf Verunsicherungen wirkt, denn sie schränkt die Varianz der akzeptierten und spielbaren sozialen Rollen ein.

4.5 Ordnung durch Rollenhomogenität

> „That's the lulling effect of the mall – you are surrounded only by fellow shoppers, all drawn together in a communion of consumption" (Underhill 2004: 34).

Reduktion von Komplexität erhöht die Erwartbarkeit sozialen Verhaltens und damit Sicherheit. Schon die bauliche Ordnung des Raums bewirkt dies, aber auch die Einschränkung der Nutzungsmöglichkeiten. „Sicherheit und (soziale) Eindeutigkeit entstehen nach Luhmann dadurch, dass aus einem Spektrum denkbarer Möglichkeiten bestimmte Möglichkeiten als handlungsrelevant ausgewählt, andere hingegen als irrelevant ausgeblendet werden" (Ruhne 2003: 65). Die handlungsrelevante der denkbaren Möglichkeiten des Verhaltens der Anwesenden ist in der Mall die des Konsums.

War die innerstädtische Geschäftsstraße durch eine Rollenpluralität geprägt, innerhalb derer die Anwesenden in den Rollen der Verkehrsteilnehmer, Anwohner, Konsumenten, Sportler, Bettler, Flaneure etc. vorkommen, so gilt dies für die Mall nicht. Die Hausordnung verbietet politische, kulturelle oder sportliche Nutzungen – zumindest ohne vorherige Genehmigung des Managements –, und sie kommen auch nur inszeniert in Form von Events vor (siehe Kapitel IV.1.4.1). Anwohner gibt es keine und aufgrund der Sackgassenlage der Mall kann man nicht einmal als reiner Passant auftreten. In der Mall bleiben nur zwei legitime Rollen: die Rolle des Konsumenten oder die des Flaneurs. Letztere ist jedoch im Setting Mall eine schlichte Erweiterung des Shopping, indem sie Window-Shopping bedeutet. Andere legitime Rollen sind ausschließlich den Angestellten in der Mall vorbehalten oder sie werden *in* die jeweiligen Geschäfte, Cafés und Restaurants verlagert. Dort kann die Mall als Treffpunkt, als Ort für „Sociability" genutzt werden, allerdings ebenfalls auf Basis von Konsum (vgl. Ortiz 1994). Im Mallgang, der ‚Straße', ist diese Nutzungsmöglichkeit eingeschränkt. Die zwar zahlreichen Bänke sind so angelegt, dass man immer mit dem Rücken zueinander sitzen muss; Kommunikation wird erschwert, freie Flächen sind regelmäßig mit Verkaufs- oder Werbeständen zugestellt.

Im Mallgang herrscht Nutzungsgleichförmigkeit vor und diese wird auch erwartet: Die Reduktion von Komplexität spiegelt sich auch in der Wahrnehmung der Besucher der Mall durch die jeweils anderen Besucher wider. Unterstellten die Befragten in der Geschäftsstraße eine ausgesprochene Rollenpluralität resp. Unbestimmtheit der Rollen und teilweise gar deviante Nutzungsformen, so ist dies in Paradiso urbano keineswegs der Fall. 71,3% (107) der männlichen Jugendlichen reduzieren die übrigen Anwesenden auf die Rolle des Konsumenten und auch von den Frauen meinen auf die offen gestellte und nachträglich kodierte Frage, „Die Leute, die sie hier sehen: Was meinen Sie, was machen die hier?", zu immerhin 41,0% (43) „nur Einkaufen" – in der Geschäftsstraße meinten dies insgesamt nur 11,4% der Befragten.

D.h. im Unterschied zur Antwort „keine Ahnung/alles mögliche" erscheint damit für einen erheblichen Teil der Befragten das Verhalten der Übrigen deutlich erwart- und damit kalkulierbarer als in der Geschäftsstraße. Assoziationen mit Devianz wurden hier kein einziges Mal auch nur erwähnt. Besonders deutlich wird dies für die gleiche, jedoch explizit in Bezug auf Punks gestellte Frage. Spielte die Konsumentenrolle in der Geschäftsstraße diesbezüglich gar keine Rolle, meinen in der Mall immerhin 25,7% aller Befragten selbst Punks würden nur zum Einkaufen vor Ort sein. Für diese Befragten liegt deren Bedeutung nicht mehr darin Punk, sondern Konsument zu sein und damit sind sie auch nicht mehr fremd. Auch wenn nur eine Minderheit diese Zuschreibung einer nicht als bedrohlich geltenden Rolle vornimmt, so ist die Zuschreibung für diese doch sehr bedeutsam. Für diejenigen, die im Setting Mall eine als sozial und kulturell fremd definierte Personenkategorie (Punks) auf eine ungefährliche Rolle reduzieren, wirkt sich das durch seine Eindeutigkeit definierte Ambiente der Mall auch auf die Wahrnehmung anderer, als gefährlich stigmatisierter Fremder aus: Sie geben signifikant seltener an, durch Drogenkonsumenten in der Mall verunsichert zu sein – Drogenkonsumenten spielt für die Befragten also eine Rolle, obwohl sie im Unterschied zur Geschäftsstraße kaum wahrnehmbar sind.

Das alternative Milieu der Geschäftsstraße ist tolerant, aber der Raum Mall hat eine höhere ‚Definitionsmacht', die die Wahrnehmung der jeweils anderen beeinflusst, bevor Toleranz überhaupt nötig wird. Die unbekannten Anderen nur als Konsumenten zu definieren, wird wiederum durch die funktionale Eindimensionalität nahe gelegt:

> „(...) in a mall you walk safe in the knowledge that everyone is there to do the exact same thing you're doing, however we define the complex set of missions you've undertaken. There are no bicycle messengers, careening taxis, distracted truck drivers, no hell-bent young career women storming past, shouldering you out of the way, no offices drones racing trough a lunch hour's worth of errands, no mobs of high schoolkids out frolicking, pretending they own sidewalk. Nobody but us shoppers. The corridors are unipurpose. We are all in agreement about why we are here. With that homogeneity of intention comes safety" (Underhill 2004: 41),

und man kann ergänzen: with that homogeneity of intention comes *certainty*: als Gewissheit der Erwartbarkeit, denn über die Eindeutigkeit der Rolle verringert sich die Fremdheit mitkonstituierende Baumansche Wissenslücke, sowie als Stabilität sozialer Ordnung.

Als Kunde muss ich bei anderen Kunden nur damit rechnen, dass diese sich in der Schnäppchenschlange oder an der Kasse vordrängeln, andere „alarmierende Signale" (Goffman 1974: 329) gibt es in der Wahrnehmung nicht. Verunsicherung wird reduziert. In der übergreifenden Konsumentenrolle ist der Andere auch nicht mehr fremd. Er ist kategorial, wenn auch nicht persönlich bekannt. Der unbekannte Andere bleibt als Person fremd, aber er wird als sozialer Typus bekannt. Fremdheit wird in kategoriale Bekanntheit transferiert.

Neben der Konsumentenrolle wird von Seiten von Mall-Betreibern – scheinbar paradox – versucht, eine weitere Rollenzuschreibung zu etablieren: die des Gastes.

„(...) es gibt hier keine Kunden oder Besucher, sondern nur noch Gäste. Diese Erfindung der Servicesprache definiert einerseits die Rollenattribute um – ‚Kunde' ist eine ökonomische Kategorie, ‚Gast' eine solche des privaten Lebens – und privatisiert damit (neben dem öffentlichen Raum) auch die interaktiven Modelle zwischen dem Personal und seinen ‚Gästen'; andererseits antizipiert der Begriff auch (ein nicht intendierter Nebeneffekt) die Reinigungsrituale, gibt es doch sehr viel eher unerwünschte Gäste als unerwünschte Kunden. Sprachlich allerdings trägt die Verwendung des Begriffs ‚Gast' dem ganzen Text ein unsicheres Schwanken ein zwischen Höflichkeit, wie sie gegenüber Gästen geboten ist, und dem autoritären Ton, wie ‚Ordnung' ihn nahe legt" (Legnaro/Birenheide 2005: 136).

Dieser vermeintliche Rückschritt auf dem Weg Sicherheit bei den Erwartungen durch eine Reduktion von Komplexität herzustellen – neben den Konsumenten tritt der Gast als weitere Rollenoption –, erscheint jedoch nur vordergründig als solcher. Die Gastrolle ist primär nicht intersubjektiv zwischen den Besuchern relevant. Sie soll das Verhältnis zwischen den Betreibern (bzw. den in der Mall Angestellten) und den Konsumenten strukturieren. Die Gastrhetorik ist vor allem für die Außendarstellung der Mall interessant – wenngleich die Betreiber im Fallbeispiel Paradiso urbano z.B. auf ihrer Homepage auf das Wort „Gast" verzichten. Erst sekundär erweist die Fremd- und ggf. auch Selbstdefinition als Gast sich auch intersubjektiv bedeutsam, denn mit der Gastrolle gehen kulturspezifische Verhaltensmuster einher: Man wird idealerweise nicht nur umsorgt, sondern man verhält sich auch zurückhaltend und rücksichtsvoll allen anderen und dem Gastgeber gegenüber. Damit entstehen Assoziationen von Privatheit und als Gast ist man kein Fremder mehr (vgl. Nassehi 1995). Im öffentlichen Raum kann man nicht Gast sein. Der Raum Mall wird damit zwar nicht zu einem eigenen privaten, wohl aber zu einem fremden privaten Raum, in dem man sich eben wie ein Gast benimmt und nicht die Schuhe auszieht, um die Füße wie zu Hause auf dem Sofa hochzulegen. Ansonsten werden die „Gäste" von den jeweils anderen aber als Konsumenten wahrgenommen.

Dabei reduziert bereits der temporäre Charakter der Termini ‚Gast' oder ‚Besucher' ebenso wie der der Bestimmung des Raums, Einkaufen, die Fremdheit. Der Besucher der Mall kommt nicht heute und bleibt morgen. Er geht spätestens wenn die Mall schließt und er verfügt dort über kein ‚eigenes' physisch-materielles oder metaphorisches Territorium. In der Geschäftsstraße ist das anders: Die dort permanent Anwesenden können als Invasoren in die eigene Nachbarschaft, in das vertraute Territorium angesehen werden. Durch den Faktor Zeit hat Fremdheit in der Mall bereits eine geringere Bedeutung als an Marktorten, die in Wohngebiete eingebettet sind.

Den Hintergrund, um die Umwelt entsprechend gestalten und die Funktionalität des Ortes so steuern zu können wie beschrieben, bilden umfangreiche Marktforschungen und damit auch eine indirekte Einbindung (potentieller) Kunden.

4.6 Mall-Wissenschaften und Konsumentendemokratie

> *„Aufgabe des Verkaufs ist es in der Selbstbedienung nicht mehr, den Kunden durch den Verkäufer zum Kauf zu bewegen, sondern sich in die Position des Kunden zu versetzten, um dann Ware, Informationen, Plakate usw. so zu plazieren und aufzubereiten, daß der Kunde selbstständig so handelt, wie es der Anbieter wünscht. (...) Diese Steuerung geschieht nicht dadurch, daß der Akteur – in der Weber'schen Terminologie – die Chance nützt, seinen Willen gegen* Widerstreben *durchzusetzen, wie dies Kennzeichen des* hard selling *ist, des Verkaufs durch Überredung. In der (indirekten) Steuerung durch Selbststeuerung geht es vielmehr darum, das Streben der Anderen zu analysieren, um hier Steuerungsimpulse zu setzen, die der Andere selbstständig aufgreift und umsetzt"*
> *(Voswinkel 2005: 99, Herv. i.O.).*

Shopping Malls wollen genau das bieten, was die Kunden sich wünschen. Diese Feststellung hat auch für Paradiso urbano Gültigkeit. Gemäß einer Umfrage der Betreiber vermissen 67,8% der Besucher nichts in Paradiso urbano (weitere 22,6% machten bei der Frage keine Angaben).[109] Hinsichtlich der Feststellung „Die Mischung/Zusammenstellung der unterschiedlichen Geschäfte entspricht *genau ihren Wünschen*" (Herv. J.W.) meinten nur 7,5% „trifft eher nicht zu", alle anderen stimmten der Aussage zu, niemand meinte „trifft nicht zu".

In dem Maße, in dem Wünsche (der Kunden) mit dem Angebot (der Betreiber) kongruent sind, in dem Maße bleiben auch Assoziationen von Fremdheit nahe legende Abweichungen aus. Ein bedeutender Hintergrund, um den Raum Mall entsprechend produzieren zu können, ist Wissen über die mögliche Kundschaft.

Um die Wünsche der Kunden zu erfüllen und in Umsatz für die Mall zu transferieren, passen Malls sich an ihren potentiellen Kunden an (vgl. auch Bareis 2005). Lediglich einige Aspekte der Produktion von Raum gelten für alle Malls, wie sie Victor Gruen ‚erfunden' hat: Sie werden von einem

---

109 Die genaue Frage lautete: „Welche Dienstleistungsanbieter oder sonstige Angebote, die sie häufiger nutzen, vermissen sie?"

einzigen Subjekt geplant, gestaltet und gemanagt, sie sind auf den Innenraum ausgerichtet sowie nach außen abgeschlossen und die Geschäfte am Gang sind zwischen Ankermietern aufgereiht (vgl. Dörhöfer 2004: 11).[110] Bis auf diese drei Punkte sind Malls maßgeschneidert für die anvisierte Kundschaft. Je nachdem, welche Detailgestaltung der Mall im avisierten Zielgebiet den größten Profit erwarten lässt, sind sie daher auch mal mit „fast orientalischem Flair", „kleinbürgerlich-provinziell" oder „großstädtisch-elegant" gestaltet, wie es Kerstin Dörhöfer (ebd.) für Berliner Malls beschreibt, oder sie werden – wie zunehmend in den USA – auf bestimmte, im Einzugsbereich wohnende Altersgruppen (z.b. WOOPIES: Well-Off-Older-People) ausgerichtet, auf lokal stark vertretene Migrantengruppen, z.b. Malls mit asiatischem Flair, oder auch als „melting pot" entworfen (vgl. Cohen 2003), in dem kulturelle Differenzen marktgerecht in der Konsumentenrolle verschmelzen sollen. Gerade die Spezialisierungen verdeutlichen, dass in Malls vor allem diejenigen anzutreffen sind, die in der Mall auch das vorfinden, was sie wünschen und erwarten. Dies ist aber auch dann der Fall, wenn die Malls auf „Durchschnittskunden" ausgerichtet sind, also auf „weiße" Frauen zwischen 25 und 50 Jahren aus der Mittelschicht, denn diese Gruppe stellt die häufigsten Nutzer von Marktorten in den USA und Europa (vgl. Cohen 2003, Dörhöfer 2007). Sie stellen die größte Gruppe der Kunden.

Die Basis für ein Wechselspiel zwischen den subjektiven Präferenzen der Kunden für einen bestimmten Marktort und der tatsächlichen Ausgestaltung der Mall liefern in die Planung und die tägliche Organisation von Betriebsabläufen einfließende Ergebnisse umfangreicher Forschung, die bisweilen als „science of malling" tituliert wird. Bei der Planung berücksichtigt, und mittels (mikro-)geographischer Konsum- und Lebensstilforschung („Geomarketing", „Business Mapping" sowie damit verbunden: ‚Datamining' wären weitere, neue Stichworte)[111] standardisiert erhoben, werden etwa: Alter, Einkommen, Haushaltsstruktur, Wertvorstellungen, Art und Umfang des Medienkonsums, Markenpräferenzen, Freizeitverhalten, Kreditwürdigkeit, Nationalität, ... (vgl. Vernor/Rabianski 1993: 47ff.; Herrmann 1998, Hahn 2002: 19f.; Farrell 2003: 96). „Konsum wird zu einer statistisch präzis kalkulierten Transaktion" (Helms 1992: 132). Das VALS-Survey – Values and Lifestyles – der us-amerikanischen SRI Consulting Business Intelligence soll etwa die Unternehmensplanung verbessern, indem Absatzmärkte anhand von Persönlichkeitsstrukturen der Kunden definiert werden. Acht Persönlichkeitstypen werden jeweils spezifische Kundeneigenschaften zugeschrieben, schreibt Karen Sievers (2007), auf die dann die

---

110 Die ebenfalls genannte Pkw-Ausrichtung verliert mit dem Boom an Centern in innerstädtischen Lagen an Bedeutung.
111 Siehe etwa: http://www.schober.de als einen der größten Anbieter von Datensätzen in Deutschland, der keineswegs nur Shopping Mall Betreiber beliefert, oder auch: Rauner 2006.

Geschäftsstrategie ausgerichtet werden kann. Dabei werden, neben allgemeinen statistischen und offensichtlich zum Kaufverhalten zu rechnenden Angaben, beispielsweise auch die Zustimmung bzw. Ablehnung zu Aussagen wie: „I am often interested in theories", "The federal government should encourage prayers in public schools" oder "A woman's life is fulfilled only if she can provide a happy home for her family" erhoben (ebd.: 229), die dann Rückschlüsse für die atmosphärische Gestaltung der Mall erlauben sollen.

Wenn man weiß, was die potenziellen Kunden wertschätzen, muss man diese Werte nur noch mit Produkten in Verbindung bringen, dann werden die Bedürfnisse von Verkäufern und Käufern befriedigt (vgl. Sievers 2006: 18): Die Designer „need to know *our* dreams in order to make *their* dreams come true" (Farrell 2003: 16, Herv. J.W.). Kapitalismus und Verkaufspsychologie enden jedoch nicht bei der Befriedigung bestehender Bedürfnisse – jedes befriedigte schafft vielmehr ein neues.

Neben der Konsumforschung ist eine anthropologisch orientierte Verhaltensforschung dafür relevant, ein stress- und konfliktfreies Ambiente zu schaffen. Ein Ambiente, das den Wünschen der Konsumenten entspricht. Aufgabe der Mall-Designer ist es daher etwa folgende Fragen zu berücksichtigen: Wie ist die durchschnittliche Schrittlänge und Blickweite? Kann bei so und so vielen Kunden die minimale, als nicht beengend empfundene Distanz zwischen zwei Kunden noch gewährleistet werden? Wann gehen Menschen schneller, wann langsamer? Welche Stimmungen werden durch welche Farben verstärkt oder abgeschwächt? Welche Innentemperatur empfinden die Kunden bei welcher Außentemperatur als angenehm, und wie reagieren sie auf Abweichungen? Welche Laufrouten schlagen sie ein? Welche Musik gefällt ihnen und welche Reize löst sie wann aus? etc. pp. So wird zukünftig auch für Paradiso urbano ein „Basis-Format (...) nach Ergebnisse der NFO Infratest-Studie zusammengestellt", um ein „zielgruppenaffines Musikprogramm" zu gewährleisten (aus der Produktwerbung, vgl. P.O.S Radio 2005; M.3).

Neben Befragungen und gezielten Beobachtungen sind zur Beantwortung solcher Fragen weitere Erhebungsmethoden üblich, wie etwa Sensoren im Fußboden, die Laufwege und Verweilzeiten registrieren, verkaufspsychologische Experimente und, wenn es um das direkte Kaufverhalten geht, hauseigene Kunden-/Kreditkarten, die Umfang und Art der Waren personalisiert erfassen oder seit neustem Radio Frequency Idenification, kurz RFID-Chips, die bald in jedem (!) Produkt oder dessen Verpackung integriert sein werden und die kontaktlos Daten über das Produkt an Lesegeräte am Ausgang (oder wo auch immer) übertragen. Sie werden nicht nur die Optimierung von Logistik und Konsumtionsprozessen anhand statistischer Massendaten erlauben, sondern Verkaufsstrategien weiter individualisieren: Zukünftig wird über die Verknüpfung von Produkt- und Käuferdaten (etwa durch das Bezahlen mit Kreditkarte) Kaufverhalten personifiziert analysiert werden können, um dann auch Werbung oder sogar Verkaufspreise individuell gestalten zu können.

All solche erhobenen Daten können und werden bei der Planung von Produkten, von Werbung, von Inneneinrichtungen von Geschäften und eben auch von ganzen Malls berücksichtigt (vgl. Underhill 2004).

Fremdes – an Menschen, Erscheinungsweisen, Geschäften, Dienstleistungen, Verhaltensweisen – kommt also *auch* deshalb kaum vor, weil die meisten Kunden in den Malls genau das vorfinden und tun können, was sie kennen und sich wünschen. „[T]he citizens vote via the market study, and the mall government responds" (Kowinski 1985: 76). Diesbezüglich ist der Kunde nicht nur passiv, sondern ebenso ‚Architekt' der Center (Sievers 2006). Auch ein Kontakt- oder Beschwerdekasten existiert dementsprechend in Paradiso urbano. Kunden können Probleme schildern, die ggf. vom Management aufgegriffen werden, um die Umwelt weiter zu perfektionieren, denn mit sozialem Wandel und sich wandelnden Bedürfnissen und Moden kann das „perfect environment" von Malls nur als Prozess begriffen werden. Eine Erfurter Mall verfügt gar über eine Art Kundenparlament, das zwar keine Macht aber Einfluss hat und dazu dient, Bedürfnisse von Kunden zu erfahren und, wenn sie mit dem Interesse des Centers vereinbar sind, auch zu befriedigen (vgl. Frank 2007).

Trotz oder gerade wegen solcher Partizipationsmöglichkeiten, wird das, was eine kaufkräftige Mehrheit als wünschenswert empfindet, als Norm für alle durchgesetzt und als Muster etabliert, darin drückt sich Herrschaft aus:

> Die „(...) ‚science of malling' (...) muss als eine Herrschaftstechnik betrachtet werden. Das ist nicht die Herrschaft geradezu traditionaler Art, die mit Zwang und normativen Vorgaben Verhalten disziplinierend durchsetzt [und daher eher als Macht zu bezeichnen wäre, J.W.], sondern es ist die Herrschaft der Kontrollgesellschaft, die durch Freiwilligkeit gekennzeichnet ist und zustande kommt durch ein pausenloses Abhorchen, figurativ gesprochen. Die empirische Erforschung dessen, was die Konsumenten wollen (bzw. wollen könnten) verselbständigt sich in einem solchen System zur Norm, und die Norm wird aus der Realität generiert und fällt auf diese zurück. Das steckt Freiheitsspielräume sowohl in ihren Möglichkeiten wie in ihren Grenzen ab. „In diesem System der Dissuasion ist die Unterscheidung von aktiv und passiv abgeschafft. Es gibt keinen Imperativ der Unterordnung mehr in Bezug auf das Modell oder den Blick. ‚IHR seid das Modell!' ‚IHR seid die Mehrheit!'" (Baudrillard 1978, S. 47), ein Mechanismus, der gleichermaßen Selbstbestätigung wie die permanente Herausbildung einer Modalkultur begründet und normgenerierend wirkt, obgleich und weil alle lediglich den vorgeblich eigenen Vorstellungen ihres persönlichen Stils folgen. Das macht die Mall zum prototypischen Identitätsbasar der späten Moderne: hier findet das Publikum, was zu suchen ihm noch gar nicht bewusst war, und verwirklicht auf eine aktive Weise seine Passivität" (Legnaro/Birenheide 2005: 105f.).

Die Besucherzahlen definieren das Ergebnis einer „Abstimmung mit Füßen" (Dörhöfer 2004: 15), und Konsumentenbefragungen, das „pausenlose Abhorchen", „Kundenparlamente" sowie Beschwerdekästen schaffen die Legitimität dieser neuen Herrschaft – und der Glaube an deren Legitimität (vgl. Weber 1985) resultiert auch aus dem Privateigentum und daraus, dass die Besucher das vorfinden, was sie wünschen. Das „Wohlfühlen" Aller, wie es in der Hausordnung von Paradiso urbano formuliert ist, legitimiert die Verbote.

4.7 Selbstadjustierung an lokale Verhaltensstandards

Die Besucher von Paradiso urbano finden dort ganz überwiegend das, was sie erwarten, denn – abstrakt gesehen – wurden sie vorher danach gefragt, was sie wollen. Die tendenzielle funktionale Eindimensionalität weist allen dieselbe Rolle zu. Abweichungen von der Intention der Nutzung bleiben nahezu aus und wenn sie dennoch erfolgen, so bleiben sie verdeckt oder aber werden nicht als solche definiert; abweichend erscheinende Personen werden im Zweifelsfall exkludiert. Dies alles schafft eine spezifische lokale Normalität.

Eine tendenzielle Gleichförmigkeit in Verhalten und Erscheinung ist Ergebnis und Voraussetzung dafür, dass sich die Besucher der Mall an die durch sie selbst durchschnittlich erfahrbare oder von ihnen erwartete ortsspezifische Normalität anpassen und Normkonformität ist dabei nur ein Aspekt. „Es wird (...) unterschieden zwischen dem direkt Gemeinten, das einem deutlich und klar als Wahrnehmung oder Empfindung, Absicht oder Wollen im Bewußtsein gegeben ist und dem bloß »Mitgegenwärtigen«, von dem Husserl schreibt, es bilde einen »beständigen Umring des aktuellen Wahrnehmungsfeldes«" (Hahn 2003: 23). Die Besucher verhalten sich in dem „Wahrnehmungsfeld" Mall selbst so, wie sie es vorbewusst wahrnehmen, dass die Übrigen, als entscheidender Teil des „Mitgegenwärtigen", sich verhalten: „Die Körper der anderen Personen werden wahrgenommen als Ausdrucksfelder von Gefühlen, Stimmungen, Absichten und Zielen, die das eigene Handeln gewissermaßen spiegelbildlich reflektieren" (Knoblauch 2005: 158). Solche grundsätzlichen Überlegungen aus dem symbolischen Interaktionismus lassen Kreislaufeffekte nahe liegend erscheinen: Die wechselseitige Spiegelung erleichtert Interaktion und schafft Normalität, und die jeweils anderen dienen nicht nur als Spiegel, sondern auch als Folie eigenen Verhaltens. Eine solche Orientierung an der Normalität des Ortes – nicht primär an seiner Normativität – und deren Adaption soll *Selbstadjustierung* heißen. Sie ist von auf soziale Normen bezogener Selbstdisziplinierung – wenn auch nicht für die Mall operationalisierbar, so doch analytisch – zu unterscheiden, und als die subjektive Seite der Kontrollgesellschaft zu verstehen. Neben Konformität tritt sich selbst verstärkende Gleichförmigkeit.

Selbstadjustierung ist dabei zunächst inhaltsleer und ziellos. Inhalte und Ziele der Anpassung werden vielmehr erst über Regelmäßigkeiten des sozialräumlichen Settings (Mall oder Geschäftsstraße) definiert. Auf die Mall übertragen heißt das, die Individuen passen sich an die beobachtbare und durch Eindeutigkeit sowie Gleichförmigkeit charakterisierte Normalität des

Raums an, sie adaptieren statistisch ‚normales', weil durchschnittliches (und gleichzeitig normativ erwünschtes) Verhalten. Eine solche Anpassung ist in der Geschäftsstraße nicht möglich, da sich kein ‚Mittelwert des Verhaltens' bestimmen lässt und insofern eine Selbstadjustierung an verschiedenen Inhalten und Zielen erfolgen kann. In der homogenen Sphäre der Mall kann es hingegen eine übergreifende Selbstadjustierung geben und Ziel dieser ist es, gerade nicht aufzufallen und zwar selbst dann, wenn eine Handlung nicht einmal gegen die Normativität verstößt (vgl. auch Goffman 1974: 366).[112] Sie erfolgt vorbewusst situativ und ad hoc in der Mall, um nicht durch eine wie auch immer geartete Auffälligkeit, die Aufmerksamkeit und Blicke anderer auf sich zu ziehen – also aufgrund einer (unterstellten) informellen sozialen Kontrolle, die aufgrund der Homogenität bereits bei statistischen Auffälligkeiten wirksam zu werden droht. Es wurden zwar nur wenige, wenngleich niedrigschwellige, informelle Kontrollhandlungen, wie sichtbares, Ablehnung ausdrückendes Kopfschütteln beobachtet. Das bloße Hingucken einer Besucherin reichte aber etwa schon aus, dass ein ‚verlorenes' Taschentuch einer anderen durch diese wieder aufgehoben wurde.[113] Gleichwohl ist die bewusste oder vorbewusste Erwartung solcher Reaktionen die Basis für Selbstadjustierung. Abweichung könnte Anlass für ‚Klatsch'[114] oder starrende Blicke sein, also für ein Verhalten, dass keine „höfliche Gleichgültigkeit" (Goffman 1971: 84ff.), wie sie Merkmal urbanen Verhaltens ist, darstellt, ohne dass eine explizite Kontroll*intention* der übrigen Anwesenden besteht. Gleichförmigkeit wäre, wie in Solomon Asch's (1956) Konformitätsexperiment, Ergebnis des über das durchschnittliche Verhalten und Erscheinen symbolisierten, informativen Einfluss' der übrigen Anwesenden und mithin Ergebnis eines latenten Gruppenzwangs: Das Wahrnehmungsumfeld liefert die Informationen über die Verhaltensstandards:

> „Und diese Wirklichkeit hat stets einen implizit *normativen* Charakter: In den meisten Situationen des alltäglichen Lebens können wir abschätzen, was in ihnen erlaubt, nützlich oder im Gegenteil von den herrschenden Erwartungen abweichend ist. Soziale Ordnung bestätigt sich also laufend durch das Verhalten unserer Mitmenschen und unser eigenes; sie wird einem beobachtenden Dritten primär durch Verhaltensregelmäßigkeiten erkennbar (...)" (Kaufmann 1987: 41, Herv.i.O.).

---

112 Diese Selbstadjustierung ist also weder eine „luzide Reflexion des Normalen" noch erfolgt sie hier über „Habitualisierungsprozesse", wie es Winkler im Zusammenhang mit Normalisierung über diskursive Praktiken diskutiert (Winkler 2004: 193).
113 Dreimal wurden die Feldforscher gefragt, was sie dort tun, einmal Jungen, die falsch herum die Rolltreppe benutzten ermahnt, ebenso einmal Jungen, die eine Autohupe bei einer Pkw-Präsentation betätigten sowie ein Kind, das laut rief.
114 Zwar hat Peters (2002: 144f.) darauf verwiesen, „Klatsch" nicht als soziale Kontrolle zu definieren, da dieser nicht auf die Verhinderung von ‚klatschwürdigem' Verhalten zielt. Umgekehrt ist jedoch die Vermutung, das eigene Verhalten würde Anlass zum Klatsch geben können oder einen der Lächerlichkeit Preis geben (vgl. Berger 1977: 84), ein Motor, dieses Verhalten nicht an den Tag zu legen bzw. verborgen zu halten.

Die Kunden orientieren sich an dem Vorfindbaren und damit auch an den übrigen Anwesenden, und dies erzeugt nicht nur eine sich wechselseitig reproduzierende relative Gleichförmigkeit innerhalb der Fremdheit verschwindet, sondern reduziert auch die ebenso wechselseitigen Verunsicherungen:

> „Was ein Individuum für sich selbst ist, ist nicht etwas, was es erfunden hätte, sondern das, was sich bei den ihm gegenüberstehenden signifikanten Anderen als Erwartung in bezug auf es herausgebildet hat, als was sie es behandelt haben, und als was es schließlich sich selbst sehen mußte, um auf ihre Reaktionen ihm gegenüber reagieren zu können. Mead hatte nur darin unrecht, daß er glaubte, die einzigen relevanten Anderen wären diejenigen, die dem Individuum anhaltende und besondere Aufmerksamkeit zu schenken bereit seien. Es gibt jedoch noch andere Andere, nämlich jene, die ein Interesse daran haben, in ihm jemanden zu finden, der nicht alarmierend ist und dem sie keine Aufmerksamkeit zu schenken brauchen, damit sie sich ungestört anderen Angelegenheiten zuwenden können. Das Individuum muß also teilweise für es selbst zu jemandem werden, dessen Erscheinung die ihm gegenüberstehenden Anderen als normal ansehen können. Die Fähigkeit, als jemand zu erscheinen, der ohne Gefahr unbeachtet gelassen werden kann, ist tief verwurzelt" (Goffman 1974: 367; Herv. i.O.).

Die Mall-Besucher wären die relevanten Anderen (oder die „sonstigen Anderen", die jedoch als eine Art „Chor" im Hintergrund keinesfalls bedeutungslos sind, sondern vielmehr gerade das Intaktsein der Alltagswirklichkeit garantieren, vgl. Berger/Luckmann 2000: 160f.), die den Einzelnen als normal und nicht alarmierend definieren wollen, um in Ruhe sich dem Shopping widmen zu können. Das Ergebnis ist Konformität einerseits und Erhöhung von Sicherheitsgefühlen andererseits. Da im Setting Paradiso urbano scheinbar alle das gleiche Interesse haben und nicht – wie in der heterogen genutzten Geschäftsstraße – unterschiedliche Nutzungsweisen, Bedürfnisse, Wege an den Tag legen (wollen/müssen), erscheint diese von Goffman benannte Selbstdarstellung als „normal", als ein funktionaler, polyoptisch (Viele beobachten Viele) begründeter Prozess (vgl. Legnaro/Birenheide 2005), in dem eine wechselseitige Anpassung stattfindet. Ausschlaggebend dafür ist jedoch nicht allein die dauerhafte und überall gültige sozialisationsbedingte Internalisierung eines Verhaltens als unauffällig und ungefährlich; diese ist schlicht die Vorraussetzung bzw. die Disposition dafür. Erst das aktuelle räumliche Setting ist es, das bestimmtes Verhalten nahe legt, Selbstadjustierung also inhaltlich füllt und ermöglicht. Die Fähigkeit dazu wäre tief verwurzelt (vgl. auch Elias 1976b: 329), die Selbstadjustierung erfolgt jedoch ad hoc. Gerade die Eindeutigkeit der Mall und die Gleichförmigkeit der Nutzung erleichtert, erfordert aber auch eine gesteigerte Anpassungsleistung, da Abweichungen schlicht wesentlich leichter auffallen, als im heterogenen räumlichen Setting der Geschäftsstraße. Je homogener das Setting desto auffälliger „Ordnungsfremdheit" (vgl. Reuter 2002b). Umnutzungen und Aneignungen können nur innerhalb der engen Constraints der Mall erfolgen und ‚statistische' Abweichungen würden durch ihre Auffälligkeit zu etwas Fremdem und damit leichter auch als normative Abweichung bedeutbar.

Auch Normalitäten des Durchschnitts produzieren Devianz: Definiert die Hausordnung die kodifizierte Muss-Norm, so wird die statistische Normalität zur normativ ebenfalls wirksamen Soll-Norm. Es entsteht ein Kreislauf, innerhalb dessen sich soziale Normen und Durchschnittswerte angleichen, beides kann nicht mehr trennscharf unterschieden werden. Normen und Normalität beeinflussen sich in der Mall genauso wechselseitig wie sozialisationsbedingte Verinnerlichung von Verhaltensweisen und ad hoc Adjustierung ineinander greifen.

Zur Selbstadjustierung gehört es also, Verhalten zu zeigen, dass über das Ambiente der Mall vermittelt wird, das macht den spezifischen Habitus des Ortes Mall aus: bereits ohne Sanktionsdrohung keinen Schmutz zu produzieren, kein „Imponiergehabe" im Sinne Bahrdts (1998: 92) zu zeigen, nicht laut zu rufen und abweichende Lebensstilisierung nicht in Szene zu setzten. Hatten in der Geschäftsstraße 47,8% (131 von 274) „eher *un*ordentliches" Verhalten erwartet, also lockere Konformitätsstandards oder aber normale, übliche Regelverletzungen, so erwarten dies in der Mall insgesamt nur 7,5% (19 von 252 Antwortenden). Dem entgegen glauben 48,1% der Frauen und 43,9% der Jugendlichen, die übrigen Besucher würden sich in der Mall „eher ordentlich" verhalten – obwohl viele gar nicht von der Existenz der Hausordnung wissen (s.o.). Der Rest aller Befragten geht davon aus, die Leute verhielten sich „normal, wie überall". Unabhängig davon, was die Interviewten unter „normal, wie überall" verstehen, erwartet also fast die Hälfte ein ordentlicheres Verhalten, als jenes, welches sie als „normal" erachten. Adaptieren sie dieses Verhalten, bedeutet das, sie verhalten sich in dem Raum Paradiso urbano „ordentlicher" als üblicherweise in städtischen Räumen, woraus wiederum eine eigene ortsspezifische Normalität resultiert.

Solche zwischen Normalität und Normativität verorteten Verhaltenserwartungen sind ebenso wie Sicherheitsgefühle (s.o.) auch das Produkt der *Einhausung des Marktplatzes*. Malls sind „nicht nur baulich sondern auch kognitiv getrennt von der Außenwelt, innen entsteht eine andere Welt mit eigenen Regeln und eigener Realität", schreibt Sievers (2006: 13) in Bezug auf Kowinski (1985: 60). Die physisch-materielle Begrenzung des Raums – so jürgen Zinnecker – grenze „die Bewegungsfreiheit menschlicher Körper als Handlungsträger" ein und mache sie berechenbarer, wodurch soziales Handeln optimiert würde (1990: 144f). Ein solcher Effekt ist jedoch nicht – oder zumindest nicht nur – ein anthropologisch konstantes Produkt entsprechend verhäuslichter Sozialisation wie es Zinnecker nahe legt, und wie es fast alle zur Mall interviewten Experten unterstreichen: „Draußen ist der Mensch an sich anders" (M.5): Durch die Einhausung werden den Körpern nicht nur bauliche Grenzen gesetzt, der physisch-materielle Raum wird vor allem auch interpretiert. Gerade Bedeutungszuschreibungen, wie die Assoziation von Privatheit, überhöhen diese Anforderungen an die Körper. Die physische Umwelt ist immer eine sozial interpretierte Umwelt, und so spielen die Experten auch nicht nur auf vermeintlich anthropologische Konstanten an. Es wird regelmäßig auf ein sozial produziertes gehobenes, gar sakrales, ehrfürchtiges Ambiente verwiesen, dass auch über symbolische Gestaltungselemente – von der Deckenhöhe, über Baumaterialien bis zur Gestaltung des Eingangs, der als Portal daherkommt – erzeugt werden soll (vgl. auch Wagner 1999). Vergleiche zu einer „alten Burg", eines „Schlosses" (M.2), einem „Dom" (M.5) oder der „Oper" (M.1) werden gebracht. „Je wertiger ein Objekt ist, desto größer sind die Hemmung. (...) Hier habe ich doch Hemmungen etwas laut zu sagen" (M.2). „Es gehört sich nicht hier rumzuschreien" (M.5), was sich auch in der Empirie bestätigt: Trotz explizit darauf gerichteter Aufmerksamkeit der Beobachter konnte es nur einmal registriert werden, dass lauter gerufen wurde. Das entsprechende Kind wurde jedoch sofort von einer älteren Frau ermahnt – eine Beobachtung und Ermahnung, die in der Geschäftsstraße (bei allerdings anderen akustischen Gegebenheiten) kaum denkbar wäre. Auch seien Kaugummis vor der Tür ein Thema, drinnen jedoch nicht (M.1).

Die vollständige Umbauung des Raums wirkt insofern als Symbol, als dass sie Verhaltensänderungen nahe legt. „Because they force an outsider to the realization that he is intruding on semiprivate domain, symbolic barriers prove very effective in restricting behavior (...). Within the confines of an area, defined if only by a change in surface texture or grade level, the range of possible behavior is greatly reduced" (Newman 1972: 63). Was Oscar Newman für Wohnkomplexe beschrieb, bei denen es v.a. darum ging, die Zugangsbereitschaft einzuschränken, gilt auch für Einkaufszentren, wobei bei Malls die Zugangsbereitschaft nicht verringert,[115] sehr wohl aber das Verhalten angepasst werden soll. Einhausung ist ein Symbol für Verhaltensstandards privater Räumen und der soziale Raum Mall legt restriktivere Verhaltensstandards nahe ohne sie demonstrativ hervorheben zu müssen. So fordern die Befragten in Paradiso urbano wesentlich öfter Verhaltensverbote als in der Geschäftsstraße (siehe Tabelle 10): Mehr als drei Viertel aller Befragten wünschen sich in Paradiso urbano explizit ein Verbot des Bettelns, zwischen 85,2 % und 96,2 % ein Verbot des Rollschuhlaufens und des Wegwerfens von Papier. Jeder Fünfte fordert, dass das Verteilen von Flugblättern verboten werden soll und 11,4% bzw. 13,4% meinen dies sogar für „unnötigen Aufenthalt".

---

115 Beziehungsweise nur für diejenigen, die nicht kaufkräftig sind.

Tab. 10: Verbotsforderungen in der Shopping Mall und der innerstädtischen Geschäftsstraße

Sollten die folgenden Dinge hier verboten werden?	Shopping Mall		Innerstädtische Geschäftsstraße	
	Frauen	*Jugendliche*	*Frauen*	*Jugendliche*
Rollschuhlaufen	96,2%	85,2%	30,8%	11,6%
Betteln	77,4%	76,5%	12,5%	25,9%
Fotografieren	3,8%	10,0%	1,9%	4,6%
Rauchen	68,6%	69,3%	16,2%	16,7%
unnötiger Aufenthalt	11,4%	13,4%	3,8%	13,9%
Verteilen von Flugblättern	23,6%	18,7%	1,0%	9,2%
Wegwerfen von Papier	95,3%	92,7%	74,0%	88,4%

Durchschnittlich fordern die Frauen in der Mall 3,75 von sieben vorgelegten Verboten, die Jugendlichen 3,66. In der Geschäftsstraße war das Verhältnis umgekehrt und auf einem deutlich niedrigeren Niveau (Frauen: 1,41, männliche Jugendliche: 1,54). Kein einziges Verbot wird in Paradiso urbano seltener gefordert als in der Geschäftsstraße.

Dieser klare Unterschied zu den Verbotsforderungen in der Geschäftsstraße bleibt auch stabil, wenn die Variable Bildung mitberücksichtigt wird: In der Mall werden unabhängig des Bildungsstands sowohl von Frauen, als auch von männlichen Jugendlichen durchschnittlich mehr Verbote gefordert als in der Geschäftsstraße.[116] Auch (trotz stabiler Faktoren wie Alter, Geschlecht und Bildung) Unterschiede im Milieu, dem in der Geschäftsstraße eine hohe Bedeutung zugeschrieben wurde, scheinen als Erklärung für die unterschiedlichen Verbotsforderungen nicht auszureichen. Indikatoren, die auf ein besonderes, etwa besonders konservative, Milieu hinweisen, gibt es nicht. Auch zusammen mit der bereits zitierten, bundesweiten repräsentativen Umfrage zu Bettelverboten in Innenstädten, lässt sich die Wirkung des Raums ablesen: In Paradiso urbano wollen drei Viertel der Befragten Betteln verboten wissen, bei der repräsentativen Umfrage waren es ‚nur' 32%.[117] Können die in der Geschäftsstraße gemessenen unterdurchschnittlichen Verbotsforderungen mit einer Kombination aus Raumeffekten und alternativem Milieu erklärt werden, so sind die überdurchschnittlichen Verbotsforderungen in Paradiso urbano auf den Ort zurückzuführen, denn das dort anwesende Milieu ist kein besonderes. Die Besucher sind gewissermaßen durchschnittlich und repräsentativ für die Stadt.

Bei den dokumentierten und signifikanten Unterschieden zwischen den Orten kann also nicht von milieuspezifischen Normativitätsstandards ausgegangen werden, sondern von raumspezifischen: Der Raum Shopping

---

116 An beiden Orten fordern Befragte mit niedrigerer Bildung mehr Verbote als Befragte mit hoher Bildung.
117 Umfrage im Auftrag der Zeitschrift Stern aus dem Jahr 2006 (stern Presse Portal 2006). Auch die Umfrage von Heitmeyer (2006) legt diese Interpretation nahe.

Mall legt Erwartungen rigiderer Verhaltensnormen offenbar nahe, was aufgrund seiner Einhausung insbesondere für das Rauchverbot hoch plausibel erscheint, jedoch auch über solche Geruchsbelästigungen hinausgeht. Die zahlreichen Verbotsforderungen verweisen auf eine Akzeptanz der Normen, die über den Ort vermittelt werden, ohne das kodifizierte Normen überhaupt bekannt sein müssen oder Verbote explizit formuliert sind. Das Verbot, dass die meiste Zustimmung erhielt, ist das einzige, das in Paradiso urbano *nicht* explizit formuliert ist – wohl aber in der Geschäftsstraße: Das Wegwerfen von Papier, etwa in Form einer Zigarettenschachtel, wird dort offiziell mit einem Bußgeld von 20,- € geahndet.

Die in den Verbotsforderungen zum Ausdruck kommenden Verhaltensnormen sind keine eines öffentlichen Raums, sondern sie sind die eines (fremden) privaten. Einhausung bewirkt eine Domestizierung: im unmittelbaren Sinn des Wortes, indem der Markt ins Haus geholt wird, sowie im erweiterten Sinne, indem urbanes Straßenleben ‚gezähmt', d.h. reglementiert wird.

Der Raum produziert in seiner Wechselwirkung zwischen Materialität, Wahrnehmung und Handeln spezifische Verhaltensstandards und Ordnungsvorstellungen, aus denen ihrerseits weitere Kontrollbedürfnisse erwachsen: Obwohl nur 12,7% Paradiso urbano als sehr oder eher unsicher ansehen, wünschen sich dennoch 43,0% aller Befragten eine höhere Polizeipräsenz in der Mall, als die von ihnen geschätzte (101 von 235; 36,5% bei den interviewten Frauen und 47,1% der männlichen Jugendlichen) – und dies ebenfalls unabhängig ihrer Beurteilung des Raumes als sicher-unsicher. Damit verweisen die Ergebnisse auch darauf, dass weniger mit Fremdheit assoziierte objektive Gefährdungen (Kriminalität) problematisch sind. Forderungen in der Mall nach mehr Polizei scheinen nicht in Sicherheitsbedürfnissen, sondern in Ordnungserwartungen, d.h. Erwartungen bestimmter Verhaltensstandards begründet, die die Polizei durchsetzen soll.

Auch diese Ergebnisse aus der Empirie legen es nahe, im Weiteren zu argumentieren, dass sich Shopping Malls der Polarität von Öffentlichkeit-Privatheit entziehen und sich neben dem Ordnungstypus öffentlicher Raum ein neuer herausbildet.

5.0 Die Mall als Raum eines neuen Ordnungstyps: institutionalisierter Normalismus

„Forschungen über ‚Normalismus' als post-normatives Ordnungsprinzip der Moderne scheinen im Widerspruch zu stehen zu Institutionsanalysen, in denen Gestalt gewordene Normativität behandelt wird" (Rehberg 2003: 163).

Hans-Paul Bahrdt hatte bereits 1961 in „Die moderne Großstadt" (1998) darauf verwiesen, dass die Polarität von Öffentlichkeit und Privatheit mit industriellen Massenbetrieben fraglich würde. Dies sprach jedoch nicht dagegen, die Kategorien zur Analyse des Städtischen weiter zu verwenden. Große Städte und Urbanität als Lebensstil sind immer noch maßgeblich durch das Zusammenspiel von Öffentlichkeit und Privatheit charakterisiert. Gleichwohl verweist der Wandel von der Industrie- zur Dienstleistungsstadt auf weitere Verwerfungen, die die Polarität in Frage stellen. Die Orte der konsumorientierten Dienstleistungen – Passagen, Bahnhöfe, Urban Entertainment Centers und eben Shopping Malls – sind de jure private Räume, die aber explizit auf Kundenorientierung und somit implizit auf „Öffentlichkeit" ausgerichtet sind, und mit ihrer Verbreitung und sozialen Bedeutung sind sie auch wichtige Orte in den Städten.

Die suburbane Shopping Mall Paradiso urbano als typisches Beispiel eines solchen Raums entzieht sich der Polarität von Öffentlichkeit und Privatheit. Shopping Malls sind Ausdruck einer neuen räumlichen Strukturierung von Gesellschaft und einer neuen gesellschaftlichen Strukturierung von Raum.

Die Mall entzieht sich aber nicht nur dieser Polarität, sie zeichnet sich darüber hinaus durch einen spezifischen Umgang mit Fremdheit aus: Im Wechselverhältnis zwischen sozialer Produktion und sozialer Konstruktion von Raum wird die Wahrnehmung von Fremdheit und damit ihre soziale Bedeutung lokal nivelliert. Idealtypisch ist Fremdheit nicht mehr existent.

Beide Befunde zusammen erlauben es, von einem neuen städtischen Ordnungstypus zu sprechen, der als *institutionalisierter Normalismus* bezeichnet werden soll. Genauso wie öffentlicher Raum nur als Idealtypus zu verstehen ist, ist auch institutionalisierter Normalismus nur so zu verstehen.

Der Begriff ‚Normalismus' ist von Jürgen Link entliehen. Ihm geht es darum, zu erklären, woher Vorstellungen von Normalität kommen, wie diese zirkulieren und welche Wirkungen Wissen über Normalität entfaltet. Link verweist auf die „große Bedeutung" eines Komplexes, der alle Formen von „Spezialdiskursen" und „praktisch-gesellschaftliche Verfahren der ‚Normalisierung' – im Sinne des Normal-Machens, der Produktion und Reproduktion von Normalitäten", umfasse (Link 2006: 20). Statistisch generierte Daten und das (medial verbreitete) Wissen darüber bildeten die Basis einer solchen Normalisierung. Damit würde ein, auf herrschaftlich vorgegebenen und engen sozialen Normen beruhender, „Protonormalismus" durch einen „flexiblen Normalismus" abgelöst, der dadurch gekennzeichnet sei, dass das Wissen über statistische Durchschnittswerte und Standardabweichungen als Orientierung für Handeln diene, wodurch Normalität entstünde. Die Subjekte würden weniger diszipliniert, als sich vielmehr flexibel an diese breiteren und auch variableren Normalitätsstandards anpassen (vgl. ebd.: 51ff.).

Auf Shopping Malls übertragen heißt das, die Mall-Wissenschaften bilden die Basis des Normalismus (siehe Kapitel III.4.6). Das Wissen steht jedoch nur den Planern, Mall-Betreibern und -managern zur Verfügung. Die Besucher der Mall verfügen nicht über populär aufbereitete Daten, um sich entsprechend in diesem konkreten räumlichen Setting selbst zu optimieren. Die Besucher verfügen höchstens über eigene Erfahrungen mit Shopping Malls oder haben aufgrund der starken Verbreitung dieses Raumtyps und der Ähnlichkeit der einzelnen Malls Vorstellung über diese Räume und ihre Warenangebote. Das Wissen über statistische Regelmäßigkeiten ist herrschaftliches Wissen, anhand dessen die Lenkung der Kunden im beidseitigen Interesse (Profit und Wohlfühlen) vonstatten geht.

Der Begriff Normalismus dient hier also dazu, die *lokale begrenzte* Ordnung im Unterschied zum Ordnungstypus öffentlicher Raum zu benennen und nicht dazu, übergeordnete gesellschaftliche Trends zu beschreiben, die eine solche Differenzierung zwischen zwei abstrakten Raumtypen und konkreten Orten gerade konterkarieren würden. Innerhalb, und das ist explizit räumlich zu verstehen, erweist sich der Normalismus als ein institutionalisiertes Zusammenspiel unterschiedlicher Kontrollformen, die auf verunsichernde Fremdheit und Verhalten insgesamt wirken. Dabei schließen sich die beiden Linkschen Produktionsmechanismen von Normalität nicht wechselseitig aus, sondern sie greifen vielmehr ineinander: herrschaftlich vorgegebene, enge Normen in Form der Hausordnung einerseits (Protonormalismus) *und* Ausrichtung auf die Normalität des mallspezifischen Durchschnitts andererseits (flexibler Normalismus). Dieser Durchschnitt ist veränderbar und kann je nach Mall variieren – abhängig davon, welche planerischen Schlüsse aus den Daten über die aktuelle oder prospektive Kundschaft gezogen werden. Die vorgegebenen Normen werden also einerseits nicht gegen die Mehrheit der Kunden durchgesetzt, denn sie sind nur im Einklang mit ihnen ökonomisch rational, und sie finden dort das, was sie durchschnittlich dort auch finden wollen. Sich temporär an die Normalität der Mall anzupassen fällt der Mehrheit entsprechend leicht. Ein Toleranzspielraum – die Standardabweichung im flexiblen Normalismus – existiert andererseits in der Mall aber auch nur insoweit, als dass die statistische oder normative Abweichung die Ordnung nicht mehr stören darf, als ggf. die Sanktion.

Selbstdisziplinierung, Lenkung und Selbstadjustierung sind dabei gerade keine sich widersprechenden Kontrollmodi. Auch sind formelle soziale

Kontrolle und Disziplinierung nicht bedeutungslos, wie es Argumentationen zur Kontrollgesellschaft vermuten lassen. Empirisch ergänzen und bedingen sich die verschiedenen Dimensionen von Verhaltensbeeinflussung vielmehr gegenseitig – und: bei diesem Normalismusverständnis geht es ausschließlich um den konkreten Ort. Wie sich die Konsumenten anderenorts verhalten und inszenieren ist unerheblich.

Wegen dieses Ineinandergreifens von herrschaftlicher Normierung, statistischer Normalisierung und Lenkung sowie Selbstadjustierung zum Zwecke der Optimierung von Konsumprozessen kann das Setting Mall als ein *institutionalisierter* Raum angesehen werden, Normalismus als institutionalisierter Normalismus. In „institutionalisierten öffentlichen Räumen", unter die Ursula Nissen (1998) klar strukturierte Orte wie Kirchen, Universitäten, Schulen subsumiert, verschwindet Fremdheit oder wird durch die Strukturierung sozialen Handelns und dessen Erwartbarkeit nivelliert. Wie Shopping Malls sind diese „öffentlichen Räume", wie sie Nissen nennt, jedoch nicht öffentlich im hier verstandenen Sinn, sie sind aber auch nicht privat. Sie zeichnen sich vielmehr durch die Merkmale von „institutionellen Mechanismen", also der „Art und Weise der jeweiligen Stabilisierung von Sozialbeziehungen" (Rehberg 2003: 171), aus.

„Institutionen definieren mit Bezug auf die von ihnen regulierten Lebensbereiche erstens *typische Handlungsmöglichkeiten* verschiedener Akteure, die man analytisch als ‚Positionen' und ‚Rollen' fassen kann. Sie klären damit zweitens *grundlegende Machtverhältnisse* und sie begründen drittens den *Sinn* der in ihrem Einflußbereich zugelassenen Verhaltensweisen und legitimieren sich selbst als Einheit" (Kaufmann 1987: 41f.; Herv. i.O.).

Die typischen Handlungsmöglichkeiten in der Mall sind Konsumtion und Warenvertrieb und damit lauten die üblichen Rollen Käufer und Verkäufer. Der Sinn der Institution ist zum Teil im Vorwort der Hausordnung von Paradiso urbano formuliert: dauerhaftes Wohlfühlen für alle, damit – und dies ist nicht mehr Teil der Hausordnung – alle ungestört Shoppen können. Shopping ist der soziale Sinn der Mall. Auch die Macht- und Herrschaftsverhältnisse sind eindeutig. Die Kunden haben Einfluss, da sie zwar nicht als Individuen, wohl aber als Masse, als statistische Größe, König sind, ohne den die Mall ökonomisch nicht tragfähig wäre. Die Masse wird gefragt, was sie will. Als Individuen unterliegen die Kunden jedoch dem „diktatorischen Regiekonzept" (Hoffmann-Axthelm, zit. nach: Rieper 2005: 134) und im Zweifelsfall wird bei Abweichungen eben nicht bloß „Du, Du" gemacht (M.5). Die Partikularnormen werden durchgesetzt, Ausschluss von Teilhabe kann eine Konsequenz sein. Im Zweifelsfall werden immer noch die „(...) ‚ansteckend' wirkenden deskriptiven Regelmäßigkeiten über Normierungsprozesse institutionell verstärkt" (so Rehberg 2003: 171 allgemein hinsichtlich Diskursen der Normalisierung) und Abweichungen ggf. auch sanktioniert. Analysen zum Normalismus und Institutionsanalysen widersprechen sich damit gerade nicht. „... Macht ist hier wie Äther, unsichtbar und osmotisch alles durchdringend, alles um- und einhüllend, ein Medium des Aufenthalts" (Legnaro/Birenheide 2007: 268), und ihr differenzielles Zurschaustellen und Verdecken stabilisiert den neuen Ordnungstypus (vgl. auch Rehberg 2003: 175f.). Aufgrund dieser Macht, die sich in intentionaler, umfassender Kontrolle ausdrückt und die auch die Rollen vorgibt, und aufgrund architektonischer Ähnlichkeiten mit den Strukturprinzipien von Gefängnissen und anderen baulich charakterisierbaren Institutionen der Disziplinargesellschaft, sprechen Aldo Legnaro und Almut Birenheide (2005: 117f.) in Anlehnung an Goffman (1981) sogar von einer „totalisierenden Institution". Die entscheidenden Unterschiede, die es eben nicht erlauben, von „totalen Institutionen" zu sprechen, sind in der Freiwilligkeit sowie der Aufenthaltsdauer der „Insassen" begründet.

In der Mall entstehen Kreislauf- und sich selbst verstärkende Effekte: Die Kontrolle der Mall-Betreiber über die Produktion des Raums ermöglicht Institutionalisierung und Institutionalisierung wiederum ist, so Peter L. Berger und Thomas Luckmann (2000: 58f.), ein Kontrollcharakter inhärent. Sicherheit, so wird weiter argumentiert, ist ein entscheidendes Merkmal dieses institutionalisierten Normalismus in der Mall. Sie ist eine Voraussetzung und sie wird durch ihn vermittelt.

Das Vermitteln von Sicherheit

Da der Aufenthalt in der Mall freiwillig ist, sind die Betreiber darauf angewiesen, den Raum Mall attraktiv erscheinen zu lassen und eine Voraussetzung dafür ist Sicherheit resp. das Nichteintreten von Unsicherheitsgefühlen. Sicherheit in seinen verschiedenen Facetten ist das Produkt der Nivellierung von Fremdheit im institutionalisierten Normalismus. Die Ambivalenz des Fremden ist aufgelöst. Der Fremde verschwindet zwar nicht als Personen – wenngleich Exklusion auch ein Merkmal ist – wohl aber die Wahrnehmung des Fremden als sozialer Typus; und dementsprechend haben Clusterberechnung zur Wahrnehmung von Fremdheit, wie sie für die Geschäftsstraße und die Mall durchgeführt wurden (siehe Kapitel III.2.6), für Paradiso urbano auch keine systematisch interpretierbaren Ergebnisse hervorgebracht.

Der Normalismus in der Mall steigert damit die ohnehin Sicherheit produzierenden Effekte von Institutionen, denn Institutionen verbürgen bereits *„Verhaltenssicherheit und die Bestimmtheit wechselseitiger Erwartungen"* (Kaufmann 1987: 43; Herv.i.O.). Eindeutige Situationsdefinitionen werden erleichtert, Komplexität wird reduziert und Lernprozesse werden verkürzt. Die räumliche Umwelt Mall scheint erstens nicht durch „objektivierbare Risiken" gekennzeichnet zu sein, d.h. Gefahren für Leib, Leben und Eigentum bestehen nicht bzw. werden nicht erwartet. Zweitens wird eine weitgehende Kongruenz zwischen subjektiven Handlungsdispositionen und

Situation erlangt. Für die Frauen in der Geschäftsstraße war diskutiert worden, dass diese Kongruenz zum einem in ihrem sozialen Status begründet ist und sie zum anderen auf Erfahrungen beruht: Sie fühlen sich sicher, weil sie „der Lage gewachsen" (Kaufmann 1973) sind. In der Mall sind Status und Erfahrung sekundär, da die Eindeutigkeit, die Gleichförmigkeit, der institutionalisierte Normalismus, kurz: das gesamte Ensemble des sozial produzierten und sozial (re-)konstruierten Raums Shopping Mall idealtypisch kaum mehr Anforderungen an die Individuen stellt. Es besteht eine weitgehende *Erwartungssicherheit*, wegen der die Räume des institutionalisierten Normalismus attraktiv und bequem sind. Der Einzelne soll gar nicht erst auf die Idee kommen, er könne Situationen nicht kontrollieren. Handlungen von anderen scheinen voraussehbar (vgl. Berger/Luckmann 2000: 61). Das „Alltagstheater" (Goffman) Shopping Mall soll *eindeutig* sein, in allen Belangen, und es ist es tendenziell auch: von der baulichen Struktur und der Orientierung, von seiner Funktion, von der Rolle der Besucher, von den gültigen Normen und von der beobachtbaren Normalität, die dort nicht Vielfalt, sondern Einfalt heißt.

> „Die Möglichkeit, denselben physikalischen Raum als Rahmen für mehr als einen sozialen Anlaß und damit als Ort zu verwenden, der mehr als einen Komplex von Erwartungen zu erfüllen hat, kennt die Gesellschaft schon, und bezeichnenderweise schränkt sie sie ein. So besteht in den westlichen Gesellschaften hinsichtlich jenes wichtigen Phänomens öffentlicher Straße die Tendenz, diese Orte zu definieren als Szenerie *eines* umfassenden sozialen Anlasses, dem andere Anlässe unterzuordnen sind. Potentielle konkurrierende Definitionen innerhalb der Situation stehen demnach hinter einer Art öffentlicher Etikette zurück" (Goffman 1971: 32, Herv. J.W.).

Die „Etikette" ist in der Mall aber keine „öffentliche" mehr, sondern eine normalistische. Die Mall hat diese Reduktion auf einen Anlass perfektioniert und die Eindeutigkeit verhindert nicht nur Konflikte aufgrund unterschiedlicher Definitionen derselben sozialen Situationen, sie reproduziert sich weitestgehend selber: Eindeutigkeit und Homogenität schaffen Eindeutigkeit und Homogenität.

Die Öffentlichkeit in der Geschäftsstraße ist im Unterschied zur reinen Konsumentenöffentlichkeit im institutionalisierten Normalismus der Mall weder sicher noch bequem.

IV. Vergleichende Schlussfolgerungen

Mit dem institutionalisiertem Normalismus lässt sich somit neben öffentlichem Raum und seiner spezifischen Form der Quartiersöffentlichkeit ein zweiter Ordnungstyp städtischer Marktorte erkennen. Stellt man die beiden Raumtypen, die exemplarisch für die Ordnungstypen stehen – Shopping Mall und innerstädtische Geschäftsstraße – einander gegenüber, so regen die Ergebnisse zu weiteren Überlegungen und Vergleichen an. Aus der Perspektive der Soziologie sozialer Kontrolle und der der Raumsoziologie ist zu fragen, wie sich das Wechselverhältnis von Raum und Kontrolle gestaltet. Aus der stadtsoziologischen Perspektive stellt sich zum einen die Frage, welche Bedeutung die Ausrichtung auf Massenpublikum in der Mall für Individualität hat, betonen doch Simmel und Bahrdt die Notwendigkeit, diese in großstädtischen Situation herausstellen zu müssen, um überhaupt als Persönlichkeit in Erscheinung treten zu können. Zum anderen und vor allem aber gilt es zu Fragen, was es für städtische Öffentlichkeit insgesamt bedeutet, wenn zwei mehr oder weniger allgemein zugängliche Räume sich durch unterschiedliche Ordnungstypen auszeichnen. Was heißt das für die Kultur der Stadt?

Zunächst jedoch dazu, wie die dargestellten Unterschiede zwischen zwei Typen von Marktorten überhaupt zu erklären sind.

1.0 Diametrale Typen öffentlich zugänglicher Räume

Der Hintergrund, dass sich an zwei Marktorten, die täglich von tausenden unterschiedlichen Menschen aufgesucht werden, zwei divergierende Ordnungstypen herausbilden, die sich in ihren Bearbeitungsmodi von Fremdheit unterscheiden, liegt – so die These – in der Art und Weise, wie die beiden Räume produziert werden.[118] Trotz der zentralen Gemeinsamkeiten, sie sind beide auf Handel und Konsum ausgerichtet und damit beide auf Publikumsverkehr, können sie als einander diametral gegenüberstehend beschrieben

---

118 Bei Selle (2002: 38f) ist Produktion von Raum neben Eigentum, Regulierung/Nutzung und Sozialcharakter/Nutzbarkeit eine Dimension zur Beschreibung von „öffentlich". An dieser Stelle wird Produktion jedoch als Hintergrund begriffen, vor dem die übrigen Dimensionen – sozial, rechtlich, funktional, symbolisch – wirksam werden. Die Produktion wiederum erschließt sich durch die Dimension Recht resp. Eigentum, die die Möglichkeiten zur Produktion von Raum beeinflusst.

werden. Die unterschiedlichen Produktionsweisen bedingen, ob vom Ordnungstypus öffentlicher Raum oder von dem des institutionalisierten Normalismus gesprochen werden kann, und wie sich das Wechselverhältnis von sozialer Produktion zu sozialer Konstruktion von Raum ausgestaltet.

1.1 Diffuse Hintergründe

Die dokumentierte Vielfalt und die prinzipielle Offenheit der innerstädtischen Geschäftsstraße sind das Produkt einer diffusen Struktur, die den Hintergrund des Straßen- und Marktlebens bildet und öffentlichen Raum schafft. Kern dieser Struktur ist die Vielzahl der Akteure, die an der Produktion des Raums – also der Herstellung des materiellen Substrats, seiner Symbolik und der Zuweisung seiner Funktionalität als Produkt sozialen Handelns dieser Akteure und als Ausdruck gesellschaftlicher Herrschaftsverhältnisse – beteiligt sind. Die soziale Produktion des Raums ist der alltäglichen Nutzung und seiner Wahrnehmung durch die (potentiellen) Nutzer, und damit deren sozialer (Re-) Konstruktion des Raums *zunächst* vorgelagert (siehe Kapitel I.1.2).

Zu nennen sind der Immobilienmarkt, der von Angebot und Nachfrage, Moden und Spekulationen geprägt ist, und seine unterschiedlich einflussreichen Akteure: Hauseigentümer, Makler, Immobiliengesellschaften, Mieter. Zu nennen ist die Arena der (Kommunal-)Politik auf den Ebenen der Städte und Stadtteile, die etwa Flächennutzungspläne beeinflusst, Bauordnungen und Schwerpunktprogramme verabschiedet und in Form der Legislativen u.a. die Normen der Straßennutzung kodifiziert oder Wegerechte festlegt. Ebenso zum Feld Politik gehören die EU, der Bund und die Länder, die mit wechselnden Förderrichtlinien die Stadtentwicklung beeinflussen. Neben Ministerien, Parteien, einzelnen Politikern und Beiräten setzen auch lokale Bürgerinitiativen Themen auf die Agenda und sie können Perspektiven verändern. Ebenso interveniert der ausgesprochen einflussreiche Denkmalschutz, dessen Aufgabe es ist, die Geschichte der Stadt lebendig oder zumindest lesbar zu halten. Bürokratie und Verwaltung in Form von Stadt-, Landschafts- und Verkehrsplanern – und im Rahmen von outsourcing zunehmend auch in Form privater Planungsbüros – sind weitere Akteure, die nicht zentral gesteuert die Gesichter von Städten beeinflussen. „Vorpolitische Kräfte" (G.2), wie nicht organisierte Hauseigentümer, Einzelhandel, Verkehrsteilnehmer etc. in einem Interview bezeichnet wurden, prägen innerstädtische Geschäftsstraßen mit und sind ebenfalls Motoren für Veränderungen. Unterschiedlichste organisierte bzw. sich organisierende Akteure beeinflussen die soziale Produktion von Raum und die objektiven Merkmale von öffentlichem Raum, die die Voraussetzungen für Nutzungsmöglichkeiten sind und damit wiederum die Wahrnehmung der Straße und die dortigen Verhaltensstile beeinflussen. Markt ist durch Konkurrenz charakterisiert.

Diese unterschiedlichen Akteure der unterschiedlichen Felder, verfügen teilweise über gemeinsame, oft jedoch über unterschiedliche oder gar gegensätzliche Handlungslogiken und Interessen, und sie verfügen über unterschiedlichen Einfluss resp. Macht, um diese durchzusetzen. Differenzen zeigen sich dabei nicht nur zwischen unterschiedlichen Funktionssystemen wie Wirtschaft und Politik. Ziele der Stadtregierung, des Bauamtes bzw. der involvierten Ministerien auf Landesebene müssen keineswegs kongruent sein mit den Interessen der lokalen Politik vor Ort, die ggf. durch Ortsbeiräte Bedürfnisse von Anwohnern artikuliert. Oft sind es schlicht persönliche Animositäten, die es verhindern, dass Kompromisse gefunden werden oder die es erst nötig machen, nach Kompromissen zu suchen. Planungsziele der unterschiedlichen Akteursgruppen sind oft widersprüchlich und Akteure treffen unterschiedliche rationale genauso wie irrationale Entscheidungen (vgl. Siebel 2004b).

Die jeweiligen Akteure verfügen zudem nur über jeweils spezifische und meist unzulängliche Informationen und sie verfügen einzeln auch nicht über die Kompetenzen, die Vielfalt von Akteursinteressen und relevanten Informationen zu bündeln, zu überblicken und adäquat einzubeziehen. Unzulänglich sind in aller Regel auch die finanziellen Ressourcen, mit denen Quartiere, Straßenzüge oder Plätze neu entstehen oder neu gestaltet werden sollen und dies betrifft sowohl die Planungs- und Vorbereitungsphase, als auch die konkrete Umsetzung, Bespielung und Instandhaltung.

Im Fallbeispiel waren alleine 40 Institutionen beteiligt (G.1), als anlässlich der Erneuerung von Straßenbahnschienen unter anderem auch ein Haltestellenbereich umstrukturiert wurde: Neben den Akteuren aus der Stadt- und Verkehrsplanung (inkl. privater Büros) waren das Ortsamt, die Straßenreinigung und der lokale Betrieb zur Pflege der Grünflächen involviert. Radfahrer, Anwohner, „Mütter mit Kinderwägen" (G.2), der Blindenverein, Abgeordnete in den Deputationen, eine Bürgerinitiative und eine Interessensgemeinschaft aus 60 Einzelhändlern, Hauseigentümer, die Straßenbahngesellschaft, so genannte Leitungsträger wie Unternehmen der Telekommunikation, Gas und Wasser, Architekten, die Baubehörde, der örtliche Quartiersmanager, Vertreter der Handelskammer sowie des Innenressorts und sogar Bierverlage (die bei der erweiterten Diskussion um neue Gastronomiekonzepte für das Quartier einflussreich sind) waren beteiligt – und nicht zuletzt das, was als politische Öffentlichkeit bezeichnet wird: Also öffentlich artikulierte Partikularinteressen und -meinungen.

Alle diese Akteure formulieren ihre Interessen und Wünsche oder Bedenken, etwa bei der Oberflächengestaltung von Straßen-, Geh- und Fahrradwegen, um einen regelmäßig diskussionswürdigen Aspekt beispielhaft herauszugreifen: Die Straßenreinigung bevorzugt Asphalt, da dieser leicht zu reinigen ist, auch für Fahrradfahrer ist dies der präferierte Belag. Er ist zudem kostengünstig. Der Einzelhandel hingegen möchte eher „prominente Gestaltung" (G.1) in Form von Granitböden, um durch hochwertige Plattierung mit Passagen und Shopping Malls gleichzuziehen, anderenfalls wird an der Konkurrenzfähigkeit gezweifelt. Kopfsteinpflaster wird von Akteuren aus Politik und Denkmalschutz gern gesehen, um ein historisches Flair zu erhalten, was wiederum mal von den Anwohnern als natürliche Geschwindigkeitsbegrenzung geschätzt, mal aufgrund der höheren Lärmbelästigung abgelehnt wird. Fahrradfahrer oder Rollstuhlfahrer empfinden den Belag hingegen schlicht als Strafe. Sogar von einem „zentimeterweisen Stellungskrieg" (G.2) wurde gesprochen, als es darum ging, die jeweilige, in ihrer Gesamtheit durch die Häuserzeilen begrenzte, Breite der einzelnen Spuren für die verschiedenen Verkehrsteilnehmer (Kfz, Straßenbahn, Fahrradfahrer und Fußgänger) festzulegen.[119] Insbesondere die Randbereiche der Bürgersteige sind konfliktreiche Felder der Straße, da hier private resp. privatwirtschaftliche Interessen mit öffentlichen kollidieren. Dort wird verweilt und geklönt, dort stehen die so genannten Kundenstopper von Geschäften, die Gastronomie will ihre Außenbestuhlung unterbringen, Anwohner einmal die Woche ihre Mülltonnen platzieren, Passanten sich auf Treppenstufen ausruhen, Obdachlose betteln, und die Masse der Fußgänger nutzt diesen Raum zum Passieren. Diese Flächen seien aber nicht nur konfliktreich, sondern „sinnlich, spannend, urban", es seien die „erogenen Zonen der Straße" (G.2). Sie spiegeln die Ambivalenz der Urbanität.

Die Vielzahl unterschiedlicher Akteure und Interessen ist jedoch keineswegs nur in der Planungsphase bedeutsam. Sie prägen öffentlichen Raum vor allem durch ihr tägliches Handeln, und diese sind es erst, die es den Akteuren ermöglichen, gehört zu werden: „Nutzungen formen den Raum, Nutzungen schaffen pressure groups" (G.2). Ihre räumlichen Praxen sind die Basis dafür, Akteure zu werden und ihre Rolle als Akteure beeinflusst wiederum das raumbezogene Handeln vor Ort. Akteure der sozialen Konstruktion von Raum werden zu Akteuren seiner sozialen Produktion. Damit entstehen Kreisläufe: Die Vielfalt von Akteuren und Interessen bildet den diffusen Hintergrund sichtbarer, auf Heterogenität von Menschen, Nutzungen und Verhaltensweisen beruhender Urbanität, und diese Öffentlichkeit ist damit gleichzeitig Ausgangspunkt für die Diversität der Akteure und Interessen, die Einfluss auf Planungs- und politische Prozesse nehmen.

Solche Prozesse sind es auch, die Macht konkret werden lassen, denn unterschiedliche Akteure verfügen über unterschiedliche Ressourcen von Macht. Auch wenn die machtvollen Akteure den Rahmen setzen bzw. bestimmen, mit welchen Initiativen und Wünschen sich überhaupt näher

---

119 Ein Versuch in den 1990er Jahren, die Straße in eine Fußgängerzone zu verwandeln währte nur wenige Monate. Dann setzte sich eine erstaunliche politische Allianz aus Einzelhandel (der um seine Kundschaft fürchtete, die mit dem Kfz käme) und der örtlichen politischen Linken (die dem entgegen gerade forcierte Gentrification befürchtete) durch und die Straße wurde wieder für den Pkw-Verkehr geöffnet.

befasst wird: Das Ergebnis sind in der Regel Kompromisse (vgl. zu Planung und Macht: W. Reuter 2000). Das bedeutet auch, der Ordnungstypus öffentlicher Raum ist nicht indirektes Ergebnis eines normativ aufgeladenen Ideals herrschaftsfreier Kommunikation im Sinne von Habermas Theorie Kommunikativen Handels (Habermas 1985). Er ist nicht das Produkt von Konsens, sondern vielmehr implizite Folge von Vielfalt, Konflikten und Defiziten bei Planungsprozessen und Herrschaft. Nicht obwohl konkurrierende Interessen und widersprüchliche Ziele existieren, nicht obwohl Macht ungleich verteilt ist und gleichzeitig nicht allumfassend, sondern gerade deshalb können Urbanität und öffentlicher Raum entstehen. „Der Idealvorstellung von Urbanität liegt eine Utopie des liberalen Anarchismus zugrunde – bürgerlich und antibürgerlich zugleich" (Häußermann 2006: 32). Öffentlicher Raum ist empirisch immer durch Macht und Herrschaft gekennzeichnet, aber sie sind nicht allumfassend und öffentlicher Raum ist damit umkämpfter Raum.

Bei allen historischen und aktuellen Versuchen und Bemühungen, Stadt zu ordnen und antierratisch zu planen: Der Einfluss von Planung und Politik bleibt unvollständig und die marktförmige Organisation des ökonomischen Systems ist eine durch Macht gekennzeichnete Organisationsform, aber idealtypisch keine, die Eindeutigkeit hervorbringt. Öffentlicher Raum ist nicht plan- und kalkulierbar. Die Steuerung ist und bleibt inkrementalistisch oder wie es ein Experte im Interview pointiert ausdrückt: „Komplexe Systeme können nicht gesteuert werden" (G.2), und diese Vielfalt und Diffusität hat als Voraussetzung und Folge, dass öffentliche Räume durch Spannungsverhältnisse und Ambivalenzen gekennzeichnet sind: „von Geschichte und Gegenwart, von Funktionalität und ästhetischer Logik, von physischer Nähe und sozialer Distanz, von lokaler Identität und Weltverbundenheit, von Sicherheit und Verunsicherung" (Siebel 2004b).

Diese Ambivalenzen und Spannungsverhältnisse sind es auch, die neben den Verhaltensstilen der Nutzer dazu führen, dass sich öffentlicher Raum quasi naturgemäß einer Quantifizierung entzieht. Öffentliche Räume verändern und verschieben sich, sie können zeitlich begrenzt in deindustrialisierten Arealen oder in „Zones in Transition" entstehen; der historische Marktplatz ist nur das historische Vorbild.

1.2 Eindeutige Hintergründe

„Eine Innenstadt aus dem Baukasten" (Legnaro/Birenheide 2005: 109).

Die Produktion des Raums Mall unterscheidet sich fundamental von der des Raums Geschäftsstraße.

Eine vollständig kontrollierte Umwelt ist das Kernelement des Ordnungstypus institutionalisierter Normalismus, und eine Stadt ohne

Unannehmlichkeiten das Ziel der Produktion von Raum. Von ‚Ziel' zu sprechen ist deshalb legitim, weil Shopping Malls nach dem „Gott-Vater-Modell" der Planung (Siebel 2006: 12) realisiert werden. Die Definition des International Council of Shopping Centers verdeutlichte dies (siehe Kapitel I.3.0): Es ist *ein* Subjekt, das die Mall plant, produziert, besitzt, verwaltet und tag-täglich betreibt (vgl. auch Siebel 2004b). Es verfügt idealtypisch über alle relevanten Information, über alle notwendigen Mittel und es verfolgt widerspruchsfreie Ziele. Es gibt weder eine Vielzahl von Akteuren noch konkurrierende Interessen. Alle Akteure sind unter einem Dach vereint oder arbeiten weisungsgebunden. Macht funktioniert hierarchisch und es muss trotz „Konsumentendemokratie" mittels Marktforschung von einem autoritären Herrschaftsverhältnis gesprochen werden, das auf die alltägliche Nutzung der Mall durchschlägt. Die Struktur hinter der Mall ist nicht pluralistisch wie in der Geschäftsstraße. Durch die Dominanz eines privaten Planungssubjekts ist die Mall auch eher ein Handelsstandort als ein Marktplatz – und zwar sowohl im Sinne von Markt als Ort von Öffentlichkeit als auch im Sinne von Marktwirtschaft: Konkurrenz als inhärentes Prinzip von Marktwirtschaft wird weitestgehend ausgeklammert. Den Einzelhändlern wird zwar keine Monopolstellung vertraglich garantiert, ein zweites Elektronikgeschäft oder eine zweite Apotheke innerhalb ein und derselben Mall wird jedoch nur dann zugelassen, wenn das Kundenpotential groß genug ist, um beiden (oder eventuell noch mehr) Anbietern hohe Umsätze zu ermöglichen. Geschäftspleiten verringern auch die Gewinne der Mall und schaden zudem ihrem Image.[120] Zur Optimierung des Gesamteindrucks und der Zusammensetzung der Mieter werden auch die Mieten gesteuert und differenziert (M.1, M.0).

Neben dem Kunden, der weitgehend unbemerkt gelenkt und zur Optimierung der Mall nach seinen Wünschen gefragt wird, unterliegen die jeweiligen Einzelhändler dem Diktat der Betreiberkonzerne: „Das Shopping-Center-Management bzw. die vorgegebene bauliche Gestaltung lassen kaum individuelle Darstellungsmöglichkeiten zu" (Rieper 2005: 134). Mieter, mit Ausnahme der einflussreichen Ankermieter, die im Fallbeispiel jedoch Töchterunternehmen des Betreiberkonzerns sind, haben nur die Vertragsfreiheit, nicht mitzumachen. Die Vertragsbedingungen bestimmt der Mallbetreiber. Vertragliche Regelungen zwischen Betreiber und Einzelhändler beinhalten neben Laufzeit der Verträge, Miethöhe und vorgeschriebenen Öffnungszeiten auch Bestimmungen über die Größe und Farbe von Schildern, Schriftarten darauf etc. „Erbsensuppe im Eiscafé war ein Fehler im Vertrag", so dementsprechend

---

120 Die Mall schützt aber keineswegs vor Pleiten. In Notlagen haben Mieter nicht die Möglichkeit, z.B. Verkaufsstände vor die Geschäfte zu stellen, extra Werbung zu betreiben oder, um Personalkosten zu sparen, das Ladenlokal erst später zu öffnen, weil die spezifische Kundschaft erst ausschläft (G.5). Die Verträge sind eindeutig und eventuelle Managementfehler des Mallbetreibers können individuelle Pleiten zur Folge haben.

der Manager der untersuchten Mall Paradiso urbano. Der Branchenmix sei wichtig, um alle Altersgruppen anzusprechen (M.1). Shopping Malls sind damit zwar Ausdruck einer Ökonomisierung von Raum, ihr „Innenleben" ähnelt aber eher einer kapitalistischen Plan- als einer Marktwirtschaft.

Wieweit eine solch umfassende Planung umgesetzt wird und die Mall so gestaltet wird, dass sie Verhalten massiv beeinflusst, hängt maßgeblich von der Relation der eingesetzten Mittel zum erwarteten Ertrag ab; d.h. die Ausgestaltung, das endgültige Produkt Mall variiert mit dem zu erwartenden Umsatz. Rechtfertigt dieser einen maximalen Mitteleinsatz um ein „perfect environment" zu schaffen, ist der Einsatz auch ökonomisch rational und wird dementsprechend erfolgen. Entscheidend ist, welches Potential dem Standort zugeschrieben wird. Damit muss auch das Gesicht von Shopping Malls keineswegs immer identisch sein. Die Produktionsmechanismen und Ziele – zentrale Planung und vollständige Kontrolle – sind aber immer gleich. Was variiert, sind die Inhalte, die Produkte dieser Organisation sozialer Ordnung und ihre jeweilige lokale Ausgestaltung. Basis dafür sind detaillierte Informationen, insbesondere über das mögliche Einzugsgebiet einer Mall. Die großen Betreiberkonzerne, wie in Deutschland das ECE-Projektmanagement GmbH & Co KG oder das Metro Real Estates Management, verfügen über umfassende Erfahrung in der Projektplanung, sie betreiben eigene Forschungsabteilungen und sie verfügen über das Kapital, ggf. fehlende Informationen zuzukaufen. Die „science of malling" generiert die essentiellen und nicht essentiellen Informationen.

1.3 Raumproduktion und unterschiedliche Herrschaftsstrukturen

„Die Herrschaftsstruktur der Mall hat wenig Ähnlichkeiten mit Markt und Demokratie und viele mit feudalistischen Lehnsverhältnissen" (Siebel 2004b).

Lässt sich öffentlicher Raum ex definitione nicht planen, so gibt es in Shopping Malls nichts, was sich Planungsbestrebungen entzöge. Malls können damit als Ausdruck eines perfektionierten ‚Comprehensive Planning' angesehen werden, während der Öffentlichkeitscharakter von Geschäftsstraßen ein Nebenprodukt defizitären ‚Disjointed Incrementalism' sein kann (vgl. zur Unterscheidung: Mayer 2005: 29). Auch wenn die gemeinsamen Bezugspunkte Handel und Publikumsorientierung sind: Der Ordnungstypus institutionalisierter Normalismus in der Shopping Mall steht dem Ordnungstypus öffentlicher Raum in der Geschäftsstraße diametral entgegen.

Ist öffentlicher Raum als Ordnungstypus unter anderem von den Mechanismen eines *kapitalistischen Immobilienmarktes* beeinflusst, der über seine ökonomischen, über Angebot und Nachfrage bestimmten, Filtermechanismen sowohl die Strukturen des Einzelhandels, wie die soziale Zusammensetzung der die jeweiligen Orte umgebenden Nachbarschaften beeinflusst, so kann der Ordnungstyp institutionalisierter Normalisierung als *kapitalistische Planwirtschaft* umschrieben werden. Eine ‚private Planwirtschaft', deren Ziel nicht wie bei einer staatlichen Zentralverwaltungswirtschaft Bedürfnisbefriedigung ist, sondern Kapitalmehrung. „Das Management ist besser als der Immobilienmarkt" (M.1) und umsatz- und damit finanzschwächere Einzelhändler können sogar begrenzt subventioniert werden, um den Profit für die Mall insgesamt zu steigern. So schreibt auch der größte Betreiber von Malls in Europa, die ECE, auf ihrer Homepage:

> „Wer durch Deutschlands Fußgängerzonen geht, findet dort nicht selten die immer gleiche Mischung aus Bäckern, Banken und Modeketten. Schuld daran ist das verständliche Interesse der Hauseigentümer, immer an den Mieter zu vermieten, der am meisten zahlen kann. Und das Interesse der Makler an einer möglichst hohen Courtage sowie an einem häufigen Mieterwechsel. Shopping-Center-Betreiber denken hier völlig anders: Nicht der einzelne Laden steht im Vordergrund, sondern die Immobilie als Ganzes. Im Interesse eines interessanten Branchen- und Mietermixes werden daher einige Flächen billiger und einige teurer vermietet, streng orientiert an der Leistungsfähigkeit der jeweiligen Branche" (Otto 2006).

Hintergrund dieser Unterschiede ist die Differenz in der Herrschaftsstruktur, d.h. die Ausgestaltung der Verfügungsgewalt über den Raum, als eine der „privilegiertesten Formen der Herrschaftsausübung" (Bourdieu 1991: 30). Auch wenn Eigentum an Grund und Boden massiv Stadtentwicklungsprozesse mitbestimmen (vgl. etwa Harvey 1991), so hängt die letztendliche Ausgestaltung der Geschäftsstraße von der genannten Vielzahl von Akteuren ab. Sie beeinflussen die tatsächliche Nutzung des Raumes und diese wirkt wiederum auf politische und auf Planungsprozesse zurück. Ist die Herrschaftsstruktur des öffentlichen Raums die einer – durch Machtdisparitäten und strukturelle Gewaltverhältnisse beeinflussten – demokratisch legitimierten Herrschaft, so kann die der Mall, als private Verfügung über Eigentum bezeichnet werden: Die Mall-Wissenschaften und permanenten Kundenbefragungen und -beobachtungen legitimieren sie im Sinne eines neuen Weberschen Herrschaftstyps, und das Privateigentum an Grund und Boden sowie das gegenseitige Interesse am entspannten Shopping begründen den Glauben an die Legitimität, auch Partikularnormen formulieren zu können.

Dieser Unterschied bestimmt die Qualität und den Öffentlichkeitscharakter der Räume. Ihre unterschiedliche physische Gestalt – eingehaust vs. nicht eingehaust – geht damit nur einher und ihr eigentumsrechtlicher Status – privat vs. öffentlich – ist mit der Herrschaftsstruktur verflochten. Die Produktionsweisen von Raum sind es wiederum, die den Rahmen für die soziale Konstruktion von Raum vorgeben, also für die Art und Weise, wie Raum in seinem physisch-materiellen Substrat, in seiner Symbolik und seinem institutionalisierten Regulationssystem wahrgenommen, interpretiert und sozial verändert wird.

Stellt man die beiden Ordnungstypen mit ihren räumlichen Manifestationen innerstädtische Geschäftsstraße und Shopping Mall einander gegenüber, so lassen sie sich idealtypisch mit gegensätzlichen Begriffspaaren umschreiben (siehe Tabelle 11), die im Ergebnis einen eindeutigen, homogenen Raum einem kontingenten, heterogenen gegenüberstellen:

Tab. 11: Räumliche Ordnungstypen

Ordnungstyp Unterscheidungsdimension	Öffentlicher Raum	Institutionalisierter Normalismus
Bauliche Gestalt	offen	eingehaust
Eigentumsrechtlicher Status	öffentlich	privat
Form der Ökonomie	kapitalistische Marktwirtschaft	kapitalistische Planwirtschaft
Herrschaftsstruktur	demokratisch legitimiert	über Eigentum und Mall-Wissenschaften legitimierte private Verfügungsgewalt
(Sichtbare) Rollen	Rollenvielfalt, Bourgeois und Citoyen	Konsument
Planungstyp/Produktionsweise	inkrementalistische Planung	„Gott-Vater-Modell"
Entstehungsprozess	historisch gewachsen, umkämpft	zentral geplant und regelmäßig artifiziell modifiziert
Funktionalität	multifunktional	monofunktional

1.4 Reziproke Imitation

Die Geschichte und die Entwicklung der Shopping Malls wurde durch Verfallsszenarien des öffentlichen Raums in us-amerikanischen Städten beschleunigt. Malls sollten – so Victor Gruen – amerikanischen Städten Qualitäten von europäischen Städten verleihen. Mit dem Boom an Shopping Malls veränderte sich jedoch auch der traditionelle öffentliche Raum europäischer Städte.

Regelmäßig, wenn der Einzelhandel in den Innenstädten Konkurrenzsituationen zu Shopping Malls registriert oder eine solche für die Zukunft erwartet, wird versucht, die strukturellen Nachteile der Innenstädte und ihrer Produktionsweise auszugleichen. Diskutiert wird dann über Öffnungszeiten, Werbung, Parkplätze, Mieten, Hausrecht, Überdachungen, Service, Events, Sicherheit, Änderungen der Bepflasterung, Public Private Partnerships und vieles mehr. Weniger wird diskutiert, welche Vorteile manchmal chaotisch anmutende Innenstädten mit sich bringen.

Umgekehrt zeigt die generationelle Abfolge des Modells Shopping Mall, dass dies permanent, wenn auch in Deutschland bislang selten grundlegend, modifiziert wird. Veränderungen oder gar eine umfassende „Revitalisierung" sind darin begründet, interessant bleiben zu müssen, Kunden auf Dauer zu halten und ihnen Abwechslung zu bieten. Auch wenn jüngste Konzepte eher vorsehen, die Mall als Dorf und teilweise sogar wieder open air zu präsentieren sowie in andere Nutzungsstrukturen zu integrieren (Underhill 2004: 201ff., Hahn 2007: 30f.), so war es in den 1980er und 1990er Jahren und ist es aktuell nach wie vor die Intention, die Europäische Stadt zu simulieren. Simulationen greifen bei der Gestaltung und der Bespielung: Fassaden und Arrangements sollen an italienische Marktplätze erinnern, der Jongleur ist vom Management bezahlt und selbst Autohupen und dampfende Kanaldeckel werden gelegentlich imitiert, wo es weder Kanäle noch Autos gibt: Alles wohl dosiert.

Beide Entwicklungen haben zu einer – wenigstens oberflächlichen – wechselseitigen Anpassung der Raumtypen geführt. Birenheide und Legnaro (2003) sprechen von einer „reziproken Imitation". Ist es einerseits das Bestreben, Sicherheitsgefühle und Bequemlichkeit in Geschäftsstraßen zu erhöhen, so ist es andererseits das Ziel, Abwechslung in Malls zu ermöglichen und eine ökonomisch fatale Langeweile zu vermeiden. Damit geht es mal um Reduktion und mal um Simulation von Fremdheit und Differenz sowie um die Produktion lokaler Identitäten. Auch für die beiden Untersuchungsorte zeigt sich diese wechselseitige Annäherung. Sie hat jedoch ihre Grenzen.

1.4.1 Die Simulation von Stadt und öffentlichem Raum ...

„Das Normale und das Langweilige sind miteinander verwandt. Im Extremfall wird das Normale mit dem identisch, das man (zumindest vorübergehend) vergessen kann"
(Hahn 2003: 33).
„Das Thema Innenstadt hereinbringen" (Manager von Paradiso urbano).

Die Produktion von Stadt, von öffentlichem Raum ohne Unannehmlichkeiten ist das Ziel der Planung, Gestaltung und Bespielung von ambitionierten Shopping Malls. Das Bild der europäischen Stadt steht für Attraktivität und soll durch Planung im Miniaturmaßstab perfektioniert werden – zumindest in Ausschnitten. Vielfalt, Fremdheit, Soziabilität sind Attraktoren, die über Shopping hinausgehen resp. mit Shopping verschmelzen sollen. „Wir wollen mehr Marktplatz statt Handelsstandort sein", nennt es der Manager von Paradiso urbano und die ECE nennt es das „Konzept lebendige Marktplätze":

> „Innenstadt-Galerien sind nichts anderes als überdachte Marktplätze. Hier treffen sich nicht nur Einkäufer, sondern auch Politiker im Wahlkampf, Prominente, Künstler und Bürger, die ihre Hobbies präsentieren. Mit einem Unterschied: Die Technik wird kostenlos zur Verfügung gestellt, die Bühne ist bereits aufgebaut und ein professionelles Veranstaltungsmanagement sorgt dafür, dass alles funktioniert. In vielen Städten haben Shopping-Center sogar die Funktion der fehlenden Stadthalle übernommen – mit Jazz-Konzerten, Ausstellungen und Sport-Events bis hin zu Stabhochsprungmeisterschaften. Viele Centermanager übernehmen dabei nicht nur Verantwortung für ihre eigene Immobilie, sondern pflegen in Zeiten leerer öffentlicher Kassen auch noch den öffentlichen Raum in der Umgebung" (Otto 2006).

Shopping Malls übernehmen städtische Funktionen, und das gilt neben Galerien oder Vertical-Malls in den Zentren auch für städtische Randlagen wie im Falle von Paradiso urbano oder us-amerikanischen Malls: Funktionen von Politik (Wahlkampf), Kultur (Jazz-Konzerte und Präsentationen von Künstlern), Sport (Stabhochsprungmeisterschaften) und Zivilgesellschaft im weitesten Sinn (Bürger die ihre Hobbys präsentieren). Wie auch für das empirische Beispiel gezeigt, ist die Imitation von Stadt jedoch eine Inszenierung: während mit Sport-Events geworben wird, ist schlichtes Rennen außerhalb von Events verboten; wird ausgesuchten Parteien der Zugang im Wahlkampf erlaubt, so ist das Verteilen von Flugblättern verboten; sind Kunstausstellungen und Jazz-Konzerte die Events, wegen derer Kunden kommen sollen, so darf der Straßenmusikant dort nicht musizieren und Plakate, die auf externe oder gar nicht-kommerzielle kulturelle Veranstaltungen hinweisen, sind nicht existent. Vielfalt und damit Abweichungen vom unmittelbaren Konsum sind wohl dosiert und kontrolliert. Jegliche Aktivitäten sind geplant, durchstrukturiert und berechenbar; eine Pluralität der möglichen Rollen ist nur außerhalb des „Alltags" und nur für die Spieler der jeweiligen Inszenierungen vorgesehen. Nichts ist wirklich überraschend oder fremd. Alles wird integriert in das Standortmarketing – auch im Fallbeispiel Paradiso urbano.

Die Produktion von Stadt ohne Schattenseiten hat jedoch für die Mall auch strukturelle Nachteile. Der institutionalisierte Normalismus, der entlasten soll, damit sich die Kunden dem Einkaufen widmen, darf gerade nicht dazu führen, dass dem „Normalen" keine Aufmerksamkeit geschenkt wird. Die Mall und ihre Angebote dürfen nicht vergessen werden, sonst droht betriebswirtschaftlicher Schiffbruch. Sind innerstädtische Geschäftsstraßen mit hoher Fluktuation von Geschäften und dementsprechend wechselnden Produktpaletten, mit baulichem Verfall oder nicht immer ins Straßenbild passenden Renovierungen der Fassaden konfrontiert, mit Lärm und mit von Konkurrenz geprägten, teilweise irritierenden Werbeschildern, mit extremer sozialer und kultureller Heterogenität ihrer Besucher, mit konkurrierenden Nutzungen und unzulänglichen Mitteln für die Straßenreinigung, so zeigt sich in der Mall ein struktureller Mangel an Vielfalt und Abwechslung. Das relative Chaos der innerstädtischen Geschäftsstraße produziert nicht nur den indifferenten, distanzierten Großstädter, es schafft auch Neugierde und ist aus sich selbst heraus interessant. Es ist *reizvoll* im positiven wie im negativen Sinn. Das Interessante muss die Mall mühselig reproduzieren und mühselig vor allem deshalb, weil die eigentlich davon untrennbaren Nachteile – Reizüberflutung, Verunsicherung, Überforderung – dabei gerade nicht eintreten dürfen. Der Simmelsche Großstädter, der sich mental auch gegenüber den Werbereizen und der Produktpräsentation abschottet, wäre problematisch für die Mall. An der Stelle des Straßenmusikers findet man in Malls daher gelegentlich den extra engagierten Jongleur oder den Pantomimekünstler, die machen nämlich keinen Lärm (M.1). Auch Töpferstände können etwa in der Weihnachtszeit integriert sein, um das Flair mittelalterlicher Marktplätze zu simulieren. Es soll nicht „antiseptisch" werden, „es muss Leben geben, wir sind öffentlicher Raum" (M.1).

Paradiso urbano versucht, Stadt als Ort von Ereignissen insbesondere über Events zu imitieren. Abwechslung wird aber auch über wechselnde Dekorationen, Marktstände, Werbekampagnen und Renovierungsmaßnahmen erzeugt (Ostermarkt, „Hamburger Fischmarkt", DRK-Tage, Vox-Kochduell, Gewerbeschau Quartier XY, Fotowettbewerb „Kind des Jahres", Verkehrssicherheitstag, ...). Dienen die Events und Ausstellungen nicht bereits direkt der Umsatzsteigerung (verkaufsoffene Sonntage, Weinwochen, Reisebörse mit 60 verschiedenen Anbietern) sollen sie Abwechslung bringen und/oder neue Kundengruppen in die Mall ziehen: Beispielsweise wenn Kliniken sich und das Thema kosmetische Chirurgie vorstellen oder aber wenn Golf- und Galopprennsport in Kooperation mit Mercedes Benz präsentiert wird, um gehobene Schichten anzusprechen, wie es der Centermanager von Paradiso urbano auf einer Gesellschafterversammlung darlegte.[121] Nur wegen solcher Veranstaltungen kämen zwar höchstens 7-20% der Besucher, der Aufwand für Events sei eigentlich zu hoch (M.1). Events würden aber schlicht erwartet, ebenso wie die Weihnachtsdekoration. Sie sind demnach nur in Ausnahmefällen, wenngleich 20% eine beachtliche Quote wäre, selbst die Attraktoren. Events durchbrechen jedoch die Alltagsroutine und die Standardisierung der Mall. Sie bringen Abwechslung und reduzieren Langeweile. Ohne sie ist mittelfristig keine funktionierende Shopping Mall denkbar.

Während Events, Werbeaktionen, Marktstände im Mallgang und wechselnde Dekoration bei den Kampagnen, Themenpräsentationen oder anlässlich von Feiertagen ineinander greifen, sind (kleinere) Änderungen in der Mieterzusammensetzung und Renovierungen weitere Strukturprinzipien. „Verödung" drohe auch Malls (M.1), gerade wenn sie, wie im empirischen Fall, zunehmend von Filialisten dominiert sind und lokale Anbieter zu selten Abwechslung und lokale Einbindung stützen. Abwechslung wird etwa über „Theaterkulissen" – eine wohl nicht zufällig gewählte Metapher des Centermanagers – geschaffen, wenn Renovierungen oder vorübergehende Leerstände von Geschäften verdeckt werden sollen. Bei einem großen

---

121 So können Events alle Kunden oder aber spezielle Segmente ansprechen: „Micky Maus war einen Tag lang zu Besuch, um Kindern die neue Fernsehserie ‚Disneys Micky Maus ‚Wunderhaus' zu zeigen. Oma und Opa zogen derweil zu den Sicherheitstagen der Landesverkehrswacht und führten unter anderem Debatten darüber, ab wann Senioren nicht mehr Auto fahren sollten. Dass sie noch fit für den Straßenverkehr sind, stellten viele am Fahrsimulator sowie beim Reaktions-, Augen- und Sehtest unter Beweis" (Homepage von Paradiso urbano). Dass Micky Maus an einem solchen Ort auftritt verweist einmal mehr auf die These von Roost (2000), der „Disneyfizierung der Städte".

Bekleidungsgeschäft wurden zwei kleine neue Mieter hinzugenommen, um die Mieteinnahmen zu erhöhen, vor allem aber, um die lange Schaufensterfläche aufzubrechen und Abwechslung zu schaffen. Kleinere Umgestaltungen und Dekorationen werden zusätzlich von den Mietern vorgenommen. Auch wenn Mietverträge mit Blick auf die Mallkonzeption langfristig angelegt sind – 10 Jahre, bei Ankermietern sogar 15 Jahre und nur bei modeabhängigen Geschäften fünf – um den Konsumenten eine verlässliche Umwelt und ein verlässliches Angebot bieten zu können, so gehören kleinere Wechsel zum Geschäft, um die angebotene Produktpalette einer sich verändernden Nachfrage anzupassen.

Ein erstes echtes ‚Upgrading' ging in Paradiso urbano 1996 mit einer Flächenvergrößerung einher, als der ursprünglich nur ebenerdigen Mall ein zweigeschossiger Anbau beigefügt und sie von 70 auf 108 Geschäfte erweitert wurde. Paradiso urbano verschiebt sich vom Fachmarktcenter immer mehr in Richtung Shoppingorientierung (M.1). Um im Wettbewerb bestehen zu können, benötigen Malls regelmäßiges ‚Facelifting' etwa alle fünf bis zehn Jahre; ein so genanntes ‚trading up' erfolgt spätestens alle 15 Jahre (Sievers 2006: 22, vgl. auch: Paul 2002). In Paradiso urbano wurde 2005 das 15-jährige Jubiläum dafür als Anlass genommen, der Verschleiß beim Bodenbelag war ein zusätzlicher sachlicher Grund (M.1). Renovierungen und Änderungen des Centercharakters werden allerdings zwiespältig beurteilt: Umbauarbeiten könnten zwar auch selber als Attraktion dienen (vgl. Browning 2002), leicht wirken sie jedoch auch als Belästigungen der Kunden und als Störungen im Betriebsablauf. Abwechslung und Kontinuität müssten ausbalanciert sein (M.1), denn Kunden erwarten regelmäßige Neuerungen, zu viele könnten die Mall jedoch ihrer Identität berauben und Stammpublikum irritieren.

Die Betonung des ökonomisch wichtigen Wiedererkennungswerts sowie die Bestrebungen, in die Stadt, in der die jeweilige Mall verortet ist, eingebunden zu werden, können als Versuche gedeutet werden, lokale Geschichte und Identität, wie sie charakteristisch für europäische Städte sind, zu inszenieren. So spielt etwa die Namensgebung auch im Fallbeispiel ein Rolle: Der tatsächliche Name von Paradiso urbano spielt auf lokale Gegebenheiten an. Lokale Identität soll auch über die Einbindung ortsansässiger Firmen und Vereine bei Events erzeugt werden oder indem, auf im Malldesign gestalteten Schildern, die Kunden aus den einzelnen Ortschaften der Umgebung begrüßt und angesprochen werden. Gerade die für die Mall wichtige artifizielle Produktion lokaler Identität erweist sich aber offenbar als schwierig: So sollten Brunnenarrangements ursprünglich Quellsteine mit lokalem Bezug symbolisieren. Um die Kunden aber „intellektuell" nicht zu überfordern wurde dies verworfen (M.1). Insgesamt sei ein Mix aus „Hawaii", also Internationalität und Urlaubsgefühlen, und Lokalität essentiell (M.0, M.1, vgl. auch: Sievers 2006).

Auch verweisen einige Geschäfte in der Mall auf Geschichte, wenn sie, wie eine Wäscherei, auf Schildern wie „Seit 1853" suggerieren, sie und damit die Mall seien fester Bestandteil lokaler Tradition. Ein Grundstein im zentralen Eingangsbereich von Paradiso urbano verweist ebenfalls auf ihre (noch junge) Geschichte. Die „Kunstwelt" (M.1) soll nicht als solche erkennbar sein, gerade in ihrem Einzugsbereich wollen sich regionalorientierte Malls nicht als „Nicht-Orte" im Sinne Augés (1994: 92) präsentieren, die eben keine Geschichte und Identität haben, und dies würde von den Kunden auch nicht so empfunden (M.1). Gelingt dies, ‚funktioniert' die Mall. Gelingt es nicht, Geschichte und Identität ausbalanciert zu inszenieren, droht der Mall das Scheitern: Entweder sie verliert an Attraktivität und damit an ökonomischem Potential oder aber sie wird zu einem Ort, an dem Geschichte und Identität eben auch Erinnerung, Umdeutung, Aneignung und Veränderung bedeuten, wodurch sich der institutionalisierte Normalismus auflösen und die Betreiber die vollständige Kontrolle verlieren würden. Die Mechanismen der sozialen Konstruktion von Raum würden dann den Container Mall im Inneren verändern. Bei gleich bleibender baulicher Hülle entstünde ein anderer Raum.

Es besteht somit ein strukturelles Dilemma für Shopping Malls: In dem Maße, in dem sie versuchen, öffentlichem Raum näher zu kommen sowie Stadt zu imitieren, und d.h. auch, andere Funktionen (Ärzte, Kirchen, Bibliotheken, Behörden, Kinos, Fitnessstudios...) als das schlichte Einkaufen zu integrieren, um ihre Attraktivität zu steigern, in dem Maße nimmt auch prinzipielle Verunsicherung zu. Die Zusammensetzung der Mieter in einer Mall reguliert auch die Möglichkeiten der Aktivitäten in der Mall (vgl. Staeheli/Mitchell 2006: 983) und je unterschiedlicher diese sind, desto stärker nimmt die Erwartbarkeit von Verhalten wieder ab, die Eindeutigkeit der Rolle der Anwesenden löst sich auf. Dies gilt bereits für innerstädtische Malls, Passagen und „Einkaufszentren mit Gleisanschluss" (Bahnhöfe), die Durchgangsorte sind und damit die unbestimmte Rolle des Verkehrsteilnehmers und Passanten ermöglichen. Die Anwesenden können dann nicht mehr auf die Konsumentenrolle reduziert werden.

1.4.2   ... und die Grenzen der Perfektion

Neben solchen betriebswirtschaftlichen Risiken und Ambivalenzen durch die Integration weiterer Funktionen bestehen ohnehin (strukturelle) Grenzen für die Produktion eines „perfect environments".

Die bereits erwähnten, bei der Renovierung neu aufgestellten, Brunnen in Paradiso urbano sind ein Beispiel für die Grenzen von Shopping Malls auf dem Weg zur Produktion von Stadt ohne Nachteile. In doppelter Hinsicht: Zum einen gab es einen Fehler bei der Planung. Der „Jumping Jet" – eine Fontäne, die punktgenau einen Strahl vom einen Ende des Brunnens in ein kleines

Becken befördern soll – wurde nicht genau justiert. Bereits ohne weitere Einwirkungen entstanden Wasserlachen neben dem Brunnen. Planung ist fehleranfällig. Zum anderen verdeutlichten die Arrangements die Grenzen der Planbarkeit menschlichen Verhaltens. Man habe nicht damit gerechnet, dass die Brunnen von Kindern „so extrem bespielt" würden, so dass sich die Wasserlachen noch vergrößerten, aber jetzt könne man nichts mehr machen (M.1, M.2). Verbotsschilder wirkten zu restriktiv auf die Kunden und das Sicherheitspersonal hätte etwas anderes zu tun. Obwohl in der Literatur zu Malls Brunnen regelmäßig als attraktiv hervorgehoben werden, die, wie Bäume, auch Nähe zur Natur symbolisierten, und selbst spielende Kinder an Brunnen als Attraktoren gelten, da sie Abwechslung brächten und Erwachsene sie gerne beobachteten, hat die Idee bei der Umsetzung ihre empirischen Grenzen.

Als weiteres Beispiel für menschliche Schwächen und Planungsfehler kann eine Übertragung eines Fußballländerspiels in Paradiso urbano dienen. Auch wenn solche Veranstaltungen spätestens seit der WM 2006 zum Standardrepertoire auch de jure privater Räume wie etwa dem Sony-Center in Berlin gehören, so wurde die Dynamik vom Management seinerzeit falsch eingeschätzt: Aufgrund einer Massenschlägerei im Anschluss an die Übertragung, würden solche Events heute wohl nicht mehr in Paradiso urbano veranstaltet, so ein örtlich tätiger Polizist (M.4). Menschliches Verhalten und soziales Handeln sind immer nur näherungsweise vorherseh-, plan- und kontrollierbar.

Grenzen für Events setzt auch die soziale Deutung des Raums Shopping Mall durch die Allgemeinheit: Nicht alle Themen können dort präsentiert werden. Shopping Malls sind Orte des Konsums und ihre Wahrnehmung als Konsumtempel, wie sie auch in den Nutzungserwartungen der Interviewten zum Ausdruck kam, setzt Grenzen. So konnte ein exklusiver Golfclub nicht für eine Präsentation in der Mall gewonnen werden – offenbar weil die Mall nicht seinem hohen Status entsprach. Ein weniger exklusiver Club sprang ein. Ähnliches gilt für Veranstalter einer Anne-Frank-Ausstellung, die diese nicht in Paradiso urbano zeigen wollten (M.1). Auch der Manager von Paradiso urbano betont, dass Themen wie z.B. Aids nur in Randbereichen der Mall präsentiert werden könnten. Die Inszenierung von Öffentlichkeit darf eben nicht zu irritierenden Erfahrungen führen: Aids oder die Shoa sind keine Themen, die „Wohlfühlen" befördern, sie irritieren wenigstens und regen nicht zum Einkaufen an. Die Dominanz des Konsum setzt strukturelle Grenzen und damit kategorische Unterschiede zum übrigen öffentlichen Raum der Stadt.

Neben solchen Diskrepanzen und Abneigungen sind Shopping Malls auch mit expliziten Widerständen konfrontiert: Diese zeigen sich inzwischen regelmäßig von Seiten des bestehenden Einzelhandels in Städten, aber auch aus der Politik. Standortkonkurrenzen sind dabei zentral und politische Allianzen von Studenten, über DKP und Grüne bis zur CDU und dem Einzelhandelsverband kämpfen bisweilen so engagiert gegen die Ansiedlung von Shopping Malls, dass dies zu dem entscheidenden Thema in Kommunalwahlkämpfen wird, wie 2006 im Niedersächsischen Oldenburg (vgl. Wehrheim 2005; zum Fall der Braunschweiger „Schloss-Arkaden" vgl. Pump-Uhlmann 2007). Konfliktpunkte sind dabei neben der Frage, ob eine Mall überhaupt angesiedelt wird, ihre räumliche Integration (vor allem bei innerstädtischen Lagen, vgl. Junker 2007), ihre architektonische Gestaltung, ihr avisiertes Angebot, die Kompatibilität mit dem Denkmalschutz sowie vor allem die Größe der Verkaufsfläche, die dementsprechend von den Betreibern regelmäßig kleingerechnet wird (M.1).[122] Das CentrO Oberhausen etwa sollte zunächst fast doppelt so groß werden, wie es letztendlich gebaut wurde (demnächst wird es dennoch expandieren), und im besagten Oldenburg wurde, nachdem die Gegnerschaft des geplanten ECE-Centers die Wahl gewann, über eine abgespeckte Version verhandelt. Mit solchen Widerständen vertraut, ist Lobbyarbeit ein wesentlicher Arbeitsbereich von Mallbetreibern. Bei der endgültigen Ausgestaltung erweisen sie sich aber auch als flexibel, denn es wäre betriebswirtschaftlicher Selbstmord, nachhaltig gegen die Interessen der prospektiven Kunden zu agieren.

Die Flexibilität von Mall-Betreibern lässt sich an den Beschreibungen von Bareis (2005: 81f.) zum Mercado in Hamburg Ottensen nachlesen. Diese Mall war und ist nicht nur damit konfrontiert, dass sie im ehemals alternativ geprägten Ottensen liegt, sondern darüber hinaus damit, dass sich unter dem Gelände ein ehemaliger jüdischer Friedhof befindet. Widerstände während der Planungsphase waren die Folge. Als Konsequenz passte sich die Mall ihrem Klientel an und wirkt dementsprechend deutlich ‚urbaner' als Paradiso urbano: Sie ist ein sozialer Treffpunkt auch für Migranten, sie erlaubt Informationstische und Unterschriftensammlungen nicht nur von etablierten Parteien, und auch Verkäufer von Obdachlosenzeitungen werden funktional integriert, indem sie vor Ort verbleiben können und dafür – ganz informell – anderen Kunden etwa den Weg zu Geschäften erklären. Um die Mall überhaupt zu realisieren, wurde nach sogar internationalen Protesten auf eine Tiefgarage verzichtet und eine Hinweistafel auf den jüdischen Friedhof aufgestellt. Die Beispiele jüdischer Friedhof und damit Shoa, als Grenze jeglichen Wohlfühlens, und Obdachlose, als personifiziertes Gegenteil von Konsum, zeigen die hohe Anpassungsfähig von Malls bei der Integration von Widersprüchen. Sie deuten aber auch Grenzen des institutionalisierten Normalismus an.

Was in der Regel lokal variiert, ist die genaue Ausgestaltung des institutionalisierten Normalismus, nicht der Ordnungstyp an sich. Planung, Management und Bespielung des Raums orientieren sich weiterhin an den Daten über die Kundschaft. Die Produktionsmechanismen des Raums Mall bleiben ebenso erhalten, wie die Kontrolle über den Raum. All solche scheinbaren Kompromisse sind daher für die Mall hochfunktional und wirtschaftlich effektiv, und sie verweisen auf eine relativ hohe Flexibilität

---

122 Vgl. auch den Sammelband von Brune et al. (2006).

der Planung von Malls. Sie ist nicht nur in der Lage, von traditionellen Baukastensystemen in suburbaner Knochenform mit einem Ankermieter links und einem rechts abzuweichen, sondern auch gestalterisch im Inneren und sozial vom ‚Leben' in der Mall sich lokalen Gegebenheiten, nicht nur bei der Produktpalette, anzupassen. Selbst Assoziationen von Malls mit irischen Pubs können das Ergebnis zentralistischer Planung sein (vgl. Helten 2007).

Paradiso urbano unterliegt jedoch, wie andere Malls auch, Zwängen baulicher, finanzieller und rechtlicher Natur. Rechtliche Fragen sind zunächst in der Planungsphase bedeutsam, denn ob, wo und in welcher Größenordnung und unter welchen Bedingungen ein Mallbetreiber eine Baugenehmigung bekommt, ist nach wie vor eine Frage, die auf der Ebene der Stadtplanung und in der Arena der Politik entschieden wird. Der Trend, statt auf der „Grünen Wiese" Malls verstärkt in der Innenstadt anzusiedeln, ist auch Ausdruck davon, dass Betreiber immer seltener Baugenehmigungen auf der „Grünen Wiese" bekommen (vgl. Junker 2007).

Ebenso bedeutet die Tatsache, dass Malls über das Hausrecht verfügen, nicht, sie unterlägen keinen weiteren ‚öffentlichen' Vorschriften. So regelt die auch für Malls gültige Geschäftshausverordnung selbst kleinste Details: Von Fluchtwegen („Im Erdgeschoss müssen die Ausgänge so breit sein, daß für je angefangene 100m² Nutzfläche der Verkaufsräume des Erdgeschosses mindestens 35 cm nutzbare Ausgangsbreite vorhanden sind", § 16 (1)) und verwendeten Materialien, über den Luftaustausch und die exakte Größe von Schildern für Behindertenparkplätze („Gebotszeichen für Rollstuhlbesitzer nach DIN 30600 Blatt 496", Anlage 1) bis hin zur „lichten Mindestbreite" der Ladenstraße (fünf Meter). Die Optimierung der Gestaltung zum Zwecke der Umsatzsteigerung unterliegt damit Grenzen, ebenso wie die der Simulation der Europäischen Stadt, wenn etwa Dekorationen durch Brandschutzvorgaben komplizierter und teurer in der Umsetzung werden. Malls sind damit auch öffentlich-rechtlich hoch regulierte Räume, was vor allem vom Facility Manager von Paradiso urbano beklagt wurde (M.2). Das Hausrecht erlaubt ebenso wenig völlig willkürliche Hausordnungen: Sie dürfen nicht offen diskriminierend sein, indem sie etwa bestimmbare Personenkategorien per se ausschließen. Gleichzeitig ist es – v.a. in den USA – das Privateigentum, das Betreiber dazu nötigt, Sicherheitsvorkehrungen zu treffen, um vor eventuellen Schadensersatzforderungen gefeit zu sein, falls doch einmal ein Schaden eintritt.

Weitere, mit einander verbundene Grenzen resultieren aus der baulichen Hülle der Mall. Sie limitiert die Fläche des Innenraums. Beliebige Vergrößerungen und Umbauten sind nicht realisierbar, soll nicht die gesamte Mall erneuert werden. So war es bei der umfangreichen Renovierung von Paradiso urbano nicht möglich, den Gastronomiebereich in Form eines Food Courts – ihn also als eine Art Rondell von Restaurants zu gestalten, in dessen Mitte die Tische sämtlicher Anbieter stehen – obwohl dies gewünscht war (M.1).

Im Zweifelsfall erfordert die Umgestaltung enormes finanzielles Engagement des Betreibers, das nur dann erfolgt, wenn es betriebswirtschaftlich sinnvoll erscheint. Schließlich ist das Wetter ein nicht lösbares Problem auf dem Weg zur ‚perfekten Stadt': Wird es zwar regelmäßig als Vorteil gepriesen, dass Shopping Malls eingehaust und klimatisiert, also frei von Regen und Kälte sind, so sind sie eben auch frei von gutem Wetter: Je nach geographischer Lage sind Malls eben mal attraktiv, weil sie, wie in der „windy city" Chicago, vor kalten Winden oder Regen schützen, mal weil sie vor zu großer Hitze bewahren, wie in Spanien. In den jeweils als angenehmer empfundenen Jahreszeiten ist es andersherum, und so ist in Paradiso urbano „bei Sonne Totentanz" (M.4). Dann bevorzugen die Konsumenten die offene Stadt.

Die Stärke funktionierender Malls, eines ökonomisch rationalen Normalismus, ist es, gerade solche Widersprüchlichkeiten zu integrieren: Die Planung und Organisation von Shopping Malls sieht sich nicht nur mit den genannten Zwängen konfrontiert, sie muss, um längerfristig attraktiv zu bleiben und Langeweile zu vermeiden, sowohl Internationalität und Urlaubsgefühle (M.0) befördern als auch lokale Einbindung und Identität herstellen. Sie muss Überschaubarkeit und Verlässlichkeit mit Abwechslung kombinieren, sie muss künstliches und Tageslicht integrieren, um den „Totentanz" bei ‚gutem' Wetter nicht noch zu verstärken. Vor allem aber müssen Malls sich ihren Kunden anpassen. Wohnt im Einzugsbereich nicht der ‚gesellschaftliche Durchschnitt', sondern z.B. ein alternatives Milieu, wie in Hamburg Ottensen, so können dessen Vorstellungen nicht ignoriert werden. Die kurzfristige Manipulation der Kunden vor Ort ‚dreht' diese nicht um, und der Konsument hat in der Mall zumindest noch die Möglichkeit des Boykotts, des Konsumentenstreiks (vorausgesetzt andere Versorgungseinrichtungen sind vorhanden).

Die optimierte Shopping Mall wäre also die Mall, die die Gratwanderung zwischen einer potentiell langweiligen Huxleyschen „schönen neuen Welt" und dem ‚Chaos' der Urbanität besteht. Institutionalisierter Normalismus als Ordnungstypus ist empirisch gesehen lokal ebenso prekär wie die Balance zwischen produktiver, interessanter sowie verunsichernder Fremdheit im öffentlichen Raum. Nur ist die Balance von Perfektion und Langeweile Gegenstand von Planung und Management, während die Ambivalenz dem öffentlichen Raum inhärent ist. Kontrolle und Abwechslung müssen in der Mall in einander greifen bzw. eine kontrollierte Abwechslung ist essentiell, um die Attraktivität zu erhalten.

1.4.3 Der Weg zur Mall und seine strukturellen Grenzen

„Die Standards der kunstgerechten verhäuslichten Binnenräume verbreitern sich auf die Außenräume, die nach vergleichbaren Kunstregeln umgestaltet werden"
(Zinnecker 1990: 148).

Während Shopping Malls versuchen, Urbanität und Vielfalt zu inszenieren, so zeichnet sich bei innerstädtischen Geschäftsstraßen ein umgekehrter Trend ab. Dieser zeigt sich auf verschiedenen Ebenen und ist das Ergebnis struktureller Veränderungen und interessensgeleiteter Prozesse: bei der Zusammensetzung des Einzelhandels, beim Bespielen des Raums und seiner Inszenierung, bei der Organisation und dem Management, der baulichen Gestaltung sowie hinsichtlich weicher Standortfaktoren wie Sicherheitsgefühlen und Sauberkeit.

Veränderungen auf dem Immobilienmarkt führen zu einer Homogenisierung beim Einzelhandel: Mieten und Immobilienpreise in innerstädtischen Lagen haben in den letzten Jahrzehnten eine solche Höhe angenommen, dass es traditionell inhabergeführten Geschäften kaum noch möglich ist, ihre Standorte zu halten. Für Immobilieneigentümer ist die Vermietung an Filialisten lukrativer, als eigenständig ein Geschäft zu betreiben. Fußgängerzonen sind genauso wie Paradiso urbano von (inter-)nationalen Ketten dominiert. Egal ob in Hannover, Oldenburg oder Duisburg, das Angebot ist im hohen Maße vorhersehbar. Dies gilt für die untersuchte Geschäftsstraße jedoch nur begrenzt. Filialisten nationaler oder internationaler Anbieter waren zum Erhebungszeitraum kaum vor Ort,[123] ebenso wenig Franchisenehmer, die in Malls irreführenderweise als inhabergeführte Geschäfte gezählt werden. Gleichwohl schlossen in der Geschäftsstraße zahlreiche, teilweise alteingesessene Fachgeschäfte aufgrund zu hoher Mieten. Die Konkurrenz durch zahlreiche kleinere Shopping Center in anderen Stadtteilen forcierte die Entwicklung. Aber auch ein Generationswechsel bei den Inhabern veränderte die Struktur des Einzelhandels. Infolgedessen verringert sich die Breite der angebotenen Produktpalette. Ebenso sind neue Geschäfte und neue Gastronomie eher höherpreisig.

Strukturell bedingte Veränderungen zeigen sich auch hinsichtlich der Wohnbevölkerung: Das Quartier, insbesondere der innenstadtnahe Teil, ist aktuell durch ein incumbent upgrading gekennzeichnet, d.h. der soziale Aufstieg der Bewohnerschaft und Modernisierungsmaßnahmen der Privateigentümer führen zur Gentrification des Quartiers. Zudem schließt sich die „rent gap" (vgl. Smith 1996), die Lücke zwischen den erzielten und vermeintlich erzielbaren Mieten und Immobilienpreisen der vergangenen Jahre. Einkommensschwächere Bewohner wurden und werden demzufolge aus der Nachbarschaft verdrängt, Besserverdienende ziehen nach und die soziokulturelle Zusammensetzung der Wohnbevölkerung wird homogener, was wiederum Rückwirkungen auf die soziale Zusammensetzung der Nutzer der Geschäftsstraße hat. Die lokale Kaufkraft und die Bedürfnisse der Wohnbevölkerung beeinflussen die Zusammensetzung des Einzelhandels. Ein Planer charakterisiert die von ihm erwartete Entwicklung bei der Bevölkerungsstruktur und den Lebensstilen mit den Worten: Es wird „teurer,

---

123 Mittlerweile muss diese Aussage relativiert werden: Nach Abschluss der Erhebungen hat sich die Zusammensetzung der Anlieger deutlich verändert: Filialisten verbreiten sich beim Einzelhandel ebenso wie bei der Gastronomie.

unbezahlbarer, langweiliger, bürgerlich-normaler", die Attraktivität bliebe aber gleichwohl erhalten, auch die Studenten würden im Quartier wohnen bleiben (G.1). Letzteres muss jedoch bezweifelt werden.

Die Aufwertung der Geschäftsstraße ist darüber hinaus das explizite Ziel der Quartiersentwicklung. Interessen des Einzelhandels greifen mit politischen und Interessen der Wohnbevölkerung ineinander.

Zu nennen ist an erster Stelle die erwähnte repressive Vertreibung der offenen Drogenszene sowie von Angehörigen anderer Randgruppen. Dieser Prozess war und ist umkämpft, jedoch auch Produkt von Interessen des Einzelhandels und verschiedener politischer Akteure, die Schwerpunkte polizeilichen Handels mit beeinflussen, sowie von Teilen der ansässigen Wohnbevölkerung. Die Exklusion von Fremdheit ist zwar nicht so umfassend wie in Paradiso urbano, sie zeigt aber in die gleiche Richtung bzw. verweist auf Grenzen der Toleranz in der Geschäftsstraße. Zudem sollen „gehobene" Gastronomie und „gute Geschäfte" angesiedelt (G.2), die Gentrification des Quartiers mithin gezielt forciert werden. Und diese Strategie geht mit der polizeilichen Vertreibung sozialer Randgruppen einher: Die zentrale Kreuzung sei „sauber" (von Drogenkonsumenten), weil dort ein großes Bistro neu eröffnet habe (G.3).[124] Die Umnutzung und Aufwertung durch Gastronomie für gut situierte Mittelschichtsmilieus bringt auch die Veränderung in der Nutzerstruktur der Straße mit sich, die die jahrelange polizeiliche Repression in dem Maße nicht erreicht hatte. „Pacification by cappuccino", nennt dies Sharon Zukin (1995: 28). Obwohl gemäß einer Machbarkeitsstudie von 2004[125] explizit Mehrfachnutzungen und Bespielungsmöglichkeiten freier Plätze zu einer „Initialzündung" für das gesamte Quartier werden sollen, werden gleichwohl kommerziell genutzte Außenbestuhlung vor Cafés und Restaurants und die Nutzung durch Marktstände hervorgehoben, um „urbanes Flair" zu stützen. Obdachlose werden dabei – im Unterschied zur Drogenszene und den beschriebenen Vertreibungspraktiken – als zugehörig zur Urbanität definiert (so auch: G.2, G.3, G.6). Sie gelten sowohl als Problem, als auch als Standortfaktor, der eben „urbanes Flair" bringe (G.1). Dosierte Fremdheit ist, wie schon für die Mall angeführt, ökonomisch wertvoll.

Bestrebungen, sich dem Modell Mall anzunähern, werden ebenso in der Planung zukünftiger Entwicklungen deutlich. Zentrales Merkmal der intendierten Quartiersentwicklung ist es, den Straßenzug in seiner Gesamt-

---

124 2007 ist dieses Bistro nun seinerseits von einem Betreiber einer Gastronomiekette abgelöst worden. Konflikte um die Verdrängung von Randgruppe führten (wahrscheinlich) ebenso wie eventuell der Protest von Veganern gegen explizite Ausrichtung des neuen Bistros auf Fleischkonsum dazu, dass das Lokal mehrmals mit blutroter Farbe traktiert und Scheiben eingeworfen wurden.

125 Alle nicht weiter ausgewiesenen Zitate und Angaben stammen aus dieser anonymisierten Studie.

heit zu gestalten und zu inszenieren. Konzepte sollen für die gesamte Geschäftsstraße entwickelt werden. Sie sei „Rückgrat, Lebensader und Schaufenster des Viertels", heißt es in der Studie. Dabei sei eine Public-Relations-Strategie für die gesamte Straße anzustreben, aber auch ein gestalterisch koordinierter Außenauftritt für die gesamte Achse, da bisher „keine durchgängige räumliche Identität" auszumachen sei, sondern es sich um „rhythmisierende Teilräume" handele. Ein „durchgängiges Gestaltungsthema" solle dem Raum zukünftig Identität und dem Außenraum neue Bedeutung verleihen. Auch das Magnet- bzw. Ankerkonzept von Malls dient als Vorlage: In den innenstadtfernen Abschnitt soll mehr Laufkundschaft gezogen werden, er habe eine schwache Magnetfunktion, während der innenstadtnahe Abschnitt in den kulturellen Einrichtungen am Anfang des Straßenzugs besondere Attraktoren hätte (G.1, G.2, G.5) (siehe auch Kapitel III.4.4.1). Die hohen Besucherfrequenzen im Zusammenhang mit den Kultureinrichtungen könnten für den ganzen Straßenzug genutzt, und durch eine entsprechende Bespielung sowie Kunst im öffentlichen Raum könne mehr Publikum angezogen werden. Der künstlich künstlerischen Inszenierung des Raums Geschäftsstraße wird ein besonderes Gewicht beigemessen: Überdimensionale Sonnenschirme an hervorgehobenen Orten sollen Aufmerksamkeit erwecken, ein „Urban Diary" bei dem SMS auf eine große freie Wand projiziert werden können, ist angedacht, und tonlose Kurzfilme und Spots werden im öffentlichen Raum bereits seit 2006 unregelmäßig gezeigt: „Die Wand soll dazu beitragen, kulturelle Produktionen in den Straßenzug (...) zu tragen. Dieses Projekt sei Teil einer ganzen Reihe von Maßnahmen zur Steigerung der Attraktivität des Viertels. Es soll ein künstlerisches Experiment unter Beteiligung von Hochschule und anderer Institutionen werden. Es soll offen sein für Bewohner des Viertels und – *zunächst* – ohne kommerzielle Werbung auskommen" (Sitzungsprotokoll des Ortsbeirates 12/2005; Herv. J.W.). Zu solchen Maßnahmen sollen auch Klanginstallationen im Straßenraum gehören, um zusammen mit dem Diary und „regionalen Wochen" in Restaurants die lokale Identität zu stärken: Ein Wasserrauschen soll nach dem örtlichen Fluss benannt werden – ein Projekt der Identitätsproduktion mit ähnlichen Anspielungen wurde in Paradiso urbano verworfen (M.1)(s.o.).

Die Stärkung lokaler Identität ist schon länger Ziel des lokalen Einzelhandels (G.5), sie schlägt sich in einem gemeinsamen Logo wieder, aber auch in der örtlichen Mode: In subkulturellem Style werden T-Shirts und Kapuzenpullover mit Schriftzügen wie „Quartiersname-Elite" und Ähnlichem angeboten, die Quartiersidentität aufgreifen und erzeugen (sollen). Wie bei Shopping Malls wird eine Art ‚Corporate Identity' angestrebt, die jedoch einmal Einbindung in die Stadt (Paradiso urbano) und einmal Abgrenzung zur Stadt (Geschäftsstraße) hervorbringen soll. „Place-Making" und „Branding" heißen entsprechende Stichworte in jüngster

Zeit. Die professionelle Inszenierung und Vermarktung ursprünglich eigeninitiativer Veranstaltungen, wie eines Straßenfestes und einer Art Karneval der Kulturen, werden ebenfalls als wichtig für Image, Identität und Standort hervorgehoben (G.2).[126]

Orientieren sich Shopping Malls in ihrer baulichen Gestalt an denen von (barocken) Städten, die sie zur „geometrischen Monotonie" steigerten (Legnaro/Birenheide 2005: 118), so greift jetzt die Stadt die Gestalt der Mall auf. Ein Platz am innenstadtfernen Ende des Straßenzugs soll zur Attraktivitätssteigerung umgestaltet und besser „lesbar" werden. Übersichtlichkeit und leichte Orientierung werden betont. Gleiches gilt für den Platz des Untersuchungsraums, der regelmäßig Treffpunkt von Angehörigen der Drogenszene ist. Er soll zum Attraktor des eher ‚ärmeren' Abschnitts werden. Die Blickachse von der zentralen Kreuzung böte dafür gute Voraussetzungen, Sichtbehinderungen auf der Achse sollen daher beseitigt werden. Ein Imbisshäuschen auf dem Platz wurde bereits, trotz einer Unterschriftensammlung für dessen Erhalt, abgerissen. Auch Bereiche einer Straßenbahnhaltestelle wurden umgestaltet und mit einer höherwertigen Bepflasterung versehen. Auf eine Möblierung des Raums mit Sitzelementen werde hingegen bewusst verzichtet, um Randgruppen keine Infrastruktur zu liefern (G.1). Die „Revitalisierung des Brunnenthemas" am Rande des Straßenzugs ist wie in Shopping Malls ebenfalls angedacht – wenngleich selbstredend Brunnen auf öffentlichen Plätzen europäischer Städte deutlich länger existieren als Shopping Malls. Die reziproke Imitation entspricht dem Bild.

Weitere Parallelen sind die Diskussion um Parkplätze oder auch die Betonung von Sicherheit und Sauberkeit (G.2-G.6), deren niedriges Niveau gemäß der Machbarkeitsstudie auch ein Grund für die geringe Nachfrage nach Gewerbeimmobilien in den vergangenen Jahren gewesen sei. Der Quartiersservice stellt daher eine zusätzliche Straßenreinigung bereit. Regelmäßige Treffen mit der Polizei sollen dazu dienen, aktuelle Problemlagen schnell zu erkennen. Unsicherheit wird aber nicht dramatisiert, auch hier zeigt sich die Nähe zum Mallmanagement. Für das Image der Geschäftsstraße sei es wichtig, Negativaspekte nicht zu betonen (G.2). Entsprechende Medienberichte seien kontraproduktiv und das Image der Vergangenheit (Drogenszene und Krawalle) müsse abgelegt werden (G.5). Lediglich für einen Bereich wird eine zu verbessernde Straßenbeleuchtung betont.

Abgesehen davon, dass es einem der örtlichen Supermärkte von Seiten der Politik nahe gelegt wurde (G.1), Teile des Bürgersteigs vor dem Geschäft mit zu mieten – wozu es bislang nicht kam –, um u.a. dort bettelnde Men-

---

126 Zum Straßenfest heißt es, „dem öffentlichen Raum soll ein Festkleid angezogen werden", eine „Aura" solle geschaffen werden (G.2). Ein „Kinder- und Jugend-Riesen-Kicker-Turnier" sowie verkaufsoffene Sonntage sind weitere Beispiele für eine Inszenierung öffentlichen Raums mittels Events.

schen auf Grundlage des Hausrechts verweisen zu können, hat privates Hausrecht noch keine Bedeutung für den ‚öffentlichen' Straßenraum. Den ansässigen Geschäften und Gastronomiebetrieben wird zwar regelmäßig eine Nutzung des Bürgersteiges zugestanden und sogar befördert, dies ist jedoch umstritten[127] und die Inhaber üben kein Hausrecht aus.

Am Vorbild Mall wird sich aber am ehesten bei Fragen von Planung und Management orientiert. War das Quartiersmanagement ein offenbar wenig effektiver Anfang, da in der Phase von 1999 bis 2004, während der die Stelle eines Quartiersmanagers finanziert wurde, kaum mehr als eine unvollständige Datenbank von Hauseigentümern entstanden war sowie wenige Werbeaktionen für das Quartier stattfanden, so wird in der Studie empfohlen, das Quartiersmanagement nun neu zu organisieren. Es solle zukünftig als zentrale Vermittlungsinstitution aktivieren, kommunizieren und vernetzen. Zudem soll eine Standortgemeinschaft, also ein Business Improvement District (BID), eingerichtet werden (G.2, G.5, G.6). 2006 wurde die Voraussetzung dafür mit einem Gesetz zur Stärkung von Einzelhandels- und Dienstleistungszentren (BID-Gesetz) geschaffen.

Ein solcher BID, in den neben dem Einzelhandel insbesondere die Hauseigentümer eingebunden werden sollen, da diese am längsten an das Quartier gebunden sind, soll sechs Vorstandsmitglieder haben. Von den Mitgliedern soll je einer den Einzelhandel in den beiden einzelnen Abschnitten des Straßenzugs repräsentieren, sowie jeweils ein Mitglied die Bereiche Kultur, Gastronomie und Kommunikation plus einen Vertreter der Hauseigentümer. Geplant sei, dass sich höchstens 1/3 der Geschäfts- und Hauseigentümer dagegen aussprechen dürfe (G.2). Der BID solle für Werbung, kontinuierliche Kommunikation, Leerstandmanagement und Verbesserung des Branchenmix, (auch damit keiner käme, „der hier nicht her passt" (G.5)), Lobbyarbeit bei den Behörden und, wenn von den Beteiligten gewünscht und finanziert, auch zusätzliche Maßnahmen in den Bereichen Sauberkeit und Sicherheit übernehmen.

Die interviewten Experten sind sich jedoch einig darüber, dass die Implementation eines BID kein leichter Prozess ist. Es gäbe etwa 300 Häuser mit 100 – 200 Immobilienbesitzern in dem Straßenzug, die überzeugt werden müssten; gleiches gälte für die Öffentlichkeit, die immer sehr kritisch sei (G.5). Auch würden Einzelhändler relativ schnell wechseln, wenn Mietverträge nach fünf bis zehn Jahren ausliefen und persönliche Animositäten täten

---

127 So bestehen nach wie vor Konflikte darüber, ob ein ehemaliges Delikatessengeschäft, das später Gastronomie mit Außenbestuhlung hinzunahm, dies darf, obwohl gemäß Bauverordnung ursprünglich neue Gastronomie untersagt war. Die Bauverordnung wurde jedoch jüngst geändert, um den Straßenzug zu beleben. Vor allem bestehen Konflikte darüber, wie lange am Tag und in der Nacht diese Gastronomie betrieben werden darf und welche Flächen belegt werden dürfen. Ein anderer Konflikt besteht zwischen zwei benachbarten Lokalen, einem Café und einer Kneipe, die lebensstilistisch deutlich unterschiedliche Kundschaft haben, sodass sich die Besucher des Cafés durch die der Kneipe beeinträchtigt fühlen (G.2).

ihr Übriges. Wenn die Immobilieneigentümer mit „im Boot" wären, könne man allerdings „sanften Druck" auf Einzelhändler ausüben (G.5). Auf Solidarität – so der lokale Vertreter des Hauptverbandes des Deutschen Einzelhandels – zwischen größeren und kleineren Einzelhändlern könne man nicht setzten.

Aber nicht nur an solchen Überlegungen zeigt sich, dass die Aufgabenbereiche eines BID zwar in die Richtung der Organisation von „downtown as a shopping mall" (Mallett 1994) gehen, aber dennoch deutliche Unterschiede zu einer Mall, als Marktort der von einem „allmächtigen" Subjekt geplant wird, bestehen. So wird von Seiten der Politik zwar begrüßt, wenn der Einzelhandel verbindlich in eine Finanzierung des Managements und der Infrastruktur eingebunden würde (G.2) und nicht mehr bei leeren Versprechungen stehen bleiben könne (G.1), während gleichzeitig Zuständigkeiten und Kosten für privatwirtschaftlich gewünschte Bereiche, wie zusätzliche Straßenreinigung, auf die Politik verlagert würden. Allerdings werden auch Machtkonflikte befürchtet. Der BID solle daher keine Rechte am öffentlichen Raum bekommen. Ein „amnesty-Stand" müsse immer noch möglich sein und private „Sheriffs" seien unerwünscht (G.2). Unabhängig solcher Überlegungen bedeutet die Einführung eines BID immer eine Verschiebung von Machtverhältnissen zu Gunsten der Ökonomie und zum Nachteil der Politik (vgl. Wehrheim 2006a: 160ff.).

Der steinige Weg in Richtung Mall, den die untersuchte Geschäftsstraße eingeschlagen hat, wird von den einflussreichen lokalen Akteuren aus Politik und Wirtschaft in toto begrüßt, wobei sie die Fallen auf diesem Weg übersehen: Zwar wird regelmäßig hervorgehoben, dass Vielfalt, Urbanität, Lebendigkeit, Authentizität die Stärken des Quartiers und der Straße seien. Nicht erkannt oder zumindest nicht thematisiert wird jedoch, dass diese (auch ökonomisch bedeutsamen) Stärken auch Resultat der Schwächen des Quartiers sind: Es gibt zwar kein Dach über der Straße, aber Stadtkultur (G.5); kleine, verwinkelte Ladenlokale sind betriebswirtschaftlich weniger rentabel, aber sie sind Produkt der gewachsenen und abwechslungsreichen Architektur, die die Straße attraktiv macht. Die Integration der Funktionen Wohnen, Einkaufen und Gastronomie bringt Konflikte mit sich, etwa zwischen Kneipenpublikum und Anwohnern mit Schlafbedürfnis, aber die Mischung gilt auch als wichtiger Standortfaktor und wird auch von den Bewohnern überwiegend geschätzt. Die Verlässlichkeit des Warenangebots beim Shopping sei im Vergleich mit Malls zu gering, aber Shopping in der Geschäftsstraße wird als Sozialität und als „Einkaufsbereich für Individualreisende" (G.5) (statt der ‚pauschalgebuchten' Mall) gesehen. Dies gilt auch für weitere Bereiche: Die Randgruppenangehörigen, die als störend gelten und regelmäßig weggeschickt werden, sind Teil des „urbanen Flairs", regelmäßige Demonstrationen seien nervig (G.2), aber gehören gleichwohl zum lebendigen Image. Mit der Negierung des Positiven im Negativen wird Urbanität auf das reduziert,

„was allen hervorragend gefällt, nämlich der Lebensstil jener Generation, die die Stadt wiederentdeckt hat, die es leid wurde, bei Familiengründung in grüne, langweilige Vororte zu emigrieren, die, zu Geld gekommen, sich den Luxus leistet, noch dort und so zu leben, wie sie als Student gelebt haben, unter Verdrängung der Tatsache, daß sie damit der nächsten Studentengeneration und anderen Einkommensschwachen natürlich im Wege steht, die aber, nach abgeflauten Bürgerinitiativzeiten und Protestbewegungen, bei nunmehr anstrengendem Geldverdienen, von dem Laden-, Kultur- und Kneipenangebot profitiert, das sie einst selber, als Vorzeichen einer alternativen Welt mitinstallieren half" (Hoffmann-Axthelm 1993: 170).

Nur führt diese Negierung zu weit stärkeren Veränderungen als diese ironische Gleichsetzung von Gentrification und Urbanität suggeriert.

Letztendlich sind es die strukturellen Merkmale und die unterschiedlichen Herrschaftsstrukturen, die es verhindern, dass sich Mall und Geschäftsstraße vollständig angleichen. Die Vielzahl der Akteure mit ihren konkurrierenden Interessen, die Tatsache, dass eine gewachsene Straße in einem Wohnquartier keine tabula rasa darstellt, die nur neu beschrieben werden muss, die Mechanismen des Marktes und die demokratische Legitimation der Herrschaft lassen keine identischen Räume entstehen.

Diese Unterschiede sind es auch, die es bewirken, dass Kontrolle und Raum in der Shopping Mall in einem anderen Verhältnis zu einander stehen, als in der Geschäftsstraße.

2.0 Raum und Kontrolle

Dass die beiden Orte und der Umgang mit Fremdheit durch verschiedene Formen von Kontrolle beeinflusst werden, war eine Ausgangsüberlegung der Untersuchung: Sozialer Kontrolle wurde für die Zugänglichkeit, Nutzung und Attraktivität großstädtischer Marktorte – und damit auch für deren Öffentlichkeitscharakter – eine hohe Bedeutung zugeschrieben (vgl. Siebel/Wehrheim 2003).
Wie das theoretische Verhältnis von Kontrolle zu Raum vor dem Hintergrund er Forschungsergebnisse interpretiert werden kann, soll im Weiteren dargelegt werden. Zunächst jedoch zur Einordnung von Kontrolle im Normalismus.

2.1 Institutionalisierter Normalismus: Die Polyvalenz multidimensionaler Kontrolle

Zur Analyse der Mall wurde ein erweitertes Verständnis von sozialer Kontrolle zugrunde gelegt: zum einen, weil in Shopping Malls nicht nur Verletzungen sozialer Normen Gegenstand von Kontrolle sind, sondern ebenso Abweichungen von der statistisch-durchschnittlichen Normalität, die im Setting Mall normativ überhöht wird; zum anderen, weil in Malls Kontrolle nicht nur darauf zielt, abweichendes Verhalten künftig zu verhindern, sondern auch für das räumliche Setting funktionales und damit erwünschtes Verhalten hervorzubringen. Kontrolle in Shopping Malls zielt darauf, das gesamte Verhalten der Anwesenden zu steuern. Nicht (nur) abweichendes Verhalten ist Gegenstand von Kontrolle, sondern Verhalten insgesamt. Soziale Kontrolle im institutionalisierten Normalismus kann damit sowohl in eine negative, die über Disziplinierung und Exklusion Verhaltensweisen vor Ort verhindert, als auch eine positive, da aktivierende, unterschieden werden. Sie soll erwünschtes Verhalten produzieren, Besucher anregen, teilweise manipulieren: Die Gehgeschwindigkeit soll so beeinflusst werden, dass Kunden gezielte Reize der Werbung optimal aufnehmen können, die Aufenthaltsdauer soll sich erhöhen, die Kunden sollen von einer Etage in die nächste und von einem Ankermieter zum nächsten gelenkt werden, Stimmungen sollen beeinflusst werden,... . Mit diesem zweiten, aktivierenden Moment verliert der Begriff der sozialen Kontrolle allerdings etwas von seiner Trennschärfe, wie es auch in den Überlegungen von Peter L. Berger und Thomas Luckmann zum Ausdruck kommt. Institutionalisierung und soziale Kontrolle gehen ineinander über: „Wenn ein Bereich menschlicher Tätigkeit institutionalisiert ist, so bedeutet das eo ipso, dass er unter sozialer Kontrolle steht. *Zusätzliche* Kontrollmaßnahmen sind nur erforderlich, sofern die Institutionalisierungsvorgänge selbst zum eigenen Erfolg nicht ganz ausreichen" (Berger/Luckmann 2000: 59, Herv. J.W.). Nun sind es Maßnahmen formeller – also zusätzlicher – sozialer Kontrolle sowie und insbesondere der sozialen Produktion von Raum, die Institutionalisierungsprozesse erst hervorbringen (sollen), die dann wiederum den von Berger/Luckmann benannten grundsätzlichen Kontrollcharakter von Institutionen entfalten, und erneut wirksam werden, falls sich der Erfolg der Institutionalisierungsvorgänge nicht ausreichend einstellt.

Soziale Kontrolle im Sinne der zitierten Definition von Helge Peters (2002) (siehe Kapitel I.2.4) und Institutionalisierung lassen sich damit zwar analytisch unterscheiden, in der beobachtbaren Empirie verschwimmen sie: Ursache und Folgen von Einzelaspekte lassen sich nicht immer dahingehend unterscheiden, ob sie Institutionalisierung oder unterschiedlichen Formen sozialer Kontrolle zuzuordnen sind – oder nicht doch auch Begrifflichkeiten von Sozialisation, Habitualisierung oder Manipulation. Der jeweiligen Intentionalität einzelner Handlungen, zeitlichen Verläufen sowie Kreislaufeffekten und Wechselwirkungen kommen entsprechende Bedeutungen zu. Weil unterschiedliche Aspekte ineinander- und diese in der Mall nur zeitlich und räumlich begrenzt greifen, erscheint ein solches erweitertes Verständnis von Kontrolle, als einen übergreifenden Begriff, hier gerechtfertigt und sinnvoll – auch um das Verhältnis von Raum und Kontrolle (siehe IV 2.2) zu analysieren.

Der Raum Mall ist eine Normierungs- und Normalisierungsmaschine. Selbstadjustierung am Durchschnitt funktioniert – wie das Diffundieren von Wissen über Malls mittels auf Flyern, in Presseartikeln, in der Werbung oder dem Internet bereitgestellter Informationen, anhand derer sich die Individuen selbst anleiten können – aber nur begrenzt als effektive Herrschaftstechnik. Auf erlernte und internalisierte Verhaltensstandards in „wertigen" geschlossenen Räumen kann nicht verzicht werden. Die Ordnung der Mall entsteht nicht aus dem Nichts. Ebenso wenig wird im empirischen Normalismus auf die Macht des Schwertes verzichtet. Es schneidet, wenn das Kontrollensemble des „perfect environment" und die Institutionalisierung nicht die gewünschte Kontrollwirkung entfalten. Das Schwert ist jedoch gleichzeitig Ausdruck von Schwächen des Systems Mall, weil es selbst die Ordnung des Normalismus stört. Sanktionsverzicht ist auch Ausdruck davon, Abweichung in der Mall zu normalisieren. Normalismus ist in der Praxis nicht so fortgeschritten, als dass auf traditionelle Macht verzichtet werden könnte und Kontrolle ausschließlich quasi subkutan anleiten würde, auch wenn der Raum bestimmbare „Technologien des Selbst" (Foucault) nahe legen soll. Mit Max Weber formuliert, dient Macht im Zweifelsfall immer noch dazu, Willen gegen Widerstände durchzusetzen. Paradiso urbano hat es aber nach anfänglichen Konflikten kaum noch nötig, davon Gebrauch zu machen. Fremdzwänge wurden in den 15 Jahren des Bestehens der Mall in zumindest lokal begrenzt wirkende Selbstzwänge umgewandelt. Die Ordnung des neuen

Raumtyps Mall musste sich erst etablieren und während etwa (einige) männliche Jugendliche sich nun im Zweifelsfall selbst disziplinieren, können die übrigen Nutzer sich selbst adjustieren. Unterschiedliche Kontrolldimensionen sind für unterschiedliche Gruppen unterschiedlich bedeutsam.

Die vollständig kontrollierte Umwelt und die Wirkung des Raums Mall beruhen auf verschiedenen in einander greifenden Dimensionen von Kontrolle, die ebenfalls analytisch aber nicht immer empirisch unterschieden werden können, denn *die einzelnen Elemente der Kontrolle dienen polyvalenten Zielen*: Die Videoüberwachung etwa kann nicht nur der unmittelbaren Kontrolle konformen Verhaltens dienen, sondern auch Reinigungsbedarfe erfassen oder Laufwege der Kunden aufzeichnen, um die Raumgestaltung optimieren zu können (vgl. Helten 2005), die wiederum auf das Verhalten der Anwesenden wirkt. Eine für Paradiso urbano geplante neue Videoanlage soll zukünftig auch das Kundenaufkommen erfassen und dabei eigenständig zwischen erwachsenen Kunden und Kindern unterscheiden, und so als Teil der „science of malling" neue Daten bereitstellen. Auch ist die architektonische Gestaltung der Mall nicht nur ein Mittel, alles Unübersichtliche zu vermeiden, um die Orientierung und damit Eigenständigkeit der Kunden zu verbessern und dadurch zur Erwartungssicherheit beizutragen, sondern ebenso ein Instrument zur Lenkung der Kundenströme sowie der Ausschließung unerwünschter Personen und Verhaltensweisen.

2.2 Kontrolle durch Raum und Raum durch Kontrolle

Shopping Malls sind ex definitione Orte, die von einem einzigen „allmächtigen" Subjekt geplant und umgesetzt werden, und die Intention des Planungsprozesses und seiner tagtäglichen Ausgestaltung ist die Produktion einer perfekten Umwelt, eines im Interesse des Produzenten optimierten Raums. Das gesamte Mall-Design und die Bespielung des Raums soll Verhalten steuern und kontrollieren (vgl. auch Manzo 2005: 86).

Können für die Mall die einzelnen Maßnahmen als Maßnahmen zur *Kontrolle über Raum* und den darin (re-)agierenden Individuen beschrieben werden, so stellt die Summe der Maßnahmen – nicht zuletzt aufgrund der Polyvalenz ihrer Ziele – eine neue Dimension dar, wie sie in dieser Ausprägung bislang nur für Kirchen, Moscheen oder Gefängnisse bekannt war, nicht jedoch für öffentlich zugängliche Marktorte und kaum mit so einer subtilen Perfektion: Sie bedeutet *Kontrolle durch Raum*. Die ganze Symbolik der Mall, Sprache und Zeichen, sollen in dem Kontext für alle eindeutig interpretierbar sein. Individuelle, „private Codes" der Anwesenden, die erst Fremdheit erzeugen könnten, sind kaum wahrnehmbar (vgl. auch Schütz 1972: 63ff.). *Die herrschaftliche Produktion des Raums soll die soziale (Re-)Konstruktion des Raums determinieren.* Abweichungen von der gewünschten Wahrnehmung sollen ebenso wenig erfolgen wie von der Nutzungsintention des Raums abweichende Verhaltensweisen. Die soziale Konstruktion eines Raums, der die Maximierung von Profit ermöglicht, ist die Intention der Produktion eines spätmodernen Marktplatzes, der sich in Gestalt von Shopping Malls materialisiert. Die negative Voraussetzung dafür ist es, verunsichernde Fremdheit im weitesten Sinn auszuklammern; die positive ist es, Wohlfühlen zu produzieren. Die Gesamtheit von Planung, Organisation, Design, Service etc. kann als gezielte Produktion eines „Rezeptes" (vgl. Schütz 1972: 58) verstanden werden, mit dem die soziale Welt ausgelegt werden soll, um mit einem Minimum von Anstrengungen und bei der Vermeidung unerwünschter Konsequenzen mit den Menschen und Dingen vor Ort umgehen zu können. Eindeutigkeit ist dafür zentral: „(...) es kann sogar gesagt werden, daß die objektiven Chancen für die Wirksamkeit eines Rezeptes umso größer sind, je weniger Abweichungen vom anonymen typisierten Verhalten geschehen, und dies gilt besonders für Rezepte, die für die soziale Interaktion gemacht sind" (ebd.: 65).

Auch in der Geschäftsstraße ist Kontrolle raumorientiert. Sowohl die formelle als auch die informelle soziale Kontrolle zielen weniger auf die Disziplinierung von Individuen als auf die Konstruktion von Raum: Bestimmte Verhaltensweisen und Personen sollen nicht vor Ort sichtbar sein. Die Repression gegen die offene Drogenszene steht dafür exemplarisch: Das war alles „scheiß Politik für die Abhängigen, aber gut für den öffentlichen Raum" (G.2). Vor dem Hintergrund der Geschichte der offenen Drogenszene im Quartier und der Alltäglichkeit verdrängender polizeilicher Handlungen erscheint dieses Treiben als ortsspezifische Normalität. Die Abweichung wird nicht mehr durch die Kontrolle und die Sanktionen – definitionstheoretisch betrachtet – permanent (re-)produziert, sondern durch die Normalität der Kontrollhandlungen scheint deren Symbolik nicht mehr zur Produktion von Verunsicherung beizutragen. Kontrolle dient nun zur Einhegung von verunsichernder Fremdheit. Mit ihren Kontrollaktivitäten konstruieren die Akteure Raum mit, und dies ist eine Intention ihres sozialen Handelns. *Raum in seiner sozialen Bedeutung wird über soziale Kontrolle mit konstruiert.* Sie ist aber nur ein Aspekt, der die kognitiven Bilder des Raums beeinflusst. Da diese raumkonstruierende Wirkung vor allem über die Kontrolle von Außenseitern/Randgruppen erlangt wird, bewirkt sie unterschwellig, dass der Raum als sicher empfunden wird, ohne dass die Übrigen, die Etablierten selbst Objekte von Kontrolle sind oder sich so empfinden. Ihre Individualität bleibt unberührt und ihre großstädtische Freiheit bleibt erhalten, genauso wie die Anonymität des Raums für den (Quartiers-)Fremden – vorausgesetzt er gehört nicht zu stigmatisierten Randgruppen.

Auch in der Mall wird die Kontrolle nur selten von den Anwesenden wahrgenommen. Dies liegt aber daran, dass der Raum selbst Kontrolle bedeutet. D.h. im Unterschied zur Geschäftsstraße sind in Paradiso urbano alle Anwesenden Objekte von Kontrolle. Diese greift jedoch meist unterschwellig und manipulativ. Damit ist in der Shopping Mall die Kontrolle *durch* Raum umfassender und sanfter zugleich, als die repressiver organisierte Kontrolle *über* Raum, wie sie in der Geschäftsstraße besteht, und die unterschiedlichen Kontrollformen rekurrieren auf unterschiedliche ökonomische Rationalitäten. Exemplarisch lässt sich dies anhand des Umgangs mit Müll verdeutlichen: Sauberkeit wird seit Wilson und Kellings Broken Windows These (1996) regelmäßig im Zusammenhang mit (Un-)Sicherheitsgefühlen und sogar mit Kriminalität, in Folge geringerer Intensität sozialer Kontrolle, gestellt. Zumindest aber wird Sauberkeit als elementarer Standortfaktor, als Basis des Wohlfühlens für (gehobenen) Konsum diskutiert. Kunden würden dies schlicht erwarten. „Hell, sicher, sauber" sind „Kernkompetenzen", heißt es für Paradiso urbano (M1). „Der Mensch ist ein Augenmensch. (...) Schmutz und Angst um die Barschaft sollten vermieden werden," heißt es für die Geschäftsstraße (G.5). ‚Gelöst' wird die Problematik in der Geschäftsstraße über zusätzliche Straßenreinigung in Form von über das Ortsamt finanzierter Ein-Euro-Jobber. Die Idee des Quartiersmanagers allerdings, alle 50 Meter einen Mülleimer aufzustellen, wurde von der Interessensgemeinschaft des Einzelhandels aus Kostengründen abgelehnt. Das Wegwerfen etwa einer Zigarettenschachtel kostet jedoch gemäß Bußgeldkatalog der Umweltbehörde 20,- €. In Paradiso urbano hingegen sind entsprechende Verbote in der Hausordnung gar nicht formuliert. Stattdessen erfolgt die kostspielige Reinigung viel intensiver als in der Geschäftsstraße und in der Mall sind 67 Mülleimer aufgestellt. In der Geschäftsstraße sind es gerade einmal zehn. In der Mall entsteht so ein sauberer Raum, der dadurch die Anwesenden zu weiterer Sauberkeit anhält, ohne dass besondere Sanktionsdrohungen erfolgen. Mall-Betreiber denken langfristiger: Ist zunächst Straforientierung billiger als ein „perfect environment", so ist Letzteres gleichwohl für die Mall betriebswirtschaftlich rentabler, denn formelle Kontrollen und negative Sanktionen gefährden die Ordnung der Mall und vor allem das für hohen Konsum entscheidende Wohlfühlen.

Die Unterschiede können mit den genannten Unterschieden im Herrschaftssystem erklärt werden. Im öffentlichen Raum der Geschäftsstraße besteht nicht die Macht, die Produktion des Raums so weit zu bestimmen, dass der physisch-materielle Raum, seine Atmosphäre, seine gezielte Bespielung etc. dessen Wahrnehmung, das raumgebundene Handeln und damit seine soziale Konstruktion weitgehend determinieren kann. In der Geschäftsstraße bestehen vielfältige Nutzungsmöglichkeiten (soziales Handeln) und weite Interpretationsspielräume des Raums und der räumlichen Situationen (Wahrnehmung), wodurch im Wechselverhältnis zwischen Produktion und Konstruktion die Konstruktion eine höhere Bedeutung hat, als in dem institutionalisierten Raum Mall, der entsprechende Möglichkeiten und Spielräume gerade einzuschränken versucht. Damit erscheint es – je nach Forschungsfrage – auch berechtigt, den Raum Mall als sozialem Handeln vorgelagert zu analysieren. Das Handeln konstruiert dabei den Raum mit, aber diese Konstruktionsleistung soll mit der Produktionsintention kongruent sein. Abweichungen, Aneignungen, nicht affirmative Interpretationen verschwinden deshalb nicht völlig, aber wenn sie vorkommen, bleiben sie in der Regel verborgen und wirken so auch nicht auf den Raum Mall, wie es in der Geschäftsstraße der Fall ist. Der institutionalisierte Raum Mall lässt (An)Ordnungen von sozialen Gütern *im Inneren* über das Handeln der Anwesenden hinaus wirksam bleiben und zieht tendenziell genormte handlungsbeeinflussende Wahrnehmungen nach sich (vgl. auch Löw 2001: 164).

3.0 Der Fremde, die Masse und der Ort

Dieses grundlegend unterschiedliche Verhältnis von Raum und Kontrolle spiegelt sich sowohl in der jeweiligen Attraktivität der Räume als auch in den Möglichkeiten und Notwendigkeiten der Inszenierung von Individualität. Es verleiht mal größere Sicherheit, mal größere Freiheitsspielräume. Im Weiteren soll vertieft werden, inwieweit beide Orte in solch ein Spannungsverhältnis von Freiheit und Sicherheit einzuordnen sind und wie sich jeweils das Verhältnis von Individualität und Massenorientierung gestaltet.

3.1 Individualität und Integration

Bei aller Distanziertheit, die konfliktfreie Interaktion unter Fremden in öffentlichen Räumen und Großstädten gewährleistet, sind Distinktion, „die individuelle Unabhängigkeit und die Ausbildung persönlicher Sonderart" (Simmel 1995: 130) und das Herausstellen der eigenen Individualität, wesentliche Merkmale der Großstädter und urbaner Situationen.

> „Wo die quantitative Steigerung von Bedeutung und Energie an ihre Grenze kommen, greift man zu qualitativer Besonderung, um so, durch Erregung der Unterschiedsempfindlichkeit, das Bewusstsein des sozialen Kreises irgendwie für sich zu gewinnen: was dann schließlich zu den tendenziösesten Wunderlichkeiten verführt, zu den spezifisch großstädtischen Extravaganzen des Apartseins, der Kaprice, des Pretiösentums, deren Sinn gar nicht mehr in den Inhalten solchen Benehmens, sondern nur in seiner Form des Andersseins, des Sich-Heraushebens und dadurch Bemerklichwerdens liegt – für viele Naturen schließlich noch das einzige Mittel, auf dem Umweg über das Bewusstsein der anderen irgendeine Selbstschätzung und das Bewusstsein einen Platz auszufüllen, für sich zu retten. In demselben Sinne wirkt ein unscheinbares, aber seine Wirkungen doch wohl merkbar summierendes Moment: die Kürze und Seltenheit der Begegnungen, die jedem Einzelnen mit dem anderen – verglichen mit dem Verkehr der kleinen Stadt – gegönnt sind. Denn hierdurch liegt die Versuchung, sich pointiert, zusammengedrängt, möglichst charakteristisch zu geben, außerordentlich viel näher, als wo häufiges und langes Zusammenkommen schon für ein unzweideutiges Bild der Persönlichkeit im anderen sorgen" (Simmel 1995: 128f.).

Auch Hans-Paul Bahrdt betont repräsentatives Verhalten, dass Individualität bei allen Distanznormen und flüchtigen Kontakten hervorhebt. In den sichtbaren Ausschnitt der Persönlichkeit wird so viel hineingelegt, dass er als pars pro toto dienen kann (Bahrdt 1998: 91). Repräsentation ist eine Gratwanderung, bei der die Individualitäten „in den Rahmen gemeinsamer, verbindender Wertungen" gestellt werden (ebd.: 92); das Wechselspiel zwischen Distanzüberbrückung und dem Bedürfnis, diese aufrechtzuerhalten, ist austariert.

Dies waren auch Merkmale des Verhaltens in der Geschäftsstraße. Sie zeichnet sich nicht nur durch viele Menschen aus, sondern auch durch Heterogenität dieser Menschen und der Nutzungsmöglichkeiten des Straßenzugs. Subkulturen, die sich distinguieren wollen,[128] sind vielfältig vorfindbar, ebenso wie exzentrische Einzelpersonen, die nicht nur fremd sind und wirken, sondern Individualität betonen und überwiegend auch als Individualitäten respektiert werden.

Dem ist in der Mall nicht so. Einerseits ist reserviertes, distanziertes Verhalten aufgrund der reduzierten, ja nivellierten Fremdheit in der Mall als Selbstschutz weniger nötig. Die Notwendigkeit, auf Andere und andere Nutzungsweisen Rücksicht zu nehmen, verringert sich in dem Maße, in dem der soziale Sinn der Institution für alle gleich ist, der Raum nur einem Zweck, dem Konsum, dient. Andererseits ist Individualität dort leicht zurschaustellbar, jedoch auch mit dem Makel der Abweichung verbunden. Die ohnehin große Herausforderung, Verhalten zu zeigen – und die auszufüllenden Rollen sind zentraler Teil dessen –, dass trotz Distanz ankommt, *ohne* dabei befremdlich zu sein, wird noch einmal vergrößert. Mit einem eingeschränkten Rollenrepertoire sowie einer tendenziellen Homogenisierung von Verhalten und optischer Erscheinung (keine Subkulturen, keine „Kittelschürzen") reduziert sich Individualität in Malls weitgehend auf distinguierenden Konsum. Die Freiheit im institutionalisierten Normalismus bleibt eine gefühlte, da sie in einem vorgegebenen engen Rahmen stattfindet und sie de facto auf die Freiheit zur Wahl zwischen verschiedenen Waren oder unterschiedlichen, von der Mall angebotenen Konsumformen (Einkaufen, Window Shopping oder je nachdem auch Bowling, Kaffeetrinken etc.) beschränkt ist (vgl. auch Legnaro/Birenheide 2007). Die „Freiheit in der Wahl" ist in der Mall eine „Freiheit zum Immergleichen", wie man es angelehnt an Max Horkheimer und Theodor W. Adorno (2000: 176) formulieren kann, die sich auf die Wahl zwischen Nike- oder Adidas-Turnschuhen beschränkt (vgl. Wehrheim 2006b). Die „gemeinsamen Wertungen" als Rahmen von Repräsentation sind hier schlicht die gemeinsamen Konsumorientierungen. Persönlichkeit, Individualität, die über identitätsbildendes Konsumverhalten hinausgeht, würde Assoziationen von Fremdheit hervorrufen und dem Ordnungstyp Normalismus entgegenstehen. Insofern liegt im Setting Mall Selbstadjustierung nahe, mit Goffman ausgedrückt: Alter Ego zu demonstrieren, man sei „harmlos" (siehe Kapitel III.4.7). Gerade letzteres erscheint für die lokale soziale Ordnung und die Individuen nicht nur erforderlich, sondern in Folge der Gleichförmigkeit auch erleichtert: Durch die Eindeutigkeit der Nutzung des Raums und durch die Reduktion der Anwesenden auf die Konsumentenrollen verschwinden konkurrierende Nutzungen ebenso, wie mit dem Verschwinden von Fremdheit auch Rangun-

---

128 Die Subkultur ‚Drogenszene', ist hingegen gerade bemüht, nicht aufzufallen und als normal zu erscheinen.

terschiede nivelliert werden. Als Konsumenten und als statistische Größe sind die Anwesenden gleich. „Labile Rangunterschiede[, die] aggressives imponierendes Verhalten" nahe legen (Bahrdt 1998: 92), entfallen.

Shopping Malls bedeuten einen Verlust von Individualität. Sie sind auf Massenpublikum ausgerichtet und das Ergebnis von Massenproduktion, Massenbedürfnissen und Massenwerbung („mit modernen Propagandamethoden", Wirth). Was Louis Wirth 1938 irrtümlich für die gesamte Stadt infolge von Urbanisierung und Industrialisierung annahm, ist in der Dienstleistungsstadt lokal verwirklicht – zumindest in Malls, die wie Paradiso urbano nicht spezialisiert sind:

> „Wo immer eine große Anzahl verschieden veranlagter Individuen zusammenkommt, setzt auch ein Prozeß der Depersonalisierung ein. (...). Wenn eine große Anzahl von Menschen sich gemeinsam gewisser Anlagen und Einrichtungen bedienen muß, so müssen diese Anlagen und Einrichtungen nicht so sehr den Bedürfnissen des einzelnen Individuums als denen des Durchschnittsmenschen genügen" (Wirth 1974: 57).

In der Mall ist dies jedoch nicht Ergebnis von Arrangements der Individuen, die – wie gezeigt – in Größe/Masse, Dichte und Heterogenität auch ganz anders sein können, sondern von Planung.

Das Verschwinden von Fremdheit, das Einebnen von Differenz für den Zeitraum des Aufenthalts im Setting Mall, wirkt aber auch integrativ. Der Markt exkludiert nur das, was den Markt stört und dies ist – im Verhältnis zur Masse der täglichen Besucher – auf Ausnahmen begrenzt. Im Zweifelsfall gilt nach wie vor: „The goal is to stop the behavior, not to lose the customer" (Thompson 1998: 32). Der abstrakte Integrationsmodus Markt ist farbenblind. Teilhabe kann, unter der Voraussetzung über die entsprechenden finanziellen Ressourcen zu verfügen, erkauft werden. Die Mall ist kein auf persönlichen Nahbeziehungen oder Weltanschauungen beruhender Club, auch dort stehen die „rein sachlichen" Beziehungen der Geldwirtschaft (Simmel) im Vordergrund, und die Institutionalisierung des Raums weist allen Besuchern die gleiche Rolle und Position zu. Die Reduktion auf die Konsumentenrolle wirkt integrativ, da sie es erlaubt, von anderen Merkmalen der Person zu abstrahieren. Vieles deutet darauf hin, dass selbst bei visueller Auffälligkeit keine Zuschreibung von Fremdheit erfolgt: Für die „Kopftücher", wie der Mall-Manager Frauen nennt, die ihren Glauben zur Schau tragen, kann es ein befreiendes Element sein, in der Institution Mall von den Anderen nur als Konsumentin gesehen und in dieser Rolle nicht als Muslima stigmatisiert zu werden. Selbst der Punk – der seine Differenz ostentativ zur Schau stellen will – mag manchmal davon profitieren und entlastet werden, dass er von den übrigen Konsumenten als Konsument etikettiert wird und nicht als herumhängender Delinquent, wie oft in der innerstädtischen Geschäftsstraße. *Der Bedeutungsverlust von Fremdheit ist auch funktional für den Fremden.* Den Status ‚fremd' zu verlieren, entlastet auch ihn. Der Grat, zwischen dieser ausbleibenden Etikettierung als abweichend und der

Exklusion einerseits und der Erfordernis, sich vor Ort temporär zu assimilieren andererseits, ist für alle Beteiligten jedoch schmal.

Der empirische Markt hat aber nie dem abstrakten Integrationsmodus Markt entsprochen, und der Marktort Mall ist nicht einmal ein Markt in dem Sinne. Er dient dem Handel, aber er ist das Produkt von Planung. Markt wird auf der Planungsebene in Malls nicht nur hinsichtlich der Konkurrenz von Warenanbietern weitestgehend ausgeklammert, sondern auch hinsichtlich Individualität. Die Mall ist im Unterschied zur Geschäftsstraße kein Markt von Ideen, Rollen und Lebensentwürfen. Damit ist er auch nur begrenzt farbenblind. Diskriminierung aufgrund von Hautfarbe, Geschlecht, sexueller Orientierung etc. entfällt nur dann, wenn die Besucher in die spezifische Normalität der jeweiligen Mall passen, also wenn sie dem avisierten Durchschnittskunden entsprechen oder aber die „science of malling" ergeben hat, dass diese Kunden besonders tolerant sind und Heterogenität schätzen. Ist dem nicht so, ist der integrative Charakter der Mall sehr begrenzt. Zugespitzt formuliert: Wäre der Durchschnittskunde bekennender Rassist, würde dies auch von der Mall aufgegriffen.

Fremdheit wird in den beiden Untersuchungsorten und den beiden Ordnungstypen unterschiedlich bearbeitet: *Der institutionalisierte Normalismus des Raums Mall nimmt den Individuen die Leistung ab, mit Fremdheit umgehen zu müssen*. Das gesamte räumliche Setting nivelliert Fremdheit und entlastet damit das Individuum. Die Mall ist bequem für ihre Kunden, denn Differenz einzuebnen bedeutet Erwartungssicherheit und Integration – unabhängig davon, ob man täglich in der Mall ist oder diese zum ersten Mal betritt.

In der Quartiersöffentlichkeit der innerstädtischen Geschäftsstraße wird Fremdheit nicht nivelliert. *Im Ordnungstyp öffentlicher Raum bleibt es die Leistung der Individuen mit verunsichernder Fremdheit umzugehen*. Das spezifische Milieu des Quartiers bzw. die Erwartungen, die von Teilen der Befragten an die jeweils Anderen auf der Straße gestellt werden, erleichtern dies nur. Der Glauben an eine lokale Gemeinschaft ist der gefühlte doppelte Boden, der die Fremdheit einhegt. Selbst diejenigen, die mit der Straße und dem Quartier vertraut sind und die Angehörigen der Drogenszene sowie die Obdachlosen inzwischen persönlich kennen, müssen gleichwohl diese Leistung des Umgangs erbringen. Auch wenn die Extreme sozialer und kultureller Fremdheit durch biographisches Bekannt werden das Merkmal fremd verlieren, so gilt dies nie für alle Anwesenden, und nie wird über so viel Wissen verfügt, dass Situationen immer kontrolliert werden könnten. Die Sozialisation im Quartier oder das Vertrauen in das eigene Milieu erleichtern den Umgang mit Fremdheit lediglich. Auch die alternativen urban Villager bleiben urban.

3.2 Unterschiedliche Räume für unterschiedliche soziale Gruppen

"*Der Eindruck von Fremdartigkeit und die Heftigkeit, mit der man sich daran stößt, verschärfen sich mit relativer Machtlosigkeit und vermindern sich mit der Zunahme relativer Freiheit*" (Bauman 1999: 10).

Die unterschiedlichen Ordnungstypen – öffentlicher Raum und institutionalisierter Normalismus – werden unterschiedlich wahrgenommen und bewertet (sieh Kapitel I.1.3, III.5.0). Die jeweiligen Formen, wie über Kontrolle soziale Ordnung beeinflusst wird, haben für unterschiedliche Gruppen unterschiedliche Folgen und dies macht die beiden Orte für unterschiedliche soziale Gruppen attraktiv. Betrachtet man jedoch zunächst alle Befragten für die jeweiligen Orte zusammen, bestätigen sich nur die zentralen Unterschiede der Ordnungstypen, wie das Diagramm 5 zeigt:

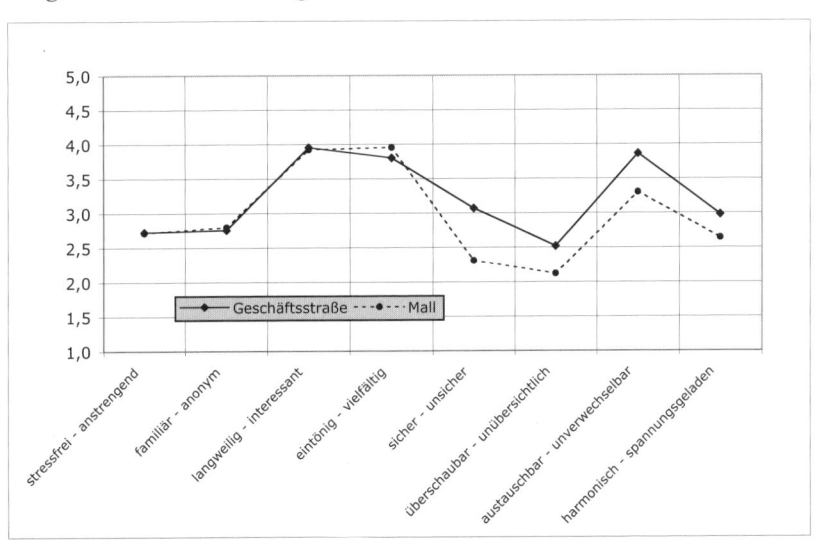

Diagramm 5: Wahrnehmung der Geschäftsstraße und der Mall

Die suburbane Mall gilt erwartungsgemäß als signifikant sicherer, überschaubarer, austauschbarer und harmonischer als die innerstädtische Geschäftsstraße. Kurz: Der Raum Mall vermittelt Sicherheit im weiten Verständnis des Wortes.

Differenziert man nach Alter/Geschlecht werden die Unterschiede deutlicher und zeigen, dass nicht nur die Räume unterschiedlich wahrgenommen werden und unterschiedlich ‚wirken', sondern dass dies sozial selektiv erfolgt (siehe Diagramm 6), wie es bereits für die beiden Untersuchungsorte separat diskutiert wurde. Lediglich die Einstufung als *anstrengend* oder *stressfrei* fällt für beide Orte und beide Befragtengruppen gleich aus. Beide Orte werden weder als das Eine noch als das Andere wahrgenommen.

Diagramm 6: Wahrnehmung der Geschäftstraße und der Mall durch die unterschiedlichen Befragten

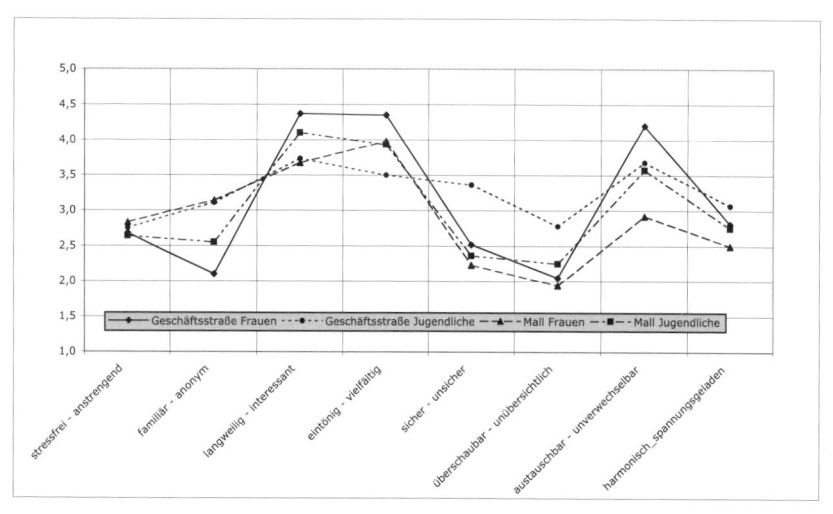

Beschreiben die Frauen zwischen 40 und 60 Jahren überraschenderweise die Geschäftsstraße als *familiär* und nicht als *anonym*, so ist es bei den männlichen Jugendlichen/Heranwachsenden zwischen 14 und 21 Jahren genau umgekehrt. Sie wählen das Attribut *familiär* eher für Paradiso urbano. Diese Differenz zeigt sich auch bei den Adjektiven *interessant* und *vielfältig*. Die Frauen umschreiben so eher die Geschäftsstraße, die Jugendlichen empfinden so eher die Mall. Sehen die Frauen die Geschäftsstraße überwiegend als *unverwechselbar* an, so attribuieren die Jugendlichen sowohl die Geschäftsstraße als auch die Mall durchschnittlich als *unverwechselbar*. Die Jugendlichen empfinden die Mall auch signifikant öfter als *sicher*, als dies in der Geschäftsstraße der Fall ist. Bei den Frauen ist dieser Unterschied deutlich geringer, aber ebenso noch signifikant.

Die unterschiedlichen Befragten konstruieren also in ihrer Wahrnehmung unterschiedliche Räume, obwohl deren physisch-materielles Substrat, genau wie die übrigen objektiven Faktoren (z.B. Rechtslage, Marktfunktion), identisch ist. Unterschiedliche Räume existieren an identischen Orten, d.h. auch in der Mall determiniert die soziale Produktion des Raums die subjektiven und sozialen Konstruktionen des Raums nicht vollständig. Unterschiede scheinen – wie auch in der Geschäftsstraße – sozialisations- und statusbedingt.

Es ist jedoch auch umgekehrt: Objektiv deutlich unterschiedliche Orte werden von unterschiedlichen Gruppen gleich empfunden: Die Attributionen der beiden Orte sind für Jugendliche mit niedriger Bildung einerseits und Frauen mit hoher Bildung andererseits nahezu identisch (siehe Diagramm 7). Unterschiedliche physisch-materielle Substrate der Orte, unterschiedliche Nutzungsweisen und unterschiedliche rechtliche Status können Konstruktionen fast identischer kognitiver Räume zur Folge haben.

Diagramm 7: Wahrnehmung der Mall durch männliche Jugendliche mit niedriger Bildung und der innerstädtischen Geschäftsstraße durch Frauen mit hoher Bildung

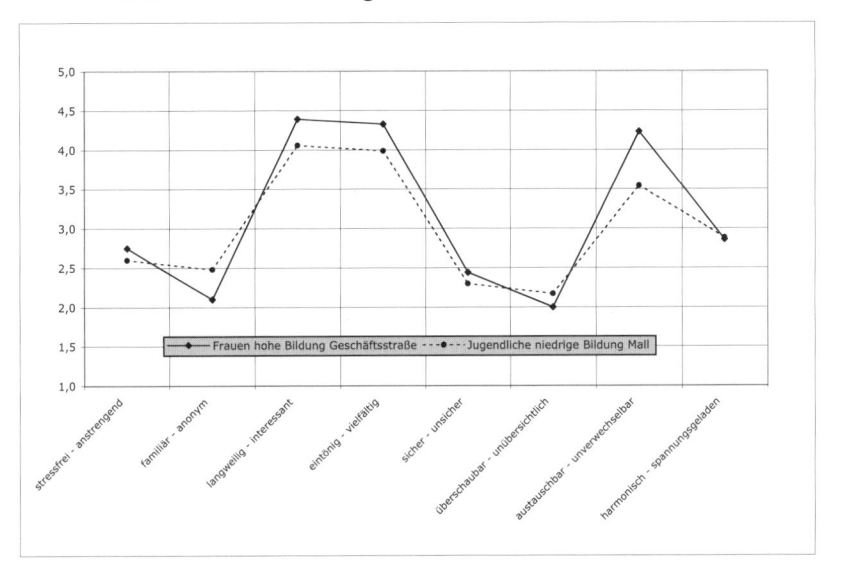

Die Frauen mit hoher Bildung tendieren bei den Adjektiven *interessant*, *vielfältig* und *unverwechselbar* und die Jugendlichen mit niedriger Bildung bei der Zuschreibung *familiär* lediglich dazu, durchschnittlich extremere Ausprägungen zu wählen. Die Tendenz ist jedoch bei allen Wortpaaren dieselbe.

Hinter dieser tendenziell gleichförmigen Wahrnehmung dürfte sich eine sozial selektive Attraktivität und Bewertung unterschiedlicher Dinge verbergen: Die heterogene, „urbane" Geschäftsstraße ist ein Ort für Frauen, die zum alternativen Milieu des Quartiers gehören, über einen hohen Bildungsstand verfügen und ‚etabliert' sind. Sie kennen und schätzen das Treiben der Straße. Die Vielfalt ist ihnen vertraut und nicht fremd, sie können in ihrer Quartiersöffentlichkeit die verbleibende Fremdheit als Flaneure auch genießen, als verunsichernd bedeutbare Erscheinungen wissen sie differenzierter einzuordnen. Die Mall hingegen ist ein Ort, der gerade für weniger etablierte Gruppen, hier vor allem: männliche Jugendliche mit niedriger Bildung, attraktiv ist. Jugendliche, die sich allgemein stark über

Konsum definieren, schätzen die Stabilität vermittelnde Institution Mall und die Angebote, die sie dort finden (vgl. Ferchhoff 2007: 326ff., Neumann 2008: 51f.). Die (Erwartungs-)Sicherheit, die der Raum vermittelt, kommt gerade ihnen entgegen, und entsprechende Konsumangebote machen die Mall attraktiv.

Dies wirft eine weiterführende These auf: Die unterschiedliche Wahrnehmung und Attraktivität der beiden Orte scheint nicht nur darin begründet zu sein, dass großstädtisch sozialisierte alternative urban Villager und urban Indifferente in der Geschäftsstraße einer lebensstilistisch nivellierten Unter- und Mittelschicht in der Mall gegenüberstehen, sondern auch in unterschiedlichen sozialen Charakteren der Interviewten, die unterschiedlich von den räumlichen Arrangements profitieren. Die idealtypische Shopping Mall ist der Raum, der besonders den idealtypischen „außen=geleiteten sozialen Charakter", wie ihn David Riesman, Reuel Denny und Nathan Glazer beschrieben, anspricht:

„Das gemeinsame Merkmal der außen=geleiteten Menschen besteht darin, daß das Verhalten der Einzelnen durch die Zeitgenossen gesteuert wird; entweder von denjenigen, die er persönlich kennt, oder von jenen anderen, mit denen er direkt durch Freunde oder durch Massenunterhaltungsmittel [oder vor Ort; J.W.] bekannt ist. Diese Steuerungsquelle ist selbstverständlich auch hier ‚verinnerlicht', und zwar insofern, als das Abhängigkeitsgefühl von dieser dem Kind frühzeitig eingepflanzt wird. Die von dem außen=geleiteten Menschen angestrebten Ziele verändern sich jeweils mit der veränderten Steuerung durch die von außen empfangenen Signale. Unverändert bleibt lediglich diese Einstellung selbst und die genaue Beachtung, die den von den anderen abgegebenen Signale gezollt wird" (Riesman et al. 1956: 55, kursiv i.O.).

Für den Außen-Geleiteten ist die Mall attraktiv, und der Ordnungstypus institutionalisierter Normalismus bedarf der verinnerlichten Steuerungsquelle, sich an Anderen, die hier weniger Zeit- als vielmehr ‚Raumgenossen' sind, zu orientieren. Die verstärkte Innenraumorientierung städtischer Aktivitäten (vgl. Kazig et al. 2003: 8) und die Be-Deutung des privaten als vertrauter und sicherer Rückzugsraum, die erst Verunsicherungen in Außenräumen verorten, korrespondiert dabei mit Riesman et al. These des Übergangs vom innen-geleiteten sozialen Charakter zum außen-geleiteten. Die „angestrebten Ziele" sind definiert durch die Ordnung des umbauten Raums Mall und diese Ordnung kommt dem außen-geleiteten Charakter entgegen, weil sie seine „diffusen Ängste" (vgl. Riesman et al. 1956: 60) beruhigt und so entlastet. Der „außen=geleitete Charakter" erlaubt es, ja legt es nahe, sich an das durchstrukturierte Setting Mall zu adaptieren und sich in anderen Settings anders zu verhalten.

Die Mall ist nicht nur der idealtypische Ort für den idealtypischen außengeleiteten Charakter, sondern auch für ‚ungelernte Großstädter'. So ist es vermutlich auch nicht nur in eingeschränkten Versorgungseinrichtungen und der leichten Erreichbarkeit begründet, dass 57% der Besucher von Paradiso urbano aus dem weiträumigen dörflichen bzw. kleinstädtischen Umland kommen. Diesem Typus kommt der Raum Shopping Mall entgegen, weil er vom Umgang mit großstädtischer Fremdheit entlastet, er suggeriert weitgehende Sicherheit aufgrund multidimensionaler Kontrolle. Die innerstädtische Geschäftsstraße hingegen ist der Ort für ‚gelernte Großstädter' und Innen-Geleitete, die auch eigene normative Überzeugungen, Ziele, Wünsche verfolgen wollen. Sie sind mit der Szenerie vertraut, haben weniger Bedarf an Entlastung und fühlen sich zusätzlich unterstützt durch das lokale Milieu: Wegen der Intellektuellen sei die informelle soziale Kontrolle auf der Straße besonders hoch (G.4).

Man muss damit nicht der These folgen, der innen-geleitete Sozialcharakter würde allgemein vom außen-geleiteten abgelöst, und die unterschiedliche Wahrnehmung derselben Orte durch unterschiedliche Nutzer unterstreicht dabei auch, dass dies *nicht* bedeutet, alle an den jeweiligen Orten Anwesenden entsprächen dieser Differenzierung. Die jeweiligen Sozialcharaktere profitieren lediglich unterschiedlich von den Raumtypen bzw. sie sind mit jeweils unterschiedlichen Problemen konfrontiert: als Außen-Geleiteter in der Geschäftsstraße eher latent verunsichert zu sein oder aber als Innen-Geleiteter nicht in der Mall gelangweilt zu sein oder sich unauffällig Nischen suchen zu müssen.

Dass die unterschiedliche Attraktivität nicht strikte Selektivität bedeutet, zeigt sich auch darin, dass trotz unterschiedlicher Milieus, Sozialisierungsgrade und Sozialcharaktere ‚Austausch' zwischen beiden Untersuchungsorten stattfindet, dass am oder in der Nähe des einen Untersuchungsorts Interviewte angeben, auch den jeweils anderen Marktort zu nutzen: Jeweils knapp die Hälfte (48,1% der Frauen und 48,7% der Jugendlichen) der zur Mall Befragten suchen auch die innerstädtische Geschäftsstraße auf.[129] Umgekehrt gibt es größere Unterschiede zwischen den Interviewten: 48,9% der zur Geschäftsstraße befragten Jugendlichen nutzen auch die Mall, aber nur 36,2% der Frauen. Die Jugendlichen, die nicht in die Mall gehen, begründen dies zu 53,6% mit der zu großen Entfernung, bei den Frauen meinen das nur 31,7%. Die zur Geschäftsstraße befragten Frauen, die Paradiso urbano nicht aufsuchen, vermeiden dies zu 47,6% aufgrund einer expliziten Abneigung gegen den Raumtyp Mall im Allgemeinen oder gegen Paradiso urbano im Speziellen.[130]

Mit Hartmut Häußermann (1995) war argumentiert worden, dass urbane Indifferenz, der Umgang mit Vielfalt, Abweichungen und Fremdheit in urbaner Tugendhaftigkeit durch psychische und materielle Unabhängigkeit erleichtert wird. Anleitung von Außen ist dann weder nötig noch unbedingt

---

129 Etwa die Hälfte derjenigen, die dort nicht hingeht, verzichtet darauf aufgrund der Entfernung des Ortes, 13,4% weil sie die Geschäftsstraße mit Unsicherheit und Devianz verbinden.

130 Mit einer solchen Abneigung begründeten nur 1,2% der männlichen Jugendlichen die Tatsache, Paradiso urbano nicht zu nutzen (die weiteren Gründe der in Kategorien zusammengefassten Antworten auf die offene Frage lauten: kein Anlass, sonstiges, Ort unbekannt).

gewünscht. Insofern ist die innerstädtische Geschäftsstraße auch ein begrenzt elitärer und exklusiver Ort, denn eine solche Unabhängigkeit korreliert regelmäßig mit Schichtzugehörigkeit, also mit Bildungsgrad, Einkommen, Macht, Stellung auf dem Arbeitsmarkt etc. Die innen- und außen-geleiteten Sozialcharaktere variieren offenbar mit Bildung, Status, Alter, Schichtzugehörigkeit, Sozialisation. Wer um seinen Status nicht fürchtet, über ausreichende finanzielle Ressourcen verfügt und sich zusätzlich in einem vertrauten Umfeld befindet, kann leicht die großstädtische Freiheit schätzen. Sie wirkt dann nicht bedrohlich, sondern eben *interessant*. Nicht zufällig war der die urbane Vielfalt genießende Flaneur bei Walter Benjamin ein finanziell unabhängiger Mann. Hohe Bildung und materielle Sicherheit erleichtern halt intellektualisierten, verstandesmäßigen Umgang mit Reizüberflutung und Fremdheit, und eigene Überzeugungen, Normen sowie urbane Verhaltensweisen herauszubilden, ist erst Ergebnis von Lernprozessen, in denen sich Jugendliche noch stärker befinden als erwachsene Frauen (vgl. auch Bahrdt 1989: 201). Die Sicherheit generierende Vertrautheit mit dem Ort ist in der Geschäftsstraße ein Produkt von (ortsspezifischer) Sozialisation und in der Mall von erwartbarer Eindeutigkeit des Raums.

Die Bedeutung eines umfassende Sicherheit vermittelnden Raums wird unterstrichen durch die Attraktivität von Malls für ältere oder körperlich eingeschränkte Menschen und auch für Mütter mit Kindern und Kinderwägen. Die Mall ist ein Ort der weniger Etablierten und derjenigen, die weniger Distinktion wünschen als vielmehr Stabilität verleihende Sicherheit. Ihnen kommt die Ausrichtung auf ‚die Masse' entgegen. Sie schätzen die Mall, weil sie überschaubar und eindeutig ist sowie Teilhabe ermöglicht. Nicht umsonst schreibt Michael Makropoulos (2004: 65), die Kommodifizierung der Kultur als Massenkultur sei – auch im Sinne von Konsum als massenkulturelles Phänomen – der „kulturelle Eintritt der Unterschichten in die Geschichte" gewesen. Die Mall ist der Ort, in dem sich dieser Eintritt in der Späten Moderne kristallisiert. Sie ist der Marktort auch für die unteren (Mittel-)Schichten und ein Ort für körperlich eingeschränkte Menschen, denen das gesamte Ambiente Sicherheit und Erleichterung bietet. Es gibt keine Stufen, keine Bordsteinkanten, keinen Verkehr, kein Kopfsteinpflaster (vgl. Bareis 2005: 181, Frank 2007). Für solche Gruppen und Schichten ist die Mall ein Ort, an dem sie am ‚öffentlichen' Leben teilhaben können, der ihnen im herrschaftlich vorgegebenen Rahmen Mall Freiheitsspielräume eröffnet, die ihnen in der Geschäftstraße mit ihrem weitreichenderen Rahmen verwehrt bleiben, weil die Leistungsanforderungen, sich mit den (baulichen) Unwägbarkeiten und der Fremdheit der Großstadt zu arrangieren hoch, vielleicht zu hoch sind. Nicht umsonst verweist die durchschnittliche Beschreibung der Geschäftsstraße als relativ *unsicherer*, *unübersichtlicher* und *spannungsgeladener* als die Mall auf die hohen Anforderungen.

4.0 Die Öffentlichkeit der Stadt

Was bedeuten die Untersuchungsergebnissen im Hinblick auf Vorstellungen über öffentlichen Raum in der Europäischen Stadt?
In den vergangenen Jahrzehnten wurden in der Diskussion über öffentlichen Raum immer wieder zwei Tendenzen hervorgehoben. Zum einen waren es Verfallsgeschichten: durch den funktionalistischen Städtebau, durch überbordende Kontrolle, durch Informalisierung von Verhaltensstandards und Kriminalität, durch Privatisierung und die „Tyrannei der Intimität" (Sennett) (vgl. Siebel/Wehrheim 2003). Bezugsgröße war dabei jeweils ein emphatisches Bild des öffentlichen Raums, nicht nur als Idealtypus, sondern als normativ hoch aufgeladenes Ideal, als ein eigentumsrechtlich öffentlicher Raum in dem sich Privatleute aller erdenklicher sozialer und kultureller Gruppen einer Stadt begegnen und der dadurch auch ein Ort politischen Raisonnements sei. Auch Paradiso urbano könnte als ein Beispiel für Verfall interpretiert werden, denn es entspricht nicht den genannten Kriterien öffentlichen Raums und es etabliert sich lokal ein neuer Ordnungstyp. Zum anderen richtete sich der Blick auf Differenzierungen. Von Teilöffentlichkeiten war die Rede, wobei unterschiedliche Bezüge hergestellt wurden: Ohne expliziten Bezug auf Stadt und Raum hoben Habermas (1990) auf eine bürgerliche Öffentlichkeit ab und Negt/Kluge (1974) auf eine proletarische, während Neidhardt (1994) auf die Foren der Öffentlichkeit blickte und zwischen Medien-, Interaktions- und Versammlungsöffentlichkeit unterschied. In der Stadtforschung treten daneben unmittelbar räumliche Abstufungen (Schubert 2000), eine Quartiersöffentlichkeit (Bahrdt 1969, Schäfers 2001), wie sie auch für die untersuchte Geschäftsstraße zu diskutieren ist, sowie Differenzierungen anhand verschiedener Unterscheidungsdimensionen von Öffentlichkeit und Privatheit (Selle 2002; vgl. auch Herczog/Hubeli 1995, von Saldern 2000, Koenen 2003, Berding et al. 2007). Öffentlichkeiten stehen mal gleichwertig nebeneinander, mal wird der Grad der Öffentlichkeit diskutiert, und die Begriffe Öffentlichkeit sowie öffentlicher Raum werden oft synonym verwendet, wenngleich sie konzeptionell weitgehend entkoppelt sind. Die oft nur metaphorische Verwendung des Begriffs Raum, fern von jeglicher geographischer Verortung, verstärkt dies.
Die zahlreichen Publikationen zum Thema und die unterschiedlichen Thematisierungen verdeutlichen einerseits, dass die Kategorien Öffentlichkeit und Privatheit fruchtbar sind, um großstädtische Vergesellschaftung und deren Wandel sowie damit verbundene soziale Kämpfe (vgl. etwa Mitchell 2003) zu beschreiben. Andererseits lassen sie, wie auch das Beispiel Shopping Mall unterstreicht, die Notwendigkeit neuer Kategorien erkennen, weil sich die empirische Welt verändert hat. Immer vielfältigere, aber nicht unbedingt präzisere Differenzierungen, um zu überprüfen, ob ein einzelner Ort etwa in einer Dimension öffentlicher ist als in einer anderen, führen in

eine Sackgasse – nicht was Öffentlichkeit-Privatheit als theoretische Kategorien anbetrifft, wohl aber, um deren Relevanz für Stadtgesellschaft adäquat abzubilden. Die Orientierung am normativen Ideal öffentlichen Raums ignoriert zudem jahrtausende alte Abweichungen vom Ideal. Die Historie öffentlichen Raums wird verklärt und der Blick auf die theoretischen Kategorien blendet empirische Veränderungen oft aus.

Eine solche Verklärung und Veränderung betrifft die Bedeutung des Politischen, das neben der Eigentumsform von Räumen regelmäßig im Zentrum von Vorstellungen urbaner Öffentlichkeit steht (vgl. jüngst Huning 2006). Bereits entgegen dem normativen und theoretischen Verständnis von Öffentlichkeit war empirisch seit jeher die „Artikulation und Aushandlung politischer Vorstellungen einer besseren Gesellschaft (...) auf kurze Zeiten und wenige männliche Angehörige der ethnisch dominanten und erwerbstätigen Middleclass, die zufällig gerade frei von Statusängsten und nicht mit Aufstiegsstrategien beschäftigt sind" beschränkt (Breckner/Sturm 2002: 181), und diese Exklusivität spiegelte sich sozialräumlich schon in der griechischen Agora. Heute widerspricht nicht nur die fehlende Beteiligung vieler Gruppen an der Aushandlung politischer Vorstellungen dem Ideal von Öffentlichkeit, sondern Politik hat sich fast zur Gänze vom öffentlichen Raum der Städte in die Parlamente und in die medialen Diskurse verlagert. Der öffentliche Raum erfüllt seine politische Funktion nur noch in Wahlkämpfen – ohne das damit ein vernunftorientierter Austausch im Sinne Habermas' verbunden wäre – und für die schwachen, tendenziell machtlosen Gruppen: Demonstrieren zu wollen oder zu müssen, auf der Straße politische Positionen zu vertreten, ist Ausdruck davon, gerade nicht als Sprecher in den Foren der politisch-medialen Öffentlichkeit vertreten zu sein. Insbesondere für solche Gruppen bleibt der öffentliche Raum also eine bedeutende Ressource (vgl. Neidhardt 1994: 10), aber insgesamt ist der öffentliche Raum der Stadt nur selten Ort von Politik.[131]

Ein weiteres Beispiel für Verklärungen und Veränderungen ist die allgemeine Zugänglichkeit, die in der politischen Funktion schon angedeutet ist.

---

131 Sandra Huning (2006) bestreitet dies. Gerade ihr Beispiel der Proteste anlässlich des G8-Gipfels in Genua verdeutlicht jedoch, wie entkoppelt Politik vom Straßenraum der Stadt ist. Nicht seinerzeit in Genua, wohl aber bei den nachfolgenden G8-Gipfeln. Die Herrschenden isolieren sich und schränken politische Artikulationsmöglichkeiten außerhalb ihrer Foren soweit ein, dass Öffentlichkeit als räumliche Praxis geradezu erkämpft werden muss und diese dann als Demonstrationen eben auch auf Felder und in Wäldern bahnbricht wie in der Umgebung von Gleneagles oder von Heiligendamm. Auch die Bastille wurde gestürmt. Solche exzeptionellen Ereignisse hängen jedoch kaum von den Qualitäten des gebauten Stadtraums ab. Deren Funktionalität, Regulierung und Nutzung ist vielmehr für die alltägliche Öffentlichkeit bedeutsam und dort ist die unmittelbar politische Funktion sekundär geworden. Weitere Änderungen und Verschiebungen zeigen sich sowohl in den anderen Dimensionen von Öffentlichkeit als auch in denen der Privatheit (vgl. Siebel/Wehrheim 2003 sowie Kapitel I.1.3).

Die ‚Öffentlichkeit' des öffentlichen Raums ist im beginnenden 21. Jahrhundert dadurch charakterisiert, dass selbst an den zentralen Orten der Städte auch die „Nicht-Eigentümer an Produktionsmitteln und die Nichtgebildeten" (Bahrdt 1998: 32) präsent sind, die im Konzept früher bürgerlicher Öffentlichkeit – die Besitz und Bildung voraussetzte – ausgeschlossen waren. Damit verliert der öffentliche Raum seine Homogenität, die ihm – den Grundgedanken allgemeiner Zugänglichkeit konterkarierend – immer inne wohnte, denn sowohl die Agora wie die Salons und Kaffeehäuser waren tendenziell exklusive und homogene Orte: mindestens von den Merkmalen Geschlecht und der Position innerhalb von Produktion und Reproduktion. Es bestand immer eine Diskrepanz zwischen dem Anspruch allgemeiner Zugänglichkeit und den empirischen Orten der Öffentlichkeit, auf die sich emphatisch bezogen wurde und wird.

Wenn heute von Verfall des öffentlichen Raums infolge von Informalisierung von Verhaltsstandards gesprochen wird (vgl. Keim 1997, Schubert 2000 sowie die vielfältige Diskussion um „incivilities"), so rekurriert dies auf eine normative Heterogenität, die an zentralen Orten der Stadt gleichzeitig erlebbar ist und – der Verfallsargumentation entgegen – gerade als Ausdruck allgemeiner Zugänglichkeit und damit als Gewinn an Öffentlichkeit interpretiert werden kann. Öffentlicher Raum ist umkämpft und war in den vergangenen Jahren zunehmend unabhängiger von bürgerlicher Normsetzung. Vielfalt bedeutet auch Ausdifferenzierung von Verhaltensstandards. Dies fügt der großstädtischen Reizüberflutung aber zweifelsohne ein weiteres interessantes wie anstrengendes Moment hinzu.

Urbane Indifferenz und die Anonymität von durch Masse, Dichte und Heterogenität gekennzeichneten Räumen schaffen Freiheiten und sie sind ein Integrationsmodus in Großstädten, weil sie implizieren, die Individualität des jeweils Anderen zu respektieren (vgl. Häußermann/Siebel 2001). Gerade das Ideal des öffentlichen Raums – die gleichzeitige Präsenz einander Fremder aufgrund allgemeiner Zugänglichkeit – verkörpert aber auch die Belastung für die Individuen, und unter anderem aus der Befreiung davon erklärt sich die Attraktivität von Shopping Malls. Die Belastungen und Verunsicherungen im öffentlichen Raum scheinen dann problematisch zu werden, wenn sie durch die grundlegenden gesellschaftlichen Unsicherheiten, wie sie seit Ende des letzten Jahrhunderts Autoren wie Ulrich Beck (1986), Anthony Giddens (1995), Richard Sennett (1998) oder Zygmunt Bauman (2000) mit unterschiedlichen Konnotationen konstatieren, noch gesteigert werden. Die Mall bietet im Kontrast zu anderen Räumen Sicherheit, Stabilität und Verlässlichkeit in Zeiten gesellschaftlicher Veränderungen.

Damit lassen sich nicht nur Veränderungen der sozialräumlichen Wirklichkeit sowie Diskrepanzen zum normativen Ideal beschreiben. Vielmehr tritt gerade in solchen Problematisierungen ein grundlegender Widerspruch zu Tage: Der beschriebene Charakter des öffentlichen Straßenraums als Raum des

Fremden (siehe Kapitel I.2.2) ist nicht zuletzt wegen solcher Veränderungen gerade kein Ort, an dem sich Öffentlichkeit im Sinne politischen Räsonierens prädestiniert herausbilden könnte. *Es besteht ein Widerspruch zwischen dem öffentlichen Raum als Ort von politischer Öffentlichkeit,* die mehr bedeutet als die einseitige Artikulation politischer Positionen, *und dem öffentlichem Raum der gleichzeitig Ort von verunsichernder Fremdheit ist.* Das Ideal des Raums bürgerlicher Öffentlichkeit, in dem sich Privatleute zusammenfinden, um vernunftsorientiert über eine bessere Gesellschaft zu sinnieren, verlangt nämlich einerseits die Abstraktion von der Persönlichkeit der Beteiligten, um ‚die Sache' und die Argumente nicht zu überlagern. Gleichzeitig setzt es andererseits voraus, dass die Anwesenden einander nicht fremd sind, denn „die Vorsicht, mit der man dem Fremden, dem grundsätzlich Andersartigkeit unterstellt wird, begegnet", ist darin begründet, dass man nicht weiß, ob ein „gewisses Maß an wechselseitiger Erwartbarkeit des Verhaltens" besteht (Kaufmann 1987: 40). Verunsicherung und öffentliche Distanznormen sind kaum geeignet, konsensorientierte politische Diskussionen voranzutreiben. „Mit ‚Unseresgleichen' dagegen verkehren wir auch dann vergleichsweise offen und ungehemmt, wenn wir uns persönlich noch nicht kennen. Wir setzen voraus, daß der Andere ähnlich empfindet, erwartet und handelt, wie wir es an seiner Stelle tun würden" (ebd.). Auf der Ebene der Politik der Parlamente, der Bürgerinitiativen, der Salons etc. ist Fremdheit aufgelöst. Verfahrensweisen sind genauso allgemein anerkannt wie die jeweiligen Rollen bekannt sind, und aus Fremden werden Mitstreiter, Rivalen oder Feinde.

Wenn Bahrdt (1989: 200) schreibt, Öffentlichkeit entstehe dort, „wo auf Basis einer unvollständigen Integration durch spezifische Stilisierungen des Verhaltens, unterstützt durch Formungen der räumlichen Umwelt, dennoch Kommunikation und Arrangements zustande kommen", so ist der distanzierte Respekt vor der Individualität des Anderen die negative Voraussetzung dafür. Aber obwohl dies bereits implizit voraussetzt, mit der Ambivalenz des Kontakts mit Fremdheit umgehen zu können, entwickelt sich eben nur in Ausnahmen aus der flüchtigen Begegnung ein Flirt oder der Interaktionsanlass Markt dient dazu, politische Öffentlichkeit herauszubilden; Bahrdt meint optimistisch, dies sei zu einem „gewissen Grade wahrscheinlich" (Bahrdt 1998: 83) (siehe Kapitel I.3.0). Wurde mit Watzlawick und Luhmann darauf hingewiesen, dass öffentlicher Raum dazu zwingt, zu kommunizieren, und weil er Ort des Fremden ist, überwiegend urban indifferent nur zu kommunizieren, man möchte nicht weiter kommunizieren, so bezieht sich der Bahrdtsche Begriff von verbindender Kommunikation eben auf (politische) Verständigung. Aus stilisiertem repräsentativen Verhalten könne und solle mehr erwachsen. Ein und derselbe Ort ist aber nur schwerlich Ort des Fremden und gleichzeitig Ort politischer Kommunikation.

Weil die Befunde zu Politik und Fremdheit antagonistisch sind, muss vielmehr auf räumliche Differenzierungen geschaut werden.

Das Bild des öffentlichen Raums und der Europäischen Stadt, ist ein Bild der Stadt des Bürgertums. Ihre Räume, die gerade im 19. Jahrhundert eher Exklaven waren, wurden, wie der Simmelsche Großstädter, als pars pro toto genommen: für die Großstadt und für den großstädtischen Sozialcharakter. Die beschriebenen Verhaltensweisen und auch die Rituale der Repräsentation orientieren sich bei Simmel wie später bei Bahrdt an dieser Stadt des Bürgertums, die aber keineswegs für Großstadt an sich steht. Dass weder Henry Mayhew und Charles Booth zu London noch Friedrich Engels zu Manchester bei ihren Beschreibungen der Slums und Arbeiterquartiere im 19. Jahrhundert auf ganz besonders zivilisierte Verhaltensweisen und klaren Trennungen zwischen Öffentlichkeit und Privatheit abhoben, war weniger dem Blickwinkel als vielmehr dem Gegenstand geschuldet. Auch die aktuelle Forschung sowohl zu Segregation in Städten der OECD-Staaten wie zu Mega-Cities (vgl. etwa Davis 2007, Low/Zúñiga 2006) unterstreicht die Aktualität, (selbst in bürgerlichen Gesellschaften) Städte nicht auf die Räume des Bürgertums zu reduzieren, denn aus dessen Perspektive können nur Verfallsszenarien öffentlicher Räume erwachsen: sei es aufgrund der Heterogenität von Verhaltensstandards oder aufgrund von Massenkonsumorientierung. Die Untersuchung der Shopping Mall und der Geschäftsstraße hat vielmehr unterstrichen, dass öffentliche Interaktionsformen nicht nur zwischen Kernstadt und Suburb räumlich differenziert interpretiert werden müssen (vgl. Gans 1974), denn die Hintergründe von teilweise identischen Beobachtungen waren höchst unterschiedlich.

Wenn darüber hinaus die grundlegenden, mit Großstädten verbundenen Verunsicherungen (siehe Kapitel I.2.2) durch Pluralisierung von Lebensstilen und Migration, durch Statusunsicherheiten und soziale Abstiegsängste überhöht (vgl. Hitzler 1998) und in Zeiten vermeintlich terroristischer Bedrohung Ängste gar geschürt werden resp. sie vor solchen gesellschaftlichen Hintergründen und damit auch veränderten Sensibilitäten andere Bedeutungen erfahren, als in Zeiten von wachsenden Städten, ethnisch homogenen Nationalstaaten, klareren Klassenstrukturen und prosperierenden Arbeitsmärkten, müssen auch Unterschiede bei Räumen anders beurteilt werden, d.h. auch daran gemessen werden, welche Funktionen sie für welche Gruppen übernehmen.

Die derzeitige Relevanz von großstädtischen Arrangements für Öffentlichkeit ist daher soziologisch vor allem darin zu sehen, Bühnen – im metaphorischen aber unmittelbar räumlichen Sinn – zu sein oder bereitzustellen. Bühnen, die es Gruppen und Individuen ermöglichen, Differenz zu erfahren, öffentlich wahrgenommen zu werden und/oder ggf. Individualität zu inszenieren, denn der öffentliche Raum ist der Bereich, „den die Menschen brauchen, um nur überhaupt in Erscheinung treten zu können" (Arendt 2001/1967: 263), und nur was öffentlich wahrgenommen wird, ‚existiert' auch außerhalb enger sozialer Kreise (vgl. ebd.: 62).[132] Das bedeutet auch, Räume als „Erscheinungsräume" und als Orte von Kommunikation zu analysieren – und zwar Kommunikation als Alltagskommunikation und soziale Interaktion infolge von, zu flüchtigen aber permanenten Kontakten mit Unbekannten nötigenden, großstädtischen Alltagssituationen. Die Aufmerksamkeit gilt damit weniger einem emphatischen Verständnis von rationaler konsensorientierter Öffentlichkeit, als vielmehr einer Vorstufe dessen: sozialer und kultureller Repräsentation in der Stadt, als Voraussetzung für Teilhabe und Emanzipation.

Diese Überlegungen begründen es, nicht in einem Entweder-Oder von Öffentlichkeit zu denken, bei dem nur auf den einzelnen Raum geschaut wird und infolgedessen die Geschäftsstraße normativ über die Shopping Mall (oder umgekehrt) gestellt würde, sondern den Blick auf räumliche Differenzierungen zu richten und diese wiederum in ihrer Gesamtheit zu betrachten.

Um ein Bild von Großstadt als Ort von Öffentlichkeit zu erhalten, muss der Blick sowohl auf kleinräumige Differenzierungen wie Mall und Geschäftsstraße gerichtet werden, als auch auf residentielle Segregation vom Slum bis zur Gold Coast. Verabschiedet werden muss sich damit nicht nur von einem Verständnis von öffentlichem Raum dessen vorrangige Bezugspunkte Politik und Eigentumsform sind und das daran anschließt, nur ein Raum, in dem alle soziokulturellen Gruppen gleichzeitig anwesend sind, sei ein öffentlicher.[133] Damit muss sich auch von einem Verständnis verabschiedet werden, dass an Vorstellungen anknüpft, ausschließlich ein Ort, der gleichzeitig Ort des Fremden und der Politik ist, sei ein öffentlicher Raum, denn dass ein und derselbe Ort gleichzeitig der Entfaltung, Inszenierung und Darstellungen von Fremdheit sowie Individualität und der politischen konsensorientierten Kommunikation dient ist ein Paradoxon.

Im Folgenden wird argumentiert, dass der Befund von Teilöffentlichkeiten zum einen ernst genommen und zum anderen über die Analyse deren Innenlebens hinausgegangen werden muss. Der öffentliche Raum der Großstädte konstituiert sich in der *Summe* der räumlichen Differenzierungen und Teilöffentlichkeiten, weshalb von *urbaner Öffentlichkeit* gesprochen werden soll. Wenn (soziale) Beziehungen von Räumen und Individuen sowie einzelne städtische Räume in ihrem Potential für Teilhabe als Voraussetzung für urbane Öffentlichkeit und Integration analysiert werden, wird daraus eine stadtsoziologische Fragestellung, die nicht auf die Ethnographie eines Ortes

---

132 Der ‚Hype', sich online in seinen privatesten, ja intimsten Bereichen zu präsentieren, ist ein neuer Ausdruck des Bedürfnisses auch als Individuum *öffentlich* existieren zu wollen.
133 Diesem verbreiteten Verständnis öffentlichen Raums liegt schon eine fehlinterpretierende Zuspitzung des Begriffs allgemeine Zugänglichkeit zugrunde: So betont Habermas (1990: 98) explizit durch Kursivierung, allgemeine Zugänglichkeit bedeute, „alle müssen dazugehören *können*".

beschränkt bleibt. Geschäftsstraße und Shopping Mall sind, genau wie andere öffentlich zugängliche Orte, nicht nur als einzelne Räume zu analysieren, sondern im Kontext von Stadt zu interpretieren.

4.1 Öffentlichkeit durch Segregation: Die Großstadt als flüssiges Mosaik

Um urbane Öffentlichkeit zu erfassen, liegt es nahe, Überlegungen zur Europäischen Stadt mit Überlegungen zur Amerikanischen Stadt zu verbinden: Amerikanische Stadt nicht aufgrund von Befunden über sozialräumliche Polarisierung, urban sprawl oder Marktdominanz (vgl. etwa Jessen 2000, Marcuse 2004), sondern mit Blick auf Segregation allgemein.

Die frühe Chicagoer Schule hat die Stadt Chicago als Mosaik, d.h. über räumliche Differenzierungen, beschrieben (vgl. Park/Burgess/McKenzie 1974). Ihre Mosaik-Stadt unterscheidet sich von der großräumig segregierten Stadt, die räumlich nur zwischen Innenstadt und Suburb, also sozial zwischen einkommensabhängigen Lebensstilen und Lebenszyklus unterscheidet. Sie ist kleinteiliger, über residentielle und funktionale Segregation sowie „moral regions" mit unterschiedlichen Normalitäten und Normativitäten differenziert, und der jeweilige Fremde ist in jeweils anderen Räumen der Stadt verortet (siehe Kapitel I.2.1.1).

Aber auch dieses Bild der Stadt als Mosaik ist idealtypisch und es ist als heuristisches Instrument zu verstehen: Die in der Metapher unterstellte Homogenität suggeriert, die Steine seien je in einer anderen Farbe sowie hart voneinander abgegrenzt (vgl. Hannerz 1993). Vier Aspekte verdeutlichen jedoch, dass das Mosaik keineswegs harte Trennung bedeutet, sondern über die Begegnung mit Differenz und Fremdheit Potentiale für Öffentlichkeit beinhaltet und integrativ wirken kann. Gerade die Schwäche der Metapher offenbart dies. So muss *erstens* davon ausgegangen werden, dass die Mosaiksteine auch in sich heterogen sind, die suggerierte Homogenität nie vollständig erreicht wird: von der Arbeitsteilung, vom Alter, der Sozialstruktur, Geschlecht und auch von der ethnischen Zusammensetzung (vgl. zu ethnischer Segregation etwa Massey/Denton 1993: 27, vgl. auch Gans 1974). Selbst in vermeintlich homogenen Quartieren existieren zahlreiche subcultures. In den Mosaiksteinen überlagern sich und konkurrieren unterschiedliche Lebenswelten. Fremdheit ist, wie gezeigt, nicht nur relational (zu anderen Räumen) zu verstehen, sondern immer auch ein graduelles Phänomen, d.h. auch eine Frage der Quantität und der qualitativen Differenzen sowie deren Wahrnehmung innerhalb einzelner Räume, und damit auch der Bedeutung, die ihr zugeschrieben wird. *Zweitens* werden die jeweiligen Mosaiksteine von hegemonialen kulturellen Mustern überlagert – sei es in Form von Leistungsorientierung, Sprache, Moden oder etwa dem kulturell allgemein anerkannten Ziel Wohlstand (vgl. Hannerz 1993, Young 1999: 89ff., Wacquant 1997, Bourgois 1995). Begriffe wie Parallelgesellschaften verdecken insofern nicht nur das Produktive von Differenz, sondern sie ignorieren die vielfältigen Überlagerungen und (keineswegs nur kulturellen) Verbindungen zwischen den räumlich getrennten ‚Gesellschaften' (vgl. Gestring 2005, Häußermann 2007). Die kleineren oder größeren „moral regions" unterscheiden sich zwar anhand unterschiedlicher Normen, Lebensstile und Formen der Vergemeinschaftung, und haben so auch die latente Funktion, als Kontrastmittel die ‚eigenen moral regions' oder die ‚eigene Gesellschaft' besser zu erkennen – eine „Binnenexotisierung" zu evozieren (Lindner 1990) –, aber sie sind nie losgelöst von Stadt und Gesellschaft. Funktionale und residentielle Segregation sind nie so ausgeprägt, dass völlig eigenständige gesellschaftliche Strukturen räumlich nebeneinander zu Tage träten. *Drittens* dienen regelmäßig dieselben Räume unterschiedlichen Gruppen zu unterschiedlichen Zeiten, und diese nutzen sie für unterschiedliche Zwecke oder auf unterschiedliche Arten und Weisen (vgl. Holland et al. 2007; Herlyn et al. 2003; Breckner/Sturm 2002). Bei Parkanlagen, Plätzen oder Marktorten ist dies offensichtlich (vgl. etwa W.H. Whyte 1980);[134] bei ganzen Quartieren ist dies vor allem eine Frage, ob sie auf die eine Funktion Wohnen beschränkt oder multifunktional sind (vgl. Jacobs 1963). Aber selbst wenn sie als reine „Schlafstädte" gelten, haben geschlechtsspezifische Arbeitsteilung und unterschiedliche Zeitmuster der Generationen zur Folge, dass in den Quartieren vormittags andere Nutzer sind als am Abend. *Viertens* verändern sich die Mosaiksteine. Verslumung und Gentrification etwa sind Begriffe der Stadtsoziologie, die Prozesse und keine Zustände beschreiben. Sie verweisen auf die Verbindung zwischen sozialstrukturellen und räumlichen Veränderungen und sie spiegeln Verschiebungen in Machtverhältnissen wider. Unabhängig davon, wie „Invasions-Sukzessions-Zyklen" (Burgess) thematisiert werden, sie verdeutlichen, dass Austausch zwischen Mosaiksteinen und Veränderungen stattfinden und die räumliche Strukturierung von Städten sowie die „Kultur" von Quartieren damit nicht feststehend sind, sondern prozesshaft: „more fluid, less mosaic-like" (Hannerz 1993: 144). Auch Urbanität als Lebensweise entsteht gerade in den „zones in transition", die durch die Gleichzeitigkeiten von Geschichte und Gegenwart sowie durch sich

---

134 Herczog/Hubeli schreiben: „Es wünschen sich alle einen Park – aber nicht denselben" (1995: 32) und ergänzen, Tessin zitierend, es sei eine „Tendenz zur Segregation zu beobachten: dort die Alte-Leute-Ecke, am Kiosk die Arbeitslosen, dort die Nackten, hier die türkischen Familienclans, am Spielplatz die Mutter-Kind-Gruppe, und genauso bilden sich Nutzerzyklen aus: morgens die Penner, morgens und abends die Jogger, Spätvormittags oder nachmittags die Mütter mit Kindern" (Tessin 1988, zit. nach Herczog/Hubeli 1995: 33).

verändernde Nutzungen, wechselnde Bewohner und durch Umstrukturierungen gekennzeichnet sind: „Wenn es heute noch besondere Orte der Urbanität gibt, so sind sie inselhaft und vorübergehend" (Siebel 2000b: 7).

Dies alles gilt – mal mehr, mal weniger – auch für die beiden Untersuchungsorte: Es sind beides Orte, die auf Handel ausgerichtet und durch spezifische Ordnungen gekennzeichnet sind, aber ihre Zusammensetzung ist, trotz aller Homogenisierungsversuche gerade in der Mall, nicht homogen: weder von der Altersstruktur und dem Geschlecht, noch von der sozialen oder (ethnisch-)kulturellen Zusammensetzung der Anwesenden. Die zum Ausdruck gekommenen unterschiedlichen Wahrnehmungen und Beurteilungen verweisen auch auf unterschiedliche soziale Wirklichkeiten an ein und demselben Ort. Die sozialen Konstruktionen der jeweiligen Räume variieren: in der Geschäftsstraße stärker, in der Mall, dem Raumtyp entsprechend, schwächer (siehe die Kapitel III.1.4, III.3.4). Auch haben die Interviews ergeben, dass etwa die Hälfte der Befragten die jeweils anderen Orte zumindest gelegentlich nutzt, und an beiden Orten wurden zu unterschiedlichen Tageszeiten unterschiedliche Kategorien von Personen unterschiedlich häufig registriert. Ebenso sind beide Orte, bei all ihren Unterschieden, durch dominante kulturelle Muster überlagert. Schließlich befindet sich gerade das Quartier der Geschäftsstraße in einem permanenten Wandlungsprozess, dessen Richtung stilisiert als vom Sozialhilfeviertel, über das Alternativquartier zum gentrifizierten Viertel beschrieben werden kann. Der Mosaikstein verändert sich, und ob und wann er Ort von Urbanität ist oder war, ist eine Definitionsfrage. Selbst Paradiso urbano versucht zumindest, sowohl Geschichte anzudeuten als auch über regelmäßige Renovierungen und Events Veränderungen zu inszenieren, d.h. die Betreiber greifen bewusst das Moment der Veränderung auf.

Die Mosaikmetapher suggeriert weiterhin, die einzelnen Steine seien je von gleicher Größe und gleicher Bedeutung für die Stadt. Dem ist mit Nichten so. Der traditionelle Marktplatz, an den vielleicht nicht nur ein Dom als Ort von Religion und als touristisches Ziel angrenzt, sondern an dem auch das Rathaus liegt, ist bedeutungsvoller für die ganze Stadt, als ein kleiner Park zwischen einer Reihenhaussiedlung und einem Altbauquartier. Die, nicht nur symbolische, Besetzung von zentralen Orten durch herrschaftliche Architekturgesten unterstreicht dies und verweist auf die Umkämpftheit städtischer Räume. So unterscheidet Detlev Ipsen zwischen allgemeinen und partikularen Orten (vgl. Ipsen 2002: 238f.). Auch darin zeigt sich eine Hierarchisierung; wichtiger aber ist, dass beide Typen ihre spezifischen Bedeutungen haben und erst im Zusammenspiel ihre Funktion für die kulturelle Integration von Stadt erfüllen, um die es Ipsen geht.

Es sind damit weniger die residentielle Segregation und die funktionalräumliche Differenzierung an sich, sondern Beziehungen disparater Räume zueinander, die Räume für die Analyse von Öffentlichkeit in Großstädten interessant machen. Der Charakter und die Qualität von Großstädten ergeben sich aus der Summe der vielfältig produzierten und konstruierten Räume. Die Frage sollte daher nicht mehr nur lauten, ob einzelne Räume mehr oder weniger dem normativen Ideal des öffentlichen Raums entsprechen, sondern inwieweit sie für einzelne Gruppen und für Stadtgesellschaften spezifische Funktionen übernehmen und wie sich erst aus dem Mit- und Nebeneinander der Räume urbane Öffentlichkeit erklären lässt. Denn die Gesellschaft, und damit auch die Großstadt, existiert über Kommunikation – auch das wusste schon Robert E. Park (1974a: 7ff.). Moderne, lange Zeit Stadtentwicklung leitende (vgl. Becker et al. 1999) Vorstellungen von Großstadt gingen in Deutschland davon aus, lokale Einbindungen und Communities seien bedeutungslos, da insgesamt *soziale* Homogenität vorherrsche und Individuen primär arbeitsteilig und damit segmentär integriert seien, infolgedessen Fremdheit in sozialen Beziehungen keine bedeutende Rolle mehr spiele und nötige Distanz über Verhalten aufrecht erhalten würde. Die dargestellten grundlegenden Verunsicherungen, die Bedeutung zumindest eines Gefühls lokaler Gemeinschaft, wie es indirekt in den unterschiedlichen Beurteilungen der Geschäftsstraße zum Ausdruck kam, sowie die vielfältige Forschung zu Segregation und sozialen Netzwerken (von benachteiligten Quartieren, über Lebensstilsegregation bis zum new urbanism) zeigen, dass diese Vorstellungen immer weniger greifen.

Damit muss man sich nicht von der Vorstellung zumindest begrenzt autonomer bürgerlicher Subjekte verabschieden. Das (nicht immer bürgerliche) Individuum ist vielmehr die Voraussetzung, um sich in, auf Freiwilligkeit und/oder kollektiven Interessen beruhenden, Vereinigungen kulturell und politisch zu (re-)präsentieren. Segregation kann dabei als weitere Möglichkeit zur Individuierung angesehen werden. Die segregierten Milieus und Communities können es gerade ermöglichen, sich als Individuen zu entfalten und dies konstituiert sich nicht mehr nur zwischen den weiterhin existenten Sphären von Öffentlichkeit und Privatheit (vgl. Bahrdt 1998), sondern zusätzlich über die Fähigkeit, sich in *verschiedenen* öffentlichen Räumen zu bewegen und räumlich differenziert Rollen zu bekleiden. Segregation bedeutet Chancen der Individuen durch flexible Anpassung interkulturelle Kompetenz zu erlangen und darüber Persönlichkeit herauszubilden. Das Erkennen von Differenz ist eine Voraussetzung für Individualität und das Herausbilden von Persönlichkeit. Die vertrauten Orte dienen dabei als zusätzliche Rückzugsorte und als Zwischenstufe zwischen der privaten Wohnung und fremden öffentlichen Räumen. Der Blick richtet sich darauf, inwieweit individuelle Freiheiten gerade in der segregierten Stadt ermöglicht werden und sich darüber hinaus Chancen politischer sowie kultureller Emanzipation und Teilhabe über Communities im doppelten Sinne von Gemeinschaft und räumlich definierter Gemeinde herausbilden.

Die sozialräumliche Differenzierung, wie sie von der Chicago School beschrieben wurde, kann mit Hartmut Häußermann und Walter Siebel (2001) als zweiter Integrationsmodus – neben der urbanen Indifferenz – in Großstädten angesehen werden, weil sie unterschiedlichen Gruppen Nischen zur Verfügung stellen, lokale Netzwerke befördern und Teilhabe, bei gleichzeitigem Aufrechterhalten von Fremdheit, ermöglichen kann: Nischen für neu ankommende Immigranten, in denen sie Unterstützung und Arbeitplätze finden, sich an ihnen vertrauten Zivilisationsmustern orientieren und gleichzeitig Kontrolle erfahren können (vgl. schon Burgess 1973); Nischen auch für Berufszweige, „abweichende" Lebensstile, politische Positionen oder sexuelle Orientierungen. Nischen, die es eben ermöglichen, sich von der „dominante moral order" (Park) zu emanzipieren: „The moral region is not necessarily a place of abode. It may be a mere rendezvous, a place of resort" (Park 1974a: 43). Solche Nischen können nicht nur Ressourcen darstellen, sie können darüber hinaus auch Orte sozialer und kultureller Repräsentation und gesellschaftlicher Teilhabe für die Gruppen sein, denen sie primär dienen. Sie können damit als Steigbügel für soziale Integration und Öffentlichkeit interpretiert werden, denn Teilhabe ist jeweils die Voraussetzung.

Die urbane Indifferenz, diese großstädtische Charaktereigenschaft, ist Ergebnis der großstädtischen Nötigung, auf Differenz und Fremdheit (unbewusst) reagieren zu müssen. Diese erzwungene Begegnung mit Fremdheit kann gerade im Zuge von (erneuten) Individualisierungstendenzen nicht nur Verunsicherungen verstärken, sondern auch als Einschränkung von Freiheitsgraden empfunden werden: Man hat zwar die Möglichkeit, den Ausschnitt der zu präsentierenden Rolle frei zu wählen, die „dominante moral order" bringt jedoch im Zweifelsfall einerseits Sanktionen oder Konflikte mit sich, andererseits kann an den zentralen Orten der Großstädte nicht frei gewählt werden, wann man sich mit ambivalenter Fremdheit auseinandersetzt. Das Mosaik steht hingegen für die Möglichkeiten der *freiwilligen* Begegnung und Auseinandersetzung mit Differenz und Fremdheit, ohne diese selbst zu gefährden, und der freien Wahl des Ortes, wo man welche Rolle und Charaktereigenschaft präsentiert. Die Ambivalenz des öffentlichen Raums muss nicht immer ausgehalten werden; und die Bezeichnung des Mosaiks als „mosaic of little worlds" (Park 1974a: 40) unterstreicht bereits, dass die erwähnten lebensweltlichen Verunsicherungen und die verunsichernden Wissenslücken (siehe Kapitel I.2.2) innerhalb des Mosaiks zwar nicht aufgelöst, aber verringert sind. Als theoretisches Konstrukt bedeutet das Mosaik sowohl Reduktion von Verunsicherung als auch Erhöhung von Freiheitsgraden für die Individuen.[135]

---

135 Insofern ist es nahe liegend, dass das Prinzip Segregation auch innerhalb von Malls aufgegriffen wird. So schreibt Karen Sievers: „Eine geschickte Platzierung von Geschäften kann darüber hinaus das Aufeinandertreffen zwar ungleicher aber für das Center durchaus wichtiger Käufergruppen im Einzelfall abmildern: Beispielsweise sind dann Luxusgeschäfte nur in einem bestimmten Abschnitt oder einer Etage der Mall zu finden oder Musikläden für Jugendliche liegen in einem eher abgelegenen

Die Konfrontation, die Möglichkeit, Einblicke in differente Lebenswelten zu erlangen, ist es, was großstädtische Öffentlichkeit ausmacht, und Segregation bedeutet nicht nur, wie es bei Bauman (1997) mitschwingt, Entlastung der Individuen und Verfall solchen produktiven Potentials. Der Bildung räumlicher Cluster kann nicht nur ökonomisch innovatives Potential zugeschrieben werden, sondern auch soziales und politisches. Gerade die vielfältig segregierte Stadt steht für die Möglichkeit, Differenz und Fremdheit als Voraussetzung für eine Öffentlichkeit zu entfalten, die nicht bereits auf tendenzieller Homogenität beruht. Urbane Öffentlichkeit als segregierte zu denken, verweist auf eine doppelte Produktivität: die Möglichkeit der soziokulturellen Ausdifferenzierung einerseits und die der Wahrnehmung fremder Milieus und der Kommunikation unter Fremden andererseits, denn räumliche „mobility", so Ernest W. Burgess (1974: 58f), bedeutet gerade nicht nur routinisierte Bewegung, sondern bringt Chancen, neue Erfahrungen und Stimulation mit sich.

Die Frage ist aber, unter welchen Bedingungen ein Ort als Ort für Repräsentation, Teilhabe und/oder Austausch dient, und damit Voraussetzung für eine auf Segregation beruhende Öffentlichkeit sein kann.

4.2 Austausch, Repräsentation und die soziale Beschaffenheit der Orte

Straßen, Plätze, Parks, Marktorte und Wohnquartiere können auf unterschiedliche Weise Bedeutung für eine segregierte urbane Öffentlichkeit entfalten:

1. wenn sie Orte sind, die Kommunikation ermöglichen, die darüber hinausgeht, zu kommunizieren, dass man nicht kommunizieren möchte.
2. wenn sie Orte der Repräsentation sind, an denen sich soziokulturelle Gruppen entfalten können, an denen sich Lebensstile, politische Positionen, Subkulturen ausdifferenzieren und sich darstellen können.

Dabei ist es eine graduelle Abstufung und eine empirische Frage, ob Orte im traditionellen Verständnis öffentlichen Raums Orte sind, die trotz

---

Bereich (vgl. Mander 2000). Kowinski beschreibt die Wirkung dieser Vorgehensweise: 'Down on the old proletarian first floor there are shops like Woolworth, Singer, and Kinney Shoes [...]. But the truly fascinating aspect was that the customers walking across this court so clearly belonged to it. They were wearing double-knits, polyester stretch pants, and logo T-shirts'. In der zweiten Etage jedoch, 'among off-white, apartment-chic walls with tasteful track lighting and skylights above, Courrège, Halston, the Polo Store, and the London Shop were discreetly placed in precession next to I. Magnin and Saks Fifth Avenue, their store logos lit in subdued tones or not lit at all. The customers likewise [...] floated by in Gucci loafers and designer clothes' (Kowinski 1985, 219)." (Sievers 2006: 48f.)

Distanznormen (ausnahmsweise) Arrangements zulassen, ob es Orte selektiver Nutzung und Attraktivität sind, die aber gleichwohl soziokulturell offen, d.h. durchlässig sind und somit ebenfalls Individuen Möglichkeit bieten, anonym öffentlich in Erscheinung zu treten und dadurch öffentlich zu existieren, oder ob sie als tendenziell homogene Nischen angeeignet werden – Nischen im Sinne von Ressourcen sowie von Orten mit dem Potential für kollektive Artikulation von Interessen und für Außenwirkung; und Aneignung in dem Sinn, sich einen Raum handelnd zu erschließen, Handlungen und Verhaltensweisen gegenüber Raum- und Dingverhältnissen zu entwickeln und ggf. Raum in Besitz zu nehmen (vgl. Kruse/Graumann 1978: 185).[136]

Der öffentliche Platz etwa, der von Skatern temporär angeeignet wird, ist für diese nicht nur ein Ort der Freizeitgestaltung, sondern auch eine Bühne, auf der sie in Erscheinung treten und sich als Gruppe und Individuen präsentieren, und d.h. auch, an dem sich möglicherweise einander unbekannte Passanten als Zuschauer über Skater ins Gespräch kommen. Aber so ein Platz ist kein Ort, der als Forum dient und an dem Austausch zwischen als fremd bedeuteten Skatern und Passanten stattfindet. Er ist i.d.R. ein Ort, an dem unterschiedliche Räume von unterschiedlichen Akteuren konstruiert werden, wodurch Kontakt und Austausch gerade erschwert oder Konkurrenzen evoziert werden: ein Raum der Freizeit, der Geselligkeit, des Abenteuers sowie der Inszenierung von Subkulturalität, der sich relational zwischen Treppengeländern und Bordsteinkanten materialisiert einerseits, und ein Raum der Verunsicherung sowie der Anstrengung, der sich durch die Nutzung des Skatens und relational zu den Skatern konstituiert und eine entsprechende Bedeutung erfährt andererseits.

Solche unterschiedlichen Raumkonstruktionen unterminieren Kommunikation unter Fremden. Orte, die in ihrer Nutzungsausrichtung oder in ihrer soziokulturellen Selektivität als identische Räume konstruiert werden,

---

136 Damit ist Aneignung weder zwangsläufig Ausdruck von Herrschaftsverhältnissen (wie es bei Bourdieu 1991 mitschwingt), noch zwangsläufig Ausdruck widerständiger Praxen (wie es bei Chombart de Lauwe 1977 mitschwingt), sondern hier liegt ein abgestuftes Verständnis zugrunde, bei dem Aneignung – im Unterschied zu Kruse/Graumann – auch Inbesitznahme bedeuten kann: „Aneignung des Raumes heißt ‚sich den physikalischen (aber auch sozialen, geistigen) Raum handelnd zu erschließen, daß Orientierungen, also Handlungsentwurf und -realisation, in ihm möglich ist', wobei die Erschlossenheit des Raumes oder der einzelnen seiner Bereiche oder Merkmale als Horizont individuellen Lernens historisch kumuliert und gesellschaftlich vermittelt ist. Aneignung von Raum heißt dann aber: Nicht die Räume und die in ihnen angetroffenen Objekte werden ‚angeeignet', wie Sachen, die man in Besitz nimmt, um sie zu besitzen, sondern Haltungen und Verhaltensweisen ihnen gegenüber, Raum- und Dingverhältnisse. In jeder Aneignung von Wirklichkeit verwirklicht sich immer auch eine Potentialität des betreffenden Subjekts. Art und Ausmaß der Aneignung werden also davon abhängen, ob jemand eine entsprechende Potentialität ins Spiel bringt" (Kruse/Graumann 1978: 185).

erleichtern hingegen Kommunikation unter Unbekannten, die durch die Spezifität des Ortes und ihre Anwesenheit dort, an Fremdheit verlieren.

Die untersuchte Geschäftsstraße ist im Unterschied zu Paradiso urbano ein Beispiel dafür, dass das traditionelle normative Ideal des öffentlichen Raums mit Einschränkungen auch in der großstädtischen Wirklichkeit wieder zu finden ist. Die Geschäftsstraße ist offen, weil ihr Integrationsmodus neben dem Markt, Toleranz und urbane Indifferenz heißt und vielfältige subjektive und soziale Raumkonstruktionen ermöglicht werden. Die Geschäftsstraße ist aber auch geschlossen, weil auch dort auf Extreme von Fremdheit und normativer Abweichung mit Exklusion reagiert wird und weil der Habitus des Ortes die individuelle Fähigkeit, sich mit ambivalenter Fremdheit zu arrangieren, voraussetzt. Dabei sind es die relative Toleranz der speziellen Quartiersöffentlichkeit sowie die kognitiven und sozialen Kompetenzen der Individuen, die, trotz Fremdheit und unterschiedlicher Raumkonstruktionen, gelegentlich zu weitergehender Kommunikation unter Fremden führen. Die Mall hingegen ist offen, weil ihr Integrationsmodus der Markt ist, aber sie ist auch geschlossen, weil dort keine Abweichungen von standardisierten Verhaltens- und Nutzungsweisen zugelassen werden und alles, was den geplanten Markt oder die Rollenhomogenität stört, exkludiert oder aber im institutionalisierten Normalismus vereinnahmt wird. (Der Markt ist eben kein freier, sondern ein kapitalistischer, der durch Macht charakterisiert und von den Interessen der Eigentümer dominiert ist.) Auch Konsumorientierung und Normalismus sind insofern ambivalent: So wie bereits semantisch Exklusion nicht ohne Inklusion zu denken ist, so bewirken die Eindimensionalität der Nutzung und die Angleichung der Verhaltensstandards, dass Fremdheit nivelliert wird. Aber gerade dadurch erhöhen sich möglicherweise Chancen für Kommunikation. Wie bei Agora, Salon und Kaffeehaus könnte es gerade die Homogenität sein, die dies erleichtert: Homogenität nicht in Bezug auf Alter, Geschlecht, Ethnizität oder Klassenzugehörigkeit, sondern aufgrund der Rolle und der weitgehend identischen Konstruktionen von Raum. Der Widerspruch zwischen Fremdheit und Politik ist jeweils aufgelöst. Die Kommunikationstiefe dürfte bei thematischen Abschweifen während Gesprächen über Schnäppchen und Moden zwar geringer sein als in durch Fremdheit geprägten Straßen und Plätzen – und auch als in den, durch den selben eigentumsrechtlich privaten Status gekennzeichneten, Kaffeehäusern und Salons, die als literarisch-politische Öffentlichkeit andere Gegenstände der Kommunikation hatten –, aber die Hürde zur Kommunikation unter Fremden ist gleichwohl geringer, weil der Raum die soziokulturell heterogenen Anwesenden über die Funktionalität homogenisiert, ihnen oberflächlich die Fremdheit nimmt. Dem traditionellen normativen Ideal von öffentlichem Raum entsprechen die Orte gleichwohl nicht (siehe Kapitel I.1.3). Homogenität und Öffentlichkeit erscheinen paradox: Homogenität erleichtert (politische) Kommunikation, aber sie widerspricht dem Gedanken der Vielfalt aufgrund allgemeiner Zugänglichkeit.

Paradiso urbano ist trotz dessen bedingter Exklusivität und emphatische Öffentlichkeit konterkarierenden institutionalisierten Normalismus – genau wie die Geschäftsstraße – ein Ort, der sich in das Mosaik urbaner Öffentlichkeit fügt. Die untersuchte Mall ist ein Ort für Gruppen, die ansonsten wenig öffentlich repräsentiert sind: ältere Menschen sowie bildungsferne Jugendliche, und die Mall ist ein ‚Frauenraum'. Die formelle und, im Unterschied zu subtiler Lenkung, merkliche Kontrolle in der Mall ist für diese Gruppen relativ unproblematisch: Die Älteren schätzen sie – ohne das dies hier untersucht wurde (vgl. aber Bareis 2005, Frank 2007). Die Jugendlichen sind sonst überwiegend in Räumen, die direkt, d.h. durch Eltern oder Lehrer kontrolliert werden. Solche Kontrollen sind viel dichter, als die durch Polizei und Sicherheitsdienste in der Mall überhaupt sein könnten, da die Jugendlichen als Individualitäten bekannt sind. Die Kontrolle, der Jugendliche in Shopping Malls ausgesetzt sind, hat zudem Vorteile für sie: Akzeptieren sie den latenten und gelegentlich manifesten Konformitätsdruck, so dürfen sie als Konsumenten verbleiben und sind zudem vor Ort vor Konflikten mit Gleichaltrigen geschützt (vgl. auch Neumann 2008). Umgekehrt ist außerhalb der Mall diese Einhegung der verunsichernden Jugend über Kontrolle und Rollenhomogenität kaum möglich, infolgedessen männliche Jugendliche an zentralen Orten der Städte skeptischer beäugt und ggf. eher verdrängt werden, als wenn sie als Konsumenten anerkannt sind und als solche benötigt werden. Die Beurteilung der Geschäftsstraße durch die männlichen Jugendlichen sowie die Schwierigkeit, dort überhaupt Jugendliche in ausreichender Zahl für Interviews anzutreffen, zeigt, dass die Geschäftsstraße nur für wenige der bevorzugte Ort ist. Die Mall hingegen bietet *„Rückzugsorte für Jugendliche und erfüllt damit Funktionen des öffentlichen Raums"*, aber sie ist *„im Gegensatz zum öffentlichen Raum kein Interaktionsort, an dem die Begegnung mit fremden Personen und Rollen zur Normalität gehört"* (Gestring/Neumann 2007: 147f., Herv. i.O.), und die Möglichkeit, sich als Individuum in Szene zu setzen, ist eingeschränkt. Nicht mehr Distanziertheit bei gleichzeitiger Inszenierung von Individualität ist das vorherrschende Merkmal stilisierten Verhaltens, sondern wechselseitige Selbstadjustierung (siehe Kapitel III.4.7). Die Chance der Teilhabe wird erkauft mit dem Verzicht auf Individualität und jugendliches Experimentieren. Gleichwohl sind Jugendliche in der Mall öffentlich wahrnehmbar, und zwar in ihrer bürgerlichen (und anständigen) Rolle als Konsument, aus der ihre Teilhabeberechtigung in der Mall resultiert.

So wie die Stadt- und Geschlechterforschung hervorhebt, dass die Erfindung des Warenhauses Frauen erste Schritte aus der Privatsphäre hinaus in zumindest eine „Konsumentenöffentlichkeit" (Terlinden 2002: 151, vgl. auch

Wilson, E. 1991) eröffnete und trotz deren Instrumentalisierung damit ein kleiner Schritt in Richtung Emanzipation erfolgte, so bedeutet die Mall auch Teilhabe für im öffentlichen Raum ansonsten unterprivilegierte Gruppen in der Rolle des Konsumenten. Dementsprechend beurteilt Kerstin Dörhöfer die Funktion von Shopping Malls für Frauen ähnlich gespalten und kritisch wie Gestring/Neumann diese hinsichtlich Jugendlicher:

„So lässt sich feststellen, dass die Shopping Mall (...) Frauen zwar einen gut erreichbaren, immer zentraler gelegenen und großen Raum bietet, Erleichterung für die Reproduktionsarbeit mit sich bringt und vielen vielleicht auch ein angenehmer Freizeitvertreib ist. Sie spiegelt ihre durch Einkommen, Berufstätigkeit und öffentliche Teilnahme gestärkte Position in der heutigen Gesellschaft, doch ein emanzipatorischer Raum ist sie nicht.[137] Sie ist ein Bautyp, der in eine andere Privatheit als die des Heims verlocken will, in die privatwirtschaftliche, aber scheinbar öffentliche Sphäre der Mall, die jedoch die Voraussetzungen zur Selbstbestimmung versagt, zu denen Offenheit, Heterogenität und Wahlfreiheit gehören[138]" (Dörhöfer 2007: 71).

Die Mall ist ein Ort öffentlicher Teilhabe, nicht als Bühne der Selbstdarstellung, wohl aber als „Erscheinungsraum". Aber für sich allein ist sie kein Ort der Öffentlichkeit und Emanzipation, nicht für Frauen und nicht für andere Gruppen. Die Mall ist nicht als singulärer Raum Ort von Öffentlichkeit, aber sie hat als Mosaikstein ihre Bedeutung und Berechtigung für gesamtstädtische Öffentlichkeit, weil sie es als populärer Marktort vielen Gruppen ermöglicht, in Erscheinung treten zu können ohne besondere Leistungen erbringen zu müssen.

---

137 [Die gestärkte Position der Frauen zeigt sich noch deutlicher in der untersuchten Geschäftsstraße, die mit eigentlich multiplen Verunsicherungen dennoch überwiegend affirmativ beurteilt wird. Die Ergebnisse zur Geschäftsstraße zeigen, dass es – zumindest tagsüber – nicht die Frauen allgemein sind, die in der Hierarchie des öffentlichen Raums ‚untenstehen'. Weniger sind sex/gender die Merkmale, als vielmehr Klasse, Bildung und Erfahrung ausschlaggebend für den Status im öffentlichen Raum. Im Unterschied zu männlichen Jugendlichen mit niedriger Bildung haben sich die Frauen in diesem öffentlichen Straßenraum emanzipiert. J.W.]

138 Und Dörhöfer relativiert dies gleichzeitig in einer zum Zitat gehörenden Fußnote „Diese grundsätzliche Aussage ist im Einzelnen zu relativieren. In den monofunktionalen, peripheren Großsiedlungen können sie für die älter gewordenen Bewohnerinnen, die der traditionellen Hausfrauenrolle verhaftet waren, durchaus ein Ort der Befreiung aus Verhaltenszwängen und somit der Überwindung von internalisierten Normen sein. Wo sie eine städtebauliche Ergänzung zu einseitigen Baustrukturen sind und damit ein wenig mehr an Angebot als reines Wohnen bereit halten, bringen sie auch eine gewisse Bereicherung der Möglichkeiten des Alltags mit sich. Umgedreht verhält es sich, wenn in innerstädtische, urbanen Gebieten diese Großstrukturen einziehen und aufgrund ihrer Dimensionen kleinteilige Multifunktionalität zerstören. Der emanzipatorische Charakter von Shopping Malls ist deshalb abhängig vom Ort, an dem sie stehen."

Damit ein Ort als Ort öffentlicher Wahrnehmbarkeit gelten kann, behält das Primärkriterium ‚allgemeine Zugänglichkeit als Möglichkeit für Teilhabe' weiterhin seine, wenn auch eingeschränkte Gültigkeit. *Öffentliche* Wahrnehmbarkeit vor Ort verlangt, dass der Ort soziokulturell nicht vollständig homogen ist. Eine erste Frage ist damit, ob physische oder kulturell-normative sowie sozioökonomische Grenzen auf der Ebene des Sozialraums sozial durchlässig sind oder nicht. Die zweite Frage lautet, welche individuellen Ressourcen, kognitiver oder materieller Art, die Voraussetzungen für die Durchlässigkeit von Räumen sind. Ob ein Ort nun ein Raum selektiver Attraktivität ist, an dem man gleichwohl öffentlich in Erscheinung treten kann, oder bereits eine Nische und/oder Bühne für eine klar definierte Gruppe, ist außerdem abhängig vom Grad der *Anonymität* der sozialen Beziehungen.

„Die Quartiersöffentlichkeit wirkt auf spezifische Weise vertraut und anheimelnd, ist aber wie jede städtische Öffentlichkeit durch das Überwiegen von Anonymität und durch das Offensein für beliebige Mischung von Funktionen heterogener Art gekennzeichnet, also auch durch die Freiheit der Individuen zur Kontaktaufnahme und Distanz" (Bahrdt 1969: 114).

Großstädtische ‚Dörfer' dürfen nur für die Bewohner ‚Dörfer' sein, der Quartiersfremde muss dort anonym bleiben können. Löst sich Anonymität auf – wenn sich etwa in den 1990er Jahren ein Angloamerikaner in Harlem jenseits der 125sten Straße aufhielt und aufgrund der Hautfarbe sofort als fremd und andersartig bedeutbar wurde – so wäre es essentiell, dass diese Fremdheit toleriert wird, damit Harlem mehr sein kann als eine Nische, die zwischen Ghetto und Enklave changiert. Daran entscheidet sich auch die Offenheit eines Ortes. Ein durch Gangs kontrolliertes Underclass-Ghetto oder eine durch neighborhood-watch kontrollierte WASP-Suburb, in die sich nie ein Fremder verirrt und wenn dann sofort personalisiert als solcher identifiziert würde, haben zur Folge, dass das in Erscheinung treten gerade nicht Chancen auf Teilhabe eröffnet, sondern Anlass für Stigmatisierung und Exklusion wird. Räume, die den Zutritt de facto beschränken und/oder die weder durch Anonymität noch durch ein tolerantes Milieu gekennzeichnet sind, haben für urbane Öffentlichkeit nur das Potential der Nische. Die Taxi-Dance Hall (vgl. Cressey 1932) oder das Schwulen-Viertel hingegen sind – wie die untersuchte Geschäftsstraße – ggf. dörflich vertraut *und* urban anonym. Repräsentiert deren interne soziale Ordnung offene Interaktionsformen so können sich partikulare Orte in urbane Öffentlichkeit einfügen, denn „die Offenheit verweist auf die Fähigkeit der Kulturen, ihre Unterschiede zu kommunizieren, Widersprüche und unterschiedliche Interessenslagen zum Ausdruck zu bringen, kurz einen gemeinsamen Modus vivendi zu finden" (Ipsen 2002: 243).

Wenn ein Ort ausschließlich als Nische dient, ist er kein Ort der Kommunikation unter Fremden, aber nichtsdestoweniger kann er Teil des Mosaiks urbaner Öffentlichkeit sein.

„Unsichtbare oder von vielen nicht gekannte Orte können ein Zeichen der Durchlässigkeit des kulturellen Milieus einer Stadt insgesamt sein. Kleine, neu entstehende Kulturen – oft sind es gerade verschiedene Jugendkulturen – brauchen Nischen und Ränder in der Stadt, um sich entfalten zu können. In diesem Sinn kann die Unsichtbarkeit der Orte partikularer Kulturen zugleich ein Schutz und ein Potential für Innovation sein" (ebd.).

Spezielle, ggf. auch sehr kleinräumige „moral regions" können Orte der Erfindungen neuer Wege zur Erreichung anerkannter Ziele sein, Orte der Erfindung neuer Werte oder Zielsetzungen, neue Organisationen oder neue soziale Bewegungen herausbilden oder gar Orte von Rebellionen werden (vgl. zur Funktionalität von Abweichung ohne diesen räumlichen Bezug: Fürstenberg 1965: 242f.). Sozialer Wandel infolge von Abweichungen kann dann eintreten, wenn sich eine Vielzahl von gleich abweichenden Individuen in Folge von Aktivitäten abweichender Primärgruppen (Bruderschaften, Clans) oder in Folge von organisierten Zweckgebilden (Pressuregroups, Splitterparteien, Religionsgemeinschaften) herausbildet (vgl. ebd.), die ‚Abweichung' also öffentlich wird und die Sichtweise des zunächst in der Nische verorteten Fremden als „objektiver Mensch" (Simmel) sich darüber hinaus durchsetzt und dadurch auch die Zuschreibung ‚abweichend' verliert.

„Just as the city may provide the demographic base for more subcultures, it may allow more cultural entrepreneurs to develop their own niches by finding their particular sets of consumers, and this is obviously a question of interplay between the market and the diversity within the form of life framework. (...) Confronting diversity, people may more readily see alternatives for themselves, not only as individuals but in terms of collectivities to be mobilized" (Hannerz 1993: 151f.).[139]

---

139 Wenn Richard Florida schreibt, „the Creative Class isn't interested in shopping malls. They are already finished and therefore do not stimulate creativity" (zit. nach: Hospers/van Dalm 2005: 10), so hat er recht, wenn er nur auf den herrschaftlich produzierten Raum Mall schaut, denn dieser soll gerade Kreativität und damit eine nicht affirmative Konstruktion von Raum unterbinden, und er ist (trotz dominierender Partikularinteressen der Betreiber) auch keine kulturell partikulare Nische, sondern folgt weltweit denselben Konzepten und ist jeweils am ‚Durchschnittskunden' des Einzugsbereichs orientiert. Aber die Mall ist nur ein kleiner räumlicher Ausschnitt der ganzen Stadt und die (elitäre) kreative Klasse der Softwareentwickler, Werbetexter, Künstler oder Wissenschaftler macht auch in spätmodernen Dienstleistungsstädten nur einen Bruchteil der Bevölkerung aus. Bei allen Manipulationsszenarien hat die Mall ihre Funktion in der Stadt und für die Individuen, denn sie ist ein „Nicht-Ort" (Augé 1994) nur mit Blick auf Geschichte und eine dauerhafte städtische Identität, nicht jedoch hinsichtlich ihrer Bedeutung für die Subjekte. Indem die Mall von diesen genutzt wird, sie zum Ort täglichen Aufenthalts und sozialer Kontakte wird, ist sie auch sozial bedeutungsvoll. Selbst wenn sie nach nur einer Generation verschwinden würde, für diese kann sie in der Zeitspanne zum Ort werden, an dem die erste Liebe getroffen wurde, an dem Konflikte ausgetragen wurden oder nur der Lieblingspullover gekauft wurde, der länger getragen wird als die Mall überhaupt existiert. Im

Selbst wenn dieser innovative Effekt nicht eintritt und die Nische nur eingeschränkt eine soziale Ressource darstellt, kann sie Teil urbaner Öffentlichkeit werden: Politischen Jugendzentren gelingt es regelmäßig genauso Gehör (wenn auch selten Einfluss) in der Öffentlichkeit zu erlangen, wie es Not In My Backyard-Initiativen gelingt, Status und Exklusivität von Nachbarschaften politisch und juristisch abzusichern, oder es Rotlichtviertel wie in Amsterdam oder Hamburg erreichen, als Wirtschaftsfaktoren öffentlich anerkannter Teil der Städte zu werden. Auch die französischen Banlieues wurden im November 2005 Teil der Öffentlichkeit. Als sie brannten wurden sie wahrgenommen, und die Bewohner und ihre Probleme fingen spätestens dann an, öffentlich zu existieren. Die Interpretationsmacht über die Ereignisse lag zwar nicht bei den Bewohnern oder Teilen von ihnen, sondern bei Medien, Politik und Wissenschaft, gleichwohl bedeuteten die Ereignisse zumindest Gegenstand des öffentlichen politischen Diskurses zu sein und infolgedessen in begrenztem Maße sogar Teilhabe daran.[140] Im harten Unterschied dazu, ist beim Beispiel Gated Communities die öffentliche Wahrnehmung gerade nicht im Interesse der Bewohner. Privatheit und Sezessionsbestrebungen (vgl. McKenzie 2003) sind oft das Ziel der sie verwaltenden Home Owner Assoziations, und Mauern sollen bereits das Betreten verhindern. Als organisierte Steuerzahler und über den Status der oft wohlhabenden Bewohner entwickeln aber auch solche Nischen gleichwohl öffentlichen Einfluss. Die Nachbarschaft kann der Ort für politische Organisation und Quelle politischen Kapitals sein. Ob sich in ihnen (Teil-)Öffentlichkeiten herausbilden, hängt jedoch von der sozialen und politischen Kompetenz der Bewohner bzw. der Nutzern der jeweiligen Nischen ab (vgl. auch Häußermann/Wurtzbacher 2005 sowie von Saldern 2006: 22), und vor allem von den strukturellen Bedingungen, die Chancen für eine kollektive politische Artikulation von Interessen oder für Innovation erhöhen oder unterminieren.

„Moral regions", als Orte mit lokal spezifischen Normen und Normalitäten und damit Habitus, *können* über politisch-mediale Artikulation von Interessen und Meinungen ihrer Nutzer oder Bewohner Teil gesamtstädtischer Öffentlichkeit werden. Der Grundgedanke des Mosaiks, also einer Vielzahl unterschiedlicher Räume, ist bei der frühen Chicagoer Schule jedoch weniger als politikwissenschaftliche These formuliert, als vielmehr soziologisch und

---

Gedächtnis der Stadt wird die Erinnerung an den Raum schnell abstrakt, für die Subjekte kann sie sehr konkret sein.
140 Philippe Estèbe verweist zudem auf eine intelligente und wohlgewählt differenzierte Art der politisch-öffentlichen Raumnutzung durch die (jugendlichen) Bewohner der Banlieues während vorangegangener Unruhen 1998: „The suburb is used as the battleground and the town centre as a kind of public forum": in den Vorstädten von Toulouse wurden die Auseinandersetzungen mit der Polizei ausgetragen, in der Innenstadt fanden Schweigemäsche statt (Donzelot et al. 2006).

sozialpsychologisch: sozialpsychologisch als Nischen, die Spielräume erweitern und dem Ausleben von Trieben in der durch Zivilisierung und Sublimierung geprägt Großstadt dienen, soziologisch über Austausch, über die Möglichkeit, schnell und einfach zwischen unterschiedlichen „moral regions" wechseln zu können (vgl. Park 1974a, Burgess 1974: 57). Das bedeutet auch, wenn etwa die Sozialisation in der Mall nur erlaubt, die Rolle des Konsumenten zu erlernen, so müssen es *andere* Orte oder Raumtypen ermöglichen, mit anderen Rollen und Herausforderungen konfrontiert zu werden. Die reziproke Imitation von Mall und Geschäftsstraße (vgl. Kapitel IV.1.4) konterkariert diese Idee trotz der strukturellen Grenzen der Angleichung. Nicht die Existenz *eines* Raums des institutionalisierten Normalismus ist das Problem, sondern seine Verallgemeinerung wäre es.

Der Möglichkeit zum Wechsel zwischen verschiedenen „moral regions" kann – genau wie Urbanität – gerade Potential für Lernen zugeschrieben werden, denn „nur die Dissonanz kann das Bewusstsein für die Differenzen auslösen, nicht die Wiederholung, die Ordnung des Rituellen" (Sennett zit. nach: Paravicini 1999), und dies ist auch die herausragende Funktion des Fremden. Das Erkennen von Unterschieden und etwas Neuem ist die negative Voraussetzung für Veränderung. Erst der Kontakt mit Fremden ermöglicht es, das Wissen der „Heimatgruppe" über sich selbst und über den Fremden zu überprüfen (vgl. Schütz 1972: 61f) und dadurch Interaktion eher gelingen zu lassen. "Limited, segmental, episodical, distanced links between self and other, may constitute the social situations that both allow and teach civility and urbanity in the face of significant differences" (Lofland 1993: 102). In der Mall kann zwar kein Umgang mit Fremdheit gelernt werden, da der Fremde sich in der Rolle des Konsumenten auflöst. Den unbekannten Anderen aber als gleich-gültigen Konsumenten zu sehen, könnte auch das Bild vom ‚Fremden' verändern, indem zumindest gezeigt wird, dass die „Zivilisationsmuster" (Schütz) bei den Konsummustern identisch sind.

Der Wechsel zwischen unterschiedlichen sozial definierten Räumen kann es ermöglichen, über differente Lebenswelten „Perturbationen" (von Glasersfeld 1985) zu erfahren, das eigene „Denken-wie-üblich" (Schütz 1972) zu hinterfragen, und dadurch Ausschnitte sozialer Wirklichkeit anders zu konstruieren. Wird wechselseitig von der gegenseitigen Fremdheit gelernt, also beispielsweise gelernt, dass unterschiedliche kulturelle Codes dieselben Bedeutungen haben können oder das unterschiedliche Lebenswelten gleiche Strukturen aufweisen und jeweils für sich sozialen Sinn erkennen lassen, so wird eine basale Voraussetzung für gelingende Interaktion und für vernunftsorientierte Öffentlichkeit geschaffen. Interkulturelle Kompetenz zu erlangen wäre ein neuer Modus zur Bewältigung ubiquitärer Fremdheit in spätmodernen Gesellschaften ohne diese einzuschränken. In Anlehnung an das Forschungsprogramm Erving Goffmans geht es darum, auch alltagsweltlich das Normale im Anormalen zu erkennen.

Urbane Öffentlichkeit als Mosaik zu verstehen hat damit, wie das traditionelle Ideal des öffentlichen Raums, auch ein utopisches Moment. Neben den ohnehin durch Herrschaftsverhältnisse strukturierten und umkämpften Möglichkeiten, welchen Gruppen überhaupt welche Orte dienen können, müssten nämlich zwei Voraussetzungen auf der Ebene von Stadt und Gesellschaft erfüllt werden, um dies zu verwirklichen: Segregation müsste Ergebnis freier Wahl sein und Möglichkeiten für selektive Aneignungen müssten geschaffen werden, damit das Mosaik nicht zur einfarbigen Fläche wird. Die „natural areas" der Chicagoer Schule sind eben nur dann ‚natürlich', wenn man sie ihrer Historizität entbindet und marktförmige Ökonomie sowie Konkurrenz als deren Prinzip als naturgegeben begreift und von Herrschaftsverhältnissen entkoppelt. Gleichzeitig müsste Austausch über räumliche und infrastrukturelle Bedingungen sowie über Anlässe dazu erleichtert werden, denn die freiwillige Begegnung mit ambivalenter Fremdheit kommt schlicht selten vor, und Segregation auf Basis struktureller Zwänge und Exklusionsbestrebungen, wie sie sich vielfältig konstatieren lassen (vgl. Wehrheim 2006a), verhindern sie.[141] Die Wahrscheinlichkeit zur (produktiven) Auseinandersetzung würde jedoch ungleich größer als bei erzwungenem Aufeinandertreffen. Eine Ausrichtung von Stadt auf den öffentlichen Personennahverkehr und nicht den privaten Kraftfahrzeugverkehr würde Begegnungen erleichtern (vgl. Lofland 1993). Auch Markt ist ein Anlass für freiwilligen Austausch, und gerade *kleinräumige* Segregation – verbunden durch nur kurze Baublocks (vgl. Jacobs 1963) – ist bedeutsam, denn im Unterschied zu geographisch großen und eventuell monofunktionalen Stadtteilen erhöhen sie die Wahrscheinlichkeit von Austausch. Gründe und Anreize für Wechsel zwischen „moral regions" zu schaffen und Neugierde zu wecken, wäre also produktiver als ein bürgerlicher, moralische Zeigefinger, der auf die Massenorientierung der Shopping Mall oder auf den Niedergang (eben bürgerlicher) Verhaltensstandards in Geschäftsstraßen deutet. Freiwilligkeit bei der Begegnung mit Fremdheit würde das Dilemma von Kontakt- und Konflikthypothese auflösen, denn die Neugier des Flaneurs ist das Gegenteil von Blasiertheit und Reserviertheit, selbst wenn er sich nach Außen so inszeniert.

Ob letztendlich ein Wechsel zwischen unterschiedlichen Räumen stattfindet, bleibt eine empirische Frage, deren Antwort von der lokalen Ordnung der Räume sowie von der Beschaffenheit ihrer Ränder abhängt: Sind Orte durch Grenzen getrennt oder durch Ränder verbunden (vgl. Ipsen 2003, 2004)? Dominieren unterschiedlichste „walls" (Marcuse 1995), die trennen,

---

141 Dies ist auch der Grund warum viele Aktivitäten im Zusammenhang mit dem Programm Soziale Stadt kritisch betrachtet werden müssen. Vieles erinnert an innerstädtische Entwicklungshilfe: Es fließt Geld und Engagement in die Quartiere, aber weder wird die Stadt für deren Bewohner mit ihren Bedürfnissen, Fähigkeiten, Waren und Dienstleistungen geöffnet, noch die benachteiligten Quartiere für die Stadt.

oder existieren Bestrebungen, Wechsel zwischen fremden und eigenen Orten zu befördern? Austausch wäre nicht nur für urbane Öffentlichkeit bedeutsam, sondern er ist es sozial selektiv auch für die Bewohner oder Benutzer einzelner Räume: Die Bewohner der Banlieues, der Ghettos, der benachteiligten Quartiere sind gerade auf wechselseitigen Austausch von Menschen, Waren, Wissen und auf Verbindungen zur Stadt angewiesen. Ihre Bewohner benötigen Netzwerke, die über die Quartiersgrenzen hinaus reichen. Nicht zuletzt die mangelhaften ÖPNV-Anbindungen unterminieren meist die Chancen dafür (auch in deutschen Großstädten). Gated Communities sind hingegen der deutliche Ausdruck, Austausch gerade verhindern zu wollen, ihre Bewohner sind i.d.R. darauf nicht angewiesen.

Segregation, als residentielle und als räumliche Differenzierung nach (soziokulturell selektiv nachgefragten) Funktionen, ist dann funktional für großstädtische Öffentlichkeit, wenn sie freiwillig erfolgt und wenn sie nicht mit hermetischer Abschottung einhergeht. Dies sind die notwendigen Bedingungen. Die hinreichende Bedingung ist, dass es auch Anlässe und Möglichkeiten zum Wechsel zwischen den Mosaiksteinen gibt und deren interne soziale Ordnungen sich durch einen offenen modus vivendi der Kommunikation auszeichnen. Urbane Öffentlichkeit lässt sich damit nur differenziert verstehen: als Summe segregierter Räume, die von höchst unterschiedlichen Gruppen (zeitlich) variabel dominiert werden, sowie prozesshaft und in Veränderung begriffen.

In der segregierten Großstadt erhöht sich die Freiheit der Wahl und sie steigert die Attraktivität, die erst aus den Unterschieden resultiert. Denn, so kann man sich Martin Kronauer (2006: 132) anschließen: „dem ‚Erleben starker Lustgefühle' – Freuds positive Definition von Glück – sind konstitutionelle Grenzen gesetzt. Es läßt sich nicht auf Dauer stellen, hängt vielmehr in seiner Intensität vom Kontrast ab". Und so hängen auch der Erfolg und die Attraktivität von einzelnen Marktorten und gerade von den „perfekten Welten" der Shopping Malls von den übrigen Räumen der Stadt ab. Erst die sozialräumliche Vielfalt und der Kontrast ermöglichen besondere und auch normative Be-Deutungen, und die Shopping Mall kann nur aufgrund anderer Orte von Fremdheit und anderer sozialräumlicher Ordnungen überhaupt als urbanes Paradies erscheinen. Damit ist auch die Bedeutung dieses Mosaiksteins für urbane Öffentlichkeit abhängig von der Heterogenität und Qualität der übrigen Steine, die es in ihrer Summe erlauben, sich mit Fremdheit zu arrangieren und diese zu erhalten.

V. Literatur

Alkemeyer, Thomas (2003): Bewegung als Kulturtechnik, in: Neue Sammlung. Vierteljahres-Zeitschrift für Erziehung und Gesellschaft 43, 3, S.331-347.

Altrock, Uwe/Schubert, Dirk (2003): „Öffentlicher Raum" – Einige Klarstellungen und Entwicklungsperspektiven, in: Jahrbuch Stadterneuerung 2003, S.95-108.

Anderson, Elijah (1995): Street Etiquette and Street Wisdom, in: Kasinitz, Philip (Hg.): Metropolis – Centre and Symbol of our Time, London u.a., S.331-354.

Anderson, Nels (1923): The Hobo. The Sociology of the Homeless Man, Chicago.

Arendt, Hannah (2001)[1967]: Vita activa oder Vom tätigen Leben, München.

Asch, Solomon E. (1956): Studies of independence and conformity: I: A minority of one against a unanimous majority, Washington.

Augé, Marc (1994): Orte und Nicht-Orte. Vorüberlegungen zu einer Ethnologie der Einsamkeit, Frankfurt/Main.

Bahrdt, Hans-Paul (1969): Humaner Städtebau. Überlegungen zur Wohnungspolitik und Stadtplanung für eine nahe Zukunft, Hamburg.

Bahrdt, Hans-Paul (1989): Die Stadtstraße als Kommunikationsfeld, in: Die alte Stadt 2-3, S.196-207.

Bahrdt, Hans-Paul (1998): Die moderne Großstadt. Soziologische Überlegungen zum Städtebau, Opladen.

Bannister, Jon/Fyfe, Nick/Kearns, Ade (2006): Respectable or Respectful? (In)civility and the City, in: Urban Studies 43, 5/6, S.919-937.

Bareis, Ellen (2005): Shoppingmall und Quartier – Räumliche Praxis und Konsum am Beispiel von zwei städtischen Einkaufszentren (unveröffentlichte Dissertation), Frankfurt/Main.

Bareis, Ellen (2007): Urbane Shoppingmalls und Subjektivitäten. Konzeptionen der Shoppingmall als Narrativ und alltägliches Handeln im postfordistischen Städtischen, in: Wehrheim, Jan (Hg.): Shopping Malls. Interdisziplinäre Betrachtungen eines neuen Raumtyps, Wiesbaden, S.153-171.

Bauman, Zygmunt (1992): Moderne und Ambivalenz, in: Bielefeld, Uli (Hg.): Das Eigene und das Fremde, Hamburg, S.23-49.

Bauman, Zygmunt (1997): Flaneure, Spieler und Touristen. Essays zu postmodernen Lebensformen, Hamburg.

Bauman, Zygmunt (1999): Unbehagen in der Postmoderne, Hamburg.

Bauman, Zygmunt (2000): Die Krise der Politik: Fluch und Chance einer neuen Öffentlichkeit, Hamburg.

Bauman, Zygmunt (2003): Flüchtige Moderne, Frankfurt/Main.

Beck, Ulrich (1986): Risikogesellschaft, Frankfurt/Main.

Becker, Heide/Jessen, Johann/Sander, Robert (Hg.) (1999): Ohne Leitbild? Städtebau in Deutschland und Europa, Stuttgart/Zürich.

Becker, Howard S. (1981): Außenseiter. Zur Soziologie abweichenden Verhaltens, Franfurt/Main.

Becker, Howard S./Horowitz, Irwing Louis (1971): The Culture of Civility, in: Becker, Howard S. (Hg.): Culture and Civility in San Francisco, Chicago, S.4-19.
Becker, Ruth (2000): Riskante Sicherheiten: von gefährlichen Orten und sicheren Räumen, in: Zeitschrift für Frauenforschung und Geschlechterstudien 4, S.49-65.
Beddington, Nadine (1991): Shopping Centres: Retail Development, Design and Management, Oxford.
Belina, Bernd (2005): Der vor allem rhetorische Import von Zero Tolerance nach Baltimore. Die Geschichte eines Wahlerfolges und seiner Hintergründe, in: Kriminologisches Journal 3, S.183-199.
Belina, Bernd (2006): Raum, Überwachung, Kontrolle. Vom staatlichen Zugriff auf städtische Bevölkerung, Münster.
Berding, Ulrich/Perenthaler, Bettina/Selle, Klaus (2007): Öffentlich nutzbar – aber nicht öffentliches Eigentum, in: Wehrheim, Jan (Hg.): Shopping Malls. Interdisziplinäre Betrachtungen eines neuen Raumtyps, Wiesbaden, S.95-117.
Berger, Peter L. (1977): Einladung zur Soziologie, München.
Berger, Peter L./Luckmann, Thomas (2000): Die gesellschaftliche Konstruktion der Wirklichkeit: eine Theorie der Wissenssoziologie, Frankfurt/Main.
Bergmann, Jörg (2001): Kommunikative Verfahren der Konstruktion des Fremden, in: Bohn, Cornelia/Willems, Herbert (Hg.): Sinngeneratoren. Fremd- und Selbstthematisierung in soziologisch-historischer Perspektive, Konstanz, S.35-56.
Beste, Hubert (1998): Policing the Poor – Profitorientierte Sicherheitsdienste als neue Kontrollunternehmer, in: Gusy, Christoph (Hg.): Privatisierung von Staatsaufgaben: Kriterien – Grenzen – Folgen, Baden-Baden, S.180-214.
Biderman, Albert D./Johnson, Louise A./McIntyre, Jennie/Weir, Adrianne W. (1967): Report on a pilot study in the District of Columbia on victimization and attitudes toward law enforcement, Washington D.C.
Birenheide, Almut/Legnaro, Aldo (2003): Shopping im Hochsicherheitstrakt? Sicherheitsstrategien verschiedenartiger Konsumlandschaften, in: Kriminologisches Journal 35, 1, S.3-16.
Blumer, Herbert (1981): Der methodologische Standort des Symbolischen Interaktionismus, in: Arbeitsgruppe Bielefelder Soziologen (Hg.): Alltagswissen, Interaktion und gesellschaftliche Wirklichkeit, Reinbek bei Hamburg, S.80-146.
Boers, Klaus (1991): Kriminalitätsfurcht, Hamburg.
Bourdieu, Pierre (1991): Physischer, sozialer und angeeigneter physischer Raum, in: Wentz, Martin (Hg.): Stadt – Räume, Frankfurt/Main /New York, S.25-34.
Bourdieu, Pierre (1998): Ortseffekte, in: Kirchberg, Volker/Göschel, Albrecht (Hg.): Kultur in der Stadt. Stadtsoziologische Analysen zur Kultur, Opladen, S.17-25.
Bourgois, Philippe (1995): In search of respect. Selling Crack in El Barrio, New York.
Boyd, Richard (2006): 'The Value of Civility?' in: Urban Studies 43, 5/6, S.863-878.
Breckner, Ingrid (2006): Öffentliche Räume in Hamburg und Chicago im Spannungsfeld von Kommerz, Politik und Kultur, in: Schnurmann, Claudia/Wigger, Iris (Hg.): Tales of Two Cities/Stadtgeschichten: Hamburg & Chicago, Münster, S.265-276.
Breckner, Ingrid/Sturm, Gabriele (2002): Kleiderwechsel – Sackgassen und Perspektiven in patriachalen Öffentlichkeiten, in: Löw, Martina (Hg.): Differenzierungen des Städtischen, Opladen, S.157-186.

Brix, Joseph (1909): Die ober- und unterirdische Ausbildung der städtischen Straßenquerschnitte, in: Brix, Joseph/Genzmer, Felix (Hg.): Städtebauliche Vorträge, Band 2, Heft 2, Berlin, S.7-25.
Bröckling, Ulrich/Lemke, Thomas/Krasmann, Susanne (Hg.) (2000): Gouvernementalität der Gegenwart. Studien zur Ökonomisierung des Sozialen, Frankfurt/Main.
Brown, M. Gordon (1999): Design and Value: Spatial Form and the Economic Failure of a Mall, in: Journal of Real Estate Research 17, ½, S.189-225.
Brown, Sheila (1999): What's the problem, girls? CCTV and the gendering of public safety, in: Norris, Clive/Moran, Jade/Armstrong, Gary (Hg.): Surveillance, Closed Circuit Television and Social Control, Aldershot/Brookfield (USA)/Singapore/Sydney, S.207-220.
Browning, Denise (2002): Marketing a Renovation, in: Retail Traffic 5, http://retailtrafficmag.com/development/renovation/retail_marketing_renovation/index.html [2005-06-13].
Brune, Walter/Junker, Rolf/Pump-Uhlmann, Holger (Hg.) (2006): Angriff auf die City. Kritische Texte zur Konzeption, Planung und Wirkung von integrierten und nicht integrierten Shopping-Centern in zentralen Lagen, Düsseldorf.
Burgess, Ernest W. (1973): On Community, Family, and Delinquency: Selected Writings (hg. von Leonard S. Cottrell Jr., Albert Hunter und James F. Short Jr.), Chicago u.a.
Burgess, Ernest W. (1974): The Growth of the City: An Introduction to a research project, in: Park, Robert E./Burgess Ernest W. (Hg.): The City, Chicago/London.
Carr, Stephen/Francis, Mark/Rivilin, Leanne/Stone, Andrew M. (1992): Public Space, Cambridge (USA)/New York.
Chombart de Lauwe, Paul-Henry (1977): Aneignung, Eigentum, Enteignung. Sozialpsychologie der Raumaneignung und Prozesse gesellschaftlicher Veränderung, in: Arch+ 34, S.2-6.
Christie, Nils (2005): Wieviel Kriminalität braucht die Gesellschaft? München.
Cohen, Nancy (2003): Marketers Promoting Malls as Melting Pot, in: Shopping Center Today 10, www.icsc.org/srch/sct/sct1003/page1d.html [2005-06-13].
Connor, Patti (1999): Fountains Flowing, in: Retail Traffic 10, http://retailtrafficmag.com/mag/retail_fountains_flowing/index.html [2006-06-10].
Crawford, Margret (1992): Warenwelten, in: arch+ 114-115, S.73-80.
Cressey, Paul G. (1932): The Taxi-Dance Hall: A sociological study in commercialized recreation and city life, Chicago.
Czerwinski, Stefan/Zurawski, Nils (2006): Sicherheit oder positives Lebensgefühl? Effekte von Raumwahrnehmung auf Einstellungen zu Videoüberwachung, in: Kriminologisches Journal 38, 4, S.259-273.
Dangschat, Jens S. (2005): Die Relevanz mikrosoziologischer Perspektiven auf die Stadt – Versuch einer Einordnung in die Stadtsoziologie (Vortragsmanuskript Herbsttagung der DGS - Sektion „Stadt- und Regionalsoziologie" Köln 14./15. Oktober 2005) http://www.sektion-stadtsoziologie.de [2006-03-08].
Davis, Mike (2007): Planet der Slums, Berlin.
De Marinis, Pablo (2000): Überwachen und Ausschließen. Machtintervention in urbanen Räumen der Kontrollgesellschaft, Pfaffenweiler.

Deleuze, Gilles (1993): Postskriptum über die Kontrollgesellschaft, in: Deleuze, Gilles: Unterhandlungen 1972 -1990, Frankfurt/Main, S.243-262.
Dietz, Berthold (1997): Soziologie der Armut, Frankfurt/Main.
Donzelot, Jacques/Estèbe, Philippe/Jaillet, Marie-Christine/Lagrange, Hugues (2006): November nights 2005: The geography of violence. A round table discussion, in: eurozine, http://www.eurozine.com/articles/2006-02-01-donzelot-en.html [2006-07-14].
Dörhöfer, Kerstin (1998): „Wer eine kennt, kennt alle" – Utopia und die Shopping Mall, in: RaumPlanung 81, S.87-91.
Dörhöfer, Kerstin (2004): Shopping Malls – ein neuer urbaner Bautyp? http://www.udk-berlin.de/sites/content/e177/e62/e615/e677/e3383/ infoboxContent3385/VortragProfDrhfer_ger.pdf [2008-03-27].
Dörhöfer, Kerstin (2007): Passagen und Passantinnen, Shopping Malls und Konsumentinnen, in: Wehrheim, Jan (Hg.): Shopping Malls. Interdisziplinäre Betrachtungen eines neuen Raumtyps, Wiesbaden, S.55-73.
EHI – Eurohandelsinstitut (2008): Shopping-Center 2009. Fakten, Hintergründe und Perspektiven in Deutschland, http://www.ehi.org/index.php?229&backPID= 229&productID=138&pid_product=216&detail= [2008-10-16].
Elias, Norbert (1976a): Über den Prozeß der Zivilisation. Soziogenetische und psychogenetische Untersuchungen, Band 1, Frankfurt/Main.
Elias, Norbert (1976b): Über den Prozeß der Zivilisation. Soziogenetische und psychogenetische Untersuchungen, Band 2, Frankfurt/Main.
Elias, Norbert/Scotson, John L. (1993): Etablierte und Außenseiter, Frankfurt/Main.
Engels, Friedrich (1974)[1845]: Die großen Städte (Auszugsweiser Nachdruck aus: Die Lage der arbeitenden Klasse in England), in: Herlyn, Ulfert (Hg.): Stadt- und Sozialstruktur, München, S.91-106.
Epstein, Dora (1997): Abject Terror: A Story of Fear, Sex, and Architecture, in: Ellin, Nan (Hg.): Architecture of Fear, New York, S.132-142.
EuroHypo AG (2005): Shoppingcenter Deutschland. Ein boomender Investmentmarkt mit Potenzial? Eschborn, S.1-11 www.eurohypo.com/media/pdf/ newsletter_marktberichte/Shoppingcenter_Deutschland.pdf [2008-02-18].
Falk, Bernd R. (1998): Shopping-Center – Grundlagen, Stand und Entwicklungsperspektiven, in: Falk, Bernd R. (Hg.): Das große Handbuch Shopping-Center, Landsberg/Lech, S.13-48.
Farrell, James J. (2003): One Nation under Goods. Malls and the Seductions of American Shopping, Washington/London.
Feeley, Malcolm/Simon, Jonathan (1994): Actuarial Justice: The Emerging New Criminal Law, in: Nelken, David (Hg.): The Futures of Criminology, London, S.173-201.
Ferchhoff, Wilfried (2007): Jugend und Jugendkulturen im 21. Jahrhundert. Lebensformen und Lebensstile, Wiesbaden.
Flick, Uwe (2002): Qualitative Sozialforschung, Reinbek bei Hamburg.
Flick, Uwe (2003): Triangulation in der qualitativen Forschung, in: Flick, Uwe/Kardorff, Ernst von/Steinke, Ines (Hg.): Qualitative Forschung, Reinbek bei Hamburg, S.309-318.
Foucault, Michel (1989): Überwachen und Strafen. Die Geburt des Gefängnisses, Frankfurt/Main.

Frank, Susanne (2003): Stadtplanung im Geschlechterkampf: Stadt und Geschlecht in der Großstadtentwicklung des 19. und 20. Jahrhunderts, Opladen.
Frank, Susanne (2006): Suburbias Frauen – am Rande oder im Zentrum der Gesellschaft? in: Wolkenkuckucksheim. Internationale Zeitschrift für Theorie und Wissenschaft der Architektur 10 , 1, http://www.tu-cottbus.de/ BTU/Fak2/TheoArch/Wolke/ deu/Themen/051/Frank/frank.htm [2006-12-05].
Frank, Susanne (2007): Das Öffentliche im Privaten. Bürgerschaftliches Engagement im Shopping Center, in: Wehrheim, Jan (Hg.): Shopping Malls. Interdisziplinäre Betrachtungen eines neuen Raumtyps, Wiesbaden, S.119-133.
Freud, Sigmund (1967): Zeitgemäßes über Krieg und Tod, in: Freud, Sigmund: Gesammelte Werke. Zehnter Band. Werke aus den Jahren 1913-1917, Frankfurt/Main, S.324-355.
Freud, Sigmund (2003): Das Unbehagen in der Kultur. Und andere kulturtheoretische Schriften, Frankfurt/Main.
Fürstenberg, Friedrich (1965): Randgruppen in der modernen Gesellschaft, in: Soziale Welt 16, S.236-245.
Gans, Herbert J. (1974): Urbanität und Suburbanität als Lebensformen: Eine Neubewertung von Definitionen, in: Herlyn, Ulfert (Hg): Stadt- und Sozialstruktur, München, S.67-90.
Gans, Herbert J. (1982): The urban villagers. Group and Class in the Life of Italian-Americans, New York.
Gans, Herbert J. (1995): The war against the poor – the underclass and antipoverty policy, New York.
Garfinkel, Harold (1967): Studies of the routine grounds of everyday activities, in: Garfinkel, Harold: Studies in Ethnomethodology, Englewood Cliffs, S.35-75.
Garreau, Joel (1991): Edge City: Life on the new Frontier, New York.
Germelmann, Claas Christian (2003): Kundenorientierte Einkaufszentrengestaltung, Wiesbaden.
Gestring, Norbert (2005): Parallelgesellschaften – ein Kommentar, in: Gestring, Norbert/ Glasauer, Herbert/Hannemann, Christine/Petrowsky, Werner /Pohlan, Jörg (Hg.): Jahrbuch StadtRegion 2004/05. Schwerpunkt: Schrumpfende Städte. Wiesbaden, S.163-169.
Gestring, Norbert/Neumann, Ute (2007): Von Mall Rats und Mall Bunnies: Jugendliche in Shopping Malls, in: Wehrheim, Jan (Hg.): Shopping Malls. Interdisziplinäre Betrachtungen eines neuen Raumtyps, Wiesbaden, S.135-152.
Giddens, Anthony (1995): Konsequenzen der Moderne, Frankfurt/Main.
Giegler, Helmut (1994): Lebensstile in Hamburg, in: Dangschat, Jens S./Blasius Jörg (Hg.): Lebensstile in den Städten. Konzepte und Methoden, Opladen, S.255-272.
Gill, Martin/Spriggs, Angela (2005): Home Office Research Study 292: Assessing the impact of CCTV, http://www.homeoffice.gov.uk/rds/pdfs05/hors29.pdf [2007-02-27].
Glasersfeld von, Ernst (1985): Einführung in den Konstruktivismus, München.
Gleichmann, Peter (1976): Wandel der Wohnverhältnisse, in: Zeitschrift für Soziologie 5, S.319-329.
Goffman, Erving (1971): Verhalten in sozialen Situationen. Strukturen und Regeln der Interaktion im öffentlichen Raum, Gütersloh.
Goffman, Erving (1974): Das Individuum im öffentlichen Austausch. Mikrostudien zur öffentlichen Ordnung, Frankfurt/Main.

Goffman, Erving (1981): Asyle. Über die soziale Situation psychiatrischer Patienten und anderer Insassen, Frankfurt/Main.
Goffman, Erving (1996): Über Feldforschung, in: Knoblauch, Hubert (Hg.): Kommunikative Lebenswelten. Zur Ethnographie einer geschwätzigen Gesellschaft, Konstanz, S.261-269.
Goffman, Erving (2000): Wir alle spielen Theater. Die Selbstdarstellung im Alltag, München.
Gottfredson, Michael R./Hirschi, Travis (1990): A General Theory of Crime, Stanford/California.
Gruen, Arno (2005): Das Böse und der Fremde in uns - Politische Konsequenzen, http://www.stuttgart.de/stadtbuecherei/druck/oc/gruen.pdf [2007-03-15].
Gruen, Victor (1973): Das Überleben der Städte. Wege aus der Umweltkrise: Zentren als urbane Brennpunkte, Wien/München/Zürich.
Gruen, Victor/Smith, Larry (1960): Shopping Towns USA. The Planning of Shopping Centers, New York.
Guiliani, Rudolph W./Bratton, William J. (1994): Police Strategy No.5: Reclaiming the Public Spaces of New York (unver. Ms.), New York.
Habermas, Jürgen (1973): Öffentlichkeit (ein Lexikonartikel), in: Habermas, Jürgen: Kultur und Kritik. Verstreute Aufsätze, Frankfurt/Main, S.61-69.
Habermas, Jürgen (1985): Theorie des kommunikativen Handelns, Frankfurt/Main.
Habermas, Jürgen (1990): Strukturwandel der Öffentlichkeit. Untersuchungen zu einer Kategorie der bürgerlichen Gesellschaft, Frankfurt/Main.
Häfele, Joachim/Lüdemann, Christian (2006): „Incivilities" und Kriminalitätsfurcht im urbanen Raum. Eine Untersuchung durch Befragung und Beobachtung, in: Kriminologisches Journal 38, 4, S.273-291.
Hahn, Alois (1994): Die soziale Konstruktion des Fremden, in: Sprondel, Walter M. (Hg.): Die Objektivität der Ordnung und ihre kommunikative Konstruktion: Für Thomas Luckmann, Frankfurt/Main, S.140-167.
Hahn, Alois (2003): Aufmerksamkeit und Normalität, in: Link, Jürgen/Loer, Thomas/Neuendorff, Hartmut (Hg.): >Normalität< im Diskursnetz soziologischer Begriffe, Heidelberg, S.23-37.
Hahn, Barbara (2002): 50 Jahre Shopping Center in den USA: Evolution und Marktanpassung, Passau.
Hahn, Barbara (2007): Shopping Center als internationales Phänomen, in: Wehrheim, Jan (Hg.): Shopping Malls. Interdisziplinäre Betrachtungen eines neuen Raumtyps, Wiesbaden, S.15-33.
Hainz, Michael (1999): Dörfliches Sozialleben im Spannungsfeld der Individualisierung, Bonn.
Hannerz, Ulf (1993): Thinking about culture in cities, in: Deben, Léon/Heinemeijer, Willem/Vaart, Dick van der (Hg.): Understanding Amsterdam. Essays on economic vitality, city life and urban form, Amsterdam, S.141-172.
Harvey, David (1991): Geld, Zeit, Raum und die Stadt, in: Wentz, Martin (Hg.): Stadt-Räume, Frankfurt/Main /New York, S.149-168.
Häußermann, Hartmut (1995): Die Stadt und die Stadtsoziologie, in: Berliner Journal für Soziologie 5, 1, S.89-98.
Häußermann, Hartmut (2006): Lebendige Stadt, belebte Stadt oder inszenierte Urbanität?, in: Brune, Walter/Junker, Rolf/Pump-Uhlmann, Holger (Hg.): Angriff auf die City. Kritische Texte zur Konzeption, Planung und Wirkung von

integrierten und nicht integrierten Shopping-Centern in zentralen Lagen, Düsseldorf, S.31-35.

Häußermann, Hartmut (2007): Ihre Parallelgesellschaften, unser Problem, in: Leviathan 35, 4, S.458-469.

Häußermann, Hartmut/Siebel, Walter (2001): Soziale Integration und ethnische Schichtung – Zusammenhänge zwischen räumlicher und sozialer Integration. Gutachten im Auftrag der unabhängigen Kommission „Zuwanderung", http://www.schader-stiftung.de/docs/haeussermann_siebel_gutachten.pdf [2007-15-03].

Häußermann, Hartmut/Siebel, Walter (2002): Die Mühen der Differenzierung, in: Löw, Martina (Hg.): Differenzierungen des Städtischen, Opladen, S.29-67.

Häußermann, Hartmut/Wurtzbacher, Jens (2005): Die Gemeinde als Ort politischer Integration, in: Heitmeyer, Wilhelm/Imbusch, Peter (Hg.): Integrationspotentiale einer modernen Gesellschaft, Wiesbaden, S.429-450.

Hayward, Keith (2004): City Limits: Crime, Consumer Culture and the Urban Experience, London.

HDE – Hauptverband des Deutschen Einzelhandels (o.J.): Gefährdung des Einzelhandels durch Kriminalität und Umfeldverschlechterung. Ergebnisse einer Umfrage (Umfrage von 1997), Köln.

Heitmeyer, Wilhelm (1998): Versagt die „Integrationsmaschine" Stadt? in: Heitmeyer, Wilhelm/Dollase, Rainer/Backes, Otto (Hg.): Die Krise der Städte, Frankfurt/Main, S.443-467.

Heitmeyer, Wilhelm (2006): Gruppenbezogene Menschenfeindlichkeit. Gesellschaftliche Zustände und Reaktionen in der Bevölkerung aus 2002 bis 2005, in: Heitmeyer, Wilhelm (Hg.): Deutsche Zustände. Folge 4, Frankfurt/Main, S.15-36.

Held, Gerd (2005): Suchraum Großstadt. Suchbiographien als Beitrag zum Verständnis räumlicher Zentralität (Vortragsmanuskript Herbsttagung der DGS - Sektion „Stadt- und Regionalsoziologie", Köln 14./15. Oktober 2005), http://www.sektion-stadtsoziologie.de/ [2006-03-08].

Helms, Hans G. (1992): Glitzernde Binnenwelten des Konsums. Zu den sozioökonomischen Funktionen der shopping malls und Mehrzweckzentren in Kanada und den USA, in: Helms, Hans G. (Hg.): Die Stadt als Gabentisch. Beobachtungen der aktuellen Städtebauentwicklung, Leipzig, S.109-133.

Helten, Frank (2005): Reaktive Aufmerksamkeit. Videoüberwachung in Berliner Shopping-Malls, in: Hempel, Leon/Metelmann, Jörg (Hg.): Bild – Raum – Kontrolle. Videoüberwachung als Zeichen gesellschaftlichen Wandels, Frankfurt/Main, S.156-173.

Helten, Frank (2007): Die Sicherheit der Shopping Mall: Überwachung und Kontrolle des postmodernen Konsums, in: Wehrheim, Jan (Hg.): Shopping Malls. Interdisziplinäre Betrachtungen eines neuen Raumtyps, Wiesbaden, S.241-260.

Helten, Frank/Fischer, Bernd (2003): Video Surveillance on Demand for Various Purposes? Berlin Shopping Malls as Socio – technical Testbeds for CCTV, Berlin, http://www.urbaneye.net/results/ue_wp11.pdf [2007-02-27].

Helten, Frank/Fischer, Bernd (2004): What do people think about CCTV? Findings from a Berlin survey, Berlin, http://www.urbaneye.net/results/ue_wp13.pdf [2007-02-22].

Hentig, Hans von (1954): Zur Psychologie der Einzeldelikte. Band 1: Diebstahl, Einbruch, Raub, Tübingen.
Herczog, Andreas/Hubeli, Ernst (1995): Öffentlichkeit und öffentlicher Raum. Von der Öffentlichkeit zur Koexistenz von Öffentlichkeiten – Vom öffentlichen Raum zu öffentlichen Orten, Zürich.
Herlyn, Ulfert/Seggern von, Hille/Heinzelmann, Claudia (2003): Jugendliche in öffentlichen Räumen: Chancen und Restriktionen der Raumaneignung (hg. von der Wüstenrot-Stiftung), Opladen.
Herrmann, Otto (1998): Informationsbedarf bei Entwicklung und Management von Shopping-Centern, in: Falk, Bernd (Hg): Das große Handbuch Shopping-Center, Landsberg/Lech, S.545-562.
Hettlage-Varjas, Andrea/Hettlage, Robert (1990): Die Entstehung von Fremdenhaß in unserer Gesellschaft, in: Wege zum Menschen 42, 8, S.469-483.
Hitzler, Ronald (1998): Bedrohung und Bewältigung. Einige handlungstheoretisch triviale Bemerkungen zur Inszenierung ‚Innere Sicherheit', in: Hitzler, Ronald/Peters, Helge (Hg.): Inszenierung: Innere Sicherheit. Daten und Diskurse, Opladen, S.203-212.
Hoffmann-Axthelm, Dieter (1993): Architektonische Leitbilder und neue Urbanität, in: Der Architekt 3/93, S.169-175.
Holland, Caroline/Clark, Andrew/Katz, Jeanne/Peace, Sheila (2007): Social interactions in urban public places, Bristol.
Hölscher, Michael (2003): Sicherheitsgefühl und Überwachung. Eine empirische Studie zu Einstellungen der Bürger zur Videoüberwachung und ihrer Erklärung, in: Kriminologisches Journal 35, 1, S.42-56.
Horkheimer, Max/Adorno, Theodor W. (2000): Dialektik der Aufklärung, Frankfurt/Main.
Hospers, Gert-Jan/Dalm, Roy van (2005): How to create a creative city? The viewpoints of Richard Florida and Jane Jacobs, in: Foresight: The journal of future studies, strategic thinking and policy 7, 4, S.8-12.
Hradil, Stefan (1999): Soziale Ungleichheit in Deutschland, Opladen.
Huning, Sandra (2003): Sind Shopping Malls die besseren öffentlichen Räume? in: Jahrbuch Stadterneuerung 2003, S.109-123.
Huning, Sandra (2006): Politisches Handeln in öffentlichen Räumen: die Bedeutung öffentlicher Räume für das Politische, Berlin.
Hunter, Albert (1995): Private, Parochial and Public Social orders: The Problem of Crime and Incivility in Urban Communities, in: Kasinitz, Philip (Hg.): Metropolis. Centre and symbol of our time, London u.a., S.209-225.
ICSC – International Council of Shopping Centers (1999): ICSC Shopping Center Definitions: Basic Configurations and Types, http://www.icsc.org/srch/lib/SCDefinitions99.pdf [2005-06-13].
ILS – Institut für Landes- und Stadtentwicklungsforschung des Landes Nordrhein-Westfalen (Hg.) (1995): Für eine Stadt ohne Angsträume. Planungsleitfaden für mehr Sicherheit im öffentlichen Raum. Bausteine für die Planungspraxis in Nordrhein-Westfalen Nr. 20, Dortmund.
Ipsen, Detlev (2002): Die Kultur der Orte. Ein Beitrag zur sozialen Strukturierung des städtischen Raumes, in: Löw, Martina (Hg.): Differenzierungen des Städtischen, Opladen, S.233-246.

Ipsen, Detlev (2003): Städte zwischen Innen und Außen: Randbemerkungen, in: Krämer-Badoni, Thomas/Kuhm, Klaus (Hg.): Die Gesellschaft und ihr Raum, Opladen, S.197-214.

Ipsen, Detlev (2004): Babylon in Folge – wie kann der städtische Raum dazu beitragen, kulturelle Komplexität produktiv zu wenden? in: Siebel, Walter (Hg.): Die europäische Stadt, Frankfurt/Main, S.253-269.

Jackson, Peter (1998): Domesticating the street. The Contested Space of the High Street and the Mall, in: Fyfe, Nicholas R. (Hg.): Images of the Street – Planing, Identity and Control in Public Space, London/New York, S.176-191.

Jacobs, Jane (1963): Tod und Leben großer amerikanischer Städte, Gütersloh.

Janssen, Helmut /Schollmeyer, Katrin (2001): Unsicherheit im öffentlichen Raum. Mainzer Schriften zur Situation von Kriminalitätsopfern, Mainz.

Janssen, Jürgen/Laatz, Winfried (2005): Statistische Datenanalyse mit SPSS für Windows, Berlin.

Jessen, Johann (2000): Amerikanische Stadt – Europäische Stadt, in: Hassenpflug, Dieter (Hg.): Die Europäische Stadt. Mythos und Wirklichkeit, Münster u.a., S.205-224.

Jetzkowitz, Jens/Schneider, Jörn (2006): Der Nachbar – Untersuchungen zu einer besonderen Funktion sozialer Kontrolle, in: Rehberg, Karl-Siegbert (Hg.): Soziale Ungleichheit, Kulturelle Unterschiede. Verhandlungen des 32. Kongresses der Deutschen Gesellschaft für Soziologie in München 2004, Teil 2, (CD-ROM), S.2535-2546.

Joye, Charles (2000): European Market Overview Shopping Centers: A World of Opportunity, http://icsc.org/international/index.pdf [13.06.2005].

Junker, Rolf (2007): Genug ist ihnen nicht genug, in: Wehrheim, Jan (Hg.): Shopping Malls. Interdisziplinäre Betrachtungen eines neuen Raumtyps, Wiesbaden, S.209-222.

Junker, Rolf/Kühn, Gerd (1999): Großflächige Einkaufszentren im Aufwind: Die Mall erobert die Innenstädte, in: Der Städtetag 9, S.12-17.

Kaldun, Sabine (2001): Angsträume, in: Forum Kriminalprävention 1, S.22-23.

Kaufmann, Franz-Xaver (1973): Sicherheit als soziologisches und sozialpolitisches Problem, Stuttgart.

Kaufmann, Franz-Xaver (1987): Normen und Institutionen als Mittel zur Bewältigung von Unsicherheit: Die Sicht der Soziologie, in: Bayerische Rückversicherung (Hg.): Gesellschaft und Unsicherheit, München, S.37-48.

Kazig, Rainer/Müller, André/Wiegandt, Claus-Christian (2003): Öffentlicher Raum in Europa und den USA, in: Informationen zur Raumentwicklung ¾.2003, S.1-12, http://www.geo.wiso.tu-muenchen.de/veranstaltungen/mil/mil2/dokumente/ bericht_mil2.pdf [2007-06-15].

Keim, Karl-Dieter (1997): Vom Zerfall des Urbanen, in: Heitmeyer, Wilhelm (Hg.): Was treibt die Gesellschaft auseinander? Frankfurt/Main, S.245-286.

Keller, Wolfgang (2007): Über den Zusammenhang zwischen fremdenfeindlichen Vorurteilen und kriminalitätsbezogener Unsicherheit, in: Sessar, Klaus/Stangl, Wolfgang/ Swaaningen, René van (Hg.): Großstadtängste – Anxions Cities. Untersuchungen zu Unsicherheitsgefühlen in europäischen Kommunen, Wien/Berlin, S.155-187.

Knoblauch, Hubert (2005): Wissenssoziologie, Konstanz.

Koenen, Elmar J. (2003): Öffentliche Zwischenräume. Zur Zivilisierung räumlicher Distanzen, in: Krämer-Badoni, Thomas/Kuhm, Klaus (Hg.): Die Gesellschaft und ihr Raum. Raum als Gegenstand der Soziologie, Opladen, S.155-172.

Koskela, Hille (1999): Fear, Control and Space. Geographies of Gender, Fear of Violence and Video Surveillance, Helsinki.

Kowinski, William Severini (1985): The Malling of America: an inside look at the great consumer paradise, New York.

Krasmann, Susanne (2000a): Gouvernementalität der Oberfläche. Aggressivität (ab-)trainieren beispielsweise, in: Bröckling, Ulrich/Krasmann, Susanne/Lemke, Thomas (Hg.): Gouvernementalität der Gegenwart. Studien zur Ökonomisierung des Sozialen, Frankfurt/Main, S.194-226.

Krasmann, Susanne (2000b): Kriminologie der Unternehmer-Gesellschaft, in: Dinges, Martin/Sack, Fritz (Hg.): Unsichere Großstädte? Vom Mittelalter bis zur Postmoderne, Konstanz, S.291-311.

Krasmann, Susanne (2003): Die Kriminalität der Gesellschaft: zur Gouvernementalität der Gegenwart, Konstanz.

Krieken, Robert van (1991): Die Organisierung der Seele. Elias und Foucault über Disziplin und das Selbst, in: Prokla 21, S.602-619.

Kronauer, Martin (2006): Das Unbehagen in der modernen Gesellschaft. Variationen eines kulturkritischen Motivs von Freud bis Bauman, in: Kronauer, Martin/Ranc, Julijana/Klärner, Andreas (Hg.): Grenzgänge. Reflexionen zu einem barbarischen Jahrhundert, Frankfurt/Main, S.132-146.

Kruse, Lenelis/Graumann Carl F. (1978): Sozialpsychologie des Raumes und der Bewegung, in: Hammerich, Kurt/Klein, Michael (Hg.): Materialien zu Soziologie des Alltags, Opladen, S.177-219.

Kusenbach, Margarethe (2006): Patterns of Neighboring: Practicing Community in the Parochial Realm, in: Symbolic Interaction 29, 3, S.279-306.

Läpple, Dieter (1991): Essay über den Raum. Für ein gesellschaftswissenschaftliches Raumkonzept, in: Häußermann, Hartmut/Ipsen, Detlev/Krämer-Badoni, Thomas/Läpple, Dieter/Rodenstein, Marianne/Siebel, Walter (Hg.): Stadt und Raum. Soziologische Analysen, Pfaffenweiler, S.157-207.

Legnaro, Aldo (2003): Präludium über die Kontrollgesellschaften, in: Kriminologisches Journal 35, 4, S.296-301.

Legnaro, Aldo/Birenheide, Almut (2005): Stätten der späten Moderne. Reiseführer durch Bahnhöfe, shopping malls, Disneyland Paris, Wiesbaden.

Legnaro, Aldo/Birenheide, Almut (2007): Die Mall als ein Ort kommoder Freiheit, in: Wehrheim, Jan (Hg.): Shopping Malls. Interdisziplinäre Betrachtungen eines neuen Raumtyps, Wiesbaden, S.261-275.

Lemke, Thomas (2001): Max Weber, Norbert Elias und Michel Foucault über Macht und Subjektivierung, in: Berliner Journal für Soziologie 11, 1, S.77-95.

Lewis, George H. (1990): Community through exclusion and illusion: The creation of social worlds in an American shopping mall, in: Journal of Popular Culture 27, S.121-136.

Lindner, Rolf (1990): Die Entdeckung der Stadtkultur. Soziologie aus der Erfahrung der Reportage, Frankfurt/Main.

Lindner, Rolf (2004): „Die Großstädte und das Geistesleben". Hundert Jahre danach, in: Siebel, Walter (Hg.): Die europäische Stadt, Frankfurt/Main, S.169-178.

Link, Jürgen (2006): Versuch über den Normalismus. Wie Normalität produziert wird, Göttingen.
Lofland, Lyn H. (1993): Urbanity, tolerance and public space. The creation of cosmopolitans, in: Deben, Léon/Heinemeijer, Willem/Vaart, Dick van der (Hg.): Understanding Amsterdam. Essays on economic vitality, city life and urban form, Amsterdam, S.93-109.
Lofland, Lyn H. (1998): The Public Realm. Exploring the City's Quintessential Social Territory, New York.
Löw, Martina (2001): Raumsoziologie, Frankfurt/Main.
Löw, Martina/Sturm, Gabriele (2005): Raumsoziologie, in: Kessel, Fabian/Reutlinger, Christian/Maurer, Susanne/Frey, Oliver (Hg.): Handbuch Sozialraum, Wiesbaden, S.31-48.
Low, Setha/Lawrence-Zúñiga, Denise (2006) (Hg.): The anthropology of space and place, Malden u.a.
Luhmann, Niklas (1984): Soziale Systeme, Frankfurt/Main.
Lutz, Tilman/Thane, Katja (2002): Alles Risiko – oder was?, in: Widersprüche 22, 86, S.9-20.
Makropoulos, Michael (1993): Grenzziehung. Das Fremde und das Andere, in: Ästhetik und Kommunikation 82, S.41-43.
Makropoulos, Michael (2004): Aspekte massenkultureller Vergesellschaftung, in: Mittelweg 36, 13, 1, S.65-86.
Mallett, William J. (1994): Managing the post-industrial city: business improvement districts in the United States, in: Area 26, 3, S.276-287.
Mandanipour, Ali (2003): Marginale öffentliche Räume in europäischen Städten, in: DISP 155, S.4-17.
Manzo, John (2005): Social Control and the Management of „Personal" Space in Shopping Malls, in: space & culture 8, 1, S.83-97.
Marcuse, Peter (1995): Not Chaos, but Walls: Postmodernism and the Partitioned City, in: Watson, Sophie/Gibson, Katherine (Hg.): Postmodern cities and spaces, Oxford (UK)/Cambridge (USA), S.243-253.
Marcuse, Peter (1998): Ethnische Enklaven und rassische Ghettos in der postfordistischen Stadt, in: Heitmeyer, Wilhelm/Dollase, Rainer/Backes, Otto (Hg.): Die Krise der Städte, Frankfurt/Main, S.176-193.
Marcuse, Peter (2004): Verschwindet die europäische Stadt in einem allgemeinen Typus der globalisierten Stadt?, in: Siebel, Walter (Hg.): Die europäische Stadt, Frankfurt/Main, S.112-118.
Marotta, Vince (2001): The Postmodern City and the Death of the Modern Stranger? (Paper presented ISA RC21 Conference "Social Inequality, Redistributive Justice and the City"), Amsterdam.
Marotta, Vince (2002): Zygmunt Bauman: Order, Strangerhood and Freedom, in: Thesis Eleven 70, S.36-54.
Massey, Douglas S./Denton, Nancy A. (1993): American Apartheid. Segregation and the Making of the Underclass, Cambridge/London.
Mayer, Hans-Norbert (2005): Projekte als spezifische Organisationsform und als neue Entwicklungsstrategie in der Stadt- und Regionalplanung. Kumulative Habilitationsschrift, Oldenburg.
McKenzie, Evan (2003): Common-Interest Housing in the Communities of Tomorrow, in: Housing Policy Debate 14, ½, S.203-234.

Miller, Daniel/Jackson, Peter/Thrift, Nigel/Holbrook, Beverly/Rowlands, Michael (1998): Shopping, place and identity, London/New York.
Mitchell, Don (2003): The Right to the City: Social Justice and the Fight for Public Space, New York.
Monheim, Rolf (1999): Methodische Gesichtspunkte der Zählung und Befragung von Innenstadtbesuchern, in: Heinritz, Günter (Hg.): Die Analyse von Standorten und Einzugsbereichen. Methodische Grundlagen der geographischen Handelsforschung, Passau, S.65-131.
Morris, Lydia (1994): Dangerous classes, the underclass and social citizenship, London/New York.
Münkler, Herfried (1998): Einleitung: Das Verschwinden des Fremden und die Pluralisierung der Fremdheit, in: Münkler, Herfried (Hg.): Die Herausforderung durch das Fremde, Berlin, S.11-25.
Münkler, Herfried/Ladwig, Bernd (1997): Dimensionen der Fremdheit, in: Münkler, Herfried (hg. unter Mitarbeit von Bernd Ladwig): Furcht und Faszination. Facetten der Fremdheit, Berlin, S.11-44.
Nahnsen, Antje (2002): Emergency on Planet Cape Town? Competing Discourses and Practices of Desire and Fear in a Post-apartheid City. Dissertation Carl von Ossietzky Universität, Oldenburg.
Nassehi, Armin (1995): Der Fremde als Vertrauter. Soziologische Beobachtungen zur Konstruktion von Identitäten und Differenzen, in: Kölner Zeitschrift für Soziologie und Sozialpsychologie 47, 3, S.443-463.
Nassehi, Armin (2003): „Zutritt verboten!". Über die politische Formierung privater Räume und die Politik des Unpolitischen, in: Lamnek, Siegfried/Tinnefeld, Marie-Theres (Hg.): Privatheit, Garten und politische Kultur. Von kommunikativen Zwischenräumen, Opladen, S.26-39.
Negt, Oskar/Kluge, Alexander (1974): Öffentlichkeit und Erfahrung. Zur Organisationsanalyse von bürgerlicher und proletarischer Öffentlichkeit, Frankfurt/Main.
Neidhardt, Friedhelm (1994) (Hg.): Öffentlichkeit, öffentliche Meinung, soziale Bewegungen. Kölner Zeitschrift für Soziologie und Sozialpsychologie Sonderheft 34, Opladen.
Neumann, Ute (2008): Jugendliche in Shopping Malls, Oldenburg (unv. Magisterarbeit, Carl von Ossietzky Universität Oldenburg).
Newman, Oscar (1972): Defensible Space. Crime Prevention through Urban Design, New York.
Ng, Cheuk Fan (2003): Satisfying shoppers' psychological needs: From Public Market to Cyber-Mall, in: Journal of Environmental Psychology 23, S.439-455.
Nissen, Ursula (1998): Kindheit, Geschlecht und Raum. Sozialisationstheoretische Zusammenhänge geschlechtsspezifischer Raumaneignung, Weinheim/München.
Ortiz, Steven M. (1994): Shopping for Sociability in the Mall, in: Chekki, Dan A./Cahill Spencer E./Lofland Lyn H. (Hg.): Research in Community Sociology. The community of the Streets, Supplement 1, Greenwich/Connecticut, S.183-199.
Otto, Alexander (2006): Fakten statt Vorurteile – wie sind Shopping-Center heute wirklich? (ECE Projekt News), http://www.ece.de/de/news/content1.jsp?id=265 [2006-12-05].
Pain, Rachel (2001): Gender, Race, Age and Fear in the City, in: Urban Studies 38, 5/6, S.899-913.

Paravicini, Ursula (1999): „Gesellschaftliche Rolle und soziale Nutzung öffentlicher Räume." Ein Vortrag anlässlich der Veranstaltung: „El Renacimiento de la Cultura Urbana" 29.-30.06.1999 in Rosario, Argentinien, http://www.nffg.de/b_vortragup.htm [2007-07-30].
Park, Robert E. (1928): Human Migration and the marginal man, in: American Journal of Sociology 33, S.881-893.
Park, Robert E. (1974a)[1925]: The City. Suggestions for the investigation of human behavior in the urban environment, in: Park, Robert E./Burgess, Ernest W./McKenzie, Roderik (Hg.): The City, Chicago, S.1-47.
Park, Robert E. (1974b)[1925]: Die Stadt als räumliche Struktur und als sittliche Ordnung, in: Atteslander, Peter/Hamm, Bernd (Hg.): Materialien zur Siedlungssoziologie, Köln, S.90-100.
Park, Robert E./Burgess, Ernest W./McKenzie, Roderick D. (Hg.)(1974)[1925]: The City, Chicago.
Paul, Jochen (2002): Wie viel Gestaltung vertragen Shopping-Malls? Sechs Beispiele der ECE, in: Bauwelt 4, S.16-19.
Peters, Helge (1995a): Devianz und soziale Kontrolle. Eine Einführung in die Soziologie abweichenden Verhaltens, Weinheim/München.
Peters, Helge (1995b): Da werden wir empfindlich. Zur Soziologie der Gewalt, in: Lamnek, Siegfried (Hg.): Jugend und Gewalt, Opladen, S.25-36.
Peters, Helge (2002): Soziale Probleme und Soziale Kontrolle, Wiesbaden.
Peters, Helge/Menzel, Birgit (2007): Bürgerbefragung zum subjektiven Sicherheitsgefühl, in: Stadt Oldenburg (Hg.): Kriminologische Regionsanalyse Stadt Oldenburg 2006, Oldenburg, S.80-161.
Plessner, Helmuth (1981)[1931]: Macht und menschliche Natur. Ein Versuch zur Anthropologie der geschichtlichen Weltansicht, in: Plessner, Helmuth: Gesammelte Schriften V . Macht und menschliche Natur, Frankfurt/Main, S.135-234.
Pollähne, Helmut/Kemper, Andrea (2005): Evidence-Based Excorporations? Drogenstrafrecht auf Biegen und (Er)Brechen, in: Kriminologisches Journal, 37. Jg., 3, S.200-214.
Pollähne, Helmut/Kemper, Andrea (2007): Unmenschliche und erniedrigende Drogenkontrollpolitik. Brechmitteleinsätze gegen das Folterverbot – zur Entscheidung des EGMR, in: Kriminologisches Journal, 39. Jg., 3, S.185-202.
P.O.S. Radio (2005): Kommunikation die ankommt, http:// www.radio-pos.de [2005-06-09].
Pump-Uhlmann, Holger (2007): Shopping-Center und Stadtentwicklung: unter Ausschluss der Öffentlichkeit? in: Wehrheim, Jan (Hg.): Shopping Malls. Interdisziplinäre Betrachtungen eines neuen Raumtyps, Wiesbaden, S.175-189.
Rauner, Max (2006): Die Merkels von nebenan, in: ZEIT Wissen 04/2006, http://www.zeit.de/zeit-wissen/2006/06/Geomarketing.xml [2008-03-12].
Rehberg, Karl-Siegbert (2003): Normalitätsfiktion als institutioneller Mechanismus, in: Link, Jürgen/Loer, Thomas/Neuendorff, Hartmut (Hg.): >Normalität< im Diskursnetz soziologischer Begriffe, Heidelberg, S.163-181.
Reuter, Julia (2002a): Wenn Fremde Fremden begegnen. Zur Darstellung von Indifferenz im modernen Alltag, in: Soziale Probleme 13, 2, S.109-127.
Reuter, Julia (2002b): Ordnung des Anderen: zum Problem des Eigenen in der Soziologie des Fremden, Bielefeld.

Reuter, Wolf (2000): Zur Komplementarität von Diskurs und Macht in der Planung, in: DISP 141, S.4-16.

Rieper, Andreas (2005): Das Shopping-Center als inszenierte Konsumwelt, in: Hellmann, Kai-Uwe/Schrage, Dominik (Hg.): Das Management des Kunden. Studien zur Soziologie des Shopping, Wiesbaden, S.133-152.

Riesmann, David/Denney, Reuel/Glazer, Nathan (1956): Die einsame Masse, Darmstadt/Berlin-Frohnau/Neuwied am Rhein.

Robins, Kevin (1995): Collective Emotion and Urban Culture, in: Healey, Patsy/Cameron, Stuart/Davoudi, Simin/Graham, Stephen/Madani-Pour, Ali (Hg.): Managing Cities. The New Urban Context, Chichester/New York/Brisbane/Toronto/Singapore, S.45-61.

Ronneberger, Klaus/Lanz, Stephan/Jahn, Walther (1999): Die Stadt als Beute, Bonn.

Roost, Frank (2000): Die Disneyfizierung der Städte: Großprojekte der Entertainmentindustrie am Beispiel des New Yorker Times Square und der Siedlung Celebration in Florida, Opladen.

Rowe, Peter (1991): Making a Middle Landscape, Cambridge/London.

Ruhne, Renate (2003): „Sicherheit" ist nicht die Abwesenheit von „Unsicherheit" – Die soziale Konstruktion geschlechtsspezifischer (Un)Sicherheiten im öffentlichen Raum, in: Gestring, Norbert/Glasauer, Herbert/Hannemann, Christine/Petrowsky, Werner/Pohlan, Jörg (Hg.): Jahrbuch StadtRegion 2002. Schwerpunkt: Die sichere Stadt, Opladen, S.53-73.

Saldern, Adelheid von (2000): Stadt und Öffentlichkeit in urbanisierten Gesellschaften. Neu Zugänge zu einem alten Thema, in: DIFU (Hg.): Informationen zur modernen Stadtgeschichte 2, S.3-15.

Saldern, Adelheid von (2006): Kommunikation in Umbruchszeiten. Die Stadt im Spannungsfeld von Kohärenz und Entgrenzung, in: Saldern, Adelheid von (Hg.): Stadt und Kommunikation in bundesrepublikanischen Umbruchszeiten, Wiesbaden/Stuttgart, S.11-44.

Sampson, Robert J./Raudenbush, Stephan/Earls, Felton (1997): Neighborhoods and Violent Crime: A Multilevel Study of Collective Efficacy, in: Science 277, S.918-924.

Schäfers, Bernhard (2001): Öffentlicher Raum als Element der Stadtkultur. Gegenwärtige Entwicklungen und Gefährdungen, in: Gegenwartskunde 50, 2, S.187-198.

Schmidt-Semisch, Henning (2002): Kriminalität als Risiko, München.

Schmidt-Semisch, Henning/Wehrheim, Jan (2005): Exkludierende Toleranz. Ordnung und Kontrolle im Kontext akzeptierender Drogenarbeit, in: Dollinger, Bernd/Schneider, Wolfgang (Hg.): Sucht als Prozess, Berlin, S.221-238.

Schroer, Markus (2007): Raum als soziologischer Begriff. Programmatische Überlegungen, in: Wehrheim, Jan (Hg.): Shopping Malls. Interdisziplinäre Betrachtungen eines neuen Raumtyps, Wiesbaden, S.35-53.

Schubert, Herbert (2000): Städtischer Raum und Verhalten. Zu einer integrierten Theorie des öffentlichen Raumes, Opladen.

Schubert, Herbert (2005): Menschliche Siedlungen als Symbolräume, in: Riege, Marlo/Schubert, Herbert (Hg.): Sozialraumanalyse, Wiesbaden, S.175-190.

Schütz, Alfred (1972): Der Fremde. Ein sozialpsychologischer Versuch, in: Schütz Alfred: Gesammelte Aufsätze II. Studien zur soziologischen Theorie, Den Haag, S.53-69.

Schützler, Stefan et al. (1999): U.S.O. – das Buch. Jugendliche Gruppen an und in innerstädtischen Einkaufszentren Berlins (hg. von Kietz für Kids e.V.), Berlin.

Seggern, Hille von/Tessin, Wulf (2005): Einen Ort begreifen – Der Ernst-August-Platz in Hannover, in: Riege, Marlo/Schubert, Herbert (Hg.): Sozialraumanalyse, Wiesbaden, S.283-298.

Selle, Klaus (2002): Öffentliche Räume – drei Annäherungen, in: Selle, Klaus (Hg.): Was ist los mit den öffentlichen Räumen. AGB Bericht No.49, Aachen/Dortmund/Hannover, S.13-90.

Sennett, Richard (1998): Der flexible Mensch: die Kultur des neuen Kapitalismus, Berlin.

Sessar, Klaus (2007): Die Angst vor dem Draußen. Über gemischte Gefühle angesichts der unwirtlichen Welt, in: Sessar, Klaus/Stangl, Wolfgang/Swaaningen, René van (Hg.): Großstadtängste – Anxions Cities. Untersuchungen zu Unsicherheitsgefühlen in europäischen Kommunen, Wien/Berlin, S.127-154.

Sessar, Klaus/Herrmann, Heike/Keller, Wolfgang/Weinrich, Martin/Breckner, Ingrid (2004): Insecurities in European Cities. Crime-Related Fear Within the Context of New Anxieties and Community-Based Crime Prevention. Final Report.

Siebel, Walter (1997): Die Stadt und die Zuwanderer, in: Häußermann, Hartmut/Oswald, Ingrid (Hg.): Zuwanderung und Stadtentwicklung. Leviathan Sonderheft 17, Opladen/Wiesbaden, S.30-41.

Siebel, Walter (2000a): Wesen und Zukunft der europäischen Stadt, in: DISP 141, S.28-34.

Siebel, Walter (2000b): Urbanität als Lebensweise ist ortlos geworden, in: Frankfurter Rundschau Nr. 174.

Siebel, Walter (2004a): Einleitung. Die europäische Stadt, in: Siebel, Walter (Hg.): Die europäische Stadt, Frankfurt/Main, S.11-50.

Siebel, Walter (2004b): Qualitätswandel des öffentlichen Raums, in: Wolkenkuckksheim. Internationale Zeitschrift für Theorie und Wissenschaft der Architektur 9, 1, http://www.tu-cottbus.de/BTU/Fak2/TheoArch/ wolke/deu/Themen/041/Siebel/ siebel.htm [2006-07-06].

Siebel, Walter (2006): Wandel, Rationalität und Dilemmata der Planung, in: Planung neu denken 4/2006, S.1-22.

Siebel, Walter (2007): Vom Wandel des öffentlichen Raums, in: Wehrheim, Jan (Hg.): Shopping Malls. Interdisziplinäre Betrachtungen eines neuen Raumtyps, Wiesbaden, S.77-94.

Siebel, Walter/Wehrheim, Jan (2003): Öffentlichkeit und Privatheit in der überwachten Stadt, in: DISP 2, S.4-12.

Sievers, Karen (2006): Kontrollierte (T)Räume. Shopping-Center als neue Form sozialer Kontrolle? Berlin.

Sievers, Karen (2007): Center-Science – Kunden- und Verhaltensforschung als Grundlage der Planung und Betreibung von Shopping-Centern, in: Wehrheim, Jan (Hg.): Shopping Malls. Interdisziplinäre Betrachtungen eines neuen Raumtyps, Wiesbaden, S.225-240.

Simmel, Georg (1992a)[1908]: Exkurs über den Fremden, in: Simmel, Georg: Soziologie Gesamtausgabe Band 18, Frankfurt/Main, S.764-771.

Simmel, Georg (1992b): Exkurs über die Soziologie der Sinne, in: Simmel, Georg: Soziologie. Untersuchungen über die Formen der Vergesellschaftung, Gesamtausgabe Band 11, Frankfurt/Main, S.722-742.

Simmel, Georg (1995)[1903]: Die Großstädte und das Geistesleben, in: Simmel, Georg: Aufsätze und Abhandlungen 1901-1908, Gesamtausgabe Band 7, Frankfurt/Main, S.116-131.
Simon, Jonathan (1993): Poor Disciplin, Parole and Social Controll of the Underclass 1890-1990, Chicago/London.
Skogan, Wesley G. (1990): Disorder and Decline – Crime and the Spiral of Decay in American Neighborhoods, Berkeley/Los Angeles.
Smith, Neil (1996): The new urban Frontier – Gentrification and the revanchist city, London/New York.
Sombart, Werner (1987): Die vorkapitalistische Wirtschaft (Zweiter Halbband), München.
Spiegel, Erika (1998): Dichte, in: Häußermann, Hartmut (Hg.): Großstadt. Soziologische Stichworte, Opladen, S.39-47.
Staeheli, Lynn A./Mitchell, Don (2006): USA's Destiny? Regulating Space and Creating Community in American Shopping Malls, in: Urban Studies 43, 5/6, S.977-992.
Statistisches Bundesamt (2003): Nettoeinkommen je Privathaushalt bei 32.000 Euro. Pressemitteilung vom 7. August 2003, http://www.destatis.de/presse/deutsch/pm2003/p3120121.htm [2006-10-19].
Stendhal (1947)[1830]: Rot und Schwarz, Leipzig.
Steinert, Heinz (1995): Soziale Ausschließung – Das richtige Thema zur richtigen Zeit, in: Kriminologisches Journal 27, 2, S.82-88.
Stern Presseportal (2006): Stern-Umfrage: Bundesbürger gegen Bettelverbote in den Innenstädten, http://presseportal.de/meldungen/771668 [2006-01-11].
Stichweh, Rudolf (2001): Fremde im Europa der Frühen Neuzeit, in: Bohn, Cornelia/Willems, Herbert (Hg.): Sinngeneratoren. Fremd- und Selbstthematisierung in soziologisch-historischer Perspektive, Konstanz, S.17-33.
Stier, Winfried (1999): Empirische Forschungsmethoden, Berlin/Heidelberg.
Stübben, Joseph (1980)[1890]: Der Städtebau, Braunschweig/Wiesbaden.
Sutterlüty, Ferdinand/Neckel, Sighard (2006): Bashing the Migrant Climbers: Interethnic Classification Struggles in German City Neighborhoods, in: International Journal of Urban and Regional Research 30, 4, S.798-815.
Sutton, Robbie M./Farrall, Stephen (2005): Gender, socially desirable responding and the fear of crime: Are women really more anxiuos about crime? in: British Journal of Criminology 45, 2, S.212-224.
Sykes, Gresham M./Matza, David (1968): Techniken der Neutralisierung. Eine Theorie der Delinquenz, in: Sack, Fritz/König, René (Hg.): Kriminalsoziologie, Frankfurt/Main, S.360-371.
Terlinden, Ulla (2002): Räumliche Definitionsmacht und weibliche Überschreitungen. Öffentlichkeit, Privatheit und Geschlechterdifferenzierung im städtischen Raum, in: Löw, Martina (Hg.): Differenzierungen des Städtischen, Opladen, S.141-156.
Thomas, William I./Thomas, Dorothy Swaine (1928): The Child in America. Behavior Problems and Programs, New York.
Thompson, Gene (1998): Putting Security on the Shopping List, in: Security Management 5, S.28-33.
Tobias, Gertrud/Boettner, Johannes (Hg.) (1992): Von der Hand in den Mund. Armut und Armutsbewältigung in einer westdeutschen Großstadt, Essen.

Treiber, Hubert/Steinert, Heinz (2005): Die Fabrikation des zuverlässigen Menschen, Münster.
Trotha, Trutz von (2005): Der ‚Schmetterlingseffekt' oder die uneingeschränkte Voraussehbarkeit des sozialen Handelns. Kommentar zu Axel Groenemeyer „Ordnung der Exklusion – Ordnung der Gewalt. Eine Frage der Ehre?" in: Soziale Probleme 16, S.41-53.
Underhill, Paco (2000): Warum kaufen wir? Die Psychologie des Konsums, München.
Underhill, Paco (2004): Call of the Mall, New York.
Uzzell, David L. (1995): The Myth of the Indoor City, in: Journal of Environmental Psychology 15, S.299-310.
Valentin, Karl (1978): Das Fremde, in: Schulte, Michael (Hg.): Alles von Karl Valentin, München, S.230-231.
Vernor, James D./Rabianski, Joseph (1993): Shopping Center: Appraisal and Analysis, Chicago.
Voswinkel, Stephan (2005): Selbstbedienung: Die gesteuerte Kundensouveränität, in: Hellmann, Kai-Uwe/Schrage, Dominik (Hg.): Das Management des Kunden. Studien zur Soziologie des Shopping, Wiesbaden, S.89-109.
Wacquant, Loic J.D. (1997): The Zone, in: Bourdieu, Pierre et al. (Hg.): Das Elend der Welt. Konstanz, S.179-204.
Wagner, Monika (1993): Privatisierung von Kunst und Natur im öffentlichen Raum. Die plazas von Manhattan, in: Häußermann, Hartmut/Siebel, Walter: New York – Strukturen einer Metropole, Frankfurt/Main, S.286-298.
Wagner, Monika (1999): Sakrales Design für Fiktionen vom öffentlichen Raum, in: Kulturzentrum Schlachthof e. V. (Hg.): parks in space, Bremen/Boston, S.66-75.
Waldenfels, Bernhard (1997): Topographie des Fremden. Studien zur Phänomenologie des Fremden 1, Frankfurt/Main.
Walter, Michael (2006): Gewaltkriminalität. Erscheinungsformen – Ursachen – Antworten, Stuttgart/München/Hannover/Berlin/Weimar/Dresden.
Watt, Paul (2006): Respectability, Roughness and 'Race': Neighbourhood Place Images and the Making of Working-Class Social Distinctions in London, in: International Journal of Urban and Regional Research 30, 4, S.776-797.
Watzlawick, Paul/Beavin, Janet H./Jackson Don D. (1969): Menschliche Kommunikation. Formen, Störungen, Paradoxien, Bern/Stuttgart/Wien.
Wawrowsky, Hans-Günter (1998): Entwicklungen bei der Architektur und Gestaltung von Shopping-Centern – dargestellt an ausgewählten Beispielen, in: Falk, Bernd (Hg.): Das große Handbuch Shopping-Center, Landsberg/Lech, S.183-195.
Weber, Max (1991)[1904]: Die „Objektivität" sozialwissenschaftlicher und sozialpolitischer Erkenntnis, in: Weber, Max: Schriften zur Wissenschaftslehre, Stuttgart, S.21-101.
Weber, Max (1985)[1922]: Wirtschaft und Gesellschaft, Tübingen.
Wehrheim, Jan (2005): Inner City Blues. Einzelhandel managed öffentliche Räume, in: analyse & kritik 35, 500, S.26-27.
Wehrheim, Jan (2006a): Die überwachte Stadt: Sicherheit, Segregation und Ausgrenzung, Opladen.
Wehrheim, Jan (2006b): Gefährdungen großstädtischer Individualität, in: Dollinger, Bernd (Hg): Individualität als Risiko? Münster, S.124-133.

Weißker, Jörg (1998): Rechtliche Besonderheiten bei der Abfassung von Mietverträgen im Shopping-Center, in: Falk, Bernd (Hg.): Das große Handbuch Shopping-Center, Landsberg/Lech, S.793-814.
Welsh, Brandon C./Farrington, David P. (2002): Crime prevention effects of closed circiut televison: a systemetic review, London.
Werlen, Benno/Reutlinger, Christian (2005): Sozialgeographie, in: Kessel, Fabian/Reutlinger, Christian/Maurer, Susanne/Frey, Oliver (Hg.): Handbuch Sozialraum, Wiesbaden, S.49-66.
Wetzels, Peter/Enzmann, Dirk/Mecklenburg, Eberhard/Pfeiffer, Christian (2001): Jugend und Gewalt: Eine repräsentative Dunkelfeldanalyse in München und acht anderen deutschen Städten, Baden-Baden.
Whyte, William H. (1980): The social life of small urban spaces, Washington D.C.
Wiese, Leopold von (1928): Das Dorf als soziales Gebilde, München.
Wilson, Elizabeth (1991): The Sphinx in the City: Urban Life, the Control of Disorder, and Women, London.
Wilson, James Q./Kelling, George L. (1996)[1982]: Polizei und Nachbarschaftssicherheit: Zerbrochene Fenster, in: Kriminologisches Journal 27, 2, S.121-137.
Winkler, Hartmut (2004): Diskursökonomie. Versuch über die innere Ökonomie der Medien, Frankfurt/Main.
Wirth, Louis (1974)[1938]: Urbanität als Lebensform, in: Herlyn, Ulfert (Hg.): Stadt- und Sozialstruktur, München, S.42-66.
Wouters, Cas (1999): Informalisierung: Norbert Elias' Zivilisationsprozesse im 20. Jahrhundert, Opladen.
Young, Jock (1999): The Exclusive Society, London/Thousand Oaks/New Dehli.
Zinnecker, Jürgen (1990): Vom Straßenkind zum verhäuslichten Kind. Kindheitsgeschichte im Prozeß der Zivilisation, in: Behnken, Imbke (Hg.): Stadtgesellschaft und Kindheit im Prozeß der Zivilisation: Konfigurationen städtischer Lebensweise zu Beginn des 20. Jahrhunderts, Opladen, S.142-162.
Zorbaugh, Harvey Warren (1976)[1929]: The gold coast and the slum: a sociological study of Chicago's near north side, Chicago.
Zukin, Sharon (1995): The culture of cities, Cambridge (USA)/Oxford (UK).

Bücher für Studium und Lehre – eine kleine Auswahl

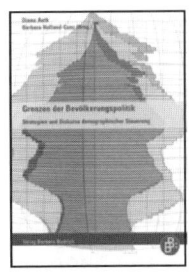

**Diana Auth
Barbara Holland-Cunz (Hrsg.)
Grenzen der Bevölkerungspolitik**
Strategien und Diskurse demographischer Steuerung 2007. 200 S. Kt. 18,90 € (D), 19,50 € (A), 33,40 SFr
ISBN 978-3-86649-047-5
Wissenschaftlerinnen unterschiedlicher Disziplinen befragen – historisch und international vergleichend – Geschichte und Daten, um den Grenzen bevölkerungspolitischer Steuerung auf die Spur zu kommen.

**Petra Böhnke
Am Rande der Gesellschaft –
Risiken sozialer Ausgrenzung**
edition recherche
2006. 249 S. Kt.
24,90 € (D), 25,60 € (A), 43,70 SFr
ISBN 978-3-938094-93-8
Aktuelle Gesellschaftsdiagnosen gehen davon aus, dass immer mehr Menschen an den gesellschaftlichen Rand gedrängt werden. Das Buch liefert einen Beitrag zur empirischen Überprüfung dieser populären Thesen und setzt sich mit dem Konzept sozialer Ausgrenzung auseinander.

**Helga Bilden
Bettina Dausien (Hrsg.)
Sozialisation und Geschlecht**
Theoretische und methodologische Perspektiven.
2006. 309 S. Kt.
22,90 € (D), 23,60 € (A), 40,10 SFr
ISBN 978-3-86649-001-7
Das Buch knüpft an die Diskussion um „geschlechtsspezifische Sozialisation" an, die seit Beginn der 1990er Jahre zum Stillstand gekommen ist.

**Randi Gunzenhäuser & Erika Haas:
Promovieren mit Plan**
Ihr individueller Weg: von der Themensuche zum Doktortitel. UTB M.
2., überarb. und akt. Aufl.
2006. 114 S. Kt.
12,90 € (D), 13,10 € (A), 23,50 SFr
ISBN 978-3-8252-2820-0
Wer promovieren will, sollte dieses Buch lesen. Es gibt Tipps und Hinweise, was zu bedenken ist und wie Hindernisse gemeistert werden können.

In Ihrer Buchhandlung oder direkt bei

Verlag Barbara Budrich • Barbara Budrich Publishers
Stauffenbergstr. 7. D-51379 Leverkusen Opladen
Tel +49 (0)2171.344.594 • Fax +49 (0)2171.344.693 • info@budrich-verlag.de
US-office: Uschi Golden • 28347 Ridgebrook • Farmington Hills, MI 48334 • USA •
ph +1.248.488.9153 • info@barbara-budrich.net • www.barbara-budrich.net

Weitere Bücher und Zeitschriften unter www.budrich-verlag.de

Stadt, Raum, Zeit

Günther Burkart (Hrsg.)
Zukunft der Familie
Prognosen und Szenarien. Zeitschrift für Familienforschung, Sonderheft 2009
2009. Ca. 360 S. Kt.
Ca. 48,00 € (D), 49,40 € (A), 81,00 SFr
ISBN 978-3-86649-237-0

Ulrich Mückenberger, Dieter Läpple, Jürgen Oßenbrügge (Hrsg.)
Zeiten und Räume der Stadt
Theorie und Praxis
2009. Ca. 200 Seiten. Kart.
Ca. 19,90 € (D), 20,50 € (A), 35,90 SFr
ISBN 978-3-86649-175-5

Martina Löw, Silke Steets, Sergej Stoetzer
Einführung in die Stadt- und Raumsoziologie
UTB L. 2., durchgesehene Auflage 2008.
214 S. Kt. 16,90 € (D), 17,40 € (A), 31,00 SFr. ISBN 978-3-8252-8348-3
Das Buch bietet einen Überblick über den aktuellen Stand der Forschung Stadt und Raum aus soziologischer Perspektive. Die gängigen Konzepte der Stadtsoziologie werden durch die aktuelle Raumsoziologie ergänzt und mit den wichtigsten VertreterInnen, Konzepten und Anwendungsbereichen vorgestellt. Ein Empirie-Teil sowie Tipps für Studierende runden das Ganze ab. Eine zeitgemäße und zugleich „klassische" Stadt-Einführung.

Jan Wehrheim
Die überwachte Stadt
Sicherheit, Segregation und Ausgrenzung.
2., völlig überarbeitete und aktualisierte Auflage 2006. 251 S. Kart.
28,00 € (D), 28,80 € (A), 49,50 SFr
ISBN 978-3-938094-47-1

Jan Wehrheim
Der Fremde und die Ordnung der Räume
2009. Ca. 270 S. Kt.
Ca. 29,90 € (D), 30,80 € (A), 49,90 SFr
ISBN 978-3-86649-234-9

In Ihrer Buchhandlung oder direkt bei
Verlag Barbara Budrich • Barbara Budrich Publishers
Stauffenbergstr. 7. D-51379 Leverkusen Opladen
Tel +49 (0)2171.344.594 • Fax +49 (0)2171.344.693 • info@budrich-verlag.de
US-office: Uschi Golden • 28347 Ridgebrook • Farmington Hills, MI 48334 • USA •
ph +1.248.488.9153 • info@barbara-budrich.net • www.barbara-budrich.net

Weitere Bücher und Zeitschriften unter www.budrich-verlag.de